元。现代物流方面，所属东方国际物流（集团）有限公司海空运业务在上海国际货代市场位居前列，名列2004年中国国际货运代理企业综合实力排名第7位，提供国际货运代理、国际海上航运、国际船舶代理、国际集装箱储运和第三方综合性物流配送等服务。服务贸易方面，所属上海国际服务贸易（集团）有限公司是上海首家以国际服务贸易为导向的国有涉外企业，提供广告展览、涉外商务、国际国内旅游、外商雇员、外经劳务、信息咨询等服务。

立足全球经营和跨国服务，东方国际集团致力于建设成为具有国际竞争力的跨国贸易服务集团，铸就国际信用，打造全球品牌，跻身于世界性大公司、大集团行列。

地址：上海市娄山关路85号东方国际大厦A座
邮政编码：200336
电话：86-21-62789999
传真：86-21-62781234
网址：www.oih.com.cn
电子邮箱：business@oih.com.cn

上海服装集团

Shanghai Garment Group

上海服装集团进出口有限公司是一家年出口创汇达2亿美元，进入中国进出口额500强排行榜的专业外贸公司，连续多年被上海市政府授予出口贡献奖。

公司经国家商务部批准，可以经营和代理各类商品及技术的进出口业务，具备设计、接单、生产、报关、物流、产品质量监控等一系列综合功能，拥有近十家控股子公司，总资产逾3亿人民币。公司通过ISO—9001国际质量体系认证和Oeko—Tex 生态纺织品认证，并实施SA8000社会责任国际标准。对外贸易的网络扩展到五大洲八十多个国家和地区，各类出口产品1200余种，新老客户300余家，与国际上许多著名的公司建立了良好的合作关系，赢得了普遍的赞誉。

展望未来，上海服装集团进出口有限公司将迎接全球贸易的新挑战，不断扩大与国内外广大客户的合作、往来和友谊，携手共创美好的明天。

Shanghai Garment Group Import & Export Corporation (SGGIEC),one of the top 500 highest import and export value enterprises in China, is a professional foreign trade company. Achieving USD200 million turnover annually, it is awarded by Shanghai Municipality for its excellent export contribution in succession.

Approved by the Ministry of Commerce of the People's Republic of China, SGGIEC is accredited to manage and act as an agent for the import and export business of all kinds of commodities and technologies. Today its total assets have reached RMB300 million and its products over 1200 kinds. Possessing about ten subsidiary companies, SGGIEC is capable of design, order processing, production, Custom declaration, logistics and quality control. It has won ISO 9001 quality system certificate, Oeko-Tex certificate and now is applying for SA8000 certificate. It has established good trade relations with more than 300 clients in over 80 countries and regions of the world and enjoys high reputation. Looking into the future, SGGIEC will meet the challenge of global trade and promote the cooperation and friendship with all clients both at home and abroad. Let's create a bright future.

进出口有限公司

Import & Export Corporation

【服装领域的新突破】

公司所属的华强防护服饰分公司专门研制各类特种职业服，其“可阻燃隔热、防水透气并穿着舒适的消防服专用面料”已获得国家发明专利和上海市高新技术成果转化项目，达到“国内领先、国际同类产品先进水平。”用这种材料研制的新颖消防服及其“医用隔离服、炼钢防护服、防暴排险服，坦克服”等延伸产品正源源不断地推向国内外市场。

公司所属的高森服饰有限公司引进和吸收日本专利成果——“立体手绘印花”，通过特殊工艺印在纺织品服装上的各种图案具有“色彩艳丽、立体感强、不易褪色”等优点，已申报外观设计专利20项，是服装工艺制作中的一朵奇葩。

地　址：上海茅台路567号
电　话：021－62748598转
传　真：021－62288230
邮　编：200336
网　址：http://www.sggiec.com.cn

Add:567 Mao tai Rd., Shanghai, P. r. China
Tel:021－62748598
Fax：021－62288230
Post Code：200336
Website：http://www.sggiec.com.cn

Certificate of Registration

The Governing Board of
Q.A. International Certification Limited
hereby grants to:

辽宁时代服装进出口股份有限公司

Address to which this Certificate refers :

Approved Scope of Supply to which this Certificate refers.

Signed for and on behalf of the Board

CHAIRMAN

SCHEME MANAGER

A. J. Duffield

A. Carter

QA INTERNATIONAL

Certificate of Registration

The Governing Board of
Q.A. International Certification Limited
hereby grants to:

Liaoning Times Garments Imp. & Exp. Inc.

Registration No. : QAIC / CN / 30001

Address to which this Certificate refers :

Times Building, No.7, Gangwan Street, Dalian, China

Approved Scope of Supply to which this Certificate refers.

Import and Export of Textiles mainly in Garments, Fabrics and Accessories,
Import and Export Business Agency.

Signed for and on behalf of the Board

CHAIRMAN

SCHEME MANAGER

A. J. Duffield

A. Carter

QA INTERNATIONAL

公司地址：大连市港湾街7号时代大厦

联系电话：0411—82798010

传　　真：0411—82798000

网　　址：http://www.globalsources.com/lntimes.co

电子信箱：zhanghong@lnsdgrp.com

邮政编码：116001

江苏苏豪国际集团股份有限公司

JIANGSU SOHO INTERNATIONAL GROUP CORP.

江苏苏豪国际集团股份有限公司，原江苏省丝绸进出口集团股份有限公司，创建于1979年。公司为江苏省大型外贸企业集团之一，是全国茧丝绸行业的龙头企业。

公司以经营丝绸产品出口为主，主要产品有蚕茧、生丝、坯绸、印染绸、丝绸复制品、丝绸服装、各类纺织品、服装等丝绸系列产品，还经营其它化工、机电、轻工等类别商品的进出口业务。1999年公司通过了ISO9002的质量体系认证。

公司经营的SOHO牌服装、“雪松”、SOHO牌白厂丝、SPCC绢丝、水榭牌真丝绸在国内外享有盛誉。尤其是SOHO牌服装，为江苏省重点名牌产品，被国家商务部（原外经贸部）列为全国首批33个“重点支持和发展的名牌出口商品”之一。

Jiangsu SOHO International Group Corporation (formerly Jiangsu Silk Import and Export Group Corporation) was established in 1979. Now, it is one of the biggest foreign trade silk corporations in China. The sum of export make our corporation list among the top 10 foreign trade group corporations in Jiangsu province.

The corporation exports silk cocoons, white steam filature, spun silk yarn, thrown silk, silk piece goods in loom-state, printed and dyed silk piece goods, silk embroidered ready-make goods, silk garments, silk knitted good, and other textiles, etc., Also, it handles the import and export business of other commodities such as electrical equipment and light industry products. In 1999 it become the first enterprise with the ISO9002 "Quality system certification" in national silk foreign trade system.

It is world-famous for a series of reputable products, including SOHO silk garments, "Cedar " (Xuesong) and "SOHO" white steam filature, "SPCC" real silk, "Shuixie" real silk and satins. "SOHO" silk garments has been chosen as the best quality product of famous brand in Jiangsu Province, and as one of the 33 famous exports in the first batch by the Ministry of Commerce of the PRC (formerly the Ministry of Foreign Economy and Trade of PRC).

地址：中国南京市中山南路8号 邮编：210005
ADD：8 ZHONG SHAN NAN LU NANJING 210005 CHINA
TEL：(025) 84785136 FAX：(025) 84785449
http://www.meetsoho.net

Soho

中国纺织品服装对外贸易报告年鉴

ANNUAL REPORT ON CHINA′S INTERNATIONAL TRADE IN TEXTILES AND CLOTHING

(2004 / 2005)

中国纺织品进出口商会 编著

CHINA CHAMBER OF COMMERCE FOR IMPORT & EXPORT OF TEXTILES

中国轻工业出版社

图书在版编目(CIP)数据

中国纺织品服装对外贸易报告年鉴.2004-2005／中国纺织品进出口商会编著. —北京：中国轻工业出版社，2005. 4

ISBN 7-5019-4834-8

Ⅰ. 中… Ⅱ. 中… Ⅲ. ①纺织品－对外贸易－中国－年鉴②服装－对外贸易－中国－年鉴 Ⅳ. F752.658-54

中国版本图书馆 CIP 数据核字(2005)第 023171 号

责任编辑：李 颖　　责任终审：劳国强　　封面设计：阿元工作室

出版发行：中国轻工业出版社(北京东长安街 6 号，邮编：100740)
印　　刷：天津市蓟县宏图印务有限公司
经　　销：全国新华书店
版　　次：2005 年 4 月第 1 版　2005 年 4 月第 1 次印刷
开　　本：889×1194　1/16　　印　　张：20
字　　数：378 千字
书　　号：ISBN 7-5019-4834-8/TS·2812　　定　　价：200.00 元
读者服务部邮购热线电话：010-65241695　85111729　传真：85111730
发行电话：010-65141375　65128898
网　　址：http://www.chlip.com.cn
Email：club@chlip.com.cn
如发现图书残缺请直接与我社读者服务部联系调换
50222K3X101HBW

《中国纺织品服装对外贸易报告年鉴(2004/2005)》
编辑委员会

内 容 提 要

《中国纺织品服装对外贸易报告年鉴(2004/2005)》是目前我国唯一一部综合反映纺织品服装进出口贸易状况与发展趋势的“白皮书”。该报告对2004年以来纺织品服装贸易整体情况及面临的内、外部贸易环境和发展动态进行了较为全面、客观的分析。主要内容包括:2004/2005年中国纺织品服装进出口回顾与展望,对主要出口市场(美国、欧盟、日本)、主要商品和部分敏感商品出口概况的总结和分析,国际贸易环境对我国内地纺织品服装出口的影响,产业结构和发展前景、全球营销网络建设以及技术/责任标准等存在的问题及对策。该报告还提供了大量中国、美国、欧盟、日本海关以及WTO统计数据,并对主要进出口商品的市场和企业进行排名。《中国纺织品服装对外贸易报告年鉴(2004/2005)》主要面向国内外的纺织服装生产、外贸企业、研究与咨询机构,以及各级政府管理部门和行业组织发行,希望能为读者提供决策和研究的依据。

实现我国纺织品服装出口健康稳定发展

中国纺织品进出口商会会长　王沈阳

虽然总有寒流袭来，但是春天的脚步毕竟无法阻挡。3月的北京，已是春意融融。

根据世贸组织《纺织品与服装协定》，2005年1月1日起全球纺织品贸易终于回归自由贸易体制，实现一体化，长达40余年的配额管理体制宣告终结。作为世贸组织成员，我国理应享受纺织品一体化的成果。同时作为一个多年来深受配额制度抑制的纺织品生产和贸易大国，在配额取消后，我国纺织服装出口潜能必将有一个短期释放过程，这是十分正常的、合理的。然而，一些国家出于对自身利益的保护，夸大后配额时代我国纺织服装的利益空间，进而采取种种措施限制，这是与WTO的根本宗旨和精神相悖的，也是不符合世界纺织品贸易自由化大趋势的。

作为一个负责任的大国，我国不仅有权利享有纺织品一体化成果，也同样有责任和义务维护并执行纺织品一体化成果。我们希望建立公平竞争的自由贸易环境，推动世界纺织业技术进步和共同繁荣。自2005年1月1日起，我国政府对部分纺织品征收出口关税；3月1日起我国实施敏感纺织品出口自动许可登记。采取这些政策措施，其目的在于促使我国纺织企业提升产业结构，在立足国内市场的同时，优化出口产品结构，加强自律，创造良好的贸易环境。单纯的数量增长不是我国纺织品出口追求的目标，抓住一体化机遇、实现纺织品出口的可持续发展才是我们的发展方向。

在后配额时代，我们要以符合市场经济规律的手段，加强对企业的服务，引导企业有序出口。作为中国纺织服装进出口领域最大的中介组织，中国纺织品进出口商会充分发挥行业组织联系政府与企业的桥梁纽带作用，在对外沟通交涉，开展合作与交流，维护企业正当权益方面发挥独特优势；在引导企业提高产品质量，转变出口增长方式，推动行业自律方面，我会也具有不可替代的作用。近年来我会在服务企业、维护企业权益方面做了大量的工作，取得了一定的成绩。四月，我会将公开出版《中国纺织服装对外贸易报告年鉴》，该报告研究和预测了后配额时代国际纺织品服装贸易环境，以翔实、准确的数据对大宗及部分敏感商品的出口进行了分析，并提供了大量统计数据和企业进出口排名。希望该报告对企业的进出口发展能够发挥指导和参考作用。

我相信，我国纺织品出口一定能够实现健康、稳定和可持续发展。

中国纺织品服装对外贸易报告年鉴

ANNUAL REPORT ON CHINA'S INTERNATIONAL TRADE IN TEXTILES AND CLOTHING

(2004/2005)

目 录

综 述 篇

大类商品篇

敏 感 商 品 篇

专家视点

行业、商会大事记

统计资料篇

企业排名篇

综述篇

2004 年：摩擦提前涌现　出口仍上台阶
2005 年：环境难以预见　风雨中求发展

中国纺织品服装对外贸易报告

2004 年：摩擦提前涌现　出口仍上台阶

一、配额取消引发的国际纺织服装贸易利益之争和贸易环境恶化提前显露。2004 年我国纺织服装对外贸易在困难中前行。

2004 年是实施纺织品配额的最后一年。这一年我国内地（以下简称我国或我）纺织服装业在国内外都备受瞩目，配额取消引发的各方利益的矛盾冲突和隐患已经显现。

从国外看，由于配额取消在即，国际纺织品贸易体制和格局将发生重大变化，我国因被国外某些组织和媒体夸大为后配额时代最大的赢家，从而成为国际纺织品贸易矛盾冲突的焦点，不同的利益方均将矛头指向我国。去年年初以来，来自 54 个国家的 96 个行业组织签署了《伊斯坦布尔宣言》，鼓动并要求延长现行配额体制，其主要意图在于遏制我国纺织服装竞争力。2004 年下半年，配额取消在即，美欧等加快了对我国纺织服装出口限制的步伐。美国早在 2003 年就对我国胸衣、袍服、针织布三种纺织服装实施设限，这三种纺织服装第一轮限制期限结束，随即又进入了新一轮“特保”程序。包括这三种纺织服装在内，美国以“市场扰乱”和“市场扰乱威胁”为由，连续受理了对我国多达 13 个类别的纺织服装设限申请；欧盟除继续推行区域优惠贸易政策外，还提前取消对我国纺织服装的普惠制待遇，并对我国 38 个类别实施“单独事先监控”，其目的是跟踪监控自中国进口纺织服装的数量和价格变化，为对我国纺织服装实施特保和反倾销提供依据；一些发展中国家也紧随其后，先后对我国纺织服装实施限制措施。2004 年 12 月 16 日，阿根廷政府宣布，对我国纺织服装实施严格的配额管理机制。紧接着 12 月 23 日，土耳其以“市场扰乱”或“市场扰乱威胁”为由，决定对来自中国 42 个类别的纺织服装实施保障措施，这 42 个类别包括 24 个当时仍受配额限制的类别。其他一些国家如印度、南非、秘鲁等先后对我国纺织服装实施反倾销和临时保障措施。

2004 年配额尚未取消，国际纺织服装贸易利益重新分配的博弈已提前展开。外部贸易环境的恶化使得配额取消对我国纺织服装业的好处正被逐步蚕食。从去年下半年开始，部分国外进口商由于担心 2005 年贸易政策的不确定性，对在我国采购持观望态度。而国内出口企业更是忧心忡忡，在是否接单的问题上面临两难选择。据了解，目前三个月以后交货的远期合同数量明显不如往年同期，存在外单流失现象。

从国内看，配额取消成为纺织服装行业投资热的最大成因，据统计，2004 年 1－7 月份整个纺织行业基本建设投资增速为 132.7%，是 2003 年同期增速的 1.5 倍。纺织服装出口企业一年间增长了 27.8%，达 38400 家。投资热导致出口竞争更为激烈，出口价格持续下滑，出口企业的利润空间一再受到挤压，并为外部贸易环境的进一步恶化留下隐患。

2004 年，我国纺织服装出口还面临了石油价格飙升、能源紧张、化纤原材料价格高企、棉花价格剧烈波动、运力成本增加和劳动力成本上升等困难和不利影响。棉花价格从 2003 年 12 月的 17300 元/吨，跌到 2004 年 12 月的 11314 元/吨，累计跌幅达 34.6%。暴涨暴跌的棉价使很多棉纺企业亏损严重,资金紧缺,陷入有原料不敢买,买原料不敢存的境地;而在化纤市场,由于石油涨价,涤纶短纤的价格自去年6月下旬开始攀升,从10330元/吨一直升到10月最高价格12350元/吨,而且首次创下涤短价格高于棉花价格20多天的纪录,最高价差达2000多元,居高不下的涤短价格削弱了纯涤纱的市场竞争力,限制了下游需求;国内生产用电紧缺也是去年一个比较突出的问题,部分纺织品主产地的开工率普遍不足,"停二开五"、"停三开四"的现象十分普遍。此外,由于多年来劳动力工资偏低,由此带来的劳动力短缺问题在部分地区已十分明显,劳动力成本优势正在逐渐消失。

尽管如此,面对困难,广大纺织服装出口企业积极进取,深挖潜力,不断提高产品质量。在2003年出口较高基数的情况下,2004年全国纺织服装进出口总额突破千亿美元大关,达1119.7亿美元;出口951.3亿美元,增长20.6%;顺差783亿美元,接近2003年全年出口水平。

二、2004年全国纺织服装进出口走势及特点

2004年,全国纺织服装进出口总额达1119.7亿美元,增长18.5%,占全国货物贸易的9.7%。其中出口951.3亿美元,增长20.6%,占全国货物贸易出口的16%;进口168.5亿美元,增长7.8%,占全国货物贸易进口的3%。实现顺差783亿美元,是全国货物贸易总顺差的2.4倍。

2004年全国纺织服装及相关产品进出口呈现如下特点:

1. 三季度形成出口高峰,进口最高值出现在年中及年底。

2004年各月进、出口金额图示

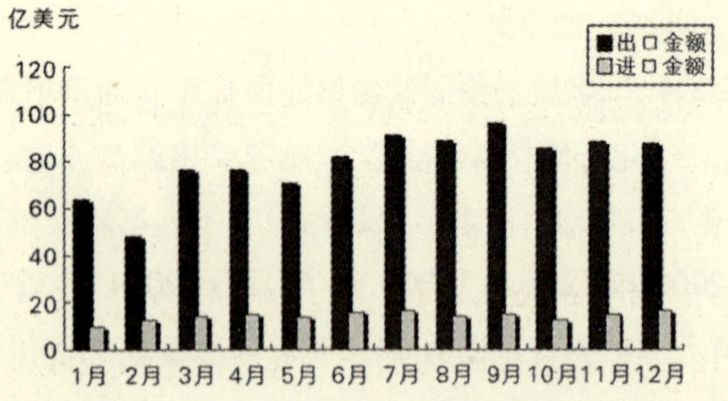

纵观全年,纺织服装出口在前三季度呈现阶段式增长,1-3季度月平均出口额分别为62.7亿美元、76亿美元和91.6亿美元。四季度有所回落,但月平均出口额仍高达86.7亿美元。各月进口变化不大,7月和12月的进口值为全年最高。

进、出口增长最快的月份分别为2月和3月,增幅都在30%以上。除2月外,其他各月出口的增速始终超过进口增速。

2004年各月进、出口同比图示

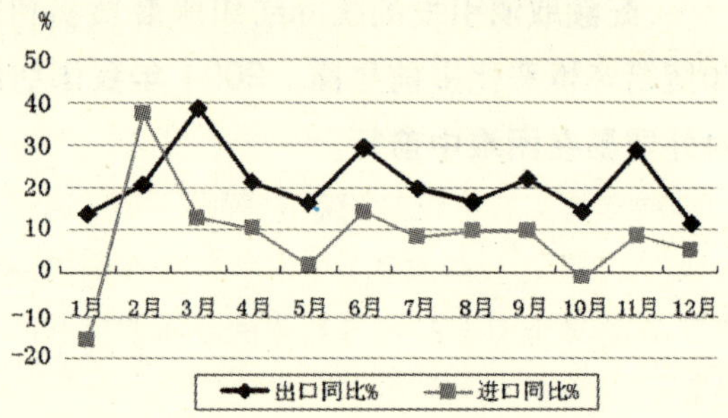

2. 累计出口突破950亿美元,5年间增长了近一倍。

2004年,我国纺织品服装贸易取得了前所未有的好成绩,累计进出口总额超过一千亿美元,几乎是5年前,即2000年的1.7倍,其中出口更是突破了950亿美元大关,达951.3亿美元,是2000年的1.8倍。进口变化不大,进口额比2000年仅增长了20%。

3. 贸易顺差达783亿美元,是全国货物贸易总顺差的2.4倍,强力拉动全国货物贸易实现进出口平衡。

2004年,纺织服装贸易实现顺差783亿美元,比上年增长23.8%。顺差额几乎与2003年全年的出口水平接近。其中纺织品顺差182亿美元,增长43%,服装顺差601亿美元,增长19%。纺织服装的贸易顺差成为一个新的亮点。

1-8月,全国货物贸易始终呈现累计逆差,在纺织服装贸易顺差的强力拉动下,至9月份才恢复为顺差,之后顺差的增长十分迅速。一年来,纺织服装给终为全国货物贸易实现顺差贡献着自己的力量,全年纺织服装的

顺差为全国货物贸易总顺差额的2.4倍。

4. 一般贸易进出口均实现两位数增长，高于加工贸易进出口增幅。

纺织服装一般贸易进出口近三年来始终保持较快增长。2004年纺织服装一般贸易进出口额已占全国纺织服装贸易总额的58%，其中出口占全国纺织服装出口的三分之二，进口占全国纺织服装进口的10%以上。纺织服装一般贸易进、出口累计实现增长29%和23%，增幅都超过全国纺织服装进、出口的平均水平。

纺织服装加工贸易出口增长14.3%，进口增长5.5%，低于全国纺织服装进出口贸易平均水平，其中来料加工增长相对更为缓慢。

5. 国有企业进、出口全面缩减，民营企业强劲发展。

近几年来，国有企业在纺织品服装贸易中的地位逐步下降。至2004年，国有及国有参股企业的出口额占全国出口总额的比重已减至35%，其中国有企业占比更是缩至8%左右。三资企业和民营企业的发展势头相当强劲，三资企业出口额占全国出口总额的比重为34.4%，民营企业更是在短短的三年内，将出口额占比迅速提高了15个百分点，达到31%，出口企业家数也增加了11000多家。从出口企业家数看，民营企业已经后来居上，超过了国有及国有参股企业和三资企业，居各类型企业之首。

主要类型出口企业出口占比情况

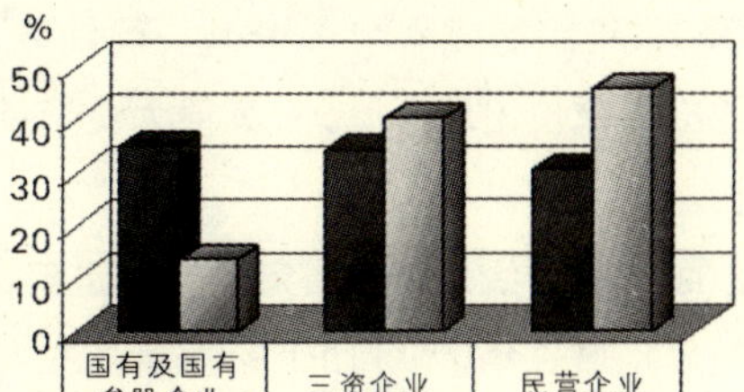

	国有及国有参股企业	三资企业	民营企业
出口金额占比%	35	34.4	30.6
出口家数占比%	13.7	40.3	45.8

同时，从发展趋势上看，国有及国有参股企业2004年进、出口全面下降，降幅虽不大，但已明显落后于增长迅速的三资和民营企业，三资企业进、出口分别增长9%和20%、民营企业进、出口分别增长48%和60%。

6. 对主要市场出口全面增长，部分发展中国家成为出口新的增长点。

中国香港、日本、欧盟、美国、俄罗斯是我国2004年纺织服装出口前五大市场，在我国出口总额中占到近三分之二的份额。我国对这几个市场的出口增幅都在10%以上。其中，俄罗斯超越韩国成为我国出口第五大市场，我国对其出口增幅高达55%。除此之外，对出口前40位的其他国家(地区)的出口也全部实现增长，且增速较快。南非、印度、哈萨克斯坦、罗马尼亚等发展中国家逐渐成为我国出口新的增长点，对这几个国家的出口增幅都在50%以上。

2004年12月中下旬，阿根廷和土耳其分别对我国纺织品服装进行设限，2004年，我国对阿根廷出口共计4347万美元，增长85.1%，对土耳其出口4.2亿美元，增长32%。

进口仍以日本、中国台湾、韩国和中国香港为主，其中仅自中国香港进口出现下降，自其他国家(地区)进口均保持平稳增长。

各主要出口市场占比情况

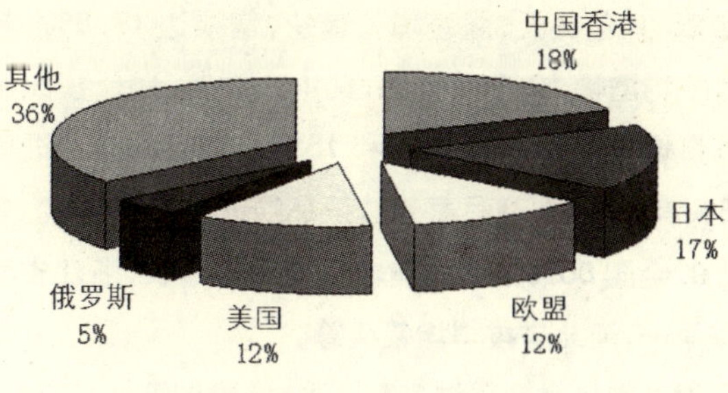

7. 纺织制成品和面料增幅较大，主要商品出口单价全面提升。

2004年，作为最主要的出口大类商品，服装成衣(不含衣着附件)实现了557.8亿美元的出口，占总出口的59%，同比增长17.6%，其中梭织服装、针织服装出口分别增长14%和24%；纱线出口44.1亿美元，增长15%，其中毛、丝、化纤制纱线均实现较快增长。2003－2004

年度,由于在棉花收购、流通的渠道中出现购销不畅、棉价大幅下跌等问题,导致棉制纺织品的生产和出口受到影响,尤其是作为初级产品的棉纱线的出口下降了3%。

面料和纺织制成品的出口分别增长24%和30%,增幅超过全部纺织服装的出口增幅,成为纺织品服装出口增长的新生力量。其中尤以丝、毛、化纤制面料以及制成品中的家用纺织品、工业用纺织品等商品的增长最为迅速。

各大类商品除在出口绝对量、值方面实现较快增长外,出口单价也都呈现良好的上升态势。具体商品中,除化纤纱线、地毯出口单价有所下降外,其他主要出口商品的单价全面提升。针、梭织服装的单价分别提升4%和8%、纱线提升5.6%、棉制面料和化纤制面料提升17%和9%。

8. 服装成衣进口增长最为迅速,面料进口额依然位居首位。

2004年,纺织服装进口168.5亿美元中,面料、纱线为最主要的进口商品,分别进口88.6亿美元和40.6亿美元,增长幅度分别为8.3%和3.3%,其中丝、毛、棉制的面料和丝纱线的进口增长最为迅速,增幅均超过10%。服装成衣和制成品的进口额分别达到12.8亿美元和26.2亿美元,服装增长最快,增幅达17.8%,超过进口平均增幅10个百分点,其中主要商品针、梭织服装的进口增长分别达到16%和15%。纺织制成品进口增长8%,其中主要商品家用纺织品的进口增长6%。

9. 全国80%以上的省市实现出口增长,浙江省稳居出口第一,河北省拔得增幅头筹。

浙江省自年初超过广东以来,稳居出口第一的位置,与广东、江苏、上海和山东分列全国出口前五名,五省市的出口额合计占全国出口总额的四分之三强,尽管东部沿海地区的成本优势不断缩小,加之下半年在珠三角等主产区出现了"民工荒"、劳动力、电力不足的问题,全国纺织品服装出口以东部沿海为主的格局仍然没有发生实质性的改变。

2004年,全国31个省市(不包括中国台湾及港、澳地区)中,仅有6个省市的出口下降,其他地区全部实现增长。其中河北省以62%的高增幅居全国增长之首。

进口大省广东、江苏、上海均保持进口增长,江苏增长较快,增幅超过20%。

三、主要出口省市进、出口特点

浙江省——出口额占全国五分之一,出口第一大省地位得以巩固。浙江省出口196.6亿美元,占全国出口总额的21%,增长26.6%,进口10.8亿美元,占全国进口总额的6.4%,增长12.8%。浙江省自年初成为全国出口第一大省以来,始终保持这一地位,全年出口额比第二名广东省超出18亿美元,增幅超广东省18个百分点,发展势头依然强劲。

浙江省出口以一般贸易为主,一般贸易出口额占全省出口总额的88%。2004年一般贸易出口增长25.8%,加工贸易出口增长32.3%,其中尤其是进料加工出口增长较为迅速。

近年来,浙江省的民营企业获得了前所未有的发展空间,三年间民营企业出口家数猛增了2000多家,占全国民营企业总数的21%。民营企业的出口额也占到了全省出口总额的44%,已经超过了国有及国有参股企业和三资企业,这在全国也是独一无二的。

浙江省的出口商品中服装成衣所占比例最大,但服装成衣的出口增长速度相比纱线、面料和纺织制成品却较为缓慢,出口额仅增长了15%,纱线增长49%、面料增长35%、纺织制成品增长43%。除纱线,主要是化纤纱线的出口单价出现下降外,其他大类商品的单价均保持增长。

面料和纱线是浙江省最主要的进口商品,2004年进口额分别增长8.7%和10%,服装成衣和纺织制成品的增长最为迅速,分别增长99%和30%。

欧盟、美国、日本、中国香港和阿联酋是浙江省最主要的出口市场,浙江对这几个市场的出口均实现了10%以上的增长,其中对美国增长近30%。非洲和拉美地区成为浙江近几年来新的出口增长点,对这两个地区的出口增长最为迅速，增幅分别为33.1%和50%。

广东省——进出口仍以加工贸易为主，对港澳地区出口持续快速增长。广东省出口178.6亿美元，占全国出口总额的18.8%，增长8.2%；进口76.2亿美元，占全国进口总额的45.2%，增长3.4%。

多年来，广东省一直是我国纺织品服装出口的第一大省，但由于2001年出口出现下降，后虽恢复增长，但增势始终无法与发展迅猛的浙江省相比，2004年1月即被浙江赶超，退居出口第二位。

广东省的进、出口均以加工贸易为主，近60%的出口和90%以上的进口来自于加工贸易。但2004年，其加工贸易出口增长7%、进口增长1.7%，均低于平均增幅，也低于一般贸易增幅。

广东省的进出口企业数居全国之首，2004年共有13000余家企业经营纺织品服装贸易，有近1万家企业有出口实绩，其中民营企业最多，达到4491家，占全国民营企业出口企业数的四分之一。2004年广东省的民营企业出口保持快速增长，增幅为43.7%，三资企业增长7%。

服装和面料是广东省出口的大宗商品，二者合计出口额占比达到80%以上。2004年各大类商品出口保持平稳增长，纺织制成品增长相对较快，增幅达到17%，服装成衣增长6%，面料和纱线分别增长9.9%和8.1%。大类商品的出口单价均实现小幅增长。进口最主要的商品纱线和面料合计进口额为59亿美元，占进口总额的78%，其中仍以棉及化纤制品为主。纱线进口微降0.4%，面料进口增长3.4%。

近年来，由于地缘优势及CEPA的推动，广东省的出口进一步向其第一大市场中国香港和其第五大市场中国澳门集中，对港、澳出口始终呈现持续、快速的增长，2002年-2004年3年平均增幅分别达到10%和34%，对这两个地区合计出口额已占到广东出口总额的65%。而对美国、日本及欧盟的出口势头减弱，2004年对美国出口仅增长2.5%，对日本下降1%，对欧盟，尤其是对东扩十国的出口下降迅速。

江苏省——对欧盟出口增幅超过全国平均水平，三资、民营企业出口增势强劲。江苏省出口149亿美元，占全国出口总额的15.7%，增长24.8%，进口19.4亿美元，占全国进口总额的11.5%，增长19.9%。

作为纺织工业基地，江苏省的出口以一般贸易为主，出口额占总出口的四分之三以上，出口额增长25%。加工贸易近年在江苏省发展也比较迅速，2004年加工贸易增长24%，进口增长19%。

三资企业和民营企业近年在江苏省快速崛起。至2004年，三资企业出口所占的份额已经达到38%，超过国有及国有参股企业，民营企业所占份额也占到了26%，2004年出口分别增长34%和56%，出口企业家数也分别增加了400家和900家。

服装成衣、面料是江苏省出口的主要商品，二者合计出口占全部商品出口的四分之三以上。2004年，江苏省出口各大类商品均实现增长，其中除纱线外，增幅都在20%以上。纱线、面料出口单价的增长也都在10%以上。江苏省是进口第三大省，以进口面料和制成品为主，棉制、化纤制面料、针织面料、工业用纺织品是主要进口商品。除服装成衣进口略有下降外，2004年，江苏省进口其他大类商品全部增长，其中纱线增长近50%。

日本、欧盟、美国、中国香港和韩国是江苏省出口的主要市场，对这几个市场均实现两位数增长，其中对欧盟增长28.3%，超过全国对欧盟出口的增长幅度，对欧盟东扩十国出口下降11.8%，为全国各主要出口省市中，对东扩十国出口下降最少的省份。

上海市——服装进口需求旺盛，对其第一大市场日本出口保持增长。上海市出口116.5亿美元，占全国出口总额的12%，增长17%；进口22.5亿美元，占全国进口总额的13.4%，增长13.1%。

同江苏省相似，上海也是我国重要的老工业基地，拥有纺织生产所需的一系列配套设施和固定的原料供应渠道，生产和出口一直保持平稳的增长。70%以上的出口通过一般贸易实现。

国有及国有参股企业作为出口的中坚力量，所占份额近年在上海也有逐步缩减的趋势,2004 年,上海有出口实绩的国有及国有参股企业减少了 30 家,而同期民营企业增加了近 700 家,企业家数的一增一减之间,使国有及国有参股企业所占份额比 2003 年减少了 6.4 个百分点。

服装成衣和纺织制成品在上海出口中所占的比重达到 83%,其中纺织制成品出口增长最为迅速,增幅接近 30%,工业用纺织品、家用纺织品等成为新的出口增长点。

面料是上海进口的主要商品,棉制、毛制、化纤制的面料进口均实现增长;近几年上海对进口服装成衣的需求持续增长,三年间服装成衣进口额增长了近两倍。

日本占据了上海出口市场三分之一的份额,对日本的出口近年来始终保持着稳定的增长,2004 年对日出口增长 15%,对其他主要市场美国增长 20%、对欧盟增长 15%、对中国香港增长 12%。

山东省——一般贸易、加工贸易出口各占半壁江山,对俄罗斯出口增势迅猛。山东省出口 88.7 亿美元,占全国出口总额的 9.3%,增长 19%;进口 14.2 亿美元,占全国进口总额的 8.4%,增长 7%。

一般贸易和加工贸易在山东省的出口中各占一半,2004 年山东省加工贸易出口增长 21.4%,快于一般贸易 17% 的增长。

山东省民营企业出口额增长 47%,出口企业家数增加了 750 余家。

服装成衣和纺织制成品是山东省出口最主要的商品,服装成衣占出口总额的一半,出口额实现 19% 的增长;纺织制成品出口额实现 17.6% 的增长,其中家用纺织品占到 60%,出口增长 16%。服装和纺织制成品的出口单价与去年基本持平,纱线、面料出口单价实现增长。

山东省进口以面料为主,其中棉制、化纤制面料和针织面料进口最多,但进口增长不快。进口量相对较小的丝制面料、麻制面料 2004 年进口增长迅速。

日本和韩国历来是山东省的出口主要市场,二者合计占山东省出口 40% 以上的份额。2004 年,山东对日本、韩国的出口分别增长 15% 和 12%,增长平稳。俄罗斯作为山东省第六大出口市场,近年与山东省的贸易发展十分迅速,连续两年对俄出口增幅都超过 50%。

四、我国纺织品服装进出口持续增长的推动力

经过 2003 年的持续增长之后,2004 年我国纺织品进出口贸易的发展势头并未放缓,出口依然保持了 20% 以上的增长。虽然面临相当多的困难和不利因素,但整体上由于世界经济继续向好,国际市场对纺织品服装产品需求旺盛,国内经济发展良好,以及部分配额取消等众多有利因素成为我国纺织品服装进出口持续增长的推动力。

1. 国内经济保持平稳较快发展的良好势头,为企业的发展提供了较好的环境。

据国家统计局数据,2004 年,我国国内生产总值增长 9.5%。工业生产平稳增长,企业效益继续改善。全年工业增加值实现 62815 亿元,同比增长 11.5%。规模以上工业企业实现利润总额 11342 亿元,首次突破 1 万亿元,同比增长 38.1%。良好的经济发展势头为企业的发展提供了较好的环境。

2. 世界经济加快复苏,扩大了纺织品出口增长的空间。

2004 年,世界经济加快复苏,据国际货币基金组织及世界银行的预测,2004 年世界经济增长率将达到 5% 左右,是过去 30 年来的最高纪录。美、日、欧三大经济体的增长率普遍提高。受石油价格上涨的影响,虽然 2004 年第三季度增长率有所放慢,美日欧全年增长率仍分别可达到 4.3%、3.9% 和 1.8%。强劲的经济复苏使得美日欧均程度不同地摆脱了通货紧缩的威胁,带动消费指数上升。据美国商务部 1 月 31 日公布的报告显示,美国经济增长的主要动力、约占国内生产总值三分之二的个人消费开支 2004 年增加了 6.1%,为近四年来最大增幅。世界经济复苏步伐加快带动了国际贸易增长,世界贸易组织最近预测,2004 年国际贸易将增长 8.5%。从三大纺织服装市场情况看,2004 年都实现了一定幅度的

增长。2004年美国纺织品服装进口同比增长7.7%（美国海关统计），日本增长了10.87%（日本海关统计），2004年1-9月欧盟（15国）从盟外进口增长了14.27%（欧盟海关统计）。

3. 出口退税机制改革使出口欠退税问题基本解决，出口企业资金状况明显改善。

据国家税务总局的数据，截至去年11月底，全国累计办理历年拖欠的出口欠退税2001亿元，历年欠退税的“老账”已经全部还清；同时累计办理2004年新发生退税1881亿元。出口退税新政的实施，缓解了出口企业的资金压力，改善了企业的财务状况，为纺织品服装出口提供了动力。

美元汇率的持续走低，也在一定程度上带动了纺织品服装的出口。

4. 产能的扩张和外贸登记制的实施，进一步激发出口的活力。

2005年配额的全部取消带动了纺织行业的投资热潮，进一步扩大了纺织服装业的产能。此外，从2004年7月1日起，全面实行外贸经营权登记制，更多的企业进入国际市场，进一步释放了民营企业、股份制企业发展外贸的活力。

5. 面对国外严峻的贸易环境，纺织服装企业走向成熟，空前团结，积极应对国外设限和反倾销，取得可喜成果。

2001年日本对我国毛巾出口进行设限调查，出口企业在商务部的支持下，在中国纺织品进出口商会的组织协调下，团结协作，有序出口，使毛巾对日出口在保持数量平稳增长的同时，价格上扬，最终迫使日本政府放弃设限，开创了纺织品贸易摩擦中以行业自律取胜的首个案例。近几年随着纺织品贸易摩擦的增多，企业维权意识、全局观念大为提高。2004年欧盟对我国35类化纤布进行反倾销调查，56家企业在中国纺织品进出口商会的组织下积极应诉，最终有23家企业获得市场经济地位。纺织服装行业在应对国外设限、反倾销等贸易壁垒的过程中，还形成了政府、驻国外经商参处、行业组织和出口企业四体联动的有效模式，大大提高了应对效率。

面对日益严峻的国际贸易形势，在商务部的大力支持下，在中国纺织品进出口商会等行业组织的积极推动和倡导下，纺织服装出口行业于近期就行业自律达成广泛的共识，第一次提出加强行业自主管理的呼吁。行业自律意识的觉醒和提高，为后配额时代我国纺织服装业健康持续发展提供了重要的保障。

2005年：环境难以预见　风雨中求发展

经过漫长的等待，长达四十多年的纺织品配额制度终于走向终结。虽然配额枷锁已被解除，但纺织品贸易真正自由化并不能如期到来。一些发达国家的纺织服装产业几十年来依赖配额制度的保护，不注意自身产业结构的调整，竞争力低下，配额取消后，又寄希望于贸易保护主义，掀起打压遏制我国纺织服装出口浪潮。外部贸易环境的恶化在2004年已初露端倪，并将对今年我国纺织品出口带来较大影响。此外，今年国内宏观经济背景、相关管理政策和与行业相关的因素，如棉花价格、能源、汇率等都将左右我国纺织品出口走势。因此，预计2005年国际国内形势总体上仍具备支撑纺织品服装外贸发展的基本条件，但发展环境会比2004年趋紧，困难和挑战将是严峻的。

一、配额的全面取消、我国经济持续较快发展、产业竞争力的不断提高和政策的支持将继续成为推动纺织服装出口的有利因素。

1. 配额全面取消，主要产品出口将不受限制。

根据ATC协议规定，2005年1月1日，纺织品配额全部取消，这毋庸置疑是最大的利好，被抑制多年的我国纺织服装生产和对外贸易能力将得到一定程度的释放。此外，2005年初我国将取消蚕丝类商品的出口核定公司经营管理，同时取消坯绸和部分蚕丝类商品的出口配额许可证管理。

2. 世界经济增长虽有所减缓，但仍将继续增长，我国对外贸易仍有较大的增长空间。

由于原油价格居高不下,全球通胀压力趋升,美联储加息可能影响经济增长步伐,欧元区经济发展不平衡以及欧元坚挺和内需增长势头较弱,亚洲一些国家和地区的经济发展可能略有放慢,预计2005年世界经济增速较2004年减缓。据国际货币基金组织最新预测,2005年世界经济增长率将由2004年的5%左右降至4.3%,稍低于原先的预测。总体看来,尽管2005年世界经济增速低于2004年,但4%左右的增幅仍属增长较快的年份,我国对外贸易仍有较大的增长空间。

3. 宏观调控见成效,中国经济将保持较快增长。

2004年宏观调控的成果和经济发展取得的成绩,为2005年继续抓住战略机遇期、促进经济平稳较快发展奠定了基础。展望2005年,国民经济仍处于新一轮增长周期的上升期,经济自主增长能力进一步增强,国民经济发展可望继续保持速度平稳较快、物价温和上涨的和谐势头。

4. 国际投资趋于活跃,世界纺织产业向中国转移的势头有望保持。

2004年上半年,跨国公司国际投资的先行指标——全球跨国并购金额增长了3%,这是2001年以来该指标的第一次上升,扭转了国际直接投资连续三年不断下降的趋势。预计2005年跨国投资活动将更趋活跃,发达国家向发展中国家转移生产能力和拓展市场的势头不减,加上配额全部取消,将吸引更多的国外资金投向我国的纺织服装业,这将有利于整个产业的结构调整和技术改造。

5. 完整的产业链和快速良好的服务能力,使我国纺织服装业在全球具有竞争优势。

从产业角度看,我国纺织服装具有纺织、印染、成品生产等一系列最完整的产业链,且生产效率高,产品质量好;纺织服装业整体配套能力强,在主要加工产业区内可以解决包括机械设备零部件、服饰配件在内的原料供应;产品区域化特征明显,全国已形成数十个各具特色的纺织面料、服装、家用纺织品的生产、销售基地。我国纺织品服装企业具备快速反应、优良服务的能力,可以在最短的时间内生产出任何数量、品种的产品,符合后配额时代进口商采购纺织服装产品的要求并在全球范围内首屈一指。

此外,从2005年1月1日起,部分纺织品出口将征收从量税。对此我们应辨证看待。从表面看,出口税的征收会增加出口成本,但另一方面将有利于缓减欧美贸易制裁,避免企业恶性竞争,促使企业提高产品附加值,转变以量取胜的方式,推进可持续发展。

二、贸易环境恶化、贸易秩序堪忧,我国纺织服装出口面临严峻挑战。

2005年配额取消后,美欧等将进一步利用我加入WTO中的承诺条款(纺织品特保、一般产品保障措施及市场经济地位),限制我纺织服装出口。而一些发展中国家也不会等闲视之。贸易环境进一步恶化已在意料之中。与此同时,由于不再有出口管理约束,国内出口经营秩序堪忧,低价竞销、无序竞争,将使我国纺织服装对外贸易面临恶性循环。总之,贸易环境的不可预见性和不稳定性呈上升态势,2005年我国纺织服装出口将受其严重困扰。

1. 美欧等贸易政策走向将成为2005年影响我纺织服装出口的首要因素。

美国、欧盟是我纺织品服装出口的主要市场,占我纺织服装出口的近30%。可以预计,2005年美欧将加大对我纺织服装出口的限制力度。美欧贸易政策走向将成为今年影响我纺织品服装出口的首要因素。

2004年,美国政府实施和受理了其业界基于"市场扰乱"和"市场扰乱威胁"提出的对我袜子、裤子、衬衫等13个类别的纺织品设限申请,这13个类别中,包括当时尚未放开配额的产品如袜子、裤子、衬衫和内衣等,还包括刚刚受限到期的针织布、袍服和胸衣。但美国纺织业界并不就此罢休,近期加大了游说力度。2004年12月15日,就在中国政府宣布将对部分出口纺织品征收关税之后两天,美国全国纺织组织总会(NCTO)即发布声明称，中国裤子、衬衫、内衣和其他服装的出口价格比美国生产商价格低76%，比其他出口国的同类产品低58%，如果美国政府不实施纺织品特保措施，2005年中国产品将涌入美国。该组织呼吁，“政府必须站出来与中国进行较量”。在2005年1月26日的“全球公平纺织品贸易联盟”峰会上，该组织再提“中国威胁论”，并声称“美国纺织产业正面临危急关头，政府必须尽快重新采取特别限制措施以保护本国产业”。

欧盟方面，除了继续加大推行环地中海区域优惠贸易政策外，还将提前取消对我国纺织品的普惠制待遇，对我国纺织品的关税税率将由目前的9%提高至12%。今年1月7日，欧盟正式启动对华纺织品进口监测体系，其目的是有效地跟踪监控中国纺织品进口数量和价格的变化，并修改法律，简化反倾销调查程序，降低反倾销调查门槛，随时对我纺织品启动特保和反倾销措施。可以推测，欧盟很有可能较多地使用反倾销手段，这一做法无疑更具杀伤力。

同时，我们注意到，对我纺织品进行设限有从发达国家向发展中国家蔓延的趋势，并有多边化的倾向。

土耳其作为我在欧盟市场强有力的竞争对手，为了保住配额取消后其在欧盟市场的利益，竟于2004年12月23日发布公告，决定以“市场扰乱”或“市场扰乱威胁”为由，对来自中国多达42个类别的纺织品实施保障措施，这42个类别包括24个当时仍受配额限制的纺织品类别。此前，土耳其已先后对我含金属纱线、聚亚氨酯和起绒机织物进行反倾销或反倾销调查，涉及金额约9600万美元。土耳其的做法在发展中国家中具有较大的负面示范作用。

此外，其他一些我主要竞争对手如印度及东南亚国家、墨西哥及中南美国家及中东欧国家为了保护自己的利益，也采取种种措施和手段，对我纺织服装出口设置障碍。《伊斯坦布尔宣言》虽然没有得到世界贸易组织的认同，但其签署者遏制我纺织品出口的企图并不会就此打住。2005年1月26日，《伊斯坦布尔宣言》签署者组成的“全球公平纺织品贸易联盟”在华盛顿召开峰会，26个国家的行业代表和政府官员参加了会议。会议目的是协调国际立场，应对配额取消后导致的危机。“全球公平纺织品贸易联盟”呼吁采取八项行动，其中第一条就是要求各国政府，尤其是美国、欧盟和加拿大政府，应该立即有效地使用对华纺织品特保条款，以防止中国垄断世界纺织服装贸易。从此次峰会的参加人员看，26个参加国中，有多达22个国家的驻美使馆官员参加，仅有8个国家的行业组织代表参加会议，显示出伊斯坦布尔宣言签署国今年的游说重点已转向各国政府。

由于美欧贸易政策的导向，一些进口商为了分散贸易风险，明确表示不会增加在我国的采购，有的甚至将部分定单转移到其他国家。国内企业更是忧心忡忡，在是否接单的问题上面临两难选择：接单吧，害怕出货太迟，遭遇封关打击；不接单，则意味着停工停产。他们更担心的是，受美国特保的产品很可能在今年上半年就用完全部出口数量定额，下半年许多企业将要面临开工不足，甚至无事可干的局面。而且企业间为了争先出口而不惜低价竞销将不可避免，由此引发的经营秩序混乱不但危及企业利益，而且引起恶性循环，损害行业的长远发展。

2. 美欧加紧扩大区域性贸易优惠安排，将削弱我国纺织品服装出口竞争力，挤占我纺织品服装的市场份额。

纺织品配额取消后，关税将成为各国出口产品是否具有竞争力的决定因素。美欧通过贸易优惠安排如免关税等手段来对贸易流向施加影响，而我国将被排斥在优惠政策之外，这样势必削弱我国纺织服装出口竞争力，挤占我纺织服装的市场份额。

继北美自由贸易协定（NAFTA）、加勒比盆地贸易伙伴法案（CBTPA）、非洲机遇与增长法（AGOA）之后，美国于近年来加快了对外优惠贸易安排的步伐，仅2004年上半年，美国即与澳大利亚、巴林、萨尔瓦多等中美洲五国、摩洛哥分别签署了自由贸易协定。2003年签署的美国－新加坡自由贸易协定、美国－智利自由贸易协定也于2004年初生效。按照美国的设想，2005年将建立整个美洲的自由贸易区，到2013年，将建成美国－中东自由贸易区。自由贸易协定的签署使这些国家的产品得以免税、免配额进入美国市场,有利于这些国家对美纺织品服装出口的增长,同时也必然会削弱我纺织服装的竞争力,挤占我国产品在美国的市场份额。例如,墨西哥和中国对美国出口的牛仔裤,虽然从 FOB 出口价来看,中国比墨西哥每件服装低 1.21 美元,但在进口时,中国每条牛仔裤要缴纳 1.8 美元的关税,因此从到岸价看,中国产品成本反而比墨西哥产品高 0.59 美元/件。

欧盟出于对中国纺织品服装大量涌入的担心,出台了一系列为扶植保护其纺织服装工业的政策措施,包括在 2005 年建立欧盟地中海沿岸国家纺织品自由流通区等。目前,欧盟正在与地中海沿岸国家进行贸易谈判,争取建立一个自由贸易区。自由贸易区建成后,欧盟与沿地中海国家间的纺织服装贸易将完全免税,两个地区的产业合作会更为紧密。事实上,目前欧盟纺织品一半以上出口到沿地中海国家,其中主要是纺织面料;而沿地中海国家纺织服装的 95% 以上都出口到欧盟。这就意味着欧盟已经与沿地中海国家形成了一个分工协作的产业链,欧盟将其占有技术优势的纺织面料出口到地中海国家,利用当地便宜的劳动力加工生产,再返销至欧盟。此外,欧盟还正在与非洲、加勒比和太平洋地区国家以及南方共同市场国家进行自由贸易谈判。通过这些区域性的贸易优惠安排,我国的纺织品服装竞争对手们就可以得到更多的竞争优势,而在一定程度上限制了我纺织品服装对欧盟的出口。

3. 环保、安全等技术壁垒和社会责任标准将成为美欧限制我纺织品出口的又一利器,由于这些贸易保护措施与单纯的数量限制相比,隐蔽性强,危害性大,应引起高度重视。

4. 国内国际竞争趋于白热化,恶性竞争的态势将加剧。

我国从事纺织品服装出口的企业在三年间增长了 82%,目前已达 3.84 万家,有限的市场容量和高速增长的企业数量导致企业的竞争加剧。少数企业低价竞销,不仅损害了行业的利益,也破坏了我国纺织服装业在国际上的形象和声誉,影响十分恶劣。可以预计,由于配额取消后留下的管理真空,恶性竞争的态势将会加剧。

另一方面,为了在配额取消后的国际纺织品贸易中争取更大利益,许多国家都在积极准备。为增强后配额时代的竞争力,印度政府宣布对棉花、天然纤维机械等实行中央增值税减免,并增加对技改资金的投入。巴基斯坦、土耳其等国纷纷扩大在纺织业方面的投资,以应对竞争。越南作为亚洲后起的纺织品出口大国,已成为我在美国、欧盟市场的重要竞争对手,其潜力不可小视,虽然至今尚未加入 WTO,但将得到欧美的格外关照。

可以预见,我国企业的外部竞争将达到新的高潮。

5. 人民币汇率走势对纺织服装业的影响不可小视。

据摩根大通近期发布的中国经济研究报告显示,人民币若升值,纺织业受到的影响将首当其冲。该报告认为,整体来看,纺织业的净利润率一般会比消费品业低好几个百分点,这样一来,能够用于抵消货币升值影响的利润寥寥无几。此外,人民币升值还将增加纺织业的劳动力及固定成本,因此纺织业有可能被逼提高产品价格,而一旦价格上升,就有可能失去部分市场份额。

6. 煤、电、油、运供需矛盾依然突出。

据国家发改委的分析,目前我国经济正处于新一轮增长周期的上升期,较快的煤电油运供给已经赶不上增长更快的需求。尽管国家加大了对能源和交通等薄弱环节的投入,但建设需要有一个周期,煤电油运供需紧张的矛盾难以在短时间内完全解决。因此企业将继续面临运力不足,煤电油紧缺,成本上升的困难。

总之,2005 年我国纺织品对外贸易在面临机遇的同时,也面临严峻的挑战。综合考虑各种因素,初步预计,2005 年我国纺织服装出口仍将保持平稳增长,全年出口有望超过千亿美元。

(执笔:朱宇星　梁世瑜)

2004年美国纺织品服装进口概况及分析

中国纺织品进出口商会梭织服装、针棉织品分会

一、美国从全球进口纺织品服装概况

1. 纺织品服装进口持续了近年来量增价跌的趋势

近年来美国纺织品服装（指MFA项下，下同）进口数量和金额总体上保持稳定增长，仅在2001年出现微弱下降，而价格则是一路走低。2004年美国进口数量和金额创历史最高，价格降至最低。

据美国商务部纺织品服装办公室公布的数据（下同），2004年美国从全球进口466.3亿平方米、828.4亿美元，比2003年分别增长10.42%和6.99%，进口平均单价1.78美元/平方米，同比下降3.11%。

近年来美国从全球进口纺织品服装变化趋势图

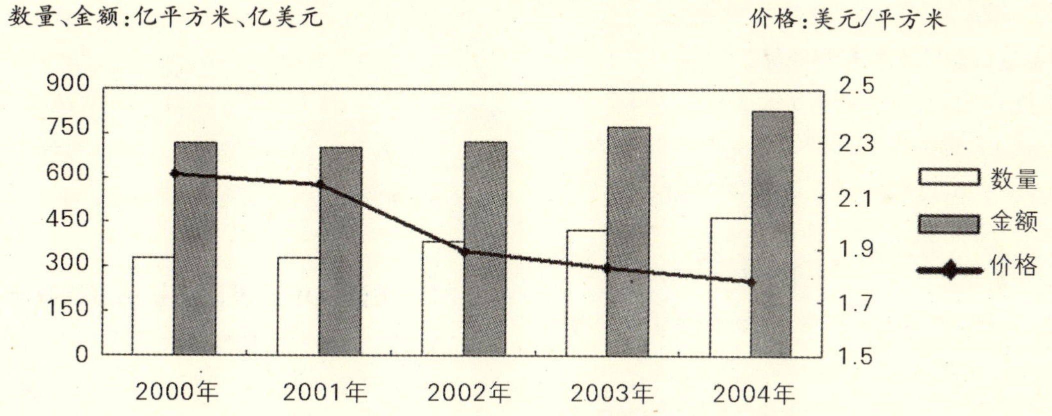

2000年—2004年美国从全球进口纺织品服装统计

数量单位：亿平方米　　金额单位：亿美元　　价格单位：美元/平方米

年度	进口数量		进口金额		平均单价	
	进口数量	比上年±%	进口金额	比上年±%	平均单价	比上年±%
2000	328.6	14.85	716.9	12.47	2.18	-2.07
2001	328.1	-0.16	702.4	-2.03	2.14	-1.87
2002	382.9	16.69	721.8	2.77	1.89	-11.93
2003	422.3	10.29	774.3	7.27	1.83	-2.73
2004	466.3	10.42	828.4	6.99	1.78	-3.11

数据来源：美国商务部纺织品服装办公室

2. 服装进口数量和金额稳定增长,价格微升

2004年美国进口服装196.5亿平方米、643.2亿美元,分别增长4.18%和5.16%,占美国纺织品服装进口总量和总额的42.15%和77.64%,平均单价3.27美元/平方米,比2003年略升0.94%。

其中,棉制服装进口109.3亿平方米、369.5亿美元,占服装总进口的55%以上,基本与2003年持平;化纤制服装进口76.4亿平方米、204.5亿美元,占服装总进口的30%—40%左右,比2003年有所增长,但价格略有下降;毛制服装在服装总进口中的比例较小,但价格达到14.91美元/平方米,比2003年上升5.93%,在各大类服装中价格升幅最大;其他材料制服装在服装总进口中的比例也较小,但进口数量和金额的增幅分别达到31.28%和25.95%,在各大类服装中增幅最大。

3. 纺织品进口增长较快,价格略降

2004年美国进口纺织品269.8亿平方米、185.3亿美元,分别增长15.46%和13.86%,占美国纺织品服装进口总量和总额的57.85%和22.36%,平均单价0.69美元/平方米,下降1.39%。

其中,家用纺织品进口142.3亿平方米、112.6亿美元,占纺织品总进口的50%—60%,数量和金额分别增长22.71%和17.85%,但价格下降了4%;面料进口92.4亿平方米、56.2亿美元,占纺织品总进口的30%以上,增长较平稳;纱线在纺织品进口中所占比例较小,但量价齐升,进口数量、金额和价格的增幅分别为15.46%、25.84%和9.16%。

4. 进口来源集中在东亚、北美、南亚、东南亚等地区

2004年美国纺织品服装进口来源国(地区)仍集中在东亚、北美、南亚、东南亚等地区。其中,中国继续稳居美国进口来源国第一位,数量增幅达40.7%,远高于其他来源国,所占份额进一步上升至25%,比排名第二的墨西哥高16.2个百分点。除中国外,美国从柬埔寨、印度、危地马拉、印度尼西亚和巴基斯坦的进口增长10%—20%,而自菲律宾、萨尔瓦多的进口则下降了10%左右,从洪都拉斯、土耳其及中国台湾、中国香港等的进口也出现了下降。

2004年美国纺织品服装进口来源国(地区)分布图

(按进口数量占进口总量的份额统计)

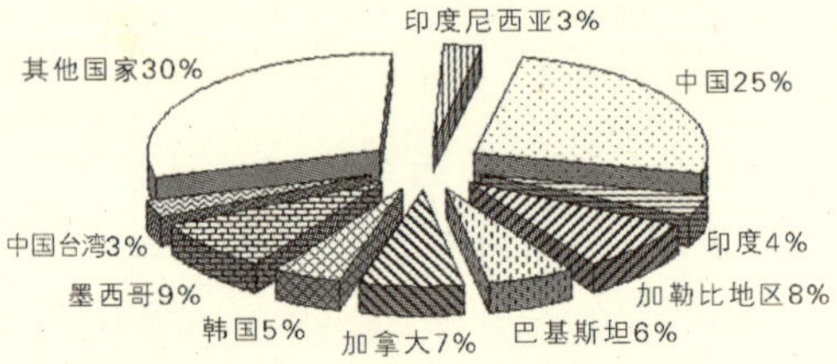

5. 一体化类别进口增长较快,价格下降

2004年美国从全球进口一体化类别(指取消或部分取消配额的纺织品服装类别)261.4亿平方米、238.5亿美元,比2003年分别增长了18.48%和15.70%,价格进一步下降2.34%。其中,进口增幅较大的类别包括:851类(夜衣、睡衣)、858类(领饰)、842类(短裙)、835类(女式外衣),数量增幅在100%—250%之间,另外847类(裤子)的数量也增长了75%。

二、美国从中国进口纺织品服装概况

1. 进口数量和金额增幅回落,价格降幅减缓

2002年部分类别取消配额以来,美国从中国进口纺织品服装的数量和金额持续大幅增长,价格显著下降。2004年美国从中国的进口仍量增价跌,但数量和金额增幅有所回落,价格降幅继续减缓。

2004年美国从中国进口纺织品服装116.6亿平方米、145.6亿美元,分别增长40.74%和25.38%,占美国纺织品服装进口总量和总额的25.02%和17.57%,单价下跌10.92%至1.25美元/平方米,比全球平均单价低53美分。

2. 服装进口保持较快增长,价格小幅下降

2004年美国从中国进口服装29.7亿平方米、89.2亿美元,分别增长29.74%和22.97%,占美国服装进口总量和总额的15.12%和13.88%,单价下跌5.22%,每

近年来美国从中国进口纺织品服装变化趋势图

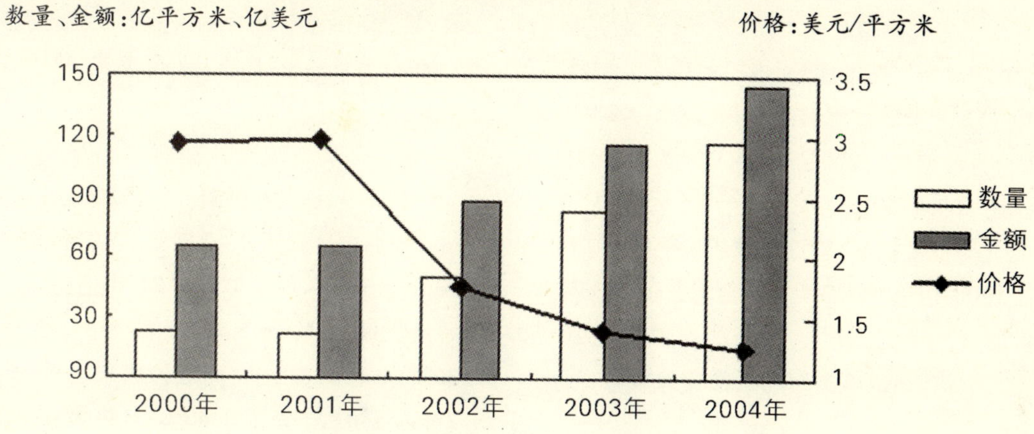

2000 年—2004 年美国从中国进口纺织品服装统计

数量单位:亿平方米　　金额单位:亿美元　　价格单位:美元/平方米

年度	进口数量		进口金额		平均单价	
	进口数量	比上年 ±%	进口金额	比上年 ±%	平均单价	比上年 ±%
2000	22.2	8.96	65.3	6.50	2.94	-2.25
2001	22.1	-0.33	65.4	0.14	2.96	0.46
2002	49.6	124.51	87.4	33.78	1.76	-40.41
2003	82.9	66.98	116.1	32.76	1.40	-20.49
2004	116.6	40.74	145.6	25.38	1.25	-10.92

数据来源:美国商务部纺织品服装办公室

平方米价格比全球平均单价低 27 美分。各大类服装进口数量和金额全面增长,其中其他材料制服装增长最快,但除毛制服装外,其他服装价格普遍下降。

3. 纺织品中家用纺织品进口量增价跌较为明显

2004 年美国从中国进口纺织品 86.9 亿平方米、56.3亿美元,分别增长 44.95%和 29.41%,占美国纺织品进口总量和总额的 32.23% 和 30.39%,单价下跌 10.72%,每平方米价格比全球平均单价低 4 美分。其中,纱线量价齐升,而面料和家用纺织品则是量增价跌。尤其是家用纺织品,进口 77.3 亿平方米、50.6 亿美元,增幅分别为 47.17% 和 30.19%,而价格下降了 11.54%,因其占美国从中国进口纺织品的近 90%,因此带动整个纺织品量增价跌。

4. 一体化类别进口大幅增长,价格高于全球平均单价

2004 年美国从中国进口一体化类别 104.8 亿平方米、105.9 亿美元,比 2003 年分别增长 47.30% 和 35.16%,增幅比美国从全球进口一体化类别的增幅高 20 个百分点以上。从中国进口数量占一体化类别进口总量的 40.10%,金额占 44.39%,每平方米价格比从全

球进口平均单价高出近10美分。

5. 敏感类别进口总体上比较正常

2004年美国从中国进口敏感类别(注:敏感类别是指美国已实施纺织品特别限制措施、或已受理其业界提出的设限申请的13大类纺织服装产品)金额合计23.3亿美元。因大部分敏感类别2004年尚未取消配额,因此数量增幅大多在10%—30%之间,裤子还出现明显下降,只有部分取消配额的袜子(美国已重新设限的11个税号),增幅在150%以上。从占美国自全球进口的比例来看,从中国进口的袍服、胸衣、袜子的份额已达到25%—40%左右,而其他敏感类别的份额普遍较小,有的不足1%。

三、美国从其他主要供应国(地区)进口纺织品服装概况

1. 从墨西哥、加拿大进口呈相对下降趋势

作为北美自由贸易区的成员国,墨西哥和加拿大一直是美国纺织品服装进口的主要来源国,但近年来两国在美国进口中所占的份额逐渐下降。2004年美国从上述两国分别进口77.7亿美元、30.6亿美元,分别下降了2.14%和1.77%,所占份额下降至9.38%和3.70%,在美国进口总额中的排名分列第二和第五位。2004年墨西哥量增价跌较为明显,但在纱线及服装、尤其是裤子和针织衬衫等的进口数量和金额方面,仍具有较大的优势。

2. 从中美洲和加勒比地区的进口基本与上年持平

由于美国纺织业对外转移和优惠贸易安排的促进,中美洲和加勒比地区近年来成为美国纺织品服装进口的重要来源之一,2004年进口额96.6亿美元,基本与2003年持平,所占份额略降至11.67%。洪都拉斯、多米尼加、萨尔瓦多、危地马拉等4个国家均跻身美国进口前20大来源国之列,其中洪都拉斯排名已升至第十位。2004年美国从尼加拉瓜、海地、危地马拉的进口呈现较快增长,其中从尼加拉瓜的进口增幅达23%,而从牙买加、哥斯达黎加和巴拿马的进口则出现较明显的下降。中美洲和加勒比地区的优势集中在服装加工业,从整体上看,其在美国进口服装总额中所占的比例甚至超过中国,尤其是针织衬衫、内衣、裤子、胸衣、袜子等产品,优势相对突出。

3. 从东亚地区的进口总体保持稳定

中国香港、韩国和中国台湾在2004年美国纺织品服装进口排名中分列第3、第8和第13位,进口额分别为39.6亿美元、25.8亿美元和21.0亿美元。其中,从中国香港的进口数量下降、金额上升,带动价格上升7.30%;从韩国的进口量增价跌较为明显,数量上升9.72%,而价格下降了8.43%;从中国台湾的进口出现小幅下降,价格基本稳定。在美国进口来源中,中国香港在服装方面名列前茅,韩国、中国台湾在面料方面排名比较靠前。

4. 从南亚地区的进口增长较快

近年来,南亚地区的印度、巴基斯坦、孟加拉国、斯里兰卡等国家纺织服装业发展较快。为分散贸易风险,美国采购商在这一地区投入了相当一部分订单。2004年,美国从印、巴、孟三国分别进口36.3亿美元、25.4亿美元和20.6亿美元,比2003年分别增长13.07%、14.60%和6.20%,三国在美国总进口中分列第四、第九和第十四位。其中,印度和巴基斯坦在家用纺织品方面具有较强的竞争力。

5. 从东南亚地区的进口稳定增长

东盟是美国纺织品服装进口的主要来源之一,近年来美国从越南、印度尼西亚、泰国等国家的进口持续稳定增长。2004年美国从上述三国进口27.2亿美元、26.2亿美元和21.9亿美元,增幅在6%—10%左右,三国在美国总进口中分列第六、第七和第十二位。其中,越南和印度尼西亚在裤子、衬衫等普通服装上较有优势,泰国在内衣及胸衣上较有优势。另外,美国从菲律宾的进口明显下降,而从柬埔寨的进口则呈现较快增长。

表 3:2004 年美国从其他主要供应国(地区)进口纺织品服装统计

数量单位:亿平方米　　金额单位:亿美元　　价格单位:美元/平方米

地域	国家(地区)	进口数量			进口金额			平均单价	
		数量	比 03 年 ±%	份额%	金额	比 03 年 ±%	份额%	价格	比 03 年 ±%
北美	墨西哥	40.9	4.10	8.77	77.7	-2.14	9.38	1.90	-5.99
	加拿大	32.6	-1.44	7.00	30.6	-1.77	3.70	0.94	-0.34
中美洲加勒比地区		39.2	-3.14	8.41	96.6	-0.12	11.67	2.47	3.12
东亚	中国香港	8.6	-3.38	1.85	39.6	3.68	4.78	4.59	7.30
	中国台湾	13.0	-4.19	2.79	21.0	-3.81	2.54	1.62	0.40
	韩国	23.0	9.72	4.93	25.8	0.47	3.11	1.12	-8.43
南亚	印度	19.1	14.88	4.10	36.3	13.07	4.38	1.90	-1.57
	巴基斯坦	29.7	10.27	6.36	25.4	14.60	3.06	0.86	3.92
	孟加拉国	11.0	-0.58	2.37	20.6	6.20	2.49	1.87	6.82
东南亚	越南	9.1	9.41	1.94	27.2	9.47	3.28	3.00	0.05
	印度尼西亚	12.7	10.71	2.73	26.2	10.27	3.16	2.06	-0.39
	泰国	11.1	1.13	2.38	21.9	5.87	2.65	1.97	4.68

数据来源:美国商务部纺织品服装办公室

四、2005 年美国纺织品服装进口形势预测

2005 年是全面取消纺织品服装配额的第一年,世界纺织品服装贸易将开始发生深刻变化。进口国和出口国的较量、以及出口国之间的竞争将日益加剧,新一轮"洗牌"已悄然展开。作为全球进口第一大单一国别市场和制定国际贸易游戏规则的主要参与者,美国的纺织品服装进口形势和政策备受关注。

预计 2005 年美国纺织品服装进口将呈现以下特点:

1. 受配额取消的影响,加之美国经济持续稳定增长,预计 2005 年美国从全球进口纺织品服装的数量和金额将继续攀升,进口总额将达到 850—900 亿美元,同时,进口平均单价将进一步下跌,情况将与 2002 年时类似。

2. 取消配额为中国企业扩大对美出口提供了契机,但美国针对中国的贸易保护主义愈演愈烈,贸易摩擦难以避免,因而双边纺织品服装贸易的不确定性因素增多。预计 2005 年美国从中国的进口仍将保持较快增长的态势,进口总额有望达到 180 亿美元左右,在美国进口中所占的份额继续上升,但价格将进一步下降,尤其是新取消配额的类别,量增价跌的趋势将表现得更为明显。

从具体类别来看,美国很有可能在 2005 年第二季度或第三季度实施对中国的裤子、衬衫、内衣等大类商品的纺织品特别限制措施;此外,已重新设限的袜子,因进口数量增长较快,很有可能在上半年就达到设限数量而遭致封关。

3. 虽然美国力图限制从中国的进口,但由于其他供应国(地区)短期内在产能、质量或价格上还无法完全替代中国,因而中国纺织品服装的强大竞争力和在美国市场的上升势头将难以阻挡。预计 2005 年其他主要供应国(地区)在美国进口中所占的份额总体上将出现下降,尤其是墨西哥、加拿大、土耳其、中美洲及加勒比海地区

的一些国家，下降幅度将较为明显。另外，配额取消后我国通过中国香港的转口将有所减少，因而美国从中国香港的进口也将继续下降。

与此同时，随着印度、巴基斯坦、越南、柬埔寨、印度尼西亚等南亚、东南亚国家纺织业产能扩大、质量提升以及劳动力成本优势的进一步显现，预计2005年美国从上述国家的进口将继续保持一定的增长。

4. 需要注意的是，近年来美国开始频繁使用社会责任标准、反倾销、反补贴等技术壁垒限制纺织品的进口，压力逐渐加大。美国一些组织经常无理指责中国纺织品服装出口采用了倾销、补贴等“不正当竞争手段”，违反了美国制定的社会责任标准，美国一些进口商也频繁地到国外“查厂”。这种趋势必将对美国政府制定和调整纺织品贸易政策施加压力，其负面影响不容忽视。

（执笔：傅浩）

2004年1-9月欧盟15国纺织品服装进口概况及分析

中国纺织品进出口商会梭织服装、针棉织品分会

一、总体进口情况

根据GTI(Global Trade Altas)之欧盟海关的数据显示,2004年1-9月欧盟15国(以下简称欧盟)从欧盟以外的国家(地区)进口纺织品服装共计690.5亿美元,同比增长14.3%。

在前十大进口来源国/地区中,除波兰输欧纺织品服装出现下降外,其余9个来源国/地区均呈增长态势。其中增幅最大的是位居第五的孟加拉国,同比增长了36.7%。此外,中国、巴基斯坦、土耳其、印度和罗马尼亚的进口增幅也都在10%以上。

中国是欧盟第一大进口来源国,1-9月输欧纺织品服装达到142.1亿美元,同比增长23.6%,占欧盟纺织品服装进口总额的20.6%,比上年同期提高了1.5个百分点。土耳其位居第二,进口金额为93.7亿美元,同比增长15.6%,所占份额为13.6%。

二、各类纺织品服装进口情况

1. 纱线进口情况

2004年1-9月欧盟进口纱线32.7亿美元,同比增长6%,仅占欧盟纺织品服装进口总额的4.7%。土耳其和印度保持欧盟纱线进口国前两位,分别占欧盟纱线进口金额比重的12.7%和11.1%。中国位居第三,进口金额约2亿美元,所占份额为6%。欧盟从土耳其和中国进口纱线的增幅较大,同比分别增长了15.8%和14.6%,印度增幅仅为4.9%。

2004年1-9月欧盟纺织品服装主要来源国进口金额及增幅统计

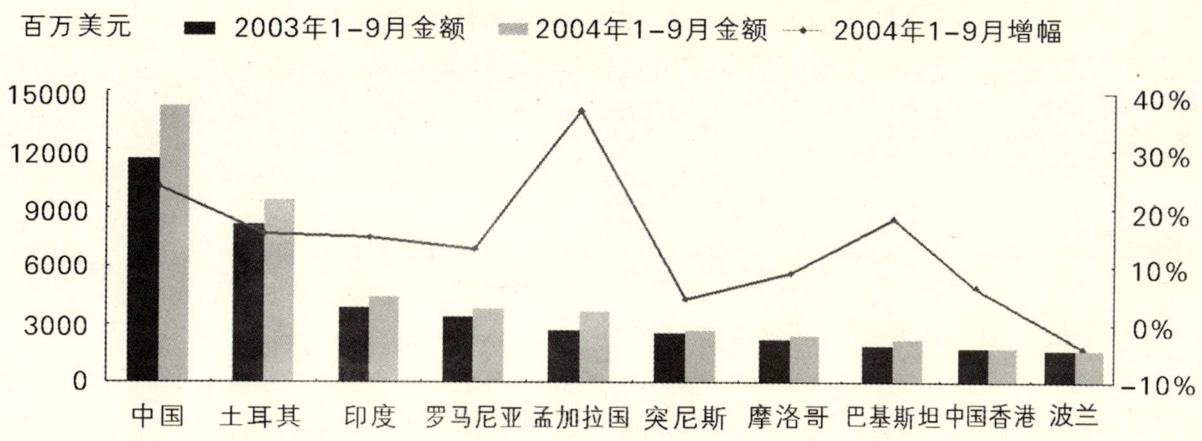

2004 年 1 -9 月欧盟纱线及面料进口统计

纱线(百万美元)					面料(百万美元)				
排名	国家(地区)	金额	份额%	同比%	排名	国家(地区)	金额	份额%	同比%
	全 球	3,270	100	5.96		全 球	5,124	100	8.47
1	土耳其	414	12.65	15.83	1	中国	998	19.47	16.87
2	印度	364	11.14	4.87	2	土耳其	640	12.49	18.44
3	中国	198	6.04	14.63	3	巴基斯坦	391	7.63	25.32
4	捷克	165	5.04	0.19	4	印度	346	6.76	20.95
5	印度尼西亚	162	4.96	3.55	5	韩国	317	6.19	-12.11

资料来源:GTI 之欧盟海关

2. 面料进口情况

2004 年 1 -9 月欧盟面料进口金额为 51.2 亿美元,同比增长 8.5%,占欧盟纺织品服装进口总额的 7.4%。其前五大进口来源国依次为中国、土耳其、巴基斯坦、印度和韩国,除韩国输欧面料下降 12.1% 以外,其他四国进口增幅都在 15% 以上。其中从中国进口面料近 10 亿美元,同比增长 16.9%,占欧盟面料进口份额的 19.5%;从土耳其进口 6.4 亿美元,同比增长 18.4%,所占份额为 12.5%;从巴基斯坦和印度进口面料同比分别增长了 25.3% 和 21%,所占比重各上升为 7.6% 和 6.8%。

3. 家用纺织品进口情况

2004 年 1 -9 月欧盟进口家用纺织品 36.5 亿美元,同比增幅高达 21.4%,占欧盟纺织品服装进口总额的 5.3%。欧盟家用纺织品的进口来源国相对集中,前四大供应国合计所占进口比重达到 70%。土耳其是欧盟家用纺织品第一大进口来源国,进口金额为 7.5 亿美元,同比增长18.7%,所占份额为 20.7%;中国名列第二,进口金额6.6 亿美元,同比增幅较高,为 38.6%,所占份额 18.2%;巴基斯坦和印度位居第三和第四,同比分别增长 14.8% 和 30.9%, 所占比重各为 17.3% 和 13.8%。此

2004 年 1 -9 月欧盟家用纺织品及服装进口统计

家用纺织品(百万美元)					服装(百万美元)				
排名	国家(地区)	金额	份额%	同比%	排名	国家(地区)	金额	份额%	同比%
	全 球	3,647	100	21.39		全 球	52,000	100	14.39
1	土耳其	753	20.65	18.72	1	中国	11,457	22.03	22.60
2	中国	664	18.20	38.62	2	土耳其	7,146	13.74	14.16
3	巴基斯坦	631	17.31	14.79	3	罗马尼亚	3,459	6.65	12.03
4	印度	502	13.77	30.78	4	孟加拉国	3,459	6.65	35.80
5	波兰	135	3.70	-3.08	5	印度	2,680	5.15	11.45

资料来源:GTI 之欧盟海关

外，孟加拉国的进口金额同比增幅高达 110.1%，排名超过罗马尼亚、埃及、突尼斯和巴西，从去年同期的第十一位上升至第七位。

4. 服装进口情况

2004 年 1－9 月欧盟服装进口金额达到 520 亿美元，比上年同期增长 14.4%，占欧盟纺织品服装进口总额的 3/4。中国是欧盟最大的服装进口来源国，占 22% 的进口份额，进口金额达到 114.6 亿美元，同比增长 22.6%；土耳其位居第二，进口 71.5 亿美元，同比增长 14.2%，所占份额 13.7%；罗马尼亚和孟加拉国输欧服装金额均为 34.6 亿美元，各占 6.7% 的份额，进口增幅分别为 12% 和 35.8%。

2004 年 1－9 月欧盟中国进口部分一体化产品数量统计

类别	商品名称	数量单位	进口数量	份额%	同比%
10	针织手套	双	197,087,907	41.99	19.91
		吨	260	52.63	8.33
18/ex18	梭织衬衣、睡衣、内衣	件	99,568,935	51.08	32.68
		吨	4,324	46.46	72.20
19	梭织手帕	条	44,883,396	69.91	-11.84
21	梭织夹克、防寒服	件	207,274,777	75.85	22.27
24/ex24	针织男睡衣、浴衣	件	92,662,598	38.51	39.12
32	梭织起绒栽绒布	平方米	64,483,617	68.84	7.92
37/37A	梭织人造纤维织物	平方米	71,150,932	56.34	51.23
68	婴儿装	吨	53,812	63.81	9.07
73	针织运动套装	件	46,565,479	78.86	70.99
76	梭织工装	件	43,457,828	50.59	90.41
		吨	14,737	37.10	54.27
120	麻制梭织窗帘、床帷	吨	1,841	33.18	82.64
		平方米	5,649,521	40.44	125.43
		件	93,141	81.16	0.21
123	麻制梭织起绒布、围巾	件	3,372,013	35.89	23.43
		平方米	157,874	74.82	65.29
161	其他针织服装	件	181,251,593	76.17	-19.46
		吨	4,552	80.64	-71.46
ex13	针织内裤	件	20,976,657	39.73	0.76

资料来源：GTI 之欧盟海关

三、一体化产品进口情况

根据ATC的一体化协议和中国入世协定,自2002年起中国有部分纺织品服装类别被取消配额限制。2004年1－9月欧盟一体化产品进口金额达到113.1亿美元,同比增长13.2%;其中从中国进口50.1亿美元,增长27.9%,所占比重为44.3%,比上年提高了5个百分点。

在取消配额限制的类别中,欧盟从中国进口的服装产品占欧盟同类商品进口总量的比重较高,平均达到58.7%;面料及其他纺织制成品所占平均比重约为1/3;纱线产品所占份额较低,平均仅为5.7%。2004年1－9月,除19类、146A/146B类、161类出现下降外,欧盟从中国进口其他一体化类别商品均保持增势。

四、部分敏感商品进口情况

部分敏感商品包括欧盟4类T恤衫/男式针织衬衫、5类毛衫、6类裤子、7类女式针梭织衬衫、8类男式梭织衬衫、13类针织内裤、21类梭织夹克和68类婴儿装。上述各类产品中,除21类和68类在2002年已取消配额限制,其他6个类别仍受配额限制。

2004年1－9月欧盟进口上述敏感类别商品的金额均超过10亿美元,其中6类进口金额最高,达到83.2亿美元,68类进口金额最低,为13.5亿美元。而欧盟从中国进口上述敏感类别金额最高的是21类(20.2亿美元),最低的为7类(1.1亿美元)。

1－9月欧盟从中国进口上述敏感商品数量均保持增长,其中有5个类别进口增幅在20%－40%之间,另3个类别增幅在10%以内。从各类别占欧盟全球进口份额来看,21类、68类和13类中国产品的进口市场占有率较高,分别为75.9%、63.8%和33.8%;其余5个类别市场占有率较低,均在3%－6%之间,土耳其、孟加拉国、印度、罗马尼亚都是我国的主要竞争对手。

2004年1－9月欧盟部分敏感商品进口统计

进口金额					进口数量				
排名	国家(地区)	百万美元	份额%	同比%	排名	国家(地区)	百万件	份额%	同比%
4类　T恤衫、针织男衬衫									
	全　球	6470.3	100	31.53		全　球	2066.6	100	21.98
1	土耳其	1924.5	29.74	29.78	1	孟加拉国	600.4	29.05	27.35
2	孟加拉国	983.2	15.19	40.44	2	土耳其	425.1	20.57	14.28
3	中国	436.8	6.75	39.66	4	中国	93.6	4.53	35.05
5类　毛衫									
	全　球	4855.4	100	11.51		全　球	704.4	100	8.08
1	孟加拉国	801.8	16.51	37.70	1	孟加拉国	171.4	24.34	31.82
2	土耳其	710.6	14.64	-5.84	2	土耳其	82.4	11.69	-16.48
4	中国	292.8	6.03	30.86	7	中国	27.4	3.89	29.65
6类　裤子									
	全　球	8319.6	100	11.50		全　球	929.9	100	9.44
1	土耳其	1310.4	15.75	9.88	1	孟加拉国	201.6	21.67	40.24

进口金额					进口数量				
排名	国家(地区)	百万美元	份额%	同比%	排名	国家(地区)	百万件	份额%	同比%
2	孟加拉国	917.9	11.03	48.28	2	土耳其	112.4	12.08	0.48
7	中国	274.5	3.30	5.96	8	中国	30.9	3.32	9.15
7 类 女式针梭织衬衫									
	全 球	2054.8	100	2.19		全 球	370.9	100	1.70
1	土耳其	323.3	15.73	10.68	1	印度	61.7	16.64	-15.89
2	印度	280.4	13.65	-11.24	2	土耳其	48.3	13.01	6.15
3	罗马尼亚	273.3	13.30	8.46	3	罗马尼亚	44.0	11.86	4.30
6	中国	106.3	5.17	31.94	8	中国	14.3	3.85	39.05
8 类 男式梭织衬衫									
	全 球	2039.7	100	3.39		全 球	318.4	100	-0.07
1	孟加拉国	308.1	15.11	12.61	1	孟加拉国	101.7	31.94	11.55
2	印度	230.5	11.30	-1.02	2	印度	42.1	13.23	-10.81
6	中国	123.7	6.07	38.57	3	中国	19.0	5.96	39.38
13 类 针织内裤									
	全 球	1543.8	100	14.88		全 球	1285.5	100	6.05
1	中国	422.3	27.35	15.01	1	中国	434.1	33.77	4.67
2	土耳其	147.9	9.58	19.50	2	印度	116.2	9.04	35.44
3	罗马尼亚	129.1	8.36	27.06	3	土耳其	111.1	8.64	-6.30
21 类 梭织夹克									
	全 球	3292.0	100	11.75		全 球	273.3	100	12.89
1	中国	2020.5	61.38	24.19	1	中国	207.3	75.85	22.27
2	罗马尼亚	208.9	6.35	3.55	2	越南	10.8	3.96	11.83
3	越南	180.5	5.48	18.07	3	印度尼西亚	8.0	2.94	-18.81
68 类 婴儿装(数量单位:吨)									
	全 球	1352.2	100	17.09		全 球	84331	100	4.38
1	中国	755.9	55.90	28.45	1	中国	53812	63.81	9.07
2	印度	122.5	9.06	18.35	2	印度	6849	8.12	6.95
3	土耳其	89.6	6.62	0.83	3	土耳其	4206	4.99	-12.17

资料来源:GTI 之欧盟海关

五、纺织品贸易政策动向

1. 欧委会成立"纺织服装高层小组",制定产业和贸易计划

为应对配额取消所带来的挑战,2004 年 3 月 5 日,欧盟委员会成立"纺织服装高层小组",集中了欧盟纺织服装领域的高层决策者。小组下设五个工作组,分别针对研发创新、教育培训和就业、贸易、知识产权和地区政策等五个领域进行研究,并就如何提高欧盟纺织服装产业竞争力提出具体措施建议。其中,贸易工作组的工作重点之一便是密切监测从中国的进口、研究中国的生产状况并与中国开展政策方面(如可持续发展、劳工标准等)的对话,以求避免 2005 年后再次出现一体化第三阶段所发生的(激增)现象。

2. 欧盟修改反倾销和反补贴条例,并对中国产化纤布(35 类)展开反倾销调查

2004 年 3 月 13 日,欧盟修改了欧盟第 384/96 号基本反倾销条例和第 2026/97 号基本反补贴条例,从而有效降低了欧盟反倾销和反补贴措施实施的"门槛"。同年 6 月,欧盟委员会接受欧洲纺织服装组织(EURATEX)的申请,对中国产化纤布(欧盟 35 类)进行反倾销调查。此案涉案金额高达 4.87 亿美元,是欧盟有史以来最大的反倾销案件,对我纺织品向欧盟出口造成很大的负面影响。截至 2005 年 2 月 1 日,我国 56 家应诉的企业中,已有 23 家获得市场经济地位。

3. 欧盟取消对中国纺织品的普惠制优惠

2004 年 10 月 20 日,欧盟委员会宣布将对现行的普惠制进行改革,并将在下一个普惠制年度取消对中国纺织品的普惠制优惠。普惠制取消后,中国纺织品服装的对欧盟出口的关税水平将由 9% 的平均税率上升为 12%。而印度、印度尼西亚、孟加拉国、泰国等竞争对手仍将享受欧盟的普惠制优惠,斯里兰卡输欧纺织品更可免除关税。

4. 从 2005 年起,欧盟取消包括中国在内的 11 个 WTO 成员的纺织品服装限制

2005 年 1 月 1 日起,欧盟按照 ATC 协议规定如期取消了其针对 11 个 WTO 成员的 210 项纺织服装配额。这些国家和地区包括阿根廷、中国、中国香港、印度、印度尼西亚、马来西亚、秘鲁、菲律宾、中国台湾、韩国和泰国。但中国产品在进入欧盟时仍需提交原产地证明。

对非 WTO 成员欧盟仍实行配额限制,如朝鲜、越南、白俄罗斯、塞尔维亚和黑山共和国等。

5. 从 2005 年起,欧盟将对中国产纺织品服装进行数量监控

为密切跟踪最敏感纺织服装类别的进口情况,自 2005 年 1 月 1 日起,欧盟将针对自中国的进口建立监测系统(自动进口许可制度),以便在严重市场扰乱发生时能够做出相应反应。该监测系统分为两个阶段。

第一阶段,欧盟将对自中国进口的 36 个类别(包括 2004 年仍受配额限制的 35 个类别和欧盟正在进行反倾销调查的 35 类)的纺织服装产品实行为期一年的"单独事先监测"(single prior surveillance)的措施,即在来自中国的被监测商品进入欧盟时,需向成员国政府申请"监测文件"(即进口许可)。成员国政府在进口商提交申请后 5 个工作日内签发进口许可,进口许可自动授予、没有数量限制。进口许可自签发之日起 6 个月内有效。

第二阶段,欧盟将从 2005 年建立一个针对所有国家的"事后统计监测"系统。一经欧盟各成员国建立起完全可操作的"事后监测系统","单独事先监测"系统可提前终止。"事后监测系统"监测商品共涵盖 40 个类别(除上述 36 个类别外,还包括 18、21、24 和 68 类)。该系统的主要内容是:在被监测货物进关后,成员国政府须向欧盟委员会通报进口产品各类别全部数量和金额,如有可能,应每周通报一次,或至少每月底通报一次。

综上所述,虽然欧盟按照 ATC 协议规定如期取消了对中国的纺织品配额限制,但面对中国产品的增长态势,欧盟也加紧制定和实施了相关政策,以应付可能出现的种种贸易问题。欧盟内部对中国纺织品服装采取贸易保护主义措施的呼声在东扩后得到加强,中国企业应密切关注中欧纺织品服装贸易发展动向。

(执笔:郭黛黛)

2004年日本纺织服装市场概况及分析

一、宏观经济状况

1. 经济继续保持增长。

日本是世界第二经济大国，其GDP总量仅次于美国，占亚洲的60%。人均GDP3.6万美元，在世界名列前茅。根据预测，2004年日本实质GDP将增长1.5%，达530.8万亿日元(约合5万亿美元)。继2003年以来，连续两年实现正增长，摆脱了泡沫经济崩溃后十多年来的负增长。

目前，日本政府积极推动国内产业结构的调整和改革，如果改革进展顺利，存在两三年内实现日本经济的整体复苏可能。

2. 消费者信心低迷。

虽然日本经济恢复增长，但是自上世纪90年代初开始的长期经济低迷严重打击了消费者的信心，直至今日也没有完全恢复。根据日本总务省2003年6月的调查，在日本19－59岁的群体中，认为收入比上年增加的比例为16.8%，认为比上年减少的比例为36.8%。另外，面对现今的收入，“有意识地抑制支出”的比例为31.9%。对于今后的消费支出，“增加支出”的比例仅为3.9%(同比下降1.3%)，“与现在的水平保持一致”占57.8%(同比下降1.0%)，“抑制支出”占35.6%(同比增长1.9%)。可以看出，短期内日本整体消费市场难以有大规模提升。

二、日本纺织服装产业状况

纺织服装生产业是日本主要产业之一。根据日本经济产业省2003年的调查，日本纺织服装生产业的雇用人数为371,025人，占日本整个制造业的5%；产值44,882亿日元；为日本制造业整体的1.7%；2003年度实现利润20,005亿日元。日本泡沫经济崩溃后，日本纺织服装行业一直处于低潮，上述数字均较2002年度有所下降：其中雇用人数下降9.3%，产值下降10.1%，利润下降10.2%，经营纺织服装生产的企业数量也从2002年的13,053家(10人以上企业)下降到2003年的11,988家，企业总数减少了8.1%。

三、日本纺织服装消费市场状况

1. 市场规模亚洲第一

从整体规模上看，日本依然是亚洲第一大纺织服装消费市场。据日本服装产业协会及三菱综合研究所的调查显示，日本服装及寝具整体市场规模约有15兆日元。其中男装市场2.8兆日元，女装市场5.8兆日元，童装市场1.1兆日元，其他服装市场2.1兆日元，寝具市场1.3兆日元，和服市场0.8兆日元，其他服饰品市场1.1兆日元。

据2003年日本总务省“家庭支出调查”及内阁府“国民经济计算年报调查”显示，2003年日本服装消费市场的整体规模同比下降3.5%。其中以妇女服装市场规模下降幅度最大，达5.6%。但童装类消费有所上升，同比增长6.2%。

2. 零售单价水平较高

日本服装市场在消费指数下降的同时依然保持着较高的单价水准。以日本第二大城市大阪实施的调查为例，日本消费者购买服装时的平均单价为：西装38,890日元，长/短裙14,620日元，毛衣8,580日元，内裤542日元，丝袜508日元，被子6,448日元。

3. 服装消费比重下降，但实际支出金额有所增加

根据日方统计，“被服/鞋袜”在日本家庭整体支出的10个项目中排名第七。这个比例从1995年的6.1%开始逐年下降，降至2003年的4.9%，主要原因为男士西装及女士服装的消费减少。日本化学纤维协会2003年统计指出：男士西装是日本工薪阶层的工作装，其购买数量没有明显的变化，但是单价从1997年的5.2万日元/套下降到了2001年的4.1万日元/套；女士服装在近

年内并没有明显的单价下落现象(维持在2万日元上下),但是购买数量从1995年的1.1件/月下降到2001年的0.7件/月,导致了支出的减少。

2003年以来,日本国民纺织服装支出呈现细微的复苏先兆。据日本总务省统计局的调查显示,2003年度日本家庭纺织服装消费支出为每月17919日元,同比增长4.9%。其中内衣支出增幅最大,为2.4%,衬衫、毛衣等增加1.8%,男士西装增加1.1%,和服及女装面料的支出有所下降。

4. 服装消费行为趋势变化较大

泡沫经济以后的10年中,日本人对于纺织服装的消费观念变化很大。日本中小企业事业团2002年的调查显示,日本消费者在决定购买服装时最重视的因素为:"价格"、"颜色/设计"、"面料材质"3项,取代了日本消费者一直比较重视的"产地/原产国"、"品牌"、"流行性"的因素。

在购买"正装"和"休闲装"时,日本的消费者对于"产地/原产国"的重视程度有很大不同。在服装的整体消费上,日本消费者倾向于选择本国及欧美产品,特别是在选择"正装(含工作装)"时,"产地/原产国"的决定因素占有很大比例。另外,根据对不同年龄层的调查可以看出,日本的年轻消费者对于"产地/原产国"的重视程度大大低于40岁以上的消费者,相反,40－60岁的日本消费者在选择服装,特别是"正装(含工作装)"时,选择日本及欧美产品的占有很大比例。刻意选择中国制服装的日本消费者所占比例不大,但是在"休闲装"市场中也存在部分中国制服装的忠实消费者。

5. 对中国制服装的价格满意度高,缝制技术满意度低

在针对日本消费者的调查中显示,对中国制服装的满意度为62.2%,不满为37.3%。对比之下,对日本制服装的满意度为92.4%,不满为7.6%。

对中国制服装的满意程度主要体现在价格上,对中国制服装的价格满意度为93.6%,而对日本制服装的价格满意度仅为53.7%。在"面料材质"方面,对中国制服装的满意度为65.8%,虽然比日本制94.4%的满意度要低,但是也反映出日本消费者对中国制服装"面料材质"上的认可。同样,在服装的"功能"方面,中国制服装的满意度也在62.7%(日本制为92.3%)。但是,在缝制技术上,日本消费者对于中国制服装的不满程度较高,占调查对象的60.6%,满意度仅为39.3%,而对于日本制服装缝制技术的满意度高达93.2%,说明中国对日出口服装在缝制技术方面需要进一步提高。

四、2004年日本纺织服装进出口概况

(一)进口

1. 整体情况

2004年,日本共进口纺织服装228万吨,增长4.7%,进口总额为274亿美元,同比增长4%。进口单价为12美元/公斤,下降0.7%。

纺织品:2004年,日本共进口纺织品114万吨,57亿美元,分别增长4.6%和3.9%,进口单价4.98美元/公斤,下降0.6%。

服装:2004年日本进口服装及附件114万吨,217亿美元,分别增长4.9%和4%,进口单价19.05美元/公斤,下降0.9%。

2. 自中国进口情况

2004年,日本自中国进口纺织品服装156万吨,金额为203.4亿美元,同比增长6.1%和5.4%。中国产品占日本进口数量和金额的比重均较上年有所提高,分别为68.3%和74.2%。自中国进口单价为13.04美元/公斤,下降0.6%,比全球均价每公斤高1.04美元。

在日本纺织品和服装的进口来源国/地区中,中国均位居第一位。

纺织品:2004年日本从中国进口纺织品55万吨、27.9亿美元,分别增长7.5%和6.7%,分别占日本纺织品总进口数量和金额的47.7%和49%。单价5.11美元/公斤,下降0.8%,比全球单价高2.6%。除中国以外,印度尼西亚、美国、意大利、韩国和中国台湾也是日本纺织品主要进口来源国/地区,占日本进口市场的比重为

5% –6.5%之间。

服装:2004 年日本从中国进口服装共计 101 万吨、175.5 亿美元,分别增长 5.4% 和 5.2%,分别占日本服装总进口数量和金额的 89% 和 80.9%,平均单价 17.31 美元/公斤,降低 0.1%,比全球单价低 9.1%。其他服装进口来源国/地区中,意大利排名第二,占 5.2%;越南居第三位,占 2.6%;其他进口来源所占比重均不超过 2%。

(二)出口

2004 年日本纺织服装出口总额为 83.31 亿美元,同比增长 10%(以日元计算,其增长率为 3%)。其中占据日本纺织品出口主要位置的合成纤维的出口总量为 13 亿平方米,同比减少 2%,出口金额为 35.6 亿美元,同比增长 8%(以日元计算,其增长率为 1%)。

2004 年日本对中国出口纺织服装总金额为 35.35 亿美元,占日本纺织服装出口总额的 42.4%,同比增长 2.6%,中国是日本纺织服装第一大出口市场。

(三)进出口特点及发展动向

从上述数字可以看出,随着日本经济的好转,日本纺织服装进出口贸易正在恢复正常、平稳的增长。即使排除日元升值的因素,其全年的进出口额也均有所上升。

从进出口比例分析,日本国内纺织服装行业对国外市场的依赖性依然很强,特别是中国已经成为日本纺织服装行业不可替代的战略伙伴。中国作为日本最大的纺织服装贸易伙伴,不仅对日出口平稳增长,从日本进口的纺织服装的数量和金额也在逐年增长,特别是各种合成纤维产品的进口量几乎占到了日本全年出口的一半。

2004 年,在日本经济产业省的主导下,日本纺织行业积极开展行业自救,并极力推动日本面料及成衣的出口(特别是对中国的出口),在这种情况下,相信在 2005 年,日本纺织服装,特别是高附加价合成纤维面料及成衣对中国出口会继续增加。

五、针对中国的限制措施

2001 年 2 月 26 日,日本毛巾工业联合会上书日本政府,要求对从中国进口的毛巾发动紧急进口限制措施,理由是大量中国低价毛巾进入日本,对日本毛巾生产行业造成毁灭性打击。为了日本企业的生存,该联合会希望政府按有关规定启动“紧急进口限制措施”。

2001 年 4 月 16 日,日本经济产业省发布第 305 号公告,决定对毛巾启动紧急进口限制措施调查,调查开始日期为 2001 年 4 月 15 日。此后我会与日本毛巾工业联合会进行协商并组织对日毛巾出口企业积极应对,迫使日本政府分别于 2001 年 10 月、2002 年 4 月、2002 年 10 月、2003 年 4 月、2003 年 10 月连续 5 次延长调查期限,最终日本政府于 2004 年 4 月以“中国进口毛巾没有达到设限标准,同时最近 6 个月的进口量保持平稳”为理由中止了调查。

日本政府中止本次 TSG 设限调查,一方面是中国的行业组织和企业做了大量的工作,反复举证说明中国制的毛巾产品并没有威胁到日本的产业利益,另一方面也是日本政府害怕中国的贸易报复,不敢贸然行事。但是,在配额一体化后国际纺织品贸易环境日益复杂的今天,尤其是日本已于 2002 年 6 月针对中国入世议定书第 242 段的承诺专门制定了对华纺织品特别限制措施的相关法律,我们应对日方针对中国纺织品的限制动向特别加以注意。

(执笔:尹富平)

2004年纺织品贸易壁垒形势分析及企业应对策略探讨

2004年是纺织品配额取消前的最后一年，发达国家和发展中国家对中国纺织品的限制无论在案件数量上还是涉案金额上都出现了迅猛增长，在限制形式上更是花样翻新，WTO许可的各种贸易救济措施以及中国入世承诺可以使用的限制手段在短短一年的时间里，基本上都已经被尝试过了。从战略角度分析，这是不同国家纺织业者针对中国纺织品进口的迅猛增长，所做出的选择何种方式来限制中国，保护本国纺织业者的尝试。而中国的纺织行业和企业也在迅猛发展中迎来了国外同业竞争者咄咄逼人的挑战。

一、纺织品贸易壁垒形势分析

(一)纺织品特别保障措施所引发的"市场扰乱威胁"问题

早在2003年12月，美国率先对中国纺织品发难，美国纺织品协定执行委员会(CITA)依据《中国入世工作组报告书》第242段"纺织品条款"(又称"纺织品特别保障措施")对已经放开配额的针织布、袍服、胸衣三类纺织品以造成市场扰乱，阻碍贸易有序发展为由，进行了数量限制。这种限制对相关产品的生产和出口造成了很大影响，但美国纺织业界似乎对此并不满意，他们认为三类纺织品在过去的一年里已经实现了高速增长，以此为基础再提出一个7.5%的增量限制似乎不能完全抑制中国产品的进口。基于此，美国在2004年对袜子发起的特保调查及最终设限中涵盖了部分配额商品，即对仍然在配额管理下，没有出现数量增长的产品进行了设限。在初步尝试得逞之后，美国业界又在2004年7－11月，连续就仍然在配额管理之下的9个类别的纺织品，以"市场扰乱威胁"为由发动特保调查申请。根据《中国入世工作组报告书》第242段，明确表明"由于市场扰乱，威胁阻碍这些产品的有序发展"才能成为发起纺织品特别保障措施调查的条件，"市场扰乱"是前提，没有所谓的"市场扰乱"，就不能发起调查。此外，这种调查还要审查"市场扰乱"的依据以及中国产品在"市场扰乱"中的作用，这些在"市场扰乱威胁"中是不可能发生的。而美国在2003年5月公布的《受理公众对从中国进口的纺织品和服装申请采取保障措施的程序》中，也明确表明受理申请要审查是否"提供了受理所需的必要信息"。而没有中国产品数量进口激增，就没有事实依据和相关信息。如果在配额时代美国产业有损害，那也是正常市场竞争的结果，不能成为设置新限制的理由。因此，纺织商会和纺织企业一直针对"市场扰乱威胁"的主张表示强烈抗议。美国进口商协会也将受理此类调查的CITA告到了美国国际贸易法院并获得了禁止令的支持。这充分说明"市场扰乱威胁"的主张不能成立。时至今日配额已经取消，但"市场扰乱威胁"如果不被彻底否定，仍然可能在重新实施特保方面对我产生不利的影响。

(二)反倾销形势严峻，积极应诉取得历史性突破

反倾销对中国企业来讲已不陌生，但对纺织企业来讲，反倾销还是一个新事物。2004年反倾销新立案6起，创历史最高纪录，总体涉案金额约为5.64亿美元；另一方面，纺织企业的应诉积极性也大大提高，每个案件的应诉企业家数由过去的1－2家发展到7－8家。今年6月立案的欧盟化纤布案，更是有56家中国企业应诉，创欧盟反倾销应诉企业数量之最，给调查机关的工作造成了很大的压力。从中，既可以看到中国企业对于市场保护有了清醒的认识，也可以看出反倾销案件带给企业的影响越来越大。

反倾销是各种贸易救济措施中最凶狠的限制手段，反倾销针对的是不公平的贸易竞争，即大量低价涌入的

进口产品损害了进口国产业的利益，破坏了正常的贸易秩序，因此，应当通过征收反倾销税还原产品的正常价格。但在实际执行中，倾销与否的认定和税率的计算掌握在进口国调查机关手中，如果没有充分的证据显示我们的产品没有倾销或者企业不去应诉，往往会招致百分之几十甚至百分之几百的惩罚性关税。这样的高关税意味着中国产品将在5年的时间里退出该国市场，这种打击是毁灭性的。

由于中国纺织品成本和资源配置的优势，价格一直是我们竞争的有利武器，因此，更易成为反倾销的目标。特别是目前中国还没有被承认为完全的市场经济国家，因此，我们的成本和内销价格一般不被认可，只能将我们的出口价格与替代国价格作比较，所以通常会被课以较高的反倾销税。

针对当前的问题，我们在反倾销应诉中积极鼓励企业申请市场经济地位；为企业搭建聘请律师的平台；提供快捷实用的信息；动员企业参与行业抗辩；全程跟踪每一个案件的进展；热情回答企业每一个疑难问题；协调各个应诉主体的关系；积极向政府反映企业调查中遇到的不公正待遇；向外国调查机关提出行业抗辩意见，充分发挥行业代言人的作用和影响，为应诉企业提供优质的服务。

尽管面对严峻的形势，但在我会的努力下，纺织品反倾销应诉依然取得了很大的成果，2004年11月，南非政府对丙烯酸织物反倾销作出终裁，应诉的临沂新光毛毯公司获得零税率，这是纺织品反倾销历史上第一个获得零税率的应诉企业。在2004年6月立案的欧盟化纤布反倾销案中，我纺织企业不仅积极应诉，规模空前，而且有36家企业自愿委托商会，以行业的名义向欧委会提起损害抗辩，这种应诉企业团结一心，为全行业奉献的精神，体现了中国纺织企业在市场竞争的大潮中逐渐成长的过程。在2005年3月公布的初裁中，有25家企业获得了市场经济地位，18家企业获得了分别裁决。从1998年到2004年，欧盟针对中国的所有反倾销案件中共有34家企业获得了市场经济地位，而在此役中，中国纺织企业一次性地得到了25个市场经济地位，取得了历史性突破，这充分证明中国纺织行业是按照市场经济规律运作的。同时，我们也不无遗憾地看到还有一些应诉企业仅由于微小的瑕疵甚至是调查机关过分的苛求而没有获得市场经济地位。因此，我们希望中国政府能够敦促欧盟尽快承认中国是完全的市场经济国家，使中国企业在应诉中得到公平平等的对待。

（三）其他贸易限制措施

2003年底秘鲁政府依据《中国入世议定书》第16条，对中国服装产品采取了临时特别保障措施，经过2004年中国政府严正的交涉与谈判，秘鲁政府取消了该限制，转为WTO保障措施调查。依据《中国入世议定书》第16条提起的特别保障措施比依据《中国入世报告书》242段纺织品特别限制措施的限制期更长，可以持续三年，而且该条款有效期到2013年，因此，该条款对中国纺织品未来发展的影响不可轻视。

2004年，尼日利亚出台禁令，禁止41种中国产品（包括纺织品）进口，这是违反WTO规则和中国入世承诺的，目前，两国政府正在交涉中。

二、中国企业的应对策略

在整个2004年，中国政府、商会、纺织企业对来自国外的各种限制措施做出了积极的回应，取得了一些成效。特别是在反倾销应对中，纺织企业已经逐渐成长为真正意义上市场的主人，企业对纺织品发展的大环境和贸易壁垒趋势日益关注，迫切感到企业参与应对的重要性。具体而言：

（一）树立企业主人翁意识

虽然纺织企业基本上是自主经营，自负盈亏的法人实体，绝大部分还是民营企业或外资企业，但是一遇到贸易壁垒方面的问题，很多企业仍然认为这完全是“政府的事”，应由政府来解决。诚然，在贸易壁垒应对中，政府发挥着重要、积极的作用，但并不表示这是政府的事，恰恰这是政府要帮助行业和企业做的事，而企业才是应对主体。只有企业具备了主人翁的意识，才能真正全力投入到应对中去，才能有获胜的机会。

(二)既要埋头做生意,又要抬头看形势

由于中国纺织企业发展迅猛,很多企业将注意力完全关注到成交和利润上,对于形势的发展缺乏足够的关注。很多企业抱怨"为什么设限了我不知道",这里,一方面有宣传和信息传递方面的问题,另一方面也暴露了很多企业只顾埋头做生意,而不关心形势发展的心态,在欧盟化纤布反倾销案中,很多有意识的企业在预警期间就选定了律师,有些企业在四个月以后发现产品有可能出不去了才想要参加应诉。不同企业对形势的关注和判断,导致了不同的应诉结果。

(三)信息是作好应对的前提

无论在哪一类案件或在案件的哪一个阶段,总会有各种各样的信息出现,而掌握信息就是把握先机,也是提前应对的基础。在反倾销案件中,欧盟规定申请市场经济地位问卷的填写时间是15天,而早做一天就争取了一天的主动,商会所做的工作之一就是收集信息并以最快的速度传递到企业中去。在欧盟化纤布反倾销案中,我们就是得到信息后马上采取行动,在欧盟立案的16天以前就召开了预警会,在立案的第二天即召开了应诉会,为企业填写问卷争取了时间,使更多企业获得了市场经济地位。纺织企业从事国际贸易必然联系广泛,完全可以从中外政府、商会、进口商、上游企业、下游用户、消费者等多个层面获取信息。因此了解信息,分析信息、把握信息是企业赢得时间争取利好结果的关键。

(四)重在平时积累,忌在临阵磨枪

平时积累包括两方面内容,一是要注意学习贸易壁垒知识,包括反倾销,特保措施的内容和程序,以便在应对中早做准备。如果事到临头才开始学习,就会浪费时间甚至导致应对方向的错误。二是要做好企业内部管理,规范各种贸易、财务行为。毫无疑问,各种国外贸易限制措施的抗辩都是要用事实说话,而这个事实就是数据和资料,如果企业的记录混乱,资料不全,数据错误百出,如何能在规定的时间内完成证据的提交呢?

广泛联系同盟,强烈抗议不公正对待

不能否认,所谓的贸易限制措施是结合了政治、经济、贸易、法律、甚至包括意识形态在内的一个多元化的产物。在应对贸易壁垒时必须要走完一个完整的准司法程序,同时也不能忽略政治特别是不同利益集团的作用。因此,在应对中,要广泛建立同盟,联系进口商组织、下游用户和消费者团体等,扩大有利于我方的影响。

对于国外调查机关的不公正裁决,我们要坚决表示抗议,要有自己鲜明的态度和声音。如果主动放弃,不仅本案败诉,还会给调查国造成中国企业软弱的感觉,使更多案件陷入不公正对待之中。

2005年纺织品配额已经取消,中国纺织品出口高速增长的势头已经显现出来,国外要求限制中国纺织品的呼声会更加高涨,而我会也已经做好准备,并将竭尽全力帮助中国纺织企业应对国外新的贸易限制措施,为中国纺织品的出口创造一个公平良好的贸易环境。

(执笔:王涛)

2004 年纺织品反倾销和保障措施案件列表

一、新立案的反倾销案件

序号	国家（地区）	产品名称	涉案税号	立案时间	涉案金额（万美元）	裁决时间	裁定结果	应诉情况
1	土耳其	含金属纱线	5605.00	2004－02	113	2004－10	征收反倾销税	
2	土耳其	聚亚氨酯	5903.20	2004－06	600	2005－02	征收 1.2－2.2 美元/公斤的反倾销税	2 家应诉
3	印度	窄织布	5806.1000	2004－06	30	2005－01	初裁征收355%反倾销税	
4	欧盟	化纤布	54075200 54075400 54076130 54076190 54076990	2004－06	48700	2005－03－16	初裁，25 家企业获得市场经济地位	商会组织 56 家企业应诉，倾销抗辩和损害抗辩双管齐下，在市场经济地位方面取得了历史性的突破
5	秘鲁	棉机制物	52 章和 55 章部分税号产品	2004－11	约 200	正在进行中		
6	土耳其	起绒机织物和绳绒织物	5801	2004－12－10	约 6800	正在进行中		商会组织 8 家企业应诉

二、反倾销复审案件

序号	国家（地区）	产品名称	涉案税号	立案时间	涉案金额（万美元）	裁决时间	裁定结果	应诉情况
1	墨西哥	婴儿服装和衣着附件	6111.2001 6111.3001 6209.2001 6209.3001	2004－11－29	约 390	正在进行中		

三、做出裁决的反倾销案件

序号	国家(地区)	产品名称	涉案税号	立案时间	涉案金额(万美元)	裁决时间	裁定结果	应诉情况
1	南非	丙烯酸织物	5512.21 5512.29 5515.29 5515.91 5801.34 5801.35 6001.10 6001.22 6001.92	2003-06	约400	2004-11	应诉企业0税率,其他企业11.91兰特/公斤的反倾销税	商会组织1家应诉,全程跟踪案件。此案是纺织品企业第一次在反倾销案中获得0税率
2	印度	帘子布	5902.1000	2003-11	约1800	2004-08 初裁	初裁,所有企业征收41%的反倾销税	商会组织4家企业应诉,并参与了听证会
3	欧盟	聚酯短纤	5503.2000	2003-12	约2900	2004-12	终裁披露,1家企业市场经济地位	商会组织4家企业应诉,并就欧委会在替代国方面的不合理提请政府进行交涉

四、纺织品特保案

序号	国家(地区)	产品名称	涉案类别	立案时间	涉案金额(亿美元)	裁决时间	裁定结果	应诉情况
1	美国	棉制、毛制、化纤制袜子	332/432/632	2004-07-19	0.91	2004-10-28	设限	
2	美国	棉制裤子	347/8	2004-10-29	2.8	正在进行中		
3	美国	化纤制裤子、棉制针织衬衫、化纤制针织衬衫、棉及化纤制男式梭织衬衫	647/8、338/9、638/9、340/640	2004-11-3	依次为: 2.97 1.98 1.88 1.36	正在进行中		
4	美国	棉及化纤制内衣	352/652	2004-11-3	1.2	正在进行中		
5	美国	精梳棉纱	301	2004-11-18	0.0451	正在进行中		

序号	国家（地区）	产品名称	涉案类别	立案时间	涉案金额（亿美元）	裁决时间	裁定结果	应诉情况
6	美国	其他合纤长丝织物	620		0.0657			
7	美国	毛制男裤	447		0.14			

五、一般产品特保案

序号	国家（地区）	产品名称	涉案税号	立案时间	涉案金额（亿美元）	裁决时间	裁定结果	应诉情况
1	秘鲁	服装产品	61－63章106个税号产品	2003－10	0.34			

中国纺织品服装对外贸易报告年鉴
ANNUAL REPORT ON CHINA'S INTERNATIONAL TRADE IN TEXTILES AND CLOTHING

(2004/2005)

大类商品篇

2004 年全国纱线进出口概况及分析

中国纺织品进出口商会两纱两布分会

2004 年对于我国纱线进出口贸易是不平凡的一年。在这一年里，虽然我国纱线产能有了很大的提升，但受棉花价格大幅度波动和化纤原料价格上涨的影响，棉纱出口出现了下降，整个纱线出口的增幅也比 2003 年有了很大下滑。另外，出口退税调整、银行惜贷以及煤、电、油的紧张给纱线出口企业造成了很大压力；后配额时代的不确定性以及美欧的特保反倾销的限制使得市场上观望情绪弥漫，影响了我国纱线产品的出口业绩。但我国纱线出口企业克服困难，努力发展，经过不懈努力，一改前几年纱线贸易连年逆差的局面，全行业实现贸易顺差 3.5 亿美元。

一、纱线产量增幅可观

根据中国纺织工业协会统计中心公布的数据，我国 2004 年纱线产量完成 1094.86 万吨，同比增长 19.43%。近几年我国纱线产量基本保持每年平均 15% 的增长。随着我国纱线生产能力的不断增长，技术设备的不断更新，我国纱线出口近几年也保持了两位数以上的增长。

2001－2004 年我国纱线产量和出口量统计

数量单位：万吨

年份	国内纱产量	同比%	纱线出口量	同比%	出口所占份额%
2001	700	7.59	81	12.16	11.53
2002	802	15.79	106	30.3	13.11
2003	984	22.68	129	22.51	13.09
2004	1095	19.43	141	9.15	12.84

资料来源：海关统计

二、进出口基本情况：出口增幅放缓，进出口单价提升

2004 年我国出口纱线产品出口数量为 140.55 万吨，出口金额为 44.15 亿美元，出口金额占我国纺织服装出口总金额的 4.64%；进口数量为 179.90 万吨，金额 40.64 亿美元，占我国纺织服装进口总金额的 24.12%。全年贸易顺差为 3.51 亿美元，是近几年来首次出现顺差的年份。

虽然自 2001 年起，我国纱线出口数量和金额始终保持逐年增长，但与 2003 年相比，2004 年我国纱线出口数量和金额增长幅度都有所下降，数量和金额同比分别增长 9.15% 和 15.34%，而 2003 年的同比增长分别为 22.51% 和 24.75%，出口增长速度明显放慢。进口数量同比减少 2.71%，进口金额同比增长 3.31%。出口单价和进口单价都有小幅度上升。

三、进出口商品结构：棉纱、化学纤维纱线是纱线出口主要品种

2004 年分别出口棉纱/化学纤维纱线 43.22 万吨和 64.15 万吨，出口金额分别为 13.37 亿美元和 17.15 亿美元，分别占纱线出口总金额的 30.27% 和 38.84%。在所有纱线品种中，出口数量和金额增幅最大的都是玻璃纤维纱线，数量和金额同比增长分别为 41.46% 和 44.12%。

2004 年全国纱线出口产品结构

数量单位:吨;　　金额单位:万美元

商品名称	出口					
	数量	同比%	金额	同比%	单价	同比%
纱线	1405485	9.15	441498	15.34	3.14	5.67
丝线	13715	21.14	24311	34.92	17.73	11.37
棉纱线	432231	-14.28	133656	-3.04	3.09	13.11
植物纤维纱线	30076	-19.92	12574	2.35	4.18	27.82
化学纤维纱线	64153	24.47	171491	22.36	2.67	-1.70
玻璃纤维纱线	231644	41.46	22123	44.12	0.96	1.88
羊毛、动物毛纱线	56281	1.64	77344	30.80	13.74	28.68

资料来源:海关统计

从进口纱线种类来看,除了丝线和棉纱进口数量有所增长外,其余各个品种的纱线进口数量都有明显下降。其中降幅最大的植物纤维纱线,同比下降38.69%。

除了植物纤维纱线进口金额同比下降33.03%外,各种类纱线进口金额都是增长的。其中增幅最大的是丝线,同比增长36.81%;其次是玻璃纤维纱线,同比增长18.95%。玻璃纤维纱线也是唯一一种进口单价高于出口单价的纱线品种。

2004 年全国纱线进口产品结构

数量单位:吨;　　金额单位:万美元

商品名称	进口					
	数量	同比%	金额	同比%	单价	同比%
纱线	1799023	-2.71	406399	3.31	2.26	6.18
丝线	1402	54.74	871	36.81	6.21	-11.59
棉纱线	714472	0.40	153190	1.88	2.14	1.48
植物纤维纱线	17644	-38.69	4059	-33.03	2.30	9.22
化学纤维纱线	948533	-3.61	213810	4.40	2.25	8.31
玻璃纤维纱线	81268	-5.79	12815	18.95	1.58	26.25
羊毛、动物毛纱线	35704	-4.55	21654	4.33	6.06	9.30

资料来源:海关统计

从纱线类产品的出口呈现如下特点：

1. 棉纱出口下降明显

2004 年棉纱线月度进出口走势图

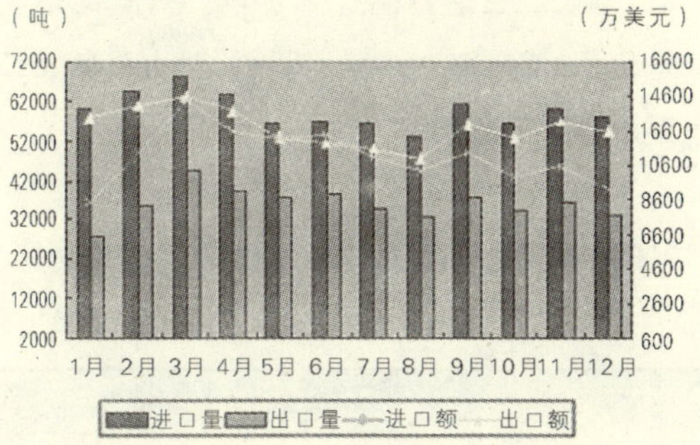

值得关注的是，受诸多因素影响，作为纱线出口的主要品种的棉纱，在2004 年其出口数量和金额都出现了下降，同比分别下降14.28%和3.04%。究其原因，首先是受2004 年棉花价格大涨大落的影响。对于棉纱这种受原料价格影响很大的产品，其出口走势基本和其原料价格的走势相同。棉价自从2003 年 11 月达到 18000 元/吨的价位后，一直在高位徘徊。棉纱生产企业的成本大幅度上升，外贸订单减少；另外，由于棉价快速上涨，企业在2003 年最后一个季度的接单都比较谨慎，造成了2004 年上半年的棉纱出口出现萎缩。从2004 年上半年的数据可以看出，2004 年前 3 个月，月出口数量分别增长7.98%和39.51%和1.18%。进入3 月，受国家新增配额棉花集中到港影响，棉价开始稳步回落。但受前一段时间国内高棉价的影响，在 4 月和 5 月棉纱出口平均价格分别为 3.26 美元/公斤和 3.23 美元/公斤，价格水平为 2004 年全年最高的两个月。受此影响，月度棉纱出口量开始出现负增长。4、5 两个月出口数量分别下降20.54%和 18.11%。虽然在 6 月出口量出现 3.25%的小幅增长，而且国内棉花价格从 6 月开始快速走低，棉纱出口价格也稳步下降，但受外销市场萎靡不振、银行惜贷和 2004 年夏季我国东部出现的用电紧张等诸多因素的共同影响，棉纺企业面临很大压力。因此，在接下来的7、8、9、10 四个月里，棉纱月度出口量分别又下降了7.83%、13.55%、15.68%和23.92%。甚至出现了棉纱出口价格和出口量同时下降的局面。进入年末，由于受到美国特保设限和对于2005 年配额取消后市场预期的不确定性的影响，棉纱出口形势更加严峻。2004 年最后两个月，出口量同比分别下降 25.53%和 46.88%。为全年出口量降幅最大的两个月。

2004 年棉纱进口量为 71.45 万吨，同比增长0.4%；进口金额为 15.32 亿美元，同比增长 1.88%。全年棉纱进出口量逆差为 28.23 万吨，但进出口金额逆差只有1.95亿美元。反映出，虽然今年我国棉纱出口量由于受到诸多因素影响而下降，但是由于国内棉价高于国际棉价，使得我国棉纱出口单价明显高于进口单价，金额逆差并不明显。

2. 化学纤维纱线出口继续快速增长

2004 年我国化学纤维纱线出口快速增长，出口数量和金额同比分别增长了 24.27%和 22.36%。而进口数量为 94.85 万吨，同比减少 3.61%；进口金额为 21.38 亿美元，同比增长4.40%。贸易逆差为 4.23 亿美元，但比 2003 年的 6.47 亿美元的逆差减少了 2.24 亿美元。

2001 年－2004 年我国纱线进出口金额统计

单位：亿美元

年份	出口金额	进口金额	进出口盈余
2001	27.16	30.36	-3.2
2002	30.68	34.63	-3.95
2003	38.28	39.34	-1.06
2004	44.15	40.64	3.51

资料来源：海关统计

虽然化学纤维纱线和棉纱给我国纱线进出口贸易总共带来了 6.18 亿美元的逆差，但是由于其他品种的纱线的进出口贸易都呈顺差，所以 2004 年我国纱线进出口贸易出现了近年来首次顺差的现象，顺差额为 3.5 亿美元。

四、进出口市场:亚洲仍是我主要出口市场和进口来源地区

2004年,我国纱线出口的各个主要市场都保持增长,其中亚洲地区仍然是我国纱线的主要出口市场,出口金额为37.03亿美元,同比增长11.98%,占我国对全球出口纱线总金额83.87%。其余地区如欧盟、北美洲增长迅速,都保持30%左右的增长。独联体和拉美地区增长速度最快,出口金额同比分别增长了109.27%和125.68%,但出口金额仍然较小,分别只有3303.41万美元和8701.80万美元。

2004年全国纱线出口市场统计(按地区)

单位:万美元

国家(地区)	金额	同比%	份额%
合　计	441498	15.34	100.00
亚洲	370306	11.98	83.87
东南亚	25505	10.31	5.78
中东地区	13782	15.74	3.12
非洲	14638	15.38	3.32
欧洲	33847	34.04	7.67
欧盟	30015	28.02	6.80
欧盟15国	26694	28.38	6.05
东扩10国	3321	25.19	0.75
独联体国家	3303	109.27	0.75
拉丁美洲	8702	125.68	1.97
北美洲	10370	35.47	2.35
大洋洲	3355	38.49	0.76

资料来源:海关统计

从单个国家和地区来看,中国香港仍然是我国纱线出口的第一大市场,占我国纱线总出口金额的48.79%,对其出口增长为6.53%。其余各个出口市场所占份额都不超过10%。值得关注的是,对印度、孟加拉和马达加斯加这些印度洋沿岸国家的出口增幅都很大,其中对印度的出口增幅最大,同比达118.56%。对欧盟国家出口增长也比较迅速,其中,对德国出口增长34.77%,对意大利增长16.98%。在北美市场,对美出口出现了38.34%的增长。在前20名出口市场中,同比增长最大的国家是巴西,增幅高达287.76%。对土耳其出口增幅同比也都达到了86.35%。

2004年全国纱线出口市场统计(前20名)

单位:万美元

序号	国家(地区)	金额	同比%	占比%
1	中国香港	215388	6.53	48.79
2	韩国	35631	8.25	8.07
3	日本	30086	4.50	6.81
4	印度	16806	118.56	3.81
5	孟加拉	13387	37.35	3.03
6	德国	9621	34.77	2.18
7	美国	9054	38.34	2.05
8	意大利	8657	16.98	1.96
9	中国澳门	6966	14.75	1.58
10	泰国	5257	18.98	1.19
11	印度尼西亚	4708	-15.12	1.07
12	越南	4695	12.06	1.06
13	土耳其	4164	86.35	0.94
14	马达加斯加	3953	24.39	0.90
15	巴西	3928	287.76	0.89
16	阿拉伯联合酋长国	3721	-9.97	0.84
17	中国台湾	3463	8.03	0.78
18	巴基斯坦	3343	46.61	0.76
19	澳大利亚	3179	42.69	0.72
20	缅甸	3076	9.92	0.70

资料来源:海关统计

按金额计，纱线进口95.95%是来自亚洲国家和地区，排名前五位的国家和地区分别是中国台湾、韩国、巴基斯坦、日本、印度，这些国家的份额之和占了总进口额的50%左右。从印度进口的棉纱线产品增长迅猛，同比增长了39.03%，进口额达到了1.63亿美元，占棉纱总进口金额的4.01%。在进口来源前10位的国家和地区中，泰国增长速度最快，2004年我国从其进口额达到了7868.52万美元，同比增长了42.49%，但其所占份额仍然较低，为1.94%。

2004年在我国纱线进口来源国和地区中，进口量下降最大的是中国香港。2004年我国从香港地区进口纱线5.71万吨，同比下降39.86%；进口金额为1.42亿美元，同比下降37.33%。近年来，香港制造业逐渐向内地转移，香港作为我国纱线进口主要来源地的作用也在逐渐减弱。2002年香港所占我国进口纱线金额份额为6.9%，排在所有进口来源国和地区中的第五位，而2004年其份额为3.49%，下降了50%左右，排名也下降两位。

五、加工贸易是纱线产品出口的主要贸易方式

在纱线出口中，国有、国有参股企业往往采用一般贸易的方式，三资企业多采用加工贸易的方式。近两年随着三资企业家数和出口金额的迅速增加，以及国有、国有参股企业家数减少等因素共同作用下，纱线产品出口中一般贸易比重持续下降，加工贸易出口金额增长迅速，比重持续上升，已经超过一般贸易成为我国纱线产品出口最主要的贸易方式。2004年纱线产品一般贸易出口额为20.45亿美元，同比增长9.24%，所占份额为46.33%；加工贸易出口金额为23.40亿美元，同比增长21.74%，所占份额为52.99%。其中，进料加工贸易方式增长最为迅速，出口金额同比增长达24.04%，为21.25亿美元，在总出口金额中的比重为48.12%。其他贸易方式所占比重不超过1%。

六、出口以三资企业为主，私企增长迅速

近两年来，在纱线出口企业当中，国有、国有参股企业的比重正在逐渐下降，企业数量增长幅度也低于三资和民营、私营企业。2004年，纱线出口企业共有4311家，同比增长19.25%。其中，国有、国有参股企业1293家，同比下降10.95%，出口金额为14.25亿美元，同比增长1.01%，占纱线总出口额的32.27%。三资企业996家，同比增长10.79%，出口金额为19.91亿美元，同比增长17.24%，占总出口额的45.09%。其中，外商独资企业和中外合资企业出口金额增长都很迅速，分别为7.02亿美元和9.97亿美元，同比增长28.76%和19.99%，分别占总出口额的15.97%和22.57%。集体和私营企业纱线出口继续迅猛增长，2004年出口金额为9.99亿美元，同比增长38.92%，占总出口金额的22.62%。其中，私营企业同比增长最为迅速，出口金额为4.66亿美元，同比增长了100.27%，占比上升到了10.57%。

七、东南沿海传统纺织大省占据纱线出口主导地位

纱线出口排名前五位的省市分别为江苏、广东、浙江、山东、上海，这五个省市占今年全国纱线总出口额的76.85%。其中，江苏出口9.61亿美元，同比增长9.54%，排名第一位，它也是前五位省市中增长最快的。浙江的纱线出口虽然排名第三位，但是增幅较大，共出口7.45亿美元，同比增长了48.68%，其所占份额为16.87%。广东虽然排名第二，但是增速放缓，2004年出口纱线8.65亿美元，同比增长8.07%，所占份额为19.58%，仅比浙江高不到3个百分点。从整体来看，东部省市出口增速明显快于中西部省市。纱线出口下降最大的省份是湖北，2004年出口4538.22万美元，同比下降41.06%。

（执笔：张腾）

2004年全国面料进出口概况及分析

中国纺织品进出口商会花色漂布分会

一、2004年面料出口持续增长

2004年面料进出口额为269亿美元,同比增长18.21%,其中,出口金额181亿美元,同比增长23.76%,进口金额89亿美元,同比增长8.3%。出口平均单价同比提高9.15%。出口企业11684家,同比增长29.36%(注:文中涉及的面料包含服装用和非服装用面料)。

1. 出口企业明显增加,民营企业飞速发展

国有及国有参股企业出口明显回落,与上年,出口家数同比减少12.2%,出口金额微增0.36%。但国有及国有参股企业以占总出口金额的32.13%,占据面料出口主导地位。国有及国有参股企业出口平均价格低于三资企业而高于民营企业。

民营企业出口增长惊人,出口家数同比增加85.55%,出口金额增长84.41%。出口金额已占总出口金额的21.48%。

民营企业及国有及国有参股企业是出口主体;三资企业和国有及国有参股企业是出口产品提高档次和售价的主体来源。

2004年面料企业构成表

数量单位:万米　金额单位:万美元

企业构成	家数	同比%	占比%	数量	同比%	占比%	金额	同比%	占比%	均价	同比%
合　计	11684	29.36	100.00	1660824	13.38	100.00	181	23.76	100.00	1.09	9.15
国有及国有参股企业	2590	-12.20	22.17	558791	-11.37	33.65	58	0.36	32.13	1.04	13.23
三资企业	2638	18.88	22.58	399806	19.78	24.07	57	25.34	31.71	1.43	4.64
其中合作	144	-5.26	1.23	31181	0.63	1.88	7	2.55	3.82	2.21	1.90
合资	1114	11.74	9.53	209312	17.51	12.60	27	19.00	14.69	1.27	1.27
独资	1380	28.97	11.81	159313	27.78	9.59	24	42.99	13.21	1.50	11.91
集体企业	6447	67.06	55.18	702113	40.27	42.27	65	53.93	36.16	0.93	9.74
私人企业	799	-1.96	6.84	313604	15.34	18.88	27	23.94	14.68	0.85	7.46
其　他	5648	85.55	48.34	388509	69.91	23.39	39	84.41	21.48	1.00	8.53

资料来源:海关统计

2. 一般贸易出口增长高于加工贸易

一般贸易仍然是面料主要出口方式,其出口额占面料总出口金额的73.73%,增长幅度达25.69%。加工贸易的出口额占面料总出口金额的25.29%,增长幅度达18.87%。

3. 化学纤维机织物出口持续快速增长

化学纤维机织物超过棉布成为面料出口的主要品种,其出口额占面料总出口金额的37.5%,增长幅度为36.2%。玻璃纤维机织物出口增长达到63.1%。

2004年面料商品大类出口表

数量单位:万米　金额单位:亿美元

商品编码	商品名称	数量	同比%	金额	比重%	同比%
5113	面料	1660824	13.38	181	23.76	23.76
5007	丝机织物	25098	29.46	6	3.23	43.76
5208	羊毛、动物毛机织物	9564	45.62	5	2.79	47.88
5208	棉布	480130	-4.66	53	29.08	11.50
5309	植物纤维机织物	25344	1.82	4	2.32	6.48
5408	化学纤维机织物	941396	25.54	68	37.50	36.20
5802	特种机织物、簇绒机织物	91907	7.35	14	7.53	17.82
60	针织物及钩编织物	80867	15.30	30	16.59	19.39
701940	玻璃纤维机织物	6519	37.74	2	0.96	63.10

资料来源:海关统计

4. 服装面料出口持续增长

服装面料主要品种包括:棉和棉涤花色漂布、人棉布、化纤布、麻布和呢绒等。除亚麻布出口微降1.47%外,其他品种都有不同程度的增长。其中:棉涤花色布、化纤布和呢绒出口金额增长都超过30%。

出口价格普涨,除亚麻布和呢绒提高幅度较小,其他品种提高幅度都大于10%,其中:化纤布提高22.1%。

2004年面料主要品种出口表

金额单位:亿美元

商品名称	出口数量	同比%	出口金额	同比%	出口价格	同比%
棉坯布	107847	-9.37	78606	7.46	0.73	18.75
棉涤纶坯布	61034	-8.71	27054	0.96	0.44	9.78
苎麻布万米	8218	9.57	10991	25.76	1.34	14.98
亚麻布万米	15719	-4.25	29008	-1.47	1.85	3.17
棉花色布	289742	2.91	363905	15.71	1.26	12.8
涤棉花色布	159649	19.91	120010	33.42	0.75	11.01
人棉布	75667	4.71	55480	18.67	0.73	12.84
化纤布	77555	10.16	63506	34.31	0.82	22.1
呢绒	9079	40.88	49689	46.62	5.47	4.01

资料来源:海关统计

5. 开拓新市场有成效,但热点过于集中现象没有根本改变

由于出口企业坚持实施市场多元化战略,对新兴市场开拓加大投入,成果明显,除对拉丁美洲出口微降1.7%外,其他地区增长幅度都超过20%,对拉丁美洲和独联体国家出口增长40%。

2004 年面料主要出口市场出口表

金额单位:万美元

国家(地区)	进出口额	出口金额	同比%
合　计	2692089	1805798	23.8
亚洲	2072944	1222632	21.4
东南亚	230939	209784	38.5
中东地区	180857	179956	29.9
非洲	181239	181064	26.7
欧洲	216299	188131	28.6
欧盟	168229	141224	24.3
独联体国家	156360	129520	27.3
拉丁美洲	11869	11704	-1.7
北美洲	157521	157313	40.1
大洋洲	51277	45435	13

资料来源:海关统计

我国同196个国家和地区有面料贸易,其中,对42个出口值均超过1亿美元,主要贸易伙伴国集中在亚洲,对中国香港、阿联酋、孟加拉、韩国出口值均超过7亿美元。按金额排序,前十个贸易国占贸易国总数的5.1%,出口金额合计占面料总出口金额的53.03%,说明面料市场相对比较集中。墨西哥、意大利是亚洲以外主要进口国。

在出口额超过1亿美元的贸易国中,对巴基斯坦出口金额增长幅度达到115%。对埃及增长92%,对巴西增长86%。

2004 年面料主要贸易国及地区出口表

金额单位:万美元

	国家(地区)	进出口额	出口金额	同比
	总　计	2692089	1805798	23.8
1	中国香港	573717	470657	11.6
2	阿拉伯联合酋长国	83543	83442	22.8
3	孟加拉	77008	76976	26.9
4	韩国	234486	74270	9.1
5	日本	301062	46158	19.6
6	伊朗	43363	43363	16.3
7	越南	42727	41906	44.7
8	印度	43363	41325	64
9	墨西哥	40865	40853	10.5
10	意大利	55798	38717	25.9
	合　计	1495932	957667	
22	巴西	23105	23086	86.2
28	巴基斯坦	26253	16359	114.7
38	埃及	11441	11438	92.4

资料来源:海关统计

6. 面料出口区域化明显,强者恒强

全国31个省市中,23个省市出口增长,8个省市出口下降。按出口金额排序,前十个省市中,仅有广东出口增长低于10%,其他省市出口均有大幅增长。东南沿海省市依然占据出口排名的前六位,浙江以出口55亿美元增长35%名列第一。位列前三的江苏、广东出口额都超过30亿美元。

前十个省市出口额合计168亿美元,占面料总出口金额的92.98%。由此可见,出口省市集中东南沿海十分明显。

2004 年面料主要省市出口表

金额单位:万美元

	省市	进出口额	同比%	出口金额	比重%	同比%
	总计	2692089	18.21	1805798		23.76
1	浙江	610480	32.24	549923	30.45	35.47
2	江苏	476121	27.49	347015	19.22	32.56
3	广东	666611	6.52	328831	18.21	9.91
4	山东	269662	17.05	183781	10.18	20.94
5	上海	286546	17.35	151974	8.42	19.38
6	福建	51042	19.56	28897	1.60	42.93
7	河北	28725	13.73	25200	1.40	13.1
8	四川	22856	33.21	22315	1.24	32.82
9	天津	38229	15.07	22038	1.22	20.79
10	安徽	21165	27.57	19124	1.06	29.1
以上合计		2471437		1679098	92.98	

资料来源:海关统计

二、2004 年面料进口情况

2004 年上半年面料进口来源国进口表

金额单位:万美元

	国家(地区)	进出口额	进口金额	进口份额%	同比%
	总　计	2692089	886291		8.3
1	日本	301062	254904	28.76	13.2
2	中国台湾	179622	174612	19.70	4
3	韩国	234486	160216	18.08	2.6
4	中国香港	573717	103059	11.63	3
5	意大利	55798	17081	1.93	26
以上合计		1288887	692791	78.17	

资料来源:海关统计

2004 年进口金额 89 亿美元,同比增长 8.3%,进口主要用于加工贸易,占总进口额的 95.93%,三资企业所占份额为 71.53%,国有、参股企业只占 19.24%。化学纤维机织物、棉布是面料类商品进口的主要品种,分别占总进口额的 36%、25%。面料进口来源主要是亚洲,按进口金额排序,排列前五位供应国的进口额合计占总进口额的 78.17%,其中,进口额最大的供应国是日本,进口金额占总进口额的 28.76%。

全国有 30 个省市进口面料,广东以进口额 34 亿美元,占总进口额的 38.11%,持续排名全国进口省市第一位。按进口金额排序,排列前五位省市的进口额合计占总进口额的 84.39%。

2004 年面料进口省市进口表

金额单位:万美元

	省市	进出口额	进口金额	进口份额	同比
	总计	2692089	886291		8.3
1	广东	666611	337780	38.11	3.43
2	上海	286546	134572	15.18	15.15
3	江苏	476121	129107	14.57	15.62
4	山东	269662	85881	9.69	9.51
5	浙江	610480	60557	6.83	8.74
以上合计		2309420	747897	84.39	

资料来源:海关统计

(执笔:虞艿)

2004年全国家用纺织品出口概况及分析

中国纺织品进出口商会针棉织品分会

家用纺织品经过前两年的高速增长后,2004年进入平稳增长阶段,但各类商品出口增幅仍保持在两位数,平均出口单价也有所上升,反映了家用纺织品经过几年的发展,在优化产品结构和提高产品质量等方面取得了一定成效。

一、出口企业家数与出口额同步增长,各月度出口波动较大

根据中国海关统计,2004年家用纺织品出口55亿美元,增长27.5%,比上年下降14个百分点。家纺出口企业家数与出口额同步增长,增幅为26.4%,总计有9207家企业出口家用纺织品。其中出口额超过1亿美元的有1家企业,出口额超1000万美元的企业有83家,这84家企业出口合计额占出口总额的26.59%。

全年各单月出口增幅起伏较大,7、8、9三个月增长相对平稳,年初和年底增速大幅减缓,其中,12月单月出口增幅是全年中最小的,为11.2%,而上年同期出口增幅却达到全年最高点,主要受国家宏观政策调整以及2005年配额将要取消等原因所致。

图1:2002-2004年家用纺织品出口统计图

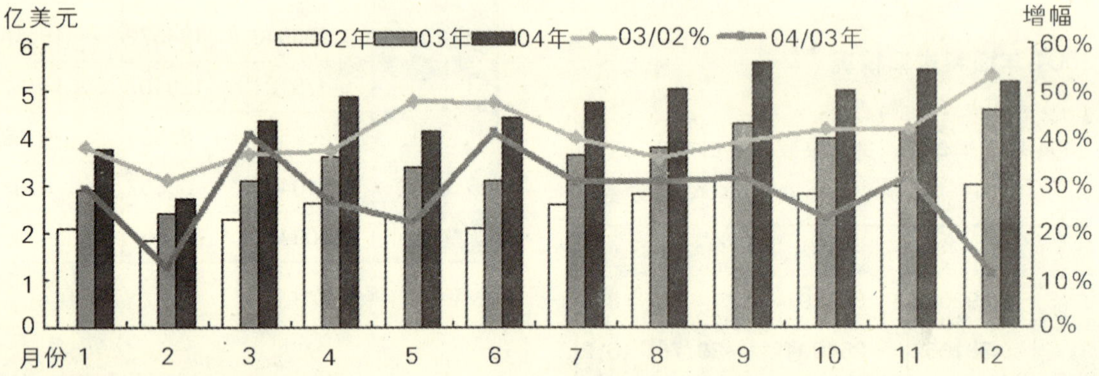

二、五大类商品出口额继续保持增长,出口单价有升有降

2004年家用纺织品出口的五大类商品在上年快速增长的基础上依然实现了较大增长,其中窗帘制品继续保持强劲增长势头,在五大类商品中增幅仍居首位,为39.9%,出口平均单价2.99美元/件/条,增长7.2%。床上用纺织品出口19.5亿美元,增长25.2%,占家纺出口总额的35.5%,出口单价1.94美元,增长5.5%,出口额位居第一。值得一提的是家用纺织品出口的第二大商品——毛巾制品(含毛巾面料,下同),出口量及出口额增幅在五类商品中最小,但平均出口单价却上涨最快,数量及金额增幅分别为2.3%和16.3%,平均出口单价增长13.7%。

2004 年家用纺织品出口商品统计

数量单位:万件/条　　　　金额单位:万美元

商品名称	出口量	同比%	出口额	同比%
合　计	636096	18.01	96036	27.45
床上用纺织品	100231	18.72	550409	25.21
厨房用纺织品	182602	49.42	194765	30.36
毯子	24504	41.38	116595	35.06
毛巾制品	298214	2.25	91192	16.26
窗帘制品	30546	30.57	51821	39.92

资料来源:中国海关

三、一般贸易出口仍居主导地位,出口增幅小于加工贸易

2004 年家用纺织品一般贸易出口额 35.7 亿美元,增长 24.9%,比上年下降 10 个百分点,占家纺出口总额的 81.1%,份额略有下降。一般贸易出口仍占主导地位。在五类商品的一般贸易中,出口增幅最小的是毛巾制品,为 11.2%。

加工贸易出口额 8.1 亿美元,增长 37.4%,占家纺出口总额的 14.7%,比上年增加了 1 个百分点。五类商品的加工贸易出口额均大幅增长,增幅保持在 20%—60%之间。加工贸易主要以进料加工为主,出口 6.9 亿美元,增长 38.8%,所占份额分别为 12.6%,比上年增长 1 个百分点,其中各大类商品出口全面增长,增幅均在 30%以上。来料加工出口 1.2 亿美元,增长 29.7%,所占份额 2.1%,与上年持平。其中窗帘制品和毛巾来料加工出口下降,其他三种商品保持增长。

2004 年家用纺织品贸易方式出口统计

金额单位:万美元

商品名称	一般贸易			加工贸易		
	出口额	同比%	份额%	出口额	同比%	份额%
合　计	446625	24.90	81.14	80735	37.39	14.67
床上用纺织品	162610	19.68	83.49	20407	62.76	10.48
厨房用纺织品	47650	29.32	91.06	3731	38.67	7.20
窗帘制品	79825	41.00	87.54	7025	23.64	7.70
毛巾制品	86746	11.17	74.40	27243	31.71	23.37
毯子	69794	38.99	72.68	23328	30.05	23.25

资料来源:中国海关

四、除个别省市出口小幅下降外,绝大部分省市出口实现不同程度增长

2004 年全国绝大部分省市出口额实现不同程度增长,增幅最大的河北,达 80.5%,居全国省市排名第 7 位,占家纺出口总额的 2.6%。贵州、宁夏、吉林出口额小幅下降,降幅分别为 36.6%和 24.0%和 13.8%。山东、浙江、江苏、上海和广东分列省市排名前五位,五省市中仅江苏出口增幅高于去年。五省市合计出口额占家纺出口总额的 78.5%,合计净增加值占家纺出口净增加值总额的 80%,带动了全国家纺出口的增长。

2002—2004 年家用纺织品出口五大省市统计

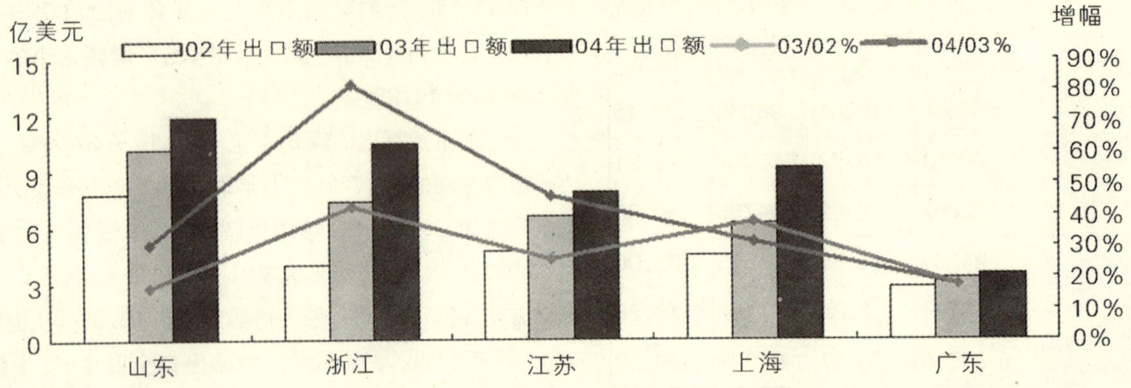

1. 山东: 山东继续保持全国家纺出口第一大省市地位,但优势已不明显。2004 年出口额 11.9 亿美元,增长 16.5%,是前五大省市中增幅最低的,所占份额为 21.6%,比上年下降 2 个百分点。五大商品出口额增长平稳,其中窗帘制品增长最快,为 39.8%。毛巾是第二大出口商品,出口额占毛巾出口总额的 30.7%,居全国首位,出口价格同步增长,增幅为 17%,比全国平均出口单价高 5.1%。

2. 浙江: 浙江近几年家纺生产、设计能力有了较大提高,家居装饰用品类商品已基本形成了集群经济形态的工业生产基地。2004 年浙江家纺出口额增幅在五大省市中继续居首位,出口额 10.5 亿美元,增长 42.5%,所占份额 19.0%,比上年增长 2 个百分点,出口净增加值达 3.1 亿美元,占家纺净增总额的 26.3%。其中五大类商品出口额均保持增长,增长最快的是窗帘制品,为 56.3%;增幅最低的是毛巾,为 9.6%;其他四类商品出口增幅在 10% 以上。

3. 江苏: 江苏居出口排名第 3 位,2004 年出口额9.1 亿美元,增长 37.7%,增幅仅次于浙江,所占份额为 16.6%,比上年高 1 个百分点,其中五大类商品出口额均保持增长,其中厨房用纺织品出口额增长 85.9%。床上用纺织品是江苏家纺第一大宗出口商品,出口额增长 28.7%,占江苏家纺出口总额的 35.9%,比上年下降 2 个百分点。

4. 上海: 上海家纺出口近年来一直保持平稳增长,增速低于浙江和江苏,居全国省市排名第 4 位。2004 年出口额7.9 亿美元,增长25.9%,所占份额为 14.3%,与上年基本持平,五类商品中窗帘制品出口额增长最快,为 36.8%,占窗帘制品出口总额的 18.4%,平均出口单价 3.99 美元/件(条),增长 2.9%,比全国平均出口单价高 33.4%,居五省市之首。另外,毛巾出口额也有 15.6% 的增长,仅次于山东,出口单价为五省市中最高。

5. 广东: 广东居家纺出口全国省市排名第五位,2004 年出口额 3.8 亿美元,增长 17.6%,所占份额为 7%,其中,床上用纺织品取代毛巾成为家纺出口第一大商品,出口额仅占该类商品出口总额的 6.6%。毛巾是第二大商品,出口额占毛巾出口总额的 9.5%,为五大类商品最高。

五、家用纺织品对亚洲出口份额缩减,对美欧市场出口份额进一步扩大

2004 年家纺对各市场出口继续增长,但增速放慢。其中对亚洲出口的比重下降,对美欧出口比重上升。值得一提的是,我对俄罗斯出口业绩不凡,超过香港地区成为我国家纺出口继美日欧后的第四大市场,出口额 2.7 亿美元,同比增长 49.8%,所占份额为 4.9%。另外,美国、日本、欧盟三大出口市场中,我对日本出口增增幅较小,为8.1%,对美国、欧盟出口继续较大增长,分别为 36.3%和 29.4%。

2004年家用纺织品出口前五大市场统计

（按出口额排序）

金额单位：万美元　　单价：美元/件(套)

国家(地区)	出口额	同比%	份额%	单价	同比%
美国	146479	36.25	26.61	—	—
日本	114897	8.10	20.87	0.58	-1.53
欧盟	78692	29.41	14.30	1.13	9.37
俄罗斯	26797	49.82	4.87	1.7	-4.98
中国香港	25027	8.75	4.55	0.52	13.01
合　计	391892	24.21	71.20	—	—

资料来源：中国海关

1. 美国：美国自取代日本成为我家纺出口第一大市场以来份额逐渐上升，2004年达到26.6%，比日本高近6个百分点，五类商品中床上用纺织品出口额最大，占家纺对美出口总额的33.3%。其次是窗帘制品，占家纺对美出口总额的30.1%。另外，出口额增幅最大的商品是毯子，为54.9%，出口额增幅最小的是毛巾，仅有5.1%。

2004年家用纺织品对美国出口统计

（按出口金额排序）

数量单位：万件(条)　　金额单位：万美元

商品名称	出口量	同比%	出口额	同比%	单价	同比%
合　计	107228	44.80	146479	36.30	1.37	-5.9
床上用纺织品	21087	52.00	48845	37.00	2.32	-9.8
窗帘制品	14554	32.60	44030	33.80	3.03	0.9
毯子	8575	69.60	24489	54.90	2.86	-8.6
厨房用纺织品	34987	68.90	15837	50.50	0.45	-10.9
毛巾制品	28025	19.50	13278	5.10	0.47	-12.1

资料来源：中国海关

2. 日本：由于日本经济增长乏力，加之中国商品在日本市场的趋近饱和，使得我对日家纺出口已很难有较大增长。2004年我家纺对日出口额增幅下降至8.1%，所占份额下降至20.9%。家纺出口商品结构仍以毛巾为主且是我毛巾出口的第一大市场，出口额占我对日家纺出口总额的37.9%。床上用纺织品是家纺对日出口第二大宗商品，出口额占家纺对日出口总额的34.9%。

2004年家用纺织品对日本出口统计

（按出口金额排序）

数量单位：万件(条)　　金额单位：万美元

商品名称	出口量	同比%	出口额	同比%	单价	同比%
合　计	198901	9.80	114897	8.10	0.58	-1.50
毛巾制品	110874	0.60	43508	14.50	0.39	13.90
床上用纺织品	17879	-5.10	40128	3.20	2.24	8.80
毯子	2527	10.00	12928	1.20	5.12	-8.00
窗帘制品	3274	-2.30	11249	4.00	3.44	6.40
厨房用纺织品	64348	38.60	7084	21.90	0.11	-12.00

资料来源：中国海关

3. 欧盟：2004年家纺对欧盟出口7.9亿美元，增长29.4%，平均出口单价比对家纺对全球出口平均单价高29.9%。其中对欧盟（15国）出口7.3亿美元，增长38.2%，占家纺出口总额的13.4%，上升1.2个百分点。在对欧盟出口家纺的商品结构中，各大类商品在同类商品对全球出口的比重大多在15%左右，但毛巾所占比重仅有6.7%。

2004年美欧经济继续回升，消费需求尤其是对日用消费品的需求进一步增长。同时，我国近年来家用纺织品在设计水平、生产工艺上均有所提升，产品结构有所更新，产品附加值也在不断提高，从而也刺激了国外市场对我国家用纺织品需求的上涨。此外纺织品配额的取消成为我国的家纺产品出口的一个主要推动力，根据美国纺织品服装办公室的统计，美国家纺类别的产品从中国进口大幅增长，我家纺产品在美国进口市场中已占一半以上的份额。2005年我国纺织服装出口形势总体继续看好，但有诸多不确定因素。一方面，我国的家纺生产仍存在着一些问题，总体上说，我国的家纺产业还处于发展的初级阶段，缺乏自有品牌，自主设计能力不强，很多企业只是停留在单纯的生产加工水平上，产品的综合竞争力有待进一步提高。另一方面，美欧等发达国家贸易保护主义日盛，对我频繁发起特保申请和反倾销调查，同时欧盟取消了对我国的普惠制待遇，提高了从中国进口产品的关税，使我出口产品的成本压力进一步加大。这些因素都将阻碍我家纺产品出口规模的扩大。在这种情况下，企业只有通过加大优化出口产品结构的力度，继续提高产品档次，从而提高企业的综合竞争力，才能在变化多端的国际经济环境中巩固自己的比较优势。

2004年家用纺织品对欧盟出口统计

(按出口金额排序)

数量单位：万件(条) 金额单位：万美元

商品名称	出口量	同比%	出口额	同比%	单价	同比%
合　计	69387	18.30	78692	29.40	1.13	9.40
床上用纺织品	17406	36.10	27749	32.20	1.59	-2.90
毯子	5636	35.40	16955	39.10	3.01	2.80
窗帘制品	5945	42.60	16358	76.00	2.75	23.40
厨房用纺织品	27005	40.80	9804	-2.60	0.36	-30.80
毛巾制品	13396	-27.00	7826	-5.40	0.58	29.60

资料来源：中国海关

(执笔：李强)

2004年全国丝绸商品出口概况及分析

中国纺织品进出口商会丝绸分会

丝绸商品(含蚕丝原料、真丝及化纤面料、丝绸制成品)是我国出口的传统大宗商品,改革开放以来,我国丝绸行业迅猛发展,已成为世界丝绸生产和出口大国,在国际上保持着优势地位。

2004年我国丝绸行业出现了全面恢复性增长,实现了产销两旺的良好局面,据海关统计,全年出口76.64亿美元,占全国纺织品服装出口总额的8.05%;进口23.51亿美元,占进口总额的13.99%,同比分别增长34.12%和4.14%,实现顺差53.13亿美元。其中真丝绸商品出口32.45亿美元,同比增长28.7%;化纤绸出口44.19亿美元,同比增长38.41%。丝绸商品出口增长主要由化纤绸的大幅增长带动。

一、蚕丝类出口数量略有下降,但平均单价增幅较大,出口额有所增长

2004年我国蚕丝类出口2.76万吨,同比下降2.43%,金额4.79亿美元,平均单价17.39美元/公斤,同比分别增长了14.49%和17.34%。蚕丝原料占丝绸商品的出口比例由2003年的7.2%下降至2004年的6.25%。虽然蚕丝类出口数量有所下降,但平均单价增幅较大。

1. 蚕丝类主要出口商品依次为绢纺纱线、捻线丝、厂丝、双宫丝(见表一)。绢纺纱线出口出现了量价齐升的良好态势;厂丝出口增幅较大,原因主要是从2004年7月1日开始实行新的丝类出口配额收费政策后,串证现象得到了根本的改善,统计数据恢复真实(见图一)。

2. 蚕丝类主要出口市场格局未变,对中国香港出口增幅较大,达45.05%;对印度有4.29%的增幅。对其他主要市场出口数量均出现不同程度的下降,但出口单价普遍上涨。

蚕丝类出口市场前四位依次为:印度、欧盟、日本、中国香港(见图二)。主要市场中中国香港的平均单价最高,达25.33美元/公斤,对印度平均单价较低,为17.19美元/公斤。对日本和欧盟的数量降幅较大,分别达31.73%和18.33%。

印度:印度仍为我蚕丝类出口的第一大市场,2004年对印度出口蚕丝类1.14万吨,金额1.96亿美元,平均单价17.19美元/公斤,同比分别增长4.29%、27.31%和22.07%。分别占我国对全球蚕丝类商品出口量和额的41.35%和40.86%。

表一、2004年蚕丝类主要商品出口情况表

单位:数量:吨　　金额:万美元　　单价:美元/公斤

商品名称	占蚕丝类出口比重(金额)	2004年			同比(%)		
		数量	金额	单价	数量	金额	单价
绢纺纱线	32.11%	9664	15384	15.92	36.35	56.45	14.75
捻丝	16.28%	3462	7802	22.54	-10.11	6.21	18.14
厂丝	14.53%	3557	6961	19.57	300.3	382.29	20.48
双宫丝	11.68%	3140	5598	17.83	-35.2	-19.7	23.92

图一、厂丝月度出口对比图

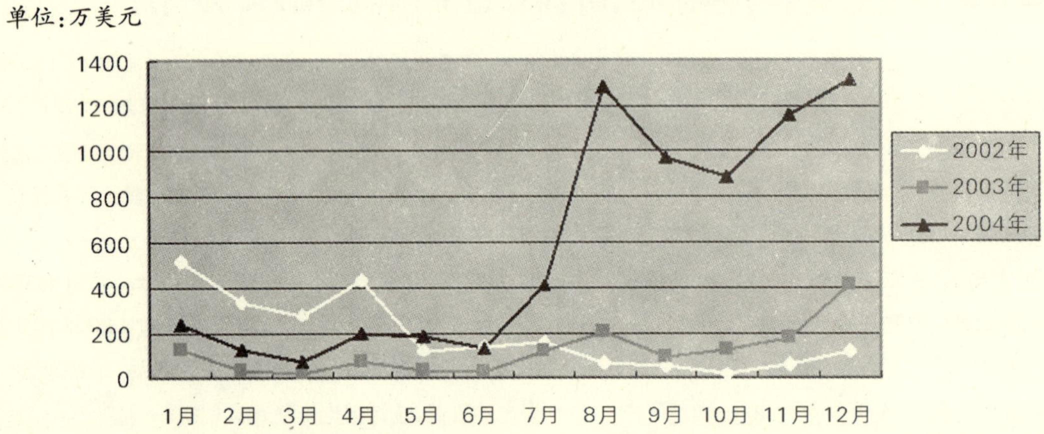

图二、2004年蚕丝类商品出口市场构成图(按金额计)

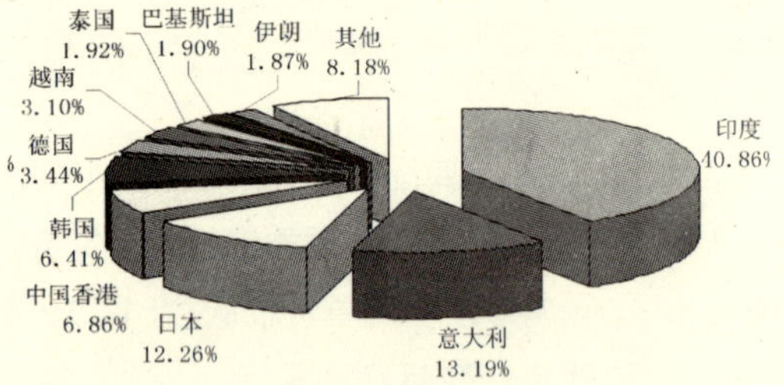

对印度蚕丝类出口主要以绢纺纱线、双宫丝及厂丝为主。其中绢纺纱线出口3531.7吨,金额5294.64万美元,在对印度出口的绢纺纱线中,低等级的䌷丝纱线出口量达3230.01吨,占我国对印度出口绢纺纱线的91.46%,而䌷丝的平均单价较低,仅为14.54美元/公斤,从而拉低了对印度蚕丝类出口的整体平均单价。对印度厂丝出口数量增长,主要是从2004年7月1日开始实行新的丝类出口配额收费政策后,厂丝出口串证现象得到了根本的改善,统计数据恢复真实的体现。

欧盟:欧盟市场是我国丝类商品出口的第二大市场。2004年对欧盟主要市场出口丝类商品4929.9吨,金额8471.18万美元,同比分别下降18.33%和1.42%,平均单价17.18美元/公斤,同比增长20.7%。

欧盟市场主要以对意大利和德国出口为主,2004年对意大利出口3373.03吨,金额6319.74万美元,同比下降13.16%和增长3%;对德国出口1277.94吨,金额1650.28万美元,同比分别下降30.91%和16.96%。由于对德国废丝出口数量较大,而废丝出口单价低,使得对德国蚕丝类出口平均单价水平极低。

日本:日本是我国丝类商品出口的传统市场,但近几年对其出口呈下降趋势。2004年对日本出口蚕丝类商品2905.21吨,金额5875.17万美元,同比分别下降31.73%和21.1%,平均单价20.22美元/公斤,同比增长15.57%。对日本蚕丝类出口以捻丝和绢纺纱线出口为主。

中国香港:对中国香港出口主要以高等级绢纺纱线为主,2004年对其出口丝类商品1298.65吨,金额3288.86万美元,平均单价25.33美元/公斤,同比分别增长45.05%、72.81%和19.14%。

二、绸缎出口维持大幅增长态势,尤以化纤绸出口增速强劲

我国绸缎出口主要有两类,一是真丝绸缎,二是化纤绸。其中,真丝绸缎含坯绸和印花染色绸;化纤绸含合纤绸和人丝绸。

2004年我国绸缎出口59.47亿米,金额50.1亿美元,同比分别增长33.87%和38.93%。绸缎出口占丝绸商品出口的比例由2003年的63%上升至2004年的65.37%。

真丝绸缎出口2.52亿米,金额5.91亿美元,平均单

价2.34美元/米，同比分别增长29.14%、42.91%和10.67%。主要市场集中在印度、中国香港、韩国、意大利、美国、日本。对美国出口增长较快，数量为993.99万米，增长51.15%；对日本出口1590.76万米，同比下降3.54%。

由于在印染及后整理技术方面与欧盟、日本等发达国家有一定差距，我国真丝绸缎出口仍然以坯绸为主，其次是印染绸。

1. 坯绸出口增势平稳，全年出口2.06亿米，金额4.15亿美元，平均单价2.02美元/米，同比分别增长27.96%、40.04%和9.43%。主要呈现如下特点：

(1) 坯绸出口主要市场为印度、韩国、意大利、中国香港、日本（见图三）。印度为我国坯绸出口的第一大市场。

图三、2004年坯绸出口市场构成图（按金额计）

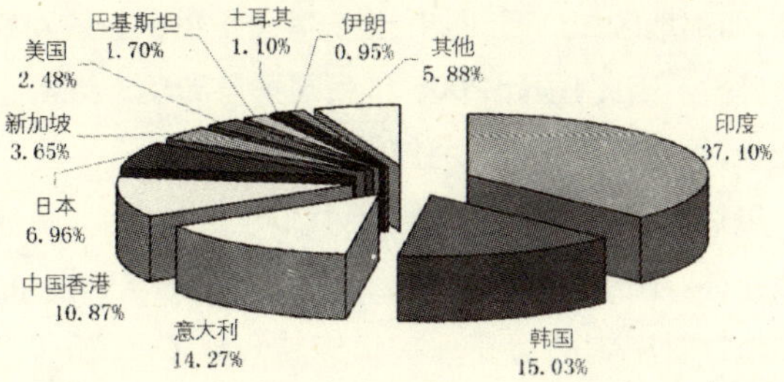

2004年对印度坯绸出口继续大幅增长。全年对其出口9285.68万米，金额1.54亿美元，平均单价1.66美元/米，同比分别增长51.92%、85.98%和22.42%。出口金额占我国坯绸出口总额的37.1%。对印度坯绸出口平均单价有较大增长，但由于对其出口的坯绸主要以低等级的为主，故单价依然低于对全球出口的平均水平。

对意大利出口增长较快，全年出口2310.21万米，金额5926.16万美元，同比分别增长了44.35%和49.66%；

对中国香港和日本市场出口数量均有下降，对中国香港出口1565.93万米，下降6.48%，但平均单价较高，达2.8美元/米；对日本市场出口1541.45万米，同比下降3.28%。

(2) 坯绸主要出口省市中，浙江、江苏、广东同比增幅较大，均在40%以上。

2. 印染绸出口虽然数、额较小，但增长幅度较大。

由于我国丝绸出口企业调整了商品结构，2004年出口印染绸4529.33万米，金额1.68亿美元，同比分别增长了36.7%和53.93%，高于丝绸商品出口的平均增幅。

3. 化纤绸出口增幅强劲，带动了丝绸商品出口的整体增长

化纤绸出口包含合纤绸和人丝绸，2004年我国化纤绸出口44.19亿美元，其中合纤绸出口43.78亿美元，同比增长35.03%。合纤绸出口主要市场为阿联酋、伊朗、中国香港、巴西、沙特阿拉伯。阿联酋已取代香港地区成为我国合纤绸出口的第一大市场。

三、丝绸制成品出口持续增长，主要以服装出口为主

丝绸制成品出口包括真丝服装、头巾、领带、手帕等服饰和其他真丝制品，但主要以丝绸服装为主。2004年我国丝绸制成品出口21.75亿美元，同比增长28.74%，其中服装出口17.89亿美元，占丝绸制成品出口总额的82.25%，同比增长26.92%；其次为领带、头巾出口；制成品出口排名靠前的企业主要以浙江、上海、江苏一带为主。

1. 丝绸服装出口的主要特点

(1) 丝绸服装出口市场主要为美国、欧盟、日本、中国香港，除对日本市场略有下降外，对其他主要市场均有不同程度的增长。

美国仍为我国丝绸服装出口的第一大市场，2004年对其出口1.19亿套，金额11.01亿美元，同比分别增长16.32%和23.53%，占我国丝绸服装出口总额的61.56%；

对欧盟出口2632.95万套，金额2.6亿美元，同比分别增长26.22%和40.14%，其中对德国、英国、意大利、法国出口占我国对欧盟丝绸服装出口总额的81.72%；

对中国香港出口2765.71万套，金额1.65亿美元，同比分别增长31.59%和24.97%。

对日本出口丝绸服装1318.17万套，金额1.77亿美

元,平均单价 13.43 美元/套。虽然数量有 4.51%的下降,但由于平均单价较高,出口额同比仍然增长了 20.73%。

(2)丝绸服装出口平均单价除对中国香港有 5.03%的下降外,对其他市场均有不同程度的增长。平均出口单价为 8.82 美元/套,同比增长 4.99%。

2. 领带、头巾及其他制成品出口均有不同程度的增长

2004 年出口领带 9103.25 万条,金额 1.85 亿美元,同比分别增长 27.74%和 33.27%,平均单价 2.03 美元/条,仅增长了 4.33%;头巾出口 2640.56 万条,金额 6733.46 万美元,平均单价 2.55 美元/条,同比分别增长 27.89%、39.66%和 9.2%。其他制成品出口 9133.08 万美元,同比增长较大,达 75.95%。

四、主要省市丝绸商品出口实现快速增长

表二、2004 年省市丝绸商品出口排名统计表
(前 10 名)
(按金额排序) 单位:万美元

序号	省市名称	金额	同比%	份额%
1	浙江	464207	38.89	60.57
2	江苏	91730	38.33	11.97
3	上海	66446	32.87	8.67
4	广东	43457	12.94	5.67
5	山东	24483	12.11	3.19
6	四川	23015	43.13	3.00
7	福建	9586	20.33	1.25
8	北京	7353	8.92	0.96
9	安徽	4273	19.20	0.56
10	重庆	4256	43.75	0.56

出口省市前 5 位排名与上年相同,依次为:浙江、江苏、上海、广东、山东;其中浙江省出口 46.42 亿美元,增幅达 38.89%,占我国丝绸商品出口总额的 60.57%;江苏省增长 38.33%。(见表二)

五、2004 年丝绸商品出口增长的主要原因及 2005 年出口预测

2004 年丝绸商品出口增长的主要原因,一是我国丝绸商品出现全面恢复性增长,全国蚕茧产量和收购价格均有较大提高,极大地鼓舞了蚕农的积极性;二是今年出口形势较好,丝绸商品出口随全国纺织品出口一同增长;三是出口企业调整了出口商品结构,蚕丝原料占比有所下降,绸缎占比有所增加,深加工产品增长幅度较大。

随着 2005 年纺织品一体化,我国已取消了对丝类商品的出口经营权管理,同时取消了坯绸和部分丝类商品出口配额的许可证管理,这无疑给我国丝绸商品创造了进一步扩大出口的条件和机遇;特别是 2004 年以来丝绸商品出现全面恢复性增长,蚕农种桑养蚕的积极性得到极大的提高,西部地区如广西、四川、重庆等省市也积极鼓励农民种桑养蚕。因此,预计 2005 年我国蚕茧和丝产量都会有所增长,丝绸商品出口也将继续出现增长。

虽然存在上述有利因素,但我们也应该看到,机遇与挑战并存。由于国际市场对丝绸商品的总需求有限,特别是国外针对中国的贸易保护措施越来越多,比如印度从 2003 年起对我国 2A 及以下等级生丝进口征收反倾销税后,2004 年部分织绸商又向政府提交了对我国绸缎进口征收反倾销关税申请,加之其他国际市场的不确定性因素,都将会给我国丝绸商品出口带来负面影响。

面对日益激烈的国际市场竞争,我国丝绸出口企业只有努力调整出口商品结构,增加高附加值商品的出口,提高商品档次,才能使我国由"丝绸生产大国"成为"丝绸强国"。同时,我会将充分发挥行业中介组织的作用,积极组织企业探讨新的出口措施,加强自律互律,努力为企业出口营造一个公平有序的贸易环境。并将积极配合政府建立监测和出口预警机制,进一步加强与国外同行业协会组织的沟通与交流,努力促进我国丝绸出口的平稳增长。

(执笔:杨霞)

2004年全国服装出口概况及分析

中国纺织品进出口商会梭织服装分会、针棉织品分会

2004年全国服装及衣着附件进出口额631.4亿美元，同比增长18.4%，占纺织服装贸易总额的比重继续下降，为56.4%。其中，进、出口额分别为15.2亿美元和616.2亿美元，基本保持同步增长，实现贸易顺差601亿美元，占纺织服装贸易总顺差额的76.8%。

一、总体情况

2004年是实行配额体制的最后一年，以美国为首的部分纺织服装进口国频举贸易保护大旗，加剧了与中国的贸易摩擦，增加了中国纺织服装出口的阻力。但在全行业的努力下，服装及衣着附件出口再创佳绩，出口总额达616.2亿美元，同比增长18.7%，平均单价比上年也有1.02%的微弱增长。

各月度出口额呈波浪型增长，7、8、9三个月是出口高峰期，而1月和12月的出口增幅不仅是全年各月最低的，且增幅较上年有较大下降。服装出口企业的出口规模相对较为集中，全国共有出口企业2.7万家，同比增长27%。在2.7万家出口企业中，出口规模上亿美元的企业有39家，合计出口额占出口总额的11.5%；出口规模超千万美元的企业有1200家，合计出口额占出口总额的55.1%。

2002－2004年服装及衣着附件出口统计图

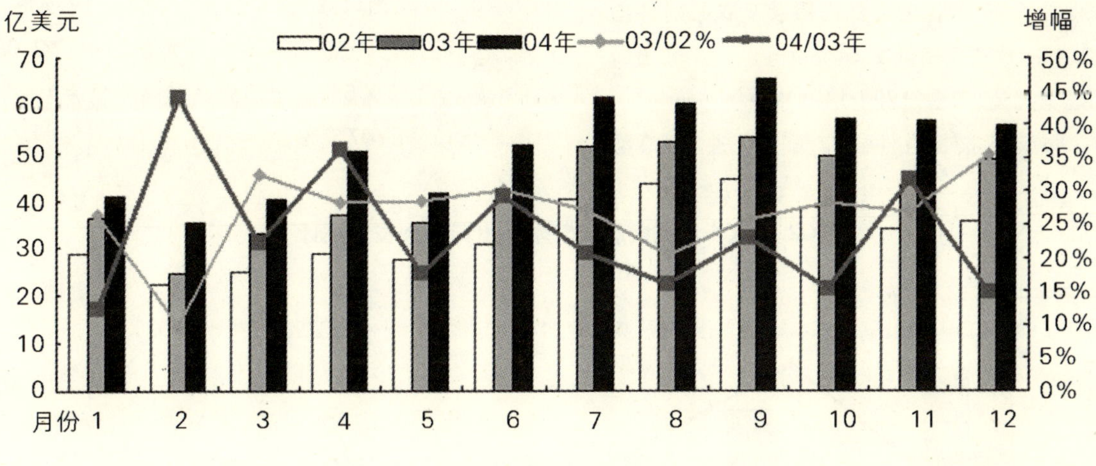

二、贸易方式

2004年服装及衣着附件出口退税率下调了4个百分点，但并未如预期所想出现一般贸易出口比重下降，加工贸易比重上升的现象。全年一般贸易出口额402.4亿美元，同比增长21.4%，占出口总额的65.3%，其中衣着附件一般贸易出口比重达71.6%。加工贸易出口额

187.4 亿美元,同比增长 10.6%,份额为 30.4%,比去年下降近 2 个百分点。其中来料加工和进料加工贸易比重分别为 15.3%和 15.2%,进料加工的增幅高于来料加工贸易,为 15.45%。

2004 年服装及衣着附件出口贸易方式统计

金额单位:亿美元

贸易方式	出口额	同比%	份额%
一般贸易	402.4	21.37	65.3
加工贸易	187.4	10.64	30.5
其中:来料加工	94.0	7.24	15.3
进料加工	93.4	14.27	15.2

资料来源:中国海关

三、省市出口分布情况

总体来看,2004 年沿海省市出口保持较平稳增长,在全国服装及衣着附件出口省市中仍占有较大优势。广东、浙江、江苏、上海及山东继续保持出口前五大省市地位,五省市中出口除广东外的其他四省市所占份额与上年相比基本保持不变,合计出口额占服装及衣着附件出口总额的 73.4%,比去年下降 2.5 个百分点。江苏出口额超过上海居第三位,所占份额为14.1%。

1. 广东:服装及衣着附件出口第一大省,出口额 125.6 亿美元,增长 6.6%,是五省市中最低的,出口份额为 20.4%,比上年下降 2 个百分点,平均出口单价也是五省市中最低的,为 1.1 美元/件(套),同比下降 0.3%。出口商品结构以棉制服装为主,约占广东服装出口额的一半以上。

2. 浙江:出口额 107.7 亿美元,增长 17.7%,与上年相比有较大下降,出口份额为 17.5%,平均出口单价 1.57美元/件(套),下降 2.3%。出口商品结构以化纤制服装为主,占浙江服装出口额的 1/3 以上,其次是棉制服装,占浙江服装出口额的 1/4 以上。

3. 江苏:超过上海居省市排名第 3 位,出口额 86.9 亿美元,增长 22%,是五省市中最高的,出口份额 14.1%,平均出口单价1.89美元/件(套),下降 1.3%。具体出口商品以棉制服装为主,出口额占江苏服装出口额的 40.3%。

4. 上海:出口始终保持平稳增长,出口额 84.4 亿美元,增长 14%,所占份额为 13.7%,平均出口单价2.06 美元/件(套),增长 3.5%,是五省市中单价增幅最高的。出口商品以棉制服装和化纤制服装为主,这两类服装分别占上海服装出口额的 38.4%和 35.6%。

5. 山东:出口额 47.8 亿美元,增长 19.7%,增幅仅次于江苏,所占份额为 7.8%,平均出口单价 2.08 美元/件(套),微增 0.5%。出口商品以棉制服装为主,占山东服装出口额的 47.7%。

2002-2004 年服装及衣着附件出口五大省市统计

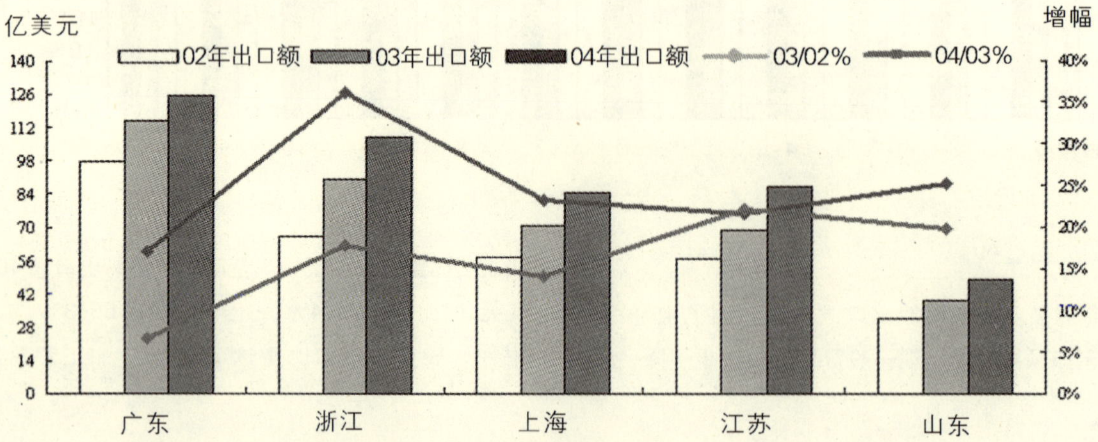

西部省市出口出现两极分化局面，部分西部省市出口额实现大幅增长，其中，新疆跃居全国省市排名第10位，仅次于北京。另一方面，甘肃、青海及山西等省市出口额出现不同程度的负增长，降幅最大的为54.7%。

四、出口市场情况

2004年我服装及衣着附件对主要市场出口额普遍增长，增幅大多保持在10%以上，在前30位出口国家中，仅对匈牙利出口下降49.6%。对独联体国家出口继续大幅增长，其中俄罗斯超过韩国成为我继日本、中国香港、美国、欧盟后第五大出口市场，出口额40.2亿美元，同比增长56.4%，占出口总额的6.5%。

2004年服装及衣着附件出口市场统计

金额单位：亿美元

国家（地区）	出口额	同比%	份额%	单价	同比%
全　球	616.2	18.65	100	1.56	1.02
日　本	140.5	12.51	22.8	2.42	2.99
中国香港	97.3	14.90	15.8	1.27	0.62
欧　盟	82.9	6.00	13.5	1.66	10.66
美　国	77.1	17.44	12.5	1.32	-8.93
俄罗斯	40.2	56.39	6.5	2.96	11.60
五大市场合计	438.0	15.53	71.1	—	—

资料来源：中国海关

1. 日本：2004年日本经济基本摆脱了长期的低迷状态，企业职工收入有所增加，购买力也有所提高。这在我服装对日本出口增长中也有所体现，我对日本出口服装及衣着附件增幅进一步提高。2004年我对日服装及衣着附件出口额140.5亿美元，同比增长12.5%。占我服装及衣着附件出口总额的22.8%，继续保持服装出口市场第一位。主要以梭织服装出口为主，出口额73.4亿美元，同比增长8.6%，平均出口单价6.27美元/件（套），同比增长9.3%，比对全球出口单价高近3美元。

从纤维原料分类看，出口服装主要以棉制为主，出口额56亿美元，同比增长15.7%，占我棉制服装对全球出口的30.1%，平均出口单价3美元/件（套），同比增长9.1%。值得一提的是化纤制服装，出口平均单价4.65美元/件（套），比对全球出口平均单价高1.2倍。除羽绒服和连衣裙出口额下降外，其他商品均实现不同程度增长，增幅最大的是西服套装，为26.2%。

2004年主要服装对日本出口统计表

（按金额排序前五位）

金额单位：万美元

商品名称	数量单位	数量	同比%	金额	同比%
裤子	万条	38549	3.38	200565	11.57
上衣	万件	35406	16.86	197119	22.41
毛衫	万件	44516	7.46	183816	14.65
T恤衫	万件	68357	13.47	129628	23.65
衬衫	万件	16993	2.79	86734	8.93

资料来源：中国海关

2. 美国：2004年我服装及衣着附件对美出口77.1亿美元，同比增长17.4%，略低于对全球出口的增幅，占出口总额的12.5%，比2003年增长0.6个百分点，为服装出口第四大市场，平均出口单价下降8.9%。其中出口商品以梭织服装为主，出口额32.4亿美元，同比增长20.7%，占服装对美出口的一半以上，平均出口单价增长12.7%，比同类服装对全球出口单价高22.1%。另外，毛皮革服装对美出口下降13.7%，平均出口单价增长1.8%，比该类商品对全球出口单价低45%。从纤维原料分类看，除毛制服装出口额最小，仅有1.6亿美元，占棉制、化纤制等服装对美出口额的3%，棉制、化纤制、丝制及其他材料制服装出口额差异不大，份额在20%—30%左右，其中，其他材料制服装出口额最大，份额为33%。多数服装对美出口呈增长态势，其中裙子（裙裤）出口增长最快，为56.4%。另有部分服装出口下降，其中内衣裤对美出口降幅最大,为 21.1%。出口价格方面,多数服装对美出口平均单价普遍保持小幅增长,有个别商品出现小幅下降,除羽绒服和西服套装外,其他各类服装对美出口平均单价仍大大高于该类商品对全球出口平均单价。衣着附件中出口增长最快的是袜子,数量及金额增幅分别达 158.8% 和 151.2%,平均出口单价下降2.9%。

2004 年主要服装对美国出口统计表

(按金额排序前五位)

金额单位:万美元

商品名称	数量单位	数量	同比%	金额	同比%
裤子	万条	17456	37.34	89973	36.38
毛衫	万件	16538	-7.55	88916	9.04
衬衫	万件	10298	-1.18	65300	1.91
婴儿服装	公斤	6127	39.62	54549	39.54
上衣	万件	3687	24.94	28552	32.00

资料来源:中国海关

3. 欧盟: 04 年 5 月,欧盟由原来的 15 个国家扩充至 25 个国家,我服装及衣着附件对欧盟 15 国出口保持稳步增长,而对扩充的 10 个国家出口下降。2004 年我国对欧盟出口服装及衣着附件普遍量跌价增,出口额 82.9 亿美元,同比增长 5.8%,所占份额为 13.3%,是服装出口第三大市场,平均出口单价 3.56 美元/件(套),同比增长 3.6%。其中,对欧盟 15 国出口 73.6 亿美元,增长 18.7%,占服装出口总额的 11.9%。对欧盟出口的服装中梭织服装占 60% 以上,针织服装占 32.4%。

从纤维原料分类看,对欧盟服装出口以化纤制为主,出口额占四成以上,其次是棉制及其他纺材制服装。从商品品种看,一半以上商品对欧盟出口数量下降,除内衣裤、上衣及便服套装外其他服装出口金额均有不同程度增长,其中增幅最大的是西服套装,增幅达 138.8%。出口平均单价总体也呈上升趋势,仅有裙子(裙裤)、手套及便服套装出现下降,与对全球出口平均单价相比也普遍处于高位。

2004 年主要服装对欧盟出口统计表

(按金额排序前五位)

金额单位:万美元

商品名称	数量单位	数量	同比%	金额	同比%
大衣	万件	17841	-7.21	140571	3.45
裤子	万条	22322	-13.76	72893	1.30
婴儿服装	公斤	4249	27.16	51740	32.80
浴衣晨衣	万件	21762	6.89	44207	17.82
毛衫	万件	7505	-13.76	43398	9.30

资料来源:中国海关

五、商品构成

2004 年服装及衣着附件分别出口 607.4 亿美元和 58.4 亿美元,分别增长 18.6% 和 8.6%。

2004 年服装对全球出口商品统计

数量单位:万件/套　　金额单位:万美元

商品名称	数量	同比%	金额	同比%
针织服装	1383920	19.34	2342618	24.17
梭织服装	808887	8.48	2782728	15.2
毛皮革服装	7323	-1.13	364557	28.88
棉制服装	878921	11.86	1875625	18.90
化纤制服装	972203	17.46	1972882	17.66
丝制服装	20277	20.89	178899	26.92
毛制服装	22419	7.78	237029	17.04
其他纺材制服装	298987	17.62	860911	22.20

资料来源:中国海关

从服装生产工艺看,服装出口以梭织服装为主,出口额 278.3 亿美元,增长 15.2%,占服装出口总额的 50.7%,下降 2 个百分点,平均出口单价 3.44 美元/件(套),增长 6.2%。针织服装及毛皮革服装出口增长均快于梭织服装，增幅分别为24.2%和28.9%。三类服装出口平均单价均有上涨，其中毛皮革服装出口平均单价上升30.4%，居各类商品之首。另外，衣着附件出口以袜子、毛皮革附件及帽类为主，分别占衣着附件出口总额的21.1%、19.8%和19.8%。出口平均单价总体下降9.8%，其中手套和毛皮革附件出现下降，其他几类商品保持增长。

2004年主要服装对全球出口统计表

（按金额排序前五位）

金额单位：万美元

商品名称	数量单位	数量	同比%	金额	同比%
裤子	万条	330465	12.82	930482	16.33
毛衫	万件	216081	8.21	675222	15.48
大衣	万件	171715	22.93	535677	24.82
T恤衫	万件	61913	11.76	433546	12.87
衬衫	万件	263403	16.87	391475	30.42

资料来源：中国海关

从纤维原料分类看，服装（不含毛皮革服装，下同）出口以棉制和化纤制服装为主，出口额分别为187.6和197.2亿美元，分别增长18.9%和17.7%，这两类服装出口合计额占服装出口总额的75.1%，比上年增长4个百分点。其次是其他纺材制服装，出口额同比增长22.2%，占服装出口总额的16.8%。另外，毛制服装及丝制服装出口额也实现了17%和26.9%的增长。

从服装品种看，多数服装出口数量及金额平稳增长，其中金额增幅均达到两位数，增幅最大的是西服套装、胸衣和袜子，分别为38.2%、37.8%和37.6%。部分服装出口单价增长，增幅在1%—15%之间，袍服、便服套装、手套、裙子（裙裤）、运动服、内衣裤和浴衣晨衣出口单价下降，降幅在0.1%—5%之间。

2004年世界经济增长速度是近30年来最快的，我国的国民经济也持续较快增长，2005年将继续保持增长态势。同时，配额管理体制终结将使纺织品服装贸易的环境更为自由、公平。这些因素将有利于我国服装出口的进一步扩大，但我国面临的国内外市场环境仍存在诸多不确定因素。首先，配额取消意味着今后企业之间、出口国之间的竞争将进一步加剧，与美国、欧盟等主要进口国之间的贸易摩擦也有可能进一步增加，这些都可能阻碍我国服装出口的发展。其次，我国政府对部分出口服装征收出口税，旨在推动企业优化产品结构，提高产品附加值，但也对企业扩大服装产品的出口产生了一定的不利影响，加大了企业的成本压力。我服装企业在当前形势下，一方面应努力提高企业的综合竞争实力，优化产品结构，提高产品档次及附加值；另一方面应采取相应措施进行行业的自律与互律，以维护行业的利益，减少企业的损失。

（执笔：李强）

中国纺织品服装对外贸易报告年鉴
ANNUAL REPORT ON CHINA'S INTERNATIONAL TRADE IN TEXTILES AND CLOTHING

(2004/2005)

敏感商品篇

2004年是我国加入世界贸易组织第三年，纺织行业在享受纺织品一体化带来的机遇的同时，频频遭受美国、欧盟等国家对我采取纺织品特保限制措施、反倾销等贸易保护。截止到2004年底，美国政府共受理或实施了其业界对我裤子、衬衫等13项纺织品提出的设限申请，这13项产品共涉及金额约20亿美元，占美国自中国进口纺织服装(MFA项下)总额的17.2%。据美国纺织品服装办公室的统计，2004年美国从全球进口裤子(347/8、647/8、447)、针织衬衫(338/9、638/9)、男式梭织衬衫(340/640)和内衣裤(352/652)4项商品共363亿美元，占美国纺织服装进口总额的44%。虽然12月30日美国国际贸易法庭颁布了临时禁令，禁止美国政府以"市场扰乱威胁"为由，受理或考虑对中国纺织品设限，但2005年1月份美国政府已就美国国际贸易法庭的初裁提出上诉。从目前形势来看，随着2005年美国纺织服装进口数据的逐月公布，美国政府很可能会受理国内业界以"实际的市场扰乱"为由，要求对我裤子、针织衬衫、男式梭织衬衫和内衣裤等敏感商品采取纺织品特保限制措施的申请。

2004年中国裤子出口概况及分析

中国纺织品进出口商会梭织服装分会

一、对全球出口概况

裤子①是我国大宗出口商品之一，是服装产品第一大出口商品。据中国海关统计，近年来，我裤子出口一直保持较快的增长。2004年裤子对全球出口36.1亿条，增长15.8%，金额达104.4亿美元，增长17.2%，占服装(不含衣着附件)出口总额的19%；出口平均单价为2.89美元/条，增长1.2%；棉制和化纤裤子出口各占近一半。

1. 出口市场情况

2004年共对192个国家(地区)出口裤子，日本、中国香港、欧盟、韩国和俄罗斯依次为前五大出口市场，占出口总额的61%。其中，对传统市场日本、中国香港、欧盟出口均保持平稳增长，金额增幅分别为14%、20.1%、1.6%，对韩国出口下降1.7%，对俄罗斯出口增长46.1%。在出口超过1亿美元的国家(地区)中，增长幅度较快的有巴拿马(2.7亿美元、增幅45.3%)、南非(1.7亿美元、增幅71.7%)、智利(1.4亿美元、增幅37.5%)、罗马尼亚(1.3亿美元、增幅268.2%)和瑞士(1.2亿美元、增幅121.6%)。

在前五大出口市场中，出口单价最高的是美国，为6.01美元/条，增长8.02%，其次是日本，为5.38美元/条，增长6.91%，韩国3.97美元/条，增长2.45%，对中国香港的出口单价最低，仅为1.97美元/条，低于全球平均单价31.8%。

2. 贸易方式构成

裤子出口主要以一般贸易出口为主，出口达到72.9亿美元，增长19.2%，高于加工贸易出口增幅8个百分点，占出口总额的69.8%。加工贸易出口27.4亿美元，增长10.4%，占出口总额的26.2%。其中，来料加工和进料加工出口各占一半，来料加工出口增幅略高于进料加工出口增幅。

① 注：裤子统计范围为美国347/8、647/8、447类别所对应的中国海关税号。

2004 年裤子对全球十大出口市场统计

国家(地区)	出口数量			出口金额			出口单价	
	亿条	同比%	份额%	亿美元	同比%	份额%	美元/条	同比%
合　计	36.08	15.77	100	104.44	17.16	1004	2.89	1.2
日本	4.05	6.65	11.22	21.78	14	20.85	5.38	6.91
中国香港	10.69	19.58	29.62	21.07	20.1	20.18	1.97	0.4
欧盟	2.83	-9.8	7.84	10.56	1.6	10.11	3.73	12.66
韩国	1.45	-4.05	4.02	5.76	-1.7	5.52	3.97	2.45
俄罗斯	1.26	14.98	3.49	4.60	46.1	4.41	3.65	27.06
新加坡	1.06	-10.16	2.93	3.34	0.9	3.20	3.16	12.29
阿拉伯联合酋长国	1.36	23.73	3.76	3.20	29.3	3.07	2.36	4.5
美国	0.50	-12.43	1.39	3.02	-5.4	2.89	6.01	8.02
澳大利亚	0.97	2.14	2.69	2.88	11.8	2.76	2.97	9.48
巴拿马	1.06	46.89	2.94	2.69	45.3	2.58	2.54	-1.07
十大市场合计	25.22	-	69.9	78.91	-	75.6	3.13	-

资料来源:中国海关　　　　按出口金额排序

2004 年裤子对全球出口贸易方式统计

贸易方式	出口数量			出口金额			出口单价	
	亿条	同比%	份额%	亿美元	同比%	份额%	美元/条	同比%
合　计	36.1	15.77	100	104.4	17.16	100	2.89	1.2
一般贸易	27.5	20.44	76.16	72.9	19.2	69.81	2.65	-1.03
加工贸易	7.9	4.43	21.78	27.4	10.43	26.23	3.49	5.74
其中:来料加工	3.7	3.46	10.37	14.4	11.74	13.82	3.86	8
进料加工	4.1	5.33	11.41	13.0	9	12.42	3.15	3.48

资料来源:中国海关

3. 出口企业分布

2004 年裤子对全球出口企业共有 1.36 万家,增长 25.5%,出口金额在 5000 万美元以上的企业仅有 5 家,出口额在 5000 万—1000 万美元有 177 家,出口额大于 100 万美元的企业有 1974 家,企业家数占出口总家数 14.5%,出口额占总额的 80.8%。出口前 500 家企业出口额占出口总额的 52.7%,出口企业相对集中。

在出口前十家企业(仅按企业单个海关编码统计)中,黑龙江 1 家,出口额位居第一,上海 1 家,位居第二,江苏 2 家,位居第三、第五,浙江 3 家,位居第四、第六和第十，广东1家，位居第七，福建2家，位居第八、第九。

4. 省市出口情况

按出口金额统计，广东、浙江、江苏、上海和福建为裤子前五大出口省市，占出口总额的77.4%。其中，广东是裤子出口第一大户，出口12.7亿条、25.8亿美元，分别增长8.6%和12.5%，所占份额为35.2%和24.7%。浙江位居第二，出口4.8亿条、15.8亿美元，增长2.5%和9.9%，所占份额为13.4%和15.2%。江苏位居第三，数量、金额增幅分别为5.9%和11.2%。

在出口前十大省市中，除北京、上海出口额增幅低于4%外，其他八省市出口增幅均在9.8%以上。其中，福建出口增幅最大，数量、金额增幅分别为72%和71%。广东出口价格仍为前十大省市最低，为2.03美元/条，虽比去年上涨3.6%，但仍比全国出口平均单价低29.8%；上海出口单价最高，为4.46美元/条，上涨7.73%，其次是北京(4.41美元/条，增长7.9%)。

2004年裤子对全球出口前十大省市统计

出口省市	出口数量			出口金额			出口单价	
	万条	同比%	份额%	万美元	同比%	份额%	美元/条	同比%
合　计	360839.4	15.77	100	1044354	17.16	100	2.89	1.2
广东	126931.0	8.64	35.18	258059	12.54	24.71	2.03	3.59
浙江	48134.2	2.53	13.34	158295	9.85	15.16	3.29	7.14
江苏	29766.2	5.88	8.25	141810	11.17	13.58	4.76	5
上海	28121.8	-4.54	7.79	125390	2.83	12.01	4.46	7.73
福建	57512.6	71.98	15.94	125105	70.97	11.98	2.18	-0.59
山东	14568.0	24.89	4.04	56523	27.25	5.41	3.88	1.89
辽宁	7585.6	58.84	2.10	30982	30.18	2.97	4.08	-18.04
黑龙江	7414.4	53.02	2.05	29310	44.73	2.81	3.95	-5.42
北京	5008.3	-4.15	1.39	22090	3.4	2.12	4.41	7.87
天津	3043.0	-8.52	0.84	13941	13.15	1.33	4.58	23.68

资料来源：中国海关　　按出口金额排序

二、对美国出口概况

由于受到配额的限制，我裤子对美出口一直处在上下波动的情况。2004年裤子对美出口主要有以下几个特点：

1. 出口呈现下降趋势，出口单价小幅上升

据中国海关统计，2004年裤子对美国出口5015万条、3亿美元，分别比上年同期下降12.4%和5.4%。出口单价为6.08美元/条，比上年增长8.02%。

2. 出口企业家数继续扩大、出口企业相对集中

裤子直接对美出口家数已达到747家，增长12.2%，出口额超过100万美元的企业有49家，其出口额占总额的72.7%，出口企业集中。在出口前10家企业中，上海2家，出口位居前两位，江苏2家，位居第三、第六，天津2家，位居第四、第五，北京、山东、广东、辽宁各1家，位居第七至第十。

3. 加工贸易下降，一般贸易占主导

一般贸易出口3007万条、1.76亿美元，增幅分别为9.23%和8.28%，所占份额分别为60%和58.4%。加工贸易出口持续呈下降趋势，数量、金额下降34.3%和21.3%，所占份额为38.5%和40.7%。从侧面反映出国产面料在设计、质量等方面进一步的提高。

2004年裤子对美贸易方式出口额所占份额

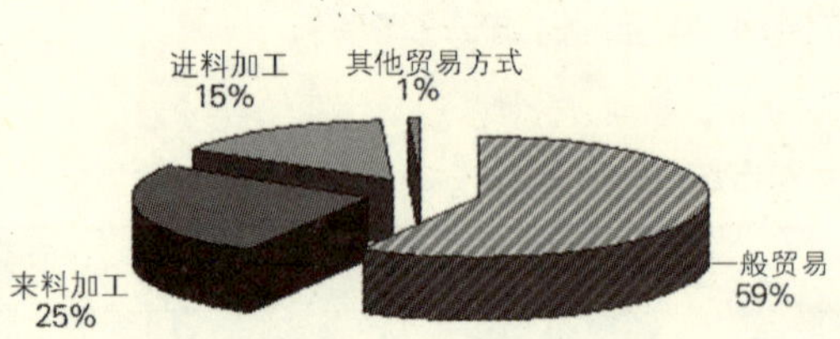

4. 出口省市集中，江苏、天津出口增长较快

裤子对美出口主要集中在上海、江苏、浙江、广东和天津，五大省市出口额占出口总额的78.3%。在出口前五大省市中，江苏、天津出口呈较快增长，出口额增幅分别为11.1%和38.9%，其他省市出口均呈下降势态，上海出口额下降最大，降幅为11.7%，其次是浙江，降幅为7.4%。

在出口前五大出口省市中，广东出口单价最低，为2.91美元/条，每条低于全国出口平均单价3美元，但比去年同期增长48.1%。上海出口单价最高，为8.66美元/条，上涨2.6%，其次是天津，出口单价7.86美元/条，下降8.02%。

2004年裤子对美国出口前五大省市统计

出口省市	出口数量			出口金额			出口单价	
	万条	同比%	份额%	万美元	同比%	份额%	美元/条	同比%
合　　计	5014.9	-12.43	100	30158	-5.41	100	6.01	8.02
上海	790.6	-13.94	15.77	6849	-11.71	22.71	8.66	2.59
江苏	1215.9	27.82	24.24	6775	11.13	22.47	5.57	-13.06
浙江	512.0	-11.67	10.21	3585	-7.36	11.89	7.00	4.87
广东	1173.7	-35.72	23.40	3420	-4.78	11.34	2.91	48.13
天津	379.6	50.97	7.57	2984	38.86	9.89	7.86	-8.02
五省市合计	4071.7		81.19	23613		78.30	5.80	

资料来源：中国海关　　　　按2004年出口金额排序

三、美国进口概况

1. 总体进口情况

据美国商务部纺织品服装办公室统计，2004年美国共从82个国家(地区)进口裤子(统计范围为347/8、647/8、447类合计)，是美国进口金额最大的商品，共进口2.1亿打、152.1亿美元，分别增长0.47%和下降1.92%，进口额占美国纺织品服装(MFA项下，下同)进口总额的19.1%。平均进口单价71.7美元/打，折合6.6美元/条，比上年增长2.43%。其中，棉制裤子(347/8)进口1.5亿打、113.5亿美元，平均单价76.05美元/打，化纤制裤子(647/8)进口6151万打、35.3亿美元，平均单价57.38美元/打，毛制裤子(447)进口133万打、3.3亿美元，平均单价245.64美元/打。

2001年－2004年美国从全球进口裤子统计

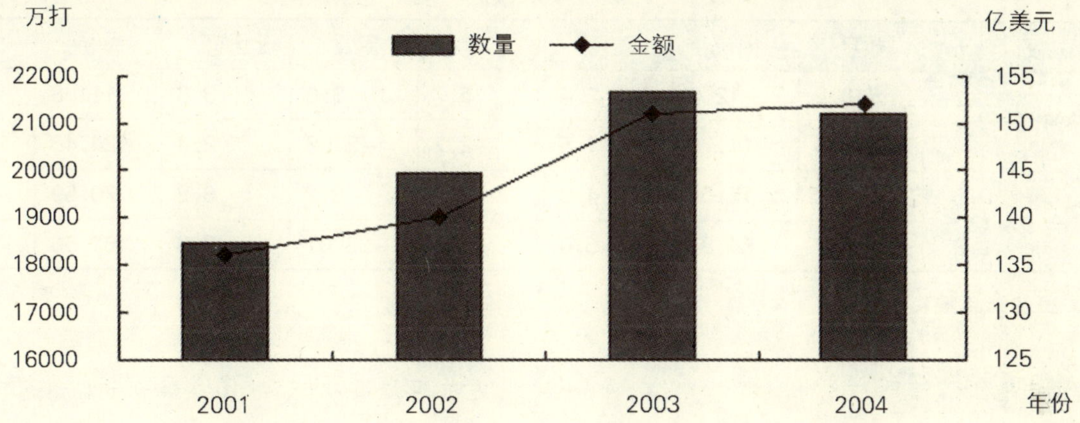

2. 从中国进口情况

由于受到配额限制，美国从中国进口裤子在550万打左右。2004年从中国进口裤子510万打、金额5.7亿美元，增幅分别为12.3%和3.57%，进口量、金额份额分别为2.4%和3.8%，按进口金额排序，中国位居进口国家（地区）第13位。进口平均单价111.8美元/打，每打高于全球进口平均单价（71.7美元/打）40美元，比上年增长10%。其中：

棉制裤子进口218.4万打、2.7亿美元，下降11.78%和2.90%，所占份额为1.5%和2.4%，数量位居22位，单价124.48美元/打，增长9.98%，高于全球平均单价；

化纤制裤子进口285万打、2.9亿美元，增长15%和下降3.22%，所占份额为4.6%和8.2%，数量位居第7位，进口单价70.6美元/打，下降15.9%，高于全球平均单价52.4%；

毛制裤子进口数量、金额6.7万打、1076万美元，增长64.8%和下降23%，所占份额为5%和3.3%，数量位居7位，进口单价182.56美元/打，下降53.29%，低于全球均价25.7%。

2001年－2004年美国从中国进口裤子统计

单位：万打、亿美元、美元/打、%

年份	数量	同比	份额	金额	同比	份额	单价	同比
2001	499.2	5.0	2.7	5.7	0.7	4.2	114.4	-4.1
2002	622.9	24.8	3.1	6.1	7.1	4.4	98.2	-14.2
2003	581.8	-6.6	2.7	5.9	-3.3	3.9	101.7	3.6
2004	510.2	-12.3	2.4	5.7	3.6	3.8	111.8	10.0

资料来源：美国纺织品服装办公室

2004 年美国从中国进口棉制、化纤制和毛制裤子统计

单位:万打、亿美元、美元/打、%

类　别	数量	同比	份额	金额	同比	份额	单价	同比
裤　子	510.2	-12.3	2.4	5.7	3.6	3.8	111.8	10.0
其中:棉制	218.4	-11.78	1.5	2.7	-2.98	2.4	124.48	9.98
化纤制	285.2	15.01	4.6	2.9	-3.2	8.2	70.59	-15.85
毛制	6.7	64.84	5.0	0.11	-23.01	3.3	182.56	53.29

资料来源:美国纺织品服装办公室

3. 主要进口国/地区情况

美国裤子消费市场容量较大,每年消费量在2.5亿打左右,平均每人年消费10条裤子,进口量逐年上升,主要进口国/地区集中在北美、加勒比地区和亚洲。

2004 年美国裤子主要进口国/地区统计

单位:万打、亿美元、美元/打、%

国家(地区)	2004 年					同比%		
	数量	份额	金额	份额	单价	数量	金额	单价
全球	21214	-	152.1	-	71.7	-1.9	0.5	2.43
墨西哥	4087	19.3	33.2	21.8	81.1	-0.8	0.8	1.67
多米尼加	1065	5.0	8.1	5.3	76.2	-9.7	-14.0	-4.76
印度尼西亚	949	4.5	6.5	4.3	68.5	26.5	20.0	-5.15
危地马拉	907	4.3	5.7	3.8	62.9	9.2	8.3	-0.77
中国香港	860	4.1	9.1	6.0	106.4	9.0	10.0	0.93
越南	858	4.0	5.6	3.7	66.2	-42.1	28.1	24.11
洪都拉斯	843	3.9	3.8	2.5	46.4	5.2	10.0	4.57
孟加拉	821	3.6	4.3	2.8	56.8	22.7	28.5	4.66

资料来源:美国纺织品服装办公室

墨西哥:凭借着北美贸易自由区的优势,近年来一直保持美国裤子进口第一的位置,2004 年进口 4088 万打、33.2 亿美元,分别下降 0.84%和增长 0.8%,数量、金额占裤子进口总量、总额的份额为 21.8%和 19.3%。平均单价 81.1 美元/打,每打高于全球进口平均单价近 10 美元。其中棉制裤子进口数量、金额分别为 3145 万打、27.8 亿美元,平均单价 88.4 美元/打;化纤制裤子 918 万打、4.9 亿美元,单价 53.1 美元/打;毛制裤子 24 万打、4762 万美元,单价 324 美元/打。

多米尼加:随着 2000 年"加勒比盆地贸易伙伴法

案”的实施，多米尼加成为美国裤子进口第二大来源国，但近年来，美国从其进口裤子逐年有所下降。2004年进口1065万打、8.1亿美元，分别下降9.7%和14.0%，数量、金额占美裤子进口总量、总额的5.0%和5.3%。平均单价76.2美元/打，每打高于全球进口平均单价近5美元。其中棉制裤子进口数量、金额分别为747万打、5.7亿美元，平均单价76.3美元/打；化纤制裤子307万打、2.2亿美元，单价69.2美元/打；毛制裤子10.2万打、4762万美元，单价324美元/打。

印度尼西亚：2004年美国从其进口裤子大幅增长，超过危地马拉、中国香港、越南和洪都拉斯跃居进口国第三位，共进口949万打、6.5亿美元，分别增长26.5和20%，数量、金额占裤子进口总量、总额的份额升至4.5%和4.3%。平均单价68.5美元/打，每打低于全球进口平均单价近3美元。其中棉制裤子进口数量、金额分别为334万打、3亿美元，平均单价88.7美元/打；化纤制裤子615万打、3.5亿美元，单价57.34美元/打；毛制裤子1万打、185万美元，单价216.2美元/打。

此外，危地马拉、中国香港、越南、洪都拉斯、孟加拉都是美国裤子进口主要来源国/地区，进口数量在800万打以上。其中，从中国香港进口裤子一直保持较高的价位，每打超过100美元以上，去年进口价格为106.4美元/打，每打高于平均价格35美元，其他四个国家进口单价均低于平均价格。

四、2005年出口预测

2005年是纺织品配额取消的第一年，国内裤子生产能力将得到一定的释放，对欧美出口将会有比较大的增长，价格将会有所下降。但由于受到国外对我采取各种贸易保护措施影响，加之国内纺织原材料价格变化、能源紧张以及工厂招工困难等不确定因素的影响，总体来讲，裤子对全球出口仍将保持平稳增长。

（执笔：胡敏）

2004年中国男式梭织衬衫出口概况及分析

中国纺织品进出口商会梭织服装分会

一、男式梭织衬衫对全球出口概况

据中国海关统计,2004年我国男式梭织衬衫对全球出口总量6.7亿件,出口额21.1亿美元,分别2003年增长5.25%和9.2%,平均单价3.15美元/件,同比上升3.75%。

1.出口企业家数众多,增加较快

共有4948家企业出口男式梭织衬衫,比2003年增加13.8%。

2.一般贸易出口占三分之二,增长较快

一般贸易出口4.6亿件、12.8亿美元,增幅超过加工贸易,占总出口的三分之二左右;加工贸易稳定增长,价格高于一般贸易。

2004年男式梭织衬衫对全球出口贸易方式统计

数量单位:万件　　金额单位:万美元　　价格单位:美元/件

贸易方式	出口数量			出口金额			出口价格	
	数量	同比%	份额%	金额	同比%	份额%	价格	同比%
合　计	67003	5.25		210892	9.20	3.15	3.75	
一般贸易	46220	7.19	68.98	128163	12.22	60.77	2.77	4.70
加工贸易	19827	4.25	29.59	78370	7.76	37.16	3.95	3.37
其中:进料加工	11517	3.23	17.19	43289	6.73	20.53	3.76	3.40
来料加工	8310	5.69	12.40	35081	9.05	16.63	4.22	3.18
其他贸易方式	956	-36.96	1.43	4358	-29.45	2.07	4.56	11.92

数据来源:中国海关

3.东南沿海四个省市出口占四分之三,浙江省独占鳌头

出口集中在东南沿海,前四大省市浙江、江苏、广东、上海出口额合计占全国出口总额的76.75%,其中浙江一省就占出口总量的三分之一、出口总额的四分之一,且增长较快,而江苏出口价格最高。

2004 年男式梭织衬衫对全球出口主要省市示意图

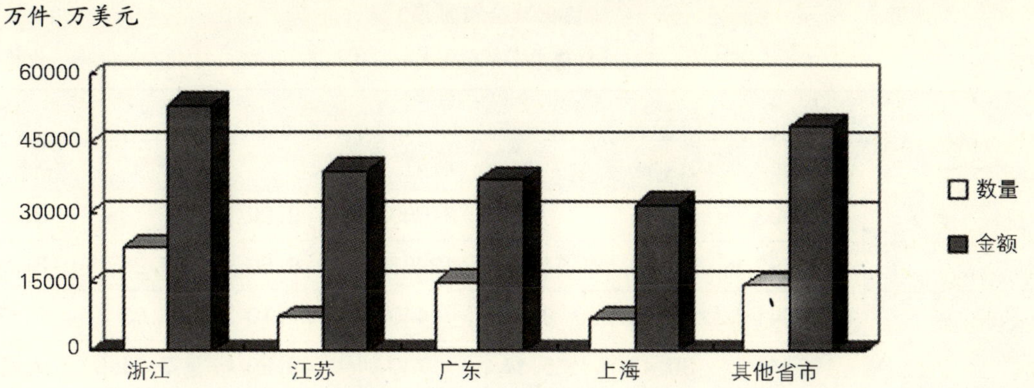

2004 年男式梭织衬衫对全球出口主要省市统计

数量单位:万件　　　　金额单位:万美元　　　　价格单位:美元/件

省　市	出口数量			出口金额			出口价格	
	数量	同比%	份额%	金额	同比%	份额%	价格	同比%
合　计	67003	5.25	210892	9.20		3.15	3.75	
浙江省	22544	12.82	33.65	53540	19.98	25.39	2.37	6.35
江苏省	7647	6.99	11.41	39199	15.44	18.59	5.13	7.90
广东省	15250	2.70	22.76	37194	1.46	17.64	2.44	-1.21
上海市	7152	7.82	10.67	31917	15.41	15.13	4.46	7.04

数据来源:中国海关

2004 年男式梭织衬衫主要出口市场分布图

(按出口数量占出口总量的份额统计)

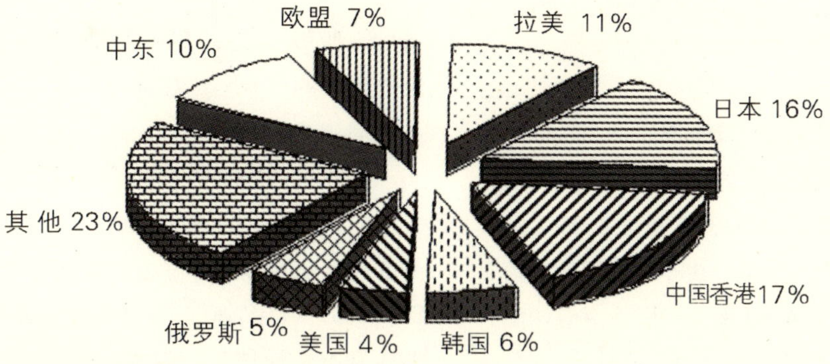

2004年男式梭织衬衫主要出口市场统计

(按出口金额排序)

数量单位:万件　　金额单位:万美元　　价格单位:美元/件

排名	国家(地区)	出口数量			出口金额			出口价格	
		数量	同比%	份额%	金额	同比%	份额%	价格	同比%
	合　计	67003	5.25		210892	9.20		3.15	3.75
	亚洲	36792	5.11	54.91	122836	8.60	58.25	3.34	3.33
	中东	6641	19.95	9.91	14400	27.10	6.83	2.17	5.94
	非洲	3441	30.43	5.14	7407	49.30	3.51	2.15	14.45
	欧洲	12180	-10.19	18.18	38643	-4.50	18.32	3.17	6.32
	欧盟	4682	-25.49	6.99	20134	-10.20	9.55	4.30	20.52
	拉丁美洲	7072	31.79	10.56	14026	36.80	6.65	1.98	3.77
	北美洲	4998	8.08	7.46	20621	16.30	9.78	4.13	7.64
	大洋洲	2516	2.42	3.75	7344	11.30	3.48	2.92	8.71
1	日本	10786	6.91	16.10	55997	10.50	26.55	5.19	3.39
2	中国香港	11703	-3.83	17.47	28999	-0.80	13.75	2.48	3.10
3	韩国	4213	13.29	6.29	14490	12.60	6.87	3.44	-0.64
4	美国	2935	8.08	4.38	13312	16.70	6.31	4.54	7.95
5	俄罗斯	3451	-14.48	5.15	9171	-14.80	4.35	2.66	-0.39

数据来源:中国海关

4. 出口市场主要为日本、中国香港和欧盟

2004年对上述三个市场的出口额分别为5.6亿美元、2.9亿美元和2亿美元,合计占对全球出口的近一半。对美国出口排名第四位。

二、男式梭织衬衫对美国出口概况

据中国海关统计,2004年我国男式梭织衬衫对美国出口2935万件、1.3亿美元,比2003年增长8.08%和16.67%,增幅高于对全球出口增幅。由于受到配额因素的影响,对美国出口平均单价4.54美元/件,比对全球出口单价高44.13%,同比上升7.95%。

1. 出口企业家数较少,但增加较快

2004年428家企业对美国出口,比2003年增加14.44%。

2. 一般贸易出口占三分之二,大幅增长

一般贸易出口1930万件、9016万美元,增长较快,占总出口的三分之二左右;加工贸易出口下降,价格也低于一般贸易。

3. 出口高度集中在东部地区的五个省市

东部地区的江苏、上海、浙江、广东和北京分列出口排名的前五位,五省市出口额合计占全国出口总额的86.10%。其中,浙江、北京的出口增幅在50%以上,江苏也取得较快增长,而广东出口出现下降。上海、江苏、北京的出口价格相对较高。

2004 年男式梭织衬衫对美国出口贸易方式统计

数量单位:万件　　金额单位:万美元　　价格单位:美元/件

贸易方式	出口数量			出口金额			出口价格	
	数量	同比%	份额%	金额	同比%	份额%	价格	同比%
合　计	2935	8.08		13312	16.67		4.54	7.95
一般贸易	1930	24.01	65.75	9016	31.16	67.73	4.67	5.76
加工贸易	1000	-13.54	34.07	4273	-5.51	32.10	4.27	9.29
其中进料加工	825	-9.38	28.11	2804	-11.03	21.06	3.40	-1.83
来料加工	175	-28.95	5.96	1469	7.19	11.04	8.40	50.87
其他贸易方式	5	83.67	0.18	22	69.12	0.17	4.24	-7.93

数据来源:中国海关

2004 年男式梭织衬衫对美国出口主要省市统计

数量单位:万件　　金额单位:万美元　　价格单位:美元/件

贸易方式	出口数量			出口金额			出口价格	
	数量	同比%	份额%	金额	同比%	份额%	价格	同比%
合　计	2935	8.08		13312	16.67	4.54	7.95	
江苏省	619	9.72	21.10	3240	21.07	24.34	5.23	10.35
上海市	486	-11.24	16.57	2720	3.65	20.43	5.59	16.77
浙江省	448	68.53	15.26	2044	76.41	15.35	4.56	4.67
广东省	688	-7.27	23.44	1787	-6.52	13.42	2.60	0.82
北京市	322	45.38	10.96	1672	59.25	12.56	5.20	9.54

数据来源:中国海关

三、美国进口男式梭织衬衫概况

1. 从全球进口概况

据美国商务部纺织品服装办公室公布的数据,2004年美国进口男式梭织衬衫继续恢复性增长,进口数量和金额为4339.5万打、30.5亿美元,增幅分别为7.71%和11.73%,平均单价70.28美元/打,上升3.73%。这是美国进口男式梭织衬衫的数量、金额和单价连续第二年全面增长,其中进口数量已超过2000年时的水平。

近年来美国从全球进口男式梭织衬衫变化趋势图

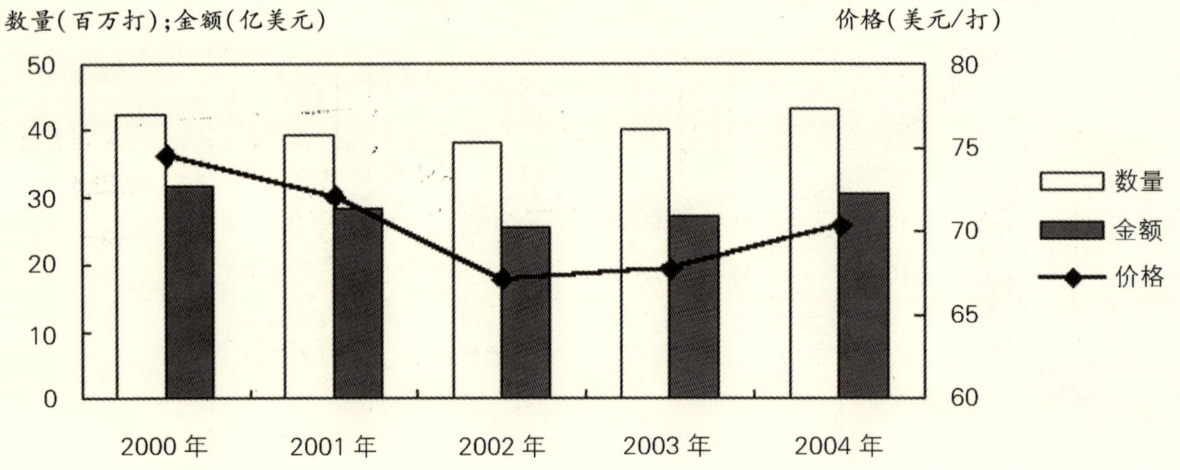

2000 年—2004 年美国从全球进口男式梭织衬衫统计

数量单位:万打　　金额单位:亿美元　　价格单位:美元/打

年度	进口数量		进口金额		平均单价	
	数量	比上年 ±%	金额	比上年 ±%	单价	比上年 ±%
2000	4247.9	11.24	31.7	9.82	74.51	-1.27
2001	3938.0	-7.30	28.4	-10.37	72.04	-3.31
2002	3815.5	-3.11	25.6	-9.72	67.13	-6.82
2003	4028.7	5.59	27.3	6.57	67.75	0.93
2004	4339.5	7.71	30.5	11.73	70.28	3.73

数据来源:美国商务部纺织品服装办公室

2. 从中国进口概况

由于受到配额限制,2004 年美国从中国进口男式梭织衬衫增长相对温和,进口数量、金额分别为 247.1 万打、1.6 亿美元,比 2003 年增长 10.18% 和 18.11%,增幅高于从全球进口增幅,进口单价 65 美元/打,低于美国从全球进口平均单价 5 美元以上,但比 2003 年上升了 7.19%。中国在美国进口总量和总额中均排名第六位,所占的份额分别为 5.7% 和 5.27%。

近年来美国从中国进口男式梭织衬衫变化趋势图

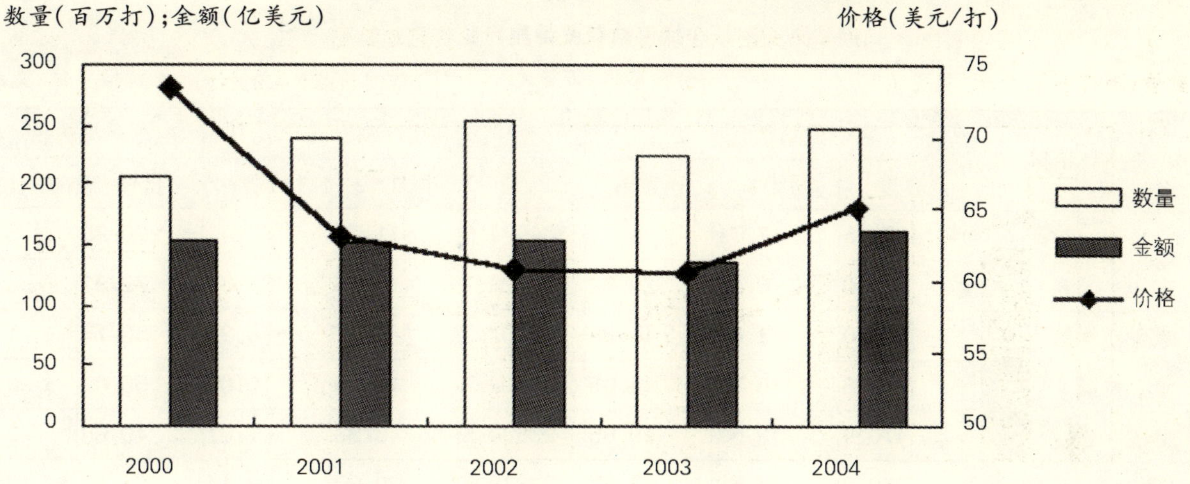

2000 年—2004 年美国从中国进口男式梭织衬衫统计

年度	进口数量			进口金额			平均单价	
	数量	同比%	份额%	金额	同比%	份额%	价格	同比%
2000	208.1	-5.20	4.90	15282.7	4.58	4.83	73.44	10.32
2001	240.4	15.51	6.10	15158.8	-0.81	5.34	63.06	-14.13
2002	254.0	5.67	6.66	15455.3	1.96	6.03	60.85	-3.51
2003	224.3	-11.69	5.57	13600.4	-12.00	4.98	60.63	-0.35
2004	247.1	10.18	5.70	16063.4	18.11	5.27	65.00	7.19

数据来源:美国商务部纺织品服装办公室

3. 从主要来源国(地区)进口概况

南亚、东亚和东南亚是美国进口男式梭织衬衫的主要来源。2004 年美国从前十大来源国(地区)的进口数量和进口金额普遍增长,增幅大多在 10% 以上,孟加拉国、韩国、印度、中国香港和印度尼西亚分列进口数量排名前五位。其中,中国香港进口金额排名第一,价格超过 100 美元/打,而韩国和孟加拉国价格较低,仅 50 美元/打左右。

2004 年美国男式梭织衬衫进口来源国(地区)分布图

(按进口数量占进口总量的份额统计)

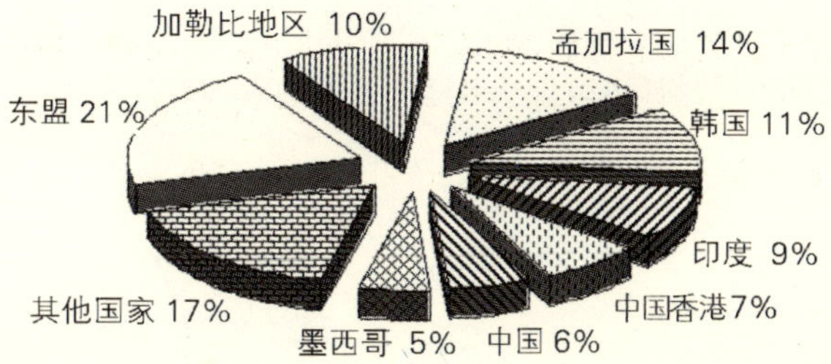

2000年—2004年美国从中国进口男式梭织衬衫统计

(按进口数量排序)

数量单位:万打　　金额单位:万美元　　价格单位:美元/打

排名	国家(地区)	进口数量			进口金额			平均单价	
		数量	同比%	份额%	金额	同比%	份额%	价格	同比%
	合　计	4339.5	7.71		304974.6	11.73		70.28	3.73
	东盟	894.6	8.58	20.62	65222.7	12.26	21.39	72.91	3.38
	加勒比地区	444.0	-1.87	10.23	25207.2	-0.51	8.27	56.77	1.39
1	孟加拉国	609.8	16.73	14.05	30502.7	16.49	10.00	50.02	-0.21
2	韩国	470.9	12.57	10.85	23394.5	8.33	7.67	49.68	-3.77
3	印度	389.2	14.68	8.97	27878.5	29.38	9.14	71.63	12.82
4	中国香港	314.4	5.63	7.24	33484.2	7.63	10.98	106.51	1.90
5	印度尼西亚	295.8	11.04	6.82	21390.4	11.87	7.01	72.32	0.74
6	中国	247.1	10.18	5.70	16063.4	18.11	5.27	65.00	7.19
7	越南	227.5	12.75	5.24	13254.4	34.71	4.35	58.26	19.47
8	墨西哥	221.4	4.70	5.10	15097.0	1.09	4.95	68.18	-3.44
9	洪都拉斯	193.7	14.03	4.46	12641.9	17.62	4.15	65.27	3.15
10	斯里兰卡	178.4	14.19	4.11	11256.6	10.29	3.69	63.11	-3.41

数据来源:美国商务部纺织品服装办公室

四、2005年男式梭织衬衫出口展望

长期以来,男式梭织衬衫出口一直受到配额的限制,2005年配额的取消将为我国企业扩大出口提供契机。但是应当关注的是,一些国家针对我国纺织品服装的贸易保护主义倾向日趋严重,美国业界已向政府提出对中国产男式梭织衬衫实施纺织品特别限制措施的申请,因此,男式梭织衬衫出口仍然面临许多不确定因素。

预计2005年我国男式梭织衬衫对全球出口仍将保持稳定增长,出口总量和总额有望达到8亿件、25亿美元,平均单价将略有下降。如果美国不设限或晚些时候才设限,则对美国出口数量将大幅增长,价格也将显著下降,在美国进口来源国中,我国的排名将大大提前,甚至可能升至第一位。

(执笔:傅浩)

2004年中国针织衬衫出口概况及分析

中国纺织品进出口商会针棉织品分会

一、对全球针织衬衫出口概况

据中国海关统计,2004年我针织衬衫①对全球出口保持稳定增长,且金额增幅高于数量增幅,单价上升。出口数量为36.8亿件,增长20.7%;出口金额79.9亿美元,增幅为27.6%;出口平均单价2.17美元/件,增长5.7%;出口企业共有11576家,增长28.1%。

2004年我国对全球针织衬衫出口呈现的主要特点:

1. 对欧美市场出口数量下降,金额小幅增长

2004年日本、中国香港、欧盟、韩国和澳大利亚为我国针织衬衫五大出口市场,共占我国针织衬衫出口总量的61.9%和出口总额的62.6%。由于受配额限制的影响,美只占我出口数量排名的第九、金额排名的第六,所占份额分别为2.3%和3.4%。2004年我对欧盟和美国针织衬衫出口数量均呈下降趋势,但出口金额仍有小幅上涨。除欧美市场外,对其他主要市场出口均保持稳定增长,其中对中国香港、阿联酋、俄罗斯和加拿大增长较快。此外,对主要市场的出口单价均有所上升,其中对俄罗斯出口均价增幅最大,为51.4%,对欧盟、澳大利亚和美国出口均价增幅都在10%－12%之间。

2004年中国对全球针织衬衫主要出口市场统计

国家(地区)	出口数量			出口金额			出口单价	
	万件	份额%	同比%	万美元	份额%	同比%	美元/件	同比%
全　　球	368087	100	20.65	798807	100	27.60	2.17	5.74
日本	65575	17.82	12.81	190157	23.81	20.70	2.90	6.96
中国香港	106440	28.92	27.65	160656	20.11	32.60	1.51	3.92
欧盟25国	22310	6.06	-3.56	65826	8.24	6.30	2.95	10.23
韩国	18956	5.15	9.91	54262	6.79	9.90	2.86	0.01
澳大利亚	14565	3.96	14.98	28994	3.63	26.70	1.99	10.17
美国	8370	2.27	-10.19	26812	3.36	0.50	3.20	11.94
阿联酋	11705	3.18	29.31	24950	3.12	31.70	2.13	1.86
俄罗斯	8575	2.33	62.56	23607	2.96	146.10	2.75	51.39
新加坡	10537	2.86	2.11	21911	2.74	11.00	2.08	8.76
加拿大	6182	1.68	38.36	19187	2.40	39.10	3.10	0.53
沙特阿拉伯	7009	1.90	5.02	17964	2.25	14.00	2.56	8.60

资料来源:中国海关　　　　按出口金额排序

① 注:本文所述针织衬衫指美国338、339、638、639类所对应的产品。

2.一般贸易增速高于加工贸易,继续占据绝对主导地位

2004年我针织衬衫各种贸易形式出口均保持增长态势。其中,一般贸易出口增幅高于加工贸易,数量和金额分别增长了22%和27%,继续占据针织衬衫出口的主导地位,所占数量和金额的比重分别提高至69.2%和73.6%。加工贸易增长平稳,数量和金额增幅分别为13.1%和17%,其增长动力主要来源于进料加工。一般贸易的出口均价为2.31美元/件,增长4.1%;加工贸易出口均价为1.69美元/件,增长3.4%。

2004年中国对全球针织衬衫出口贸易方式统计

贸易方式	出口数量			出口金额			出口单价	
	万件	份额%	同比%	万美元	份额%	同比%	美元/件	同比%
合　计	368087	100	20.65	798807	100	27.58	2.17	5.74
一般贸易	254757	69.21	21.99	587532	73.55	27.00	2.31	4.10
加工贸易	102458	27.84	13.13	173330	21.70	16.99	1.69	3.42
其中:来料加工	54418	14.78	3.44	82364	10.31	4.78	1.51	1.29
进料加工	48040	13.05	26.56	90966	11.39	30.80	1.89	3.35
其他贸易方式	10872	2.95	91.04	37945	4.75	147.58	3.49	29.59

资料来源:中国海关

3.主要出口省市保持稳步增长态势

2004年中国对全球针织衬衫出口省市分布统计

出口省市	出口数量			出口金额			出口单价	
	万件	份额%	同比%	万美元	份额%	同比%	美元/件	同比%
合　计	368087	100	20.65	798807	100	27.58	2.17	5.74
广东	131871	35.83	16.15	187925	23.53	18.35	1.43	1.89
浙江	56098	15.24	12.22	146022	18.28	21.45	2.60	8.22
上海	31341	8.51	12.88	109841	13.75	28.05	3.50	13.43
江苏	29299	7.96	31.40	93105	11.66	30.12	3.18	-0.97
福建	38873	10.56	74.41	88238	11.05	75.96	2.27	0.89
山东	28219	7.67	4.61	64806	8.11	10.50	2.30	5.63
新疆	5625	1.53	72.40	19885	2.49	106.94	3.54	20.04
江西	14203	3.86	3.35	13520	1.69	29.65	0.95	25.45
黑龙江	5060	1.37	133.92	12223	1.53	145.41	2.42	4.92
其他省市	27500	7.47	19.21	63240	7.92	13.04	2.30	-5.17

资料来源:中国海关　　按出口金额排序

广东、浙江、上海、江苏和福建是我国针织衬衫五大出口省市，共占针织衬衫出口总量的78.1%和出口总额的78.3%。2004年五省市针织衬衫出口都保持快速增长，其中江苏和福建出口增长较快，增幅分别超过30%和70%。此外，新疆和黑龙江边境小额贸易十分活跃，针织衬衫出口金额都达到1亿美元以上，增幅超过1倍。从出口价格上看，在主要出口省市中，只有江苏出口均价下降1%，其余省市都呈增长态势；新疆和上海的出口均价最高，分别为3.54美元/件和3.50美元/件；广东和江西的出口单价最低，分别为1.43美元/件和0.95美元/件。

二、对美国出口概况

据中国海关统计，2004年我国对美出口针织衬衫8370万件，下降10.2%；出口金额为2.7亿美元，微增0.5%；出口均价为3.20美元/件，增长11.9%，比我全球出口均价每件高1.03美元；出口企业共有733家，增长20%。

2004年我国对美针织衬衫出口呈现的主要特点：

1. 加工贸易出口呈下降趋势

2004年我对美针织衬衫一般贸易出口继续保持稳定增长，而加工贸易出现下降，出口数量和金额分别降低了21.4%和17.3%，其中来料加工降幅超过30%。从出口数量看，一般贸易和加工贸易的比例约为4:6；金额上的比例为2:1，一般贸易占主导地位。对美一般贸易出口均价较高，为5.54美元/件，比对全球一般贸易出口均价高3.23美元/件；对美加工贸易出口均价为1.73美元/件，仅比对全球加工贸易的出口均价每件高4美分。

2004年中国对美针织衬衫出口贸易方式统计

贸易方式	出口数量			出口金额			出口单价	
	万件	份额%	同比%	万美元	份额%	同比%	美元/件	同比%
合　计	8370	100	-10.19	26812	100	0.53	3.20	11.94
一般贸易	3215	38.41	12.43	17806	66.41	11.15	5.54	-1.14
加工贸易	5065	60.52	-21.41	8783	32.76	-17.28	1.73	5.26
其中:来料加工	2838	33.90	-31.93	4387	16.36	-30.59	1.55	1.06
进料加工	2228	26.61	-2.16	4396	16.40	2.29	1.97	4.54
其他贸易方式	90	1.07	492.46	222	0.83	594.66	2.48	17.25

资料来源：中国海关

2. 广东为我国针织衬衫对美出口第一大省，但出口呈下降趋势

广东是我国针织衬衫对美出口第一大省，占我出口数量和金额的比重分别为60.6%和31.4%。但近两年广东针织衬衫的出口一直呈下降趋势，2004年数量和金额分别降低了21.2%和17.4%；出口平均单价有所上升，但仍低于全国平均出口单价48.1%。

上海、浙江和江苏仅次于广东也是我国针织衬衫的主要出口省市，三省市合计占我对美针织衬衫出口总量的30.4%、出口总额的54.1%。2004年三省市针织衬衫对美出口均保持大幅增长，但浙江和江苏的出口单价出现下降。

2004 年中国对美针织衬衫主要出口省市统计

省市	出口数量			出口金额			出口单价	
	万件	份额%	同比%	万美元	份额%	同比%	美元/件	同比%
合　计	8370	100	-10.19	26812	100	0.53	3.20	11.94
广东	5069	60.56	-21.21	8424	31.42	-17.42	1.66	4.80
上海	975	11.65	40.75	6113	22.80	44.19	6.27	2.45
浙江	929	11.10	35.38	5264	19.63	28.13	5.67	-5.36
江苏	640	7.65	22.89	3126	11.66	14.91	4.88	-6.50
其他省市	756	9.04	-23.23	3885	14.49	-27.94	5.14	-6.14

资料来源:中国海关　　按出口金额排序

三、2004 年美国从中国进口针织衬衫概况

针织衬衫是美国纺织品服装进口的大宗产品,在美国纺织品服装进口中占有很重的份额。根据美国商务部纺织品服装办公室的统计,2004 年美国从全球进口棉制和化纤制针织衬衫(338/339/639/639 类)151.7 亿美元,占美国纺织品服装(MFA 范围下)进口总额的 18.3%。中国是全球针织衬衫的主要生产国,但由于长期受配额限制,中国占美国针织衬衫进口市场的比重很小。2004 年美国从中国进口棉制和化纤制针织衬衫4.5 亿美元,仅占美国从中国进口纺织品服装总额的3.1%,占美国同类产品进口金额的 3%。

2004 年美国从我国进口针织衬衫的主要特点有:

1. 我国所占美国针织衬衫进口份额很小

从金额上看,我国针织衬衫占美国同类产品进口份额的 3%;从数量上看,我国所占比重更小,仅为 1.4%,排名第 21 位。

美国针织衬衫的主要进口来源地集中在北美自由贸易区和加勒比地区,两地区合计占美国针织衬衫进口总量的 53%。两地区中的洪都拉斯和墨西哥依次为美国针织衬衫的第一、二大进口来源国,所占数量份额分别为 15.3% 和 14.7%。萨尔瓦多和危地马拉位居第三、第四,所占份额均为 7.6%。

除此之外,亚洲地区的越南、巴基斯坦、中国香港、约旦、印度、中国台湾、中国澳门、韩国、菲律宾、柬埔寨等都是我国的主要竞争对手,所占美国针织衬衫的进口比重均高于我国。

2. 美国从我国进口针织衬衫呈增长态势

2004 年美国从全球进口棉制和化纤制针织衬衫4.1 亿打,同比增长 4.4%,其中从我国进口 574 万打,同比增长 13.9%。在美国前二十大进口来源中,危地马拉、海地、秘鲁、约旦、韩国、莱索托和柬埔寨输美针织衬衫数量增幅均超过 20%,高于我国进口增幅;墨西哥、越南、土耳其、菲律宾和加拿大则呈下降趋势。

3. 由于配额因素,我针织衬衫价格较高

由于 2004 年我国输美棉制和化纤制针织衬衫仍受配额限制,因此美国从我国进口针织衬衫的平均单价较高,为 78.66 美元/打,比美国从全球进口均价(37.15 美元/打)高 1.1 倍,比洪都拉斯(21.14 美元/打)和墨西哥(26.6 美元/打)的进口均价分别高 2.7 倍和 2 倍。但随着 2005 年纺织品配额被全面取消,扣除配额成本,预计我国针织衬衫输美价格将迅速下跌。

2004 年美国针织衬衫主要进口来源国统计

排名	国家(地区)	进口数量			进口金额			进口单价	
		万打	同比%	份额%	万美元	同比%	份额%	美元/打	同比%
	全球	40,827	100	4.40	1,516,766	100	4.67	37.15	0.26
	加勒比地区	15,015	36.78	9.46	370,381	24.42	10.62	24.67	1.06
	北美自由贸易区	6,610	16.19	-6.02	188,565	12.43	-9.30	28.53	-3.49
1	洪都拉斯	6,262	15.34	4.18	132,267	8.72	7.63	21.12	3.31
2	墨西哥	5,980	14.65	-6.09	159,180	10.49	-9.49	26.62	-3.61
3	萨尔瓦多	3,116	7.63	1.47	69,819	4.60	0.26	22.41	-1.19
4	危地马拉	3,098	7.59	26.25	103,460	6.82	18.53	33.40	-6.11
5	越南	1,732	4.24	-9.59	71,948	4.74	-3.54	41.54	6.69
6	巴基斯坦	1,356	3.32	3.08	55,888	3.68	0.73	41.21	-2.28
7	海地	1,069	2.62	24.10	19,379	1.28	19.54	18.12	-3.67
8	秘鲁	1,043	2.55	37.18	56,369	3.72	35.46	54.05	-1.26
9	中国香港	994	2.44	2.71	79,833	5.26	5.48	80.30	2.69
10	多米尼加	921	2.26	10.27	28,674	1.89	15.17	31.12	4.44
11	约旦	816	2.00	62.47	41,228	2.72	54.29	50.52	-5.03
12	印度	795	1.95	14.98	45,921	3.03	11.80	57.79	-2.76
13	中国台湾	758	1.86	1.38	40,896	2.70	-0.42	53.92	-1.78
14	中国澳门	742	1.82	10.02	45,093	2.97	5.28	60.77	-4.30
15	韩国	703	1.72	21.80	42,025	2.77	4.20	59.76	-14.45
16	土耳其	663	1.62	-18.37	31,216	2.06	-19.12	47.09	-0.92
17	菲律宾	643	1.57	-9.74	32,326	2.13	-9.64	50.31	0.11
18	莱索托	637	1.56	23.78	21,091	1.39	19.45	33.11	-3.50
19	加拿大	631	1.54	-5.28	29,385	1.94	-8.26	46.60	-3.14
20	柬埔寨	627	1.53	41.20	30,434	2.01	27.70	48.56	-9.56
21	中国	574	1.41	13.87	45,160	2.98	16.96	78.66	2.72

资料来源:美国纺织品服装办公室　　　　按2004 年进口数量排序

(执笔:郭黛黛)

2004 年中国内衣裤出口概况及分析

中国纺织品进出口商会针棉织品分会

一、对全球出口概况

据中国海关统计,2004 年,我内衣裤①出口比上年度平稳增长。2004 年内衣裤对全球出口达 27.6 亿美元,比上年增长 19.27%,略低于我国纺织品服装整体出口 20.61%的增幅;出口量为 50.2 亿件,增长 15.13%;出口平均单价为 0.55 美元/件,增长 3.6%。

1. 出口市场情况

2004 年我国共对 181 个国家(地区)出口内衣裤,日本、中国香港、韩国、澳大利亚和俄罗斯依次为我国前五大出口市场,占出口总额的 64.5%。在主要出口目的地中,对传统市场日本、中国香港、韩国和澳大利亚的出口均保持平稳增长,金额增幅分别为 15.6%、20.9%、13.4%。

2004 年内衣裤对全球十大出口市场及美国出口统计

(按出口金额排序)

国家(地区)	出口数量			出口金额			出口单价	
	万件	同比%	份额%	万美元	同比%	份额%	美元/件	同比%
全　　球	502794	15.13	100%	276154	19.3	100	0.55	3.6
日本	77029	6.72	15.32	98175	15.6	35.55	1.27	8.36
中国香港	153345	10.72	30.50	49451	20.9	17.91	0.32	9.25
韩国	16629	5.25	3.31	13827	13.4	5.01	0.83	7.78
澳大利亚	18882	16.52	3.76	9867	29.2	3.57	0.52	10.91
俄罗斯	13948	50.03	2.77	6703	51	2.43	0.48	0.65
阿联酋	20671	52.72	4.11	5514	41.8	2.00	0.27	-7.14
巴拿马	19774	115.8	3.93	5306	68.9	1.92	0.27	-21.73
新加坡	10997	3.94	2.19	4786	13.5	1.73	0.44	9.18
德国	6143	2.82	1.22	4750	1.8	1.7	20.77	-1.02
沙特阿拉伯	7252	-11.87	1.44	4540	25	1.64	0.63	41.81
十大市场合计	346671	-	68.55	202919		73.48		-
美国	2322	-16.43	0.46	4418	-7.6	1.60	1.90	10.54

资料来源:中国海关

① 注:本文所述内衣裤指美国 352、652 类别对应的产品。

和29.2%。对阿拉伯联合酋长国和巴拿马的出口增长较大，对阿联酋出口5514万美元，增长41.8%；对巴拿马出口5306万美元，增长68.9%，这两个国家分别位居出口市场第六、七位。

2004年对美国出口内衣裤4418万美元，列第十一位，出口数量2322万件，列第三十四位。

在主要出口市场中，出口均价最高的是美国（1.9美元/件，增长10.54%），为对全球出口均价（0.55美元/件）的3.5倍；其次是日本、韩国和德国，分别是对全球均价的1.4倍至2.3倍不等。对阿联酋、巴拿马的出口单价最低，仅为0.27美元/件，此外，对中国香港的出口单价也较低，为0.32美元/件。

2. 贸易方式构成

内衣裤出口以一般贸易为主，2004年一般贸易出口额增长平稳，出口19.1亿美元，增长15.5%，占出口总额的69.2%。加工贸易出口7.4亿美元，增长29.6%，占出口总额的26.81%，其中，进料加工出口4.6亿美元，增长49.32%，有力地拉动了出口金额的增长；来料加工出口2.8亿美元，增长7.23%。

值得注意的是，内衣裤进料加工贸易出口单价远高于一般贸易和来料加工贸易，为0.8美元/件，是出口均价的1.5倍。

2004年内衣裤对全球出口贸易方式统计

贸易方式	出口数量			出口金额			出口单价	
	亿件	同比%	份额%	亿美元	同比%	份额%	美元/件	同比%
合　计	50.3	15.13	100	27.6	19.27	100	0.55	3.6
一般贸易	36.7	15.52	72.96	19.1	15.5	69.20	0.52	-0.02
加工贸易	11.9	14.09	23.66	7.4	29.6	26.81	0.62	12.73
其中：进料加工贸易	5.7	22.9	11.33	4.6	49.32	16.67	0.80	21.49
来料加工贸易	6.2	6.82	12.33	2.8	7.23	10.14	0.46	0.39
寄售代销贸易	1.1	7.26	2.19	0.4	15.71	1.45	0.42	7.89

资料来源：中国海关

3. 出口企业分布

2004年内衣裤对全球出口企业共有7645家，家数增长23.27%，出口金额在1000万美元以上的企业有27家，出口额在100万-1000万美元之间的企业有561家，出口前474家企业出口额共占出口总额的70%，出口企业相对集中。在出口前十家企业中，山东占六家，浙江一家企业位居第二，广东的三家企业位列出口额第六、八和第十名。

4. 省市出口情况

按出口金额统计，广东、山东、浙江、上海和江苏为内衣裤前五大出口省市，占出口总额的76.2%。其中，广东出口数量和金额为20亿件、5.7亿美元，分别增长8%和11.3%，所占份额为39.78%和20.61%，山东为出口增长较快的省份，出口数量、金额分别为5.3亿件、5.5亿美元，同比增长26.58%和24.57%。

在出口前十大省市中出口金额均呈上升趋势，浙江、福建和黑龙江的出口金额增幅都在30%以上；广东出口价格仍为前十大省市最低，为0.28美元/件，虽比去年上涨3.16%，但仍比全国出口平均单价低49.1%；辽宁出口单价最高，为1.3美元/件，但比上年仍下降了20.69%，黑龙江的出口单价也下降了33.35%，其他主营省份与去年度均价持平或有所增长。

2004 年内衣裤对全球出口前十大省市统计

(按出口金额排序)

出口省市	出口数量			出口金额			出口单价	
	亿件	同比%	份额%	万美元	同比%	份额%	美元/件	同比%
全　国	50.3	15.13	100	276154	19.27	100	0.55	3.6
广东	20	7.95	39.78	56913	11.33	20.61	0.28	3.16
山东	5.3	26.58	10.54	54982	24.57	19.91	1.04	-1.59
浙江	3.8	10.14	7.56	39642	30.72	14.36	1.03	18.69
上海	3.2	5.69	6.36	31139	11.33	11.28	0.98	5.33
江苏	2.6	21.16	5.17	27609	19.99	10.00	1.04	-0.97
福建	5.9	65.46	11.73	20196	70.81	7.31	0.34	3.24
辽宁	0.6	47.31	1.19	7170	16.84	2.60	1.30	-20.69
江西	1.5	8.14	2.98	6851	15.39	2.48	0.47	6.7
北京	0.8	-4.35	1.59	4783	6.79	1.73	0.59	11.66
黑龙江	0.8	104.63	1.59	3190	36.38	1.16%	0.40	-33.35

资料来源:中国海关

二、对美国出口概况

美国是内衣裤的重要消费市场,但由于长期以来受配额限制,我国对美出口内衣裤规模较小,仅占对全球出口的很小比重,同时,由于每年配额数量变化不大,因此对美内衣裤出口没有大的波动。

1. 出口数量、金额均有下降,出口单价有所上升

中国海关统计,2004 年对美国出口内衣裤 4418 万美元、2322 万件,分别比上年同期下降 7.62% 和 16.43%,与对全球出口的增势形成对比。值得一提的是,出口单价有所上升,达到 1.9 美元/件,每件比 2003 年均价上升 0.18 美元。

2. 出口企业家数有所增加、出口企业相对分散

2004 年内衣裤对美出口家数为 303 家,增长 13.48%,出口额超过 100 万美元的企业有 10 家,出口额在 10 万美元至 100 万美元的企业有 180 家,出口企业相对分散。

3. 贸易方式构成与对全球出口格局一致,一般贸易占出口主导地位,价格较高

2004 年对美内衣裤出口仍以一般贸易为主,出口 3261 万美元,减少 7.09%,占出口总额的 73.81%。加工贸易出口 1126 万美元,减少 9.44%,占出口总额的 25.49%。值得注意的是,与对全球出口不同,内衣裤一般贸易出口价格远高于加工贸易,为 2.34 美元/件,分别是来料加工、进料加工贸易均价的两倍和 1.3 倍。

4. 出口省市相对集中,主营省市出口出现不同程度的下跌

内衣裤直接对美出口主要集中在江苏、上海、山东、浙江、北京和广东,六大省市出口额占出口总额的 91.58%。江苏作为出口第一大省,占出口总额的 23.59%,出口金额、数量分别出现了 12.92% 和36.55% 的下滑,上海的出口数量、金额也呈下降趋势。在出口前六大出口省市中,广东出口单价最低,为 0.84 美元/件,

每件低于全国出口平均单价0.76美元，且比去年同期下降9.57%。江苏出口单价最高，为2.8美元/件，上涨37.23%，其次是浙江，出口单价2.6美元/件，增长13.65%。

2004年内衣裤对美国出口前十大省市统计

（按2004年出口金额排序）

出口省市	出口数量			出口金额			出口单价	
	万件	同比%	份额%	万美元	同比%	份额%	美元/件	同比%
全　国	50.3	15.13	100	276154	19.27	100	0.55	3.6
广东	20	7.95	39.78	56913	11.33	20.61	0.28	3.16
山东	5.3	26.58	10.54	54982	24.57	19.91	1.04	-1.59
浙江	3.8	10.14	7.56	39642	30.72	14.36	1.03	18.69
上海	3.2	5.69	6.36	31139	11.33	11.28	0.98	5.33
江苏	2.6	21.16	5.17	27609	19.99	10.00	1.04	-0.97
福建	5.9	65.46	11.73	20196	70.81	7.31	0.34	3.24
辽宁	0.6	47.31	1.19	7170	16.84	2.60	1.30	-20.69
江西	1.5	8.14	2.98	6851	15.39	2.48	0.47	6.7
北京	0.8	-4.35	1.59	4783	6.79	1.73	0.59	11.66
黑龙江	0.8	104.63	1.59	3190	36.38	1.16%	0.40	-33.35

资料来源：中国海关

三、美国进口概况

1. 总体进口情况

近4年美国从全球进口内衣裤情况一览

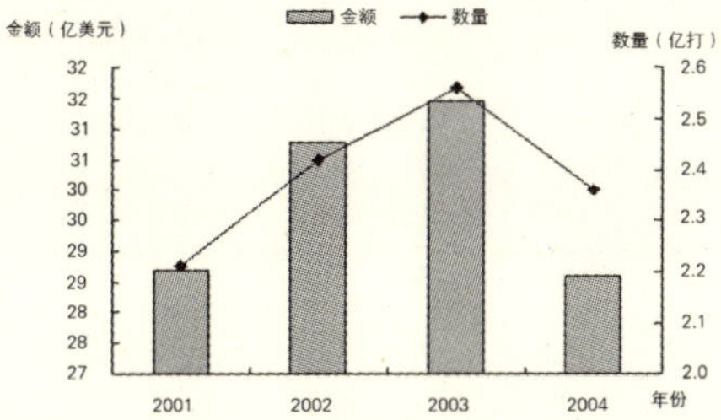

数据来源：美国商务部纺织品服装办公室

据美国商务部纺织品服装办公室统计，2004年美国共从108个国家（地区）进口内衣裤（352/652类），进口数量、金额分别为2.36亿打、28.6亿美元，减少7.88%和9.08%。平均进口单价12.1美元/打，折合1美元/件。

2. 从中国进口情况

2004年从中国进口内衣裤503万打，数量下降6.07%，进口金额为1.33亿美元，增长11.04%。中国在进口来源地数量、金额排名中分列第十一位和第九位，数量进口市场份额与上年基本持平，为2.13%，金额份额较上年提高了1个百分点，为4.66%。进口平均单价26.61美元/打，是全球进口平均单价（12.13美元/打）的2.2倍，比上年提高19%。

2001 年-2004 年美国从中国进口内衣裤情况一览

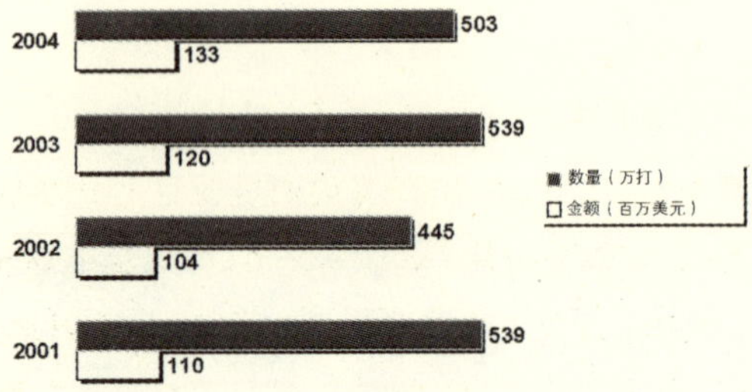

3. 主要竞争对手情况

美国内衣裤消费市场容量较大,每年国内市场容量在 3 亿打左右,近几年间,进口占据国内市场份额在 70% 至 80% 之间,且有逐年增加的趋势,主要进口国/地区集中在加勒比地区和北美,2004 年这两个供应地分别占据美国内衣裤进口数量、金额的 95.43% 和 75.64%。多米尼加、洪都拉斯、萨尔瓦多、泰国和哥斯达黎加分别位居进口国前五位,2004 年美国除从泰国、哥斯达黎加的进口有所增长之外,从各主要来源地的进口均有不同程度的下降,从而导致总进口的下降。

由于受到配额的限制,中国出口到美国的内衣裤多为较高端产品,加之有配额成本,美国从中国进口的内衣裤价格远远高于从其他进口来源地的进口均价,随着配额的取消,预计 2005 年以后这一情况会有所改变。

2004 年美国内衣裤主要进口国统计

单位:万打、亿美元、美元/打

国家(地区)	2004 年					同比%		
	数量	份额%	金额	份额%	单价	数量	金额	单价
全　　球	23581	–	28.60	–	12.13	-7.88	-9.08	-1.31
多米尼加	2380	10.09	2.98	10.42	12.52	-13.44	-15.46	-2.33
洪都拉斯	3224	13.67	2.90	10.14	8.99	-22.97	-33.71	-13.94
萨尔瓦多	3447	14.62	2.85	9.97	8.27	-17.20	-18.55	-1.64
泰国	1238	5.25	1.81	6.31	14.58	47.66	30.65	-11.52
哥斯达黎加	1954	8.29	1.73	6.04	8.84	9.11	1.52	-6.96
中国香港	1136	4.82	1.49	5.22	13.14	-10.00	-7.64	2.61
中国澳门	1163	4.93	1.48	5.18	12.73	29.48	34.49	3.87
墨西哥	924	3.92	1.46	5.09	15.75	-21.49	-28.49	-8.92
中国	503	2.13	1.33	4.66	26.51	-6.72	11.04	19.05
孟加拉	1611	6.83	1.28	4.47	7.93	-5.62	-3.31	2.45

(执笔:王轶男)

2004年中国袜子出口概况及分析

中国纺织品进出口商会针棉织品分会

【背景】2004年6月28日,美国袜业协会国内制造商委员会、美国全国纺织组织总会、美国制造商贸易行动联盟和美国全国纺织协会向美国政府提起申请,要求对从中国进口的棉制、毛制、化纤制短袜(美国332类、432类全部和632类部分产品)实行特别限制措施。美国政府于当年10月29日正式开始对中国产上述袜子实行数量限制,限制期一年,到2005年10月28日为止。2005年1月1日以后,全球纺织品配额取消,袜子①成为目前美国对我国唯一进行数量限制的纺织产品。以下就2004年我国袜子出口情况做一回顾。

一、对全球出口概况

据中国海关统计,2004年,我袜子出口比上年度有较大幅度的增长。2004年袜子对全球出口达10.6亿美元,比上年增长46.8%,远高于我国纺织品服装整体出口20.61%的增幅;出口量为44.3亿双,增长35.22%;出口平均单价为0.24美元/双,增长8.53%。

2004年袜子对全球十大出口市场出口统计

(按出口金额排序)

国家(地区)	出口数量			出口金额			出口单价	
	亿双	同比%	份额%	万美元	同比%	份额%	美元/双	同比%
全　球	44.25	35.22		105904	46.8		0.24	8.53
日本	8.22	17.33	18.57	35601	22.1	33.62	0.43	4.08
美国	7.52	179.62	16.99	21771	172.7	20.56	0.29	-2.46
俄罗斯	3.87	77.85	8.76	7033	100.7	6.64	0.18	12.87
韩国	1.74	19.78	3.94	5473	14.9	5.17	0.31	-4.09
乌克兰	3.00	60.85	6.79	3437	84.2	3.25	0.11	14.51
澳大利亚	1.07	34.71	2.41	3423	45	3.23	0.32	7.67
阿联酋	2.00	23.45	4.51	3141	42.4	2.97	0.16	15.32
中国香港	1.43	21.72	3.23	2458	19.2	2.32	0.17	-2.05
哈萨克斯坦	1.11	-2.52	2.50	2159	8.8	2.04	0.20	11.62
摩洛哥	1.71	563.95	3.87	2040	781.4	1.93	0.12	32.74
十大市场合计	31.66	-	75.6	86536		81.71		-

资料来源:中国海关

① 本文所述袜子指美国332、432和632类别(部分)对应的短袜产品。

1. 出口市场情况

2004 年我国共对 156 个国家(地区)出口袜子,日本、美国、俄罗斯、韩国和乌克兰依次为我国前五大出口市场,占出口总额的 69.23%。对各大市场出口全面增长,其中尤以对美国、俄罗斯和乌克兰的出口增长最为迅速,金额增幅分别为 172.7%、100.7%和 84.2%。

2004 年对美国出口袜子 2.18 亿美元、7.52 亿双,数量、金额均列第二位。

在主要出口市场中,出口均价最高的是日本(0.43 美元/双,增长 4.08%),为对全球出口均价(0.24 美元/双)的 1.8 倍;其次是澳大利亚、韩国和美国,其他市场平均单价均低于对全球出口均价。造成价格差异的主要原因是出口商品结构不同,对日出口以棉制袜子居多,对美国出口 90%以上是化纤制袜子。

2. 贸易方式构成

袜子出口以一般贸易为主,2004 年一般贸易出口 9 亿美元,占出口总额的 84.6%,增长 51.78%,有力地拉动了出口金额的增长。加工贸易出口 1.1 亿美元,占出口总额的 10.05%。袜子加工贸易出口单价略高于一般贸易出口。

3. 出口企业分布

2004 年袜子对全球出口企业共有 2943 家,家数增长 34.88%,出口金额在 1000 万美元以上的企业有 16 家,出口额在 500 万—1000 万美元之间的企业有 27 家,出口额在 100 万—500 万美元之间的企业有 184 家,出口企业大多数为中小企业,其中以民营企业居多。在出口前十家企业中,浙江占七家,上海占两家,其余一家为北京企业。

4. 省市出口情况

按出口金额统计,浙江、上海、江苏、广东和山东为袜子前五大出口省市,占出口总额的 85.6%。其中浙江占据了中国袜子出口的半壁江山,2004 年出口数量和金额为 24 亿双、5.5 亿美元,分别增长 37.24%和 56.9%,所占份额为 54.25%和 51.73%,同时浙江是出口增长最快的省份。其他主营省市出口增幅也在 20%以上。

在出口前五大省市中,山东的出口价格虽有近 10%的下降,但仍位居出口均价榜首,这与山东对日出口量较大、且以棉袜居多有关。江苏、上海价格也高于全国均价近 50%,出口大省浙江略低于全国均价,广东出口价格仍为主营省市最低,为 0.14 美元/双,比全国出口平均单价低 41.67%。

2004 年袜子对全球出口前五大省市统计

(按出口金额排序)

出口省市	出口数量			出口金额			出口单价	
	亿双	同比%	份额%	万美元	同比%	份额%	美元/双	同比%
全　国	44.25	35.22		105904	46.75		0.24	8.53
浙江	24.00	37.24	54.25	54782	56.9	51.73	0.23	14.33
上海	4.34	25.1	9.81	14825	34.94	14.00	0.34	7.86
江苏	2.73	19.7	6.16	9716	33.24	9.17	0.36	11.31
广东	4.50	25.65	10.17	6432	26.06	6.07	0.14	0.35
山东	1.17	49.86	2.65	4903	35.33	4.63	0.42	-9.71

资料来源:中国海关

二、对美国出口概况

美国是袜子的重要消费市场,2002 年以前,由于受配额限制,我国对美出口袜子规模较小,仅占对全球出口的很小比重,由于每年配额数量变化不大,因此对美袜子出口没有大的波动。2002 年以后,化纤制袜子和毛制袜子配额取消,我国对美出口有较大的增长,尤以 2003 年增长最为明显,2004 年继续保持增长势头,具体特点如下:

1. 出口数量、金额继续全面增长,出口单价略有下降

中国海关统计,2004 年对美国出口袜子 2.18 亿美元、7.5 亿双,分别比上年同期增长 172.73% 和 179.62%,远高于对全球出口的增幅。出口单价为 0.29 美元/双,每双比 2003 年下降 1 美分。化纤、毛制袜子配额取消后,我国袜子对美出口能力得到进一步释放,虽然从 2004 年 10 月 29 日美国开始对中国袜子实施特别限制,但由于我国未对袜子实行许可证管理,国内企业在设限后的袜子出口未降反增。

2. 出口企业家数有所增加、出口企业相对集中

袜子对美出口家数有 413 家,增长 29.06%,出口额超过 100 万美元的企业有 4 家,出口额在 10 万美元至 100 万美元的企业有 43 家,出口企业相对集中。

3. 一般贸易出口占绝对主导地位

2004 年对美袜子出口仍以一般贸易为主,出口2.09 亿美元,增长 181.18%,占出口总额的 95.83%。加工贸易出口 505 万美元,占出口总额的 3.75%。近两年的袜子生产、出口市场化程度较高,生产企业直接出口已成出口主流。

4. 出口省市高度集中,主营省市出口增长迅猛

袜子对美出口主要省市为浙江、上海和江苏,三省市合计占全国出口总量、总额的比重约为 90%,其中浙江一省所占比重超过 60%。2004 年浙江省对美出口数量、金额同比增长了两倍多,江苏省、上海的出口也都翻一番。在这三大出口省市中,除上海出口价格高于平均单价外,浙江、江苏出口价格与全国均价基本持平,详见下表。

2004 年袜子对美国出口主营省市统计

(按出口金额排序)

出口省市	出口数量			出口金额			出口单价	
	万双	同比%	份额%	万美元	同比%	份额%	美元/双	同比%
全国总计	75183	179.62		21771	172.73		0.29	-2.46
浙江	47188	230.1	62.76%	13904	224.69	63.86%	0.29	-1.64
上海	9121	103	12.13%	3022	114.92	13.88%	0.33	5.85
江苏	8757	285.85	11.65%	2484	171.02	11.41%	0.28	-29.76
合　计	65066		86.54%	19410		89.16%		

资料来源:中国海关

三、美国进口概况

1. 近4年袜子总体进口情况

据美国商务部纺织品服装办公室统计,2001年至2004年,美国袜子进口逐年递增,每年增幅在10%以上,市场需求旺盛。同时,平均单价呈逐年下降趋势,2004年的进口均价比2001年低21.3%。

2004年美国共从109个国家(地区)进口袜子,进口数量、金额分别为2亿打、10.77亿美元,增长36.32%和27.16%。平均进口单价5.38美元/打,折合0.45美元/双,同比下降6.72%。

近4年美国从全球进口袜子情况一览

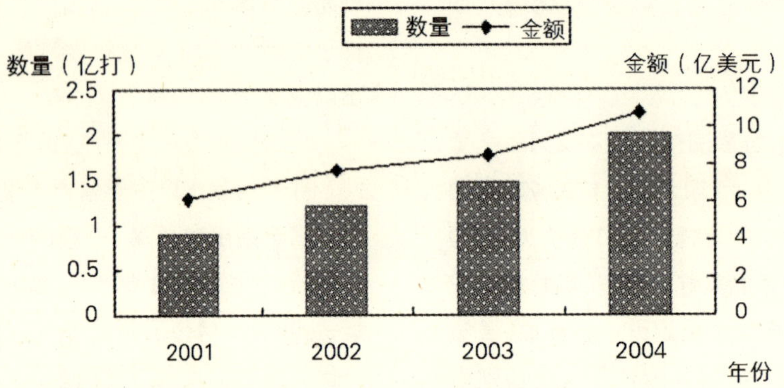

数据来源:美国商务部纺织品服装办公室

2. 从中国进口情况

2002年以前,美国袜子的主要来源地为韩国、墨西哥、中国台湾、加拿大和加勒比盆地,2001年中国仅占据1.4%的进口市场份额(金额计),2002年中国份额上升至3.8%,2003年中国一跃成为美国袜子第一大供应国,份额上升至10.8%,到2004年份额进一步上升为21.2%。同时,从中国进口袜子价格逐年降低,走势与从全球进口走势一致,2004年进口均价比2001年低54.46%,降幅高于从全球进口均价的降幅。

2004年从中国进口袜子5591万打,数量增长了155.55%,进口金额为2.28亿美元,增长150.34%。中国在进口来源地排名中居榜首位置。进口平均单价为4.08美元/打,每打比从全球进口平均单价(5.38美元/打)低1.3美元,比上年下降6.72%。

近4年美国从中国进口袜子份额及进口价格走势图

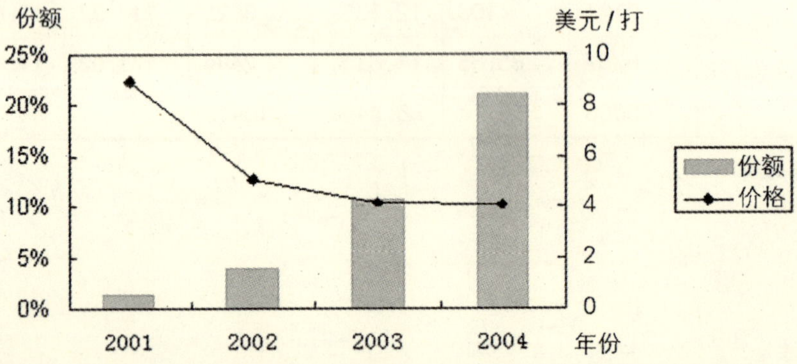

3. 主要竞争对手情况

袜子为四季都可以穿着的纺织产品，美国袜子消费市场容量较大，主要进口国/地区集中在亚洲、北美和加勒比盆地国家。2004 年美国除从中国台湾、加拿大的进口有所下降之外，从各主要来源地的进口均有不同程度的增长。

2004 年美国袜子主要进口国统计

单位：万打、亿美元、美元/打

国家(地区)	2004 年					同比 ±%		
	数量	份额%	金额	份额%	单价	数量	金额	单价
全　球	20031	–	107686	–	5.38	36.32	27.16	-6.72
中国	5591	27.91	22827	21.20	4.08	155.55	150.34	-2.04
韩国	2344	11.70	18729	17.39	7.99	0.30	4.49	4.17
墨西哥	2001	9.99	11878	11.03	5.94	-5.39	4.77	10.74
多米尼加	2036	10.17	9136	8.48	4.49	75.34	58.70	-9.49
哥斯达黎加	1245	6.22	7564	7.02	6.07	6.14	5.73	-0.38
巴基斯坦	2280	11.38	7035	6.53	3.09	48.53	67.35	12.67
洪都拉斯	1178	5.88	6071	5.64	5.15	54.16	31.53	-14.68
中国台湾	831	4.15	5645	5.24	6.80	-23.62	-15.23	10.98
加拿大	447	2.23	4539	4.22	10.15	-34.17	-31.66	3.81
哥伦比亚	394	1.97	3029	2.81	7.69	34.15	43.81	7.20

资料来源：美国纺织品服装办公室

【结论】 从美国对中国袜子进行特别限制至今已有 4 个多月，期间对美出口主营省市出口增长迅速，另一方面，美国海关统计的进口清关率也在迅速攀升，设限时间过去三分之一，而设限数量已用去近 50%。以美国 2 月份从中国进口的速度推算，到 6 月底，美国从中国进口袜子累计将超过 4300 万打（设限数量为 4243 万打），假定中国到美国的船期为 30 天，5 月底以后从中国出运的袜子都将面临卡关的巨大风险。设限数量一旦用完，美国海关在 10 月 28 日之前将不允许任何来自中国的袜子入关。目前袜子对美出口企业加紧安排生产、出运，希望在美国封关之前尽可能出货，抢关出口势头将愈发强劲。另外，一部分进口商已经着手转移订单，将原计划在中国的订单生产转移到东南亚国家，对美出口袜子前景堪忧。

（执笔：王轶男）

2003 年年底美国对我胸衣、袍服、针织布三种纺织品实施为期一年的纺织品特别限制措施,其中胸衣限制数量为 16828971 打、袍服 4094382 打、针织布 9664477 公斤,限制日期从 2003 年 12 月 24 日至 2004 年 12 月 23 日。这是美国第一次对中国采取纺织品特别限制措施,标志着中美纺织品贸易摩擦进入"特保"阶段。一年来,国内围绕是否对三种纺织品进行管理进行多次的讨论,最终三种纺织品对美出口没有采取任何管理办法,企业完全凭借对市场的把握安排生产和出口。2004 年 11 月 4 日袍服输美率先清关率达到 100%,12 日针织布清关率达到 100%,22 日胸衣清关率达到 100%。三种纺织品对美出口仅 10 个月就达到设限数量。致使一些企业由于无法及时了解国内实际出口情况,而遭受货到美国港口却无法清关,蒙受了很大的经济损失。由于美国对我三种纺织品重新设限,2004 年三种纺织品对美出口与上年相比都有不同程度的减少或小幅增长,2004 年 12 月美国政府受理了国内业界提出延长三种纺织品设限,2005 年美国是否对三种纺织品继续设限目前尚无法确定,企业应随时关注。

2004 年中国袍服出口概况及分析

中国纺织品进出口商会梭织服装分会、针棉织品分会

一、对全球出口概况

据中国海关统计,2004 年我国袍服[①]对全球出口 5 亿件、5.6 亿美元,分别比上年增长 24.7% 和 18.2%,增速比前两年有较大幅度下降,出口平均单价为 1.13 美元/件,下降 5.22%。

1. 出口市场情况

2004 年共对 145 个国家(地区)出口袍服,日本、美国、中国香港、欧盟和俄罗斯依次为前五大出口市场,占出口总额的 56.7%,比去年有所提高。其中,对传统市场日本、俄罗斯出口增长较快,金额增幅分别为 32.3% 和 52.9%,对中国香港、欧盟出口平稳增长,金额增幅分别为 18.7%% 和 9.7%,而对美国出口呈下降趋势,数量、金额分别下降 5.4% 和 0.19%。

在前五大出口市场中,出口单价最高的是美国(3.64美元/件,增长 5.54%),其次是日本和欧盟,单价在 1.7 美元/件左右,对俄罗斯出口价格最低,仅为 0.58 美元/件,低于全球平均单价的 48.7%。

2. 贸易方式构成

一般贸易出口增幅高于其他贸易方式出口,出口3.9 亿件、4.1 亿美元,增长 29% 和 22%,占出口总额的 79.1% 和 72%。加工贸易出口 1.4 亿美元,增长 10.4%,占出口总额的 24.4%,来料和进料加工各占一半。

① 注:袍服统计范围为美国 350/650 类别所对应的中国海关税号。

2004 年袍服对全球十大出口市场统计

国家(地区)	出口数量			出口金额			出口单价	
	万件	同比%	份额%	万美元	同比%	份额%	美元/件	同比%
合　计	49764.19	24.71	100	56328.35	18.19	100	1.13	-5.22
日本	5991.74	32.47	12.04	11310.62	32.3	20.08	1.89	-0.13
美国	2781.06	-5.42	5.59	10124.55	-0.19	17.97	3.64	5.54
中国香港	9860.71	13.01	19.81	9164.31	18.66	16.27	0.93	5.01
欧盟	4715.41	-17.87	9.48	7097.92	9.73	12.6	1.51	33.61
俄罗斯	4872.39	145.66	9.79	2839.39	52.89	5.04	0.58	-37.76
摩洛哥	2935.86	88.7	5.9	2251.5	45.08	4.0	0.77	-23.11
阿拉伯联合酋长国	2004.24	-15.54	4.03	1670.91	1.87	2.97	0.83	20.61
英国	581.10	62.61	1.17	1496.06	87.03	2.66	2.57	15.02
澳大利亚	1115.69	38.3	2.24	1483.88	39.14	2.63	1.33	0.61
韩国	1258.77	-12.11	2.53	1263.62	-9.06	2.24	1.0	3.47
十大市场合计	36116.98		72.58	48702.76		86.46	1.35	

资料来源:中国海关　　　　按出口金额排序

2004 年袍服对全球出口贸易方式统计

贸易方式	出口数量			出口金额			出口单价	
	亿件	同比%	份额%	亿美元	同比%	份额%	美元/件	同比%
合　计	4.98	24.71	100	5.63	18.19	100	1.13	-5.23
一般贸易	3.94	28.98	79.13	4.05	22.03	71.95	1.03	-5.39
加工贸易	0.86	9.11	17.28	1.37	10.38	24.37	1.60	1.16
其中:来料加工	0.41	9.4	8.29	0.71	0.97	12.54	1.71	-7.71
进料加工	0.45	8.85	8.98	0.67	22.47	11.83	1.49	12.51
边境贸易	0.12	5.51	2.32	0.05	-25.49	0.9	0.44	-29.38

资料来源:中国海关

3. 出口企业分布

2004 年袍服对全球出口企业共有 4840 家,增长 24.6%,出口金额在 500 万美元以上的企业有 4 家,出口额在 100 万以上的企业有 119 家。出口前 200 家企业出口额占出口总额的 55.8%,出口企业相对集中。在出口前十家企业中,上海占 2 家,出口额位居第一、第九,浙江4家,位居第二、第六第八和第十,江苏2家,位居第三、第七,黑龙江1家,位居第五。

4. 省市出口情况

按出口金额统计,浙江、广东、江苏、上海和山东为前五大出口省市,占出口总额的78.1%。2004年浙江超过广东跃居出口第一,出口8166万件、1.18亿美元,分别增长17.9%和18.2%,所占份额上升至16.4%和21%。

在出口前十大省市中,除广东、上海、辽宁出口增长幅度较小外,江苏、山东、福建、黑龙江、北京、江西出口金额增幅都在34%以上;福建出口价格为前十大省市最低,为0.56美元/件,虽比去年上涨5.34%,但仍比全国出口平均单价低50.4%;江苏出口单价最高,为3.09美元/件。

2004年袍服对全球出口前十大省市统计

出口省市	出口数量			出口金额			出口单价	
	万件	同比%	份额%	万美元	同比%	份额%	美元/件	同比%
合　计	49764.19	24.71	100	56328.35	18.19	100	1.13	-5.22
浙江	8166.00	17.86	16.41	11828.09	18.21	21.0	1.45	0.3
广东	14159.47	3.57	28.45	11175.00	2.32	19.84	0.79	-1.2
江苏	2686.65	23.21	5.4	8298.37	34.06	14.73	3.09	8.81
上海	3905.52	-2.33	7.85	8241.18	2.11	14.63	2.11	4.55
山东	3660.45	99.43	7.36	4455.91	66.16	7.91	1.22	-16.68
福建	6690.86	74.62	13.45	3774.04	83.95	6.7	0.56	5.34
黑龙江	1732.81	152.24	3.48	1826.38	34.11	3.24	1.05	-46.83
辽宁	744.53	-7.73	1.5	1276.11	10.0	2.27	1.71	19.21
北京	1683.62	82.92	3.38	983.57	64.37	1.75	0.58	-10.14
十大省市合计	44076.73	-	88.58	52441.13	-	93.1	1.19	-

资料来源:中国海关　　按出口金额排序

二、对美出口情况

2001年-2004年中国对美袍服出口统计

单位:万件、万美元、美元/件、%

年度	数量	同比	金额	同比	单价	同比
2001	618	-0.4	1884	6.5	3.05	6.6
2002	1492	141.6	6261	232.4	4.2	37.7
2003	2941	97.1	10144	62.0	3.45	-17.8
2004	2781	-5.4	10124	-0.2	3.64	5.54

资料来源:中国海关

自2003年12月23日,美国对我袍服进口实施纺织品特别限制一年。2004年袍服直接对美国出口2781万件,同比下降5.4%,仅占对全球出口总量的5.6%,出口额1.01亿美元,下降0.19%,平均单价3.64美元/件,同比增长5.54%。

2004年袍服对美出口主要特点:

1. 一般贸易出口平稳增长、加工贸易出口下降

一般贸易出口2228.6万件、7654.6万美元,增长

0.03%和16.1%，所占份额继续上升，分别达到80.1%和75.6%，占有绝对优势。加工贸易出口540万件、2460万美元，下降幅度较大分别为24%和30.6%，所占份额降至20%。

加工贸易出口单价4.56美元/件，高于平均单价25.3%，一般贸易出口单价3.44美元/件，低于平均单价5.5%。

2001年－2004年中国对美袍服出口贸易方式统计

单位：万美元、%

年度	一般贸易	同比	加工贸易	同比
2001	1103	－13.6	781	59.1
2002	3421	210.1	2839	264.0
2003	6593	92.7	3543	24.8
2004	7654	16.1	2460	－30.6

资料来源：中国海关

2. 出口家数继续增加、出口相对集中

虽然2004年美国来自中国的袍服重新设限，但对美国出口袍服企业并未减少，共有398家企业直接对美国出口，比上年增长13.1%。出口超过100万美元的企业有25家，出口占对美出口总额53.9%，出口企业相对集中，出口额前100家企业占出口总额的89.2%。

在出口前10家中，新增企业仅有2家，均来自浙江，出口数量下降有6家，金额下降有4家，出口单价低于全国平均单价有4家。

3. 江、浙、沪依然为主要出口省市

2004年袍服对美出口前五大省市分别是江苏、浙江、上海、山东和广东。江苏从去年的第三位跃居第一位，出口1022万件、3518万美元，增长24.9%和44.1%；其次是浙江，出口558万件、2528万美元，数量增长2.4%，金额下降5.8%；排列第三的上海由去年出口第一降至第三，出口564万件、2383万美元，分别下降22.9%和16.3%，五大省市出口额占对美出口总额90.6%。

前五大出口省市中，广东出口单价最低，为2.05美元/件，增长33%，低于全国出口单价43.7%，浙江出口单价最高，为4.53美元/件，下降8%，其次是上海，出口单价4.22美元/件，上升8.47%。

2004年袍服对美国出口前十大省市统计

出口省市	出口数量			出口金额			出口单价	
	万件	同比%	份额%	万美元	同比%	份额%	美元/件	同比%
合　计	2781.06	－5.42	100	10124.55	－0.19	100	3.64	5.54
江苏	1022.20	24.88	36.76	3518.65	44.05	34.75	3.44	15.35
浙江	557.89	2.40	20.06	2527.67	－5.78	24.97	4.53	－7.99
上海	564.32	－22.85	20.29	2382.71	－16.32	23.53	4.22	8.47
山东	135.00	－34.60	4.85	498.19	－38.60	4.92	3.69	－6.11
广东	117.63	－24.73	4.23	241.54	0.11	2.39	2.05	33.00
五省市合计	2397.03		86.19	9168.76		90.56	3.83	

资料来源：中国海关　　　　按2004年出口金额排序

三、美国进口情况

1. 总体进口情况

据美国商务部纺织品服装办公室统计,2004 年美国共从 95 个国家(地区)进口袍服(350/650 类),比 2003 年减少 11 个国家(地区)。共进口 1210 万打、5.98 亿美元,增长 14.8% 和 10.35%。平均进口单价 49.46 美元/打,折合 4.12 美元/件。其中,棉制袍服(350)进口占三分之二以上,达到 847 万打、3.97 亿美元,进口单价 46.84 美元/打;化纤制袍服(650)进口 362 万打、2 亿美元,进口单价 55.08 美元/打,高于棉制袍服。

2001 年 -2004 年美国从全球进口袍服统计

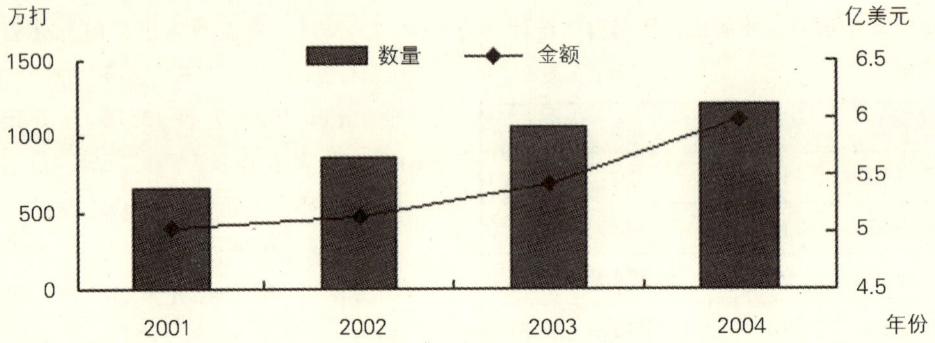

2. 从中国进口情况

中国自 2002 年跃居袍服进口第一以来,一直保持这一优势。2004 年从中国进口袍服为 455 万打、2.1 亿美元,分别增长 6.7% 和 4.86%,较前两年增幅有大幅度回落,数量、金额进口份额为 37.65% 和 34.93%,较上年下降近 3 个百分点和 2 个百分点。进口平均单价 45.89 美元/打,每打低于全球进口平均单价约 3.5 美元,比上年下降 1.73%,降幅明显减小。

2001 年 -2004 年美国从中国进口袍服统计

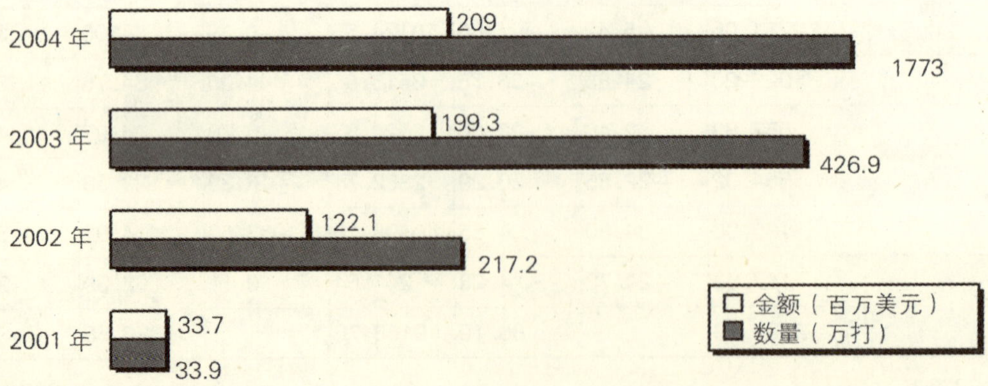

3. 主要竞争对手情况

美国袍服消费市场容量较大，进口量逐年增加，主要进口国/地区集中在亚洲。除中国外，土耳其、巴基斯坦、斯里兰卡、柬埔寨、越南、印度尼西亚分别位居进口来源国第二至第八位，所占份额在 7.3% －3%。2004 年美国从上述七国进口量在 88 万打 －38 万打，除土耳其进口量下降外，其他六国进口均有不同程度的增长。其中，从越南、印度进口成倍增长，增幅达到 123.7% 和 333.2%。上述六国总进口量超过中国，达到 615 万打，份额达到 51%。

2004 年美国袍服主要进口国统计

单位：万打、亿美元、美元/打、%

国家/地区	2004 年					同比		
	数量	份额	金额	份额	单价	数量	金额	单价
全　　球	1209.76	100.00	59835.9	100.00	49.46	14.80	10.35	-3.87
中国	455.47	37.65	20899.9	34.93	45.89	6.70	4.86	-1.73
土耳其	88.34	7.30	8215.5	13.73	93.00	-31.21	-20.05	16.22
巴基斯坦	71.56	5.92	3247.1	5.43	45.38	20.01	23.33	2.77
斯里兰卡	46.74	3.86	2582.0	4.32	55.25	54.75	36.60	-11.73
柬埔寨	64.22	5.31	2314.7	3.87	36.04	43.14	20.19	-16.03
越南	38.05	3.14	1991.5	3.33	52.34	123.67	107.85	-7.07
印度	46.77	3.87	1522.4	2.54	32.56	333.23	162.88	-39.32
印度尼西亚	46.78	3.87	1460.4	2.44	31.22	34.79	23.84	-8.12

资料来源：美国纺织品服装办公室

从价格上来看，我国袍服进口单价处于中等价位上，每打低于全球平均单价 3.5 美元，虽然比土耳其、斯里兰卡和越南等要低，但高于巴基斯坦、柬埔寨、印度以及印度尼西亚。目前我袍服在美国进口市场已经占有三分之一以上的份额，从产品质量、交货期等方面比其他亚洲国家有一定的优势，但由于美国对我重新设限，使得我袍服进一步扩大对美国出口受到阻碍。2004 年 11 月 4 日清关率达到 100%，是重新设限三种纺织品中第一个遭遇封关的商品。一些企业因信息渠道不畅，造成货到港口因封关而滞留港口，遭受一定的经济损失。

四、2005 年出口预测

随着 2005 年世界经济继续平稳增长，我国袍服出口将继续保持平稳增长势态。尤其是对美欧出口将有较大的增长，价格会有所下降。但由于存在国外对我采取各种贸易保护措施以及原料价格波动、能源紧张等许多不确定因素的影响，袍服出口很难出现大幅增长。

（执笔：胡敏）

2004 年中国胸衣出口概况及分析

中国纺织品进出口商会梭织服装分会

一、对全球出口概况

据中国海关统计,近年来,我胸衣①出口一直保持较快增长。2004 年胸衣对全球出口达 11.4 亿美元,比上年增长 37.8%;出口量为 13.7 亿件,增长 20.55%;出口平均单价为 0.84 美元/件,增长 14.31%。

2001 年–2004 年胸衣对全球出口统计

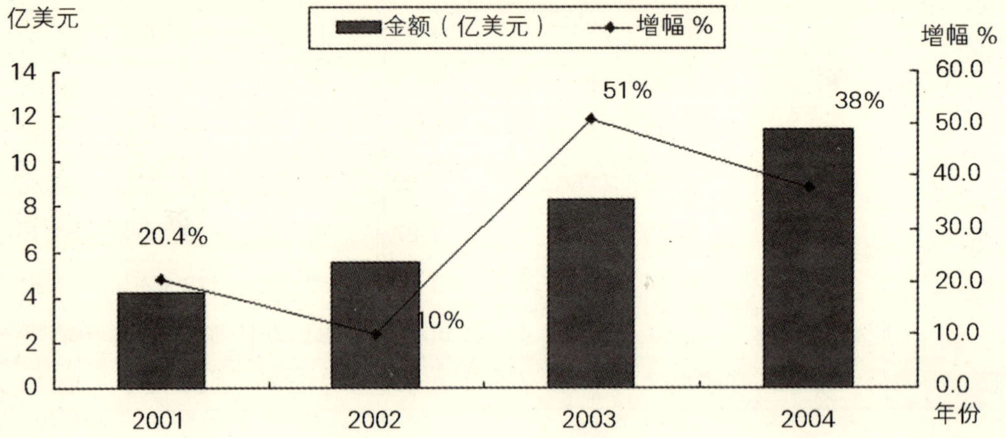

1. 出口市场情况

2004 年共对 141 个国家(地区)出口胸衣,日本、哈萨克斯坦、中国香港、美国和欧盟依次为前五大出口市场,占出口总额的 76.7%,与去年基本持平。其中,对传统市场日本、中国香港、美国和欧盟出口均保持平稳增长,金额增幅分别为 5.34%、31.64%、16.57 和 9.36%。对哈萨克斯坦、吉尔吉斯斯坦、中国台湾出口成倍增长,其中,对哈萨克斯坦出口 2.4 亿美元,增长 176%,超过中国香港,成为胸衣出口第二大市场,对吉尔吉斯斯坦出口 3519 万美元,增长 17.3 倍,位居出口市场第六位。

在主要出口市场中,出口均价最高的是日本(3.13 美元/件,增长 6.1%),其次是哈萨克斯坦、吉尔吉斯斯坦、中国台湾、欧盟的出口价格也较高,在 2 美元/件左右,对中国香港的出口价格最低,仅为 0.37 美元/件。

① 注:胸衣统计范围为美国 349/649 类别所对应的中国海关税号。

2004年胸衣对全球十大出口市场统计

国家(地区)	出口数量			出口金额			出口单价	
	万件	同比%	份额%	万美元	同比%	份额%	美元/件	同比%
合　计	136751.7	20.55	100	114352.4	37.8	100	0.84	14.31
日本	10003.5	-0.7	7.32	31323.7	5.34	27.39	3.13	6.08
哈萨克斯坦	11862.1	170.75	8.67	24038.8	176.01	21.02	2.03	1.94
中国香港	60007.1	18.86	43.88	22499.8	31.64	19.68	0.37	10.75
美国	6568.4	10.6	4.8	6095.7	16.57	5.33	0.93	5.4
欧盟	3243.1	-19.03	2.37	3775.23	9.36	3.3	1.16	35.06
吉尔吉斯斯坦	1522.8	1698.7	1.11	3519.7	1726.97	3.08	2.31	1.57
中国台湾	878.7	64.19	0.64	2333.6	103.77	2.04	2.66	24.11
韩国	1582.2	-6.21	1.16	2147.8	-7.71	1.88	1.36	-1.6
俄罗斯	2962.3	-23.32	2.17	2122.2	7.06	1.86	0.72	39.62
越南	4344.3	-20.27	3.18	2082.4	-20.48	1.82	0.48	-0.27
十大市场合计	102974.5	-	75.3	99938.93	-	87.4	0.97	-

资料来源:中国海关　　　　按出口金额排序

2. 贸易方式构成

随着国内面料和辅料设计、质量的提高,胸衣一般贸易出口呈较快增长,出口2.76亿美元,增长38.84%,占出口总额的24.2%。加工贸易出口5.31亿美元,增长9.44%,占出口总额的46.46%,继续占据主导地位,其中,进料加工出口2.93亿美元,增长25.4%,来料加工出口2.38亿美元,增长9.8%。

值得注意的是,这两年胸衣边贸出口飞速增长,2004年边贸出口额达到3.2亿美元,超过一般贸易出口,增长135%,出口单价高于一般贸易和加工贸易。

2004年胸衣对全球出口贸易方式统计

贸易方式	出口数量			出口金额			出口单价	
	亿件	同比%	份额%	亿美元	同比%	份额%	美元/件	同比%
合　计	13.7	20.6	100	11.44	37.8	100	0.84	14.31
一般贸易	6.9	27.9	20.2	2.76	38.8	24.2	0.40	8.1
加工贸易	4.7	2.8	34.2	5.31	9.4	46.5	1.14	6.5
其中:来料加工	3.0	14.6	22.2	2.38	9.8	25.7	0.89	3.5
进料加工	1.6	-13.6	12.0	2.93	25.4	32.8	1.79	24.3
边境贸易	2.0	63.7	14.4	3.21	135.0	28.1	1.63	-

资料来源:中国海关

3. 出口企业分布

2004年胸衣对全球出口企业共有3301家，增长36.1%，出口金额在1000万美元以上的企业有15家，出口额在100万以上的企业有187家。出口200前家企业出口额占出口总额的85%，出口企业集中。在出口前十家企业中，新疆占3家，出口额位居第一、第二和第六，广东占5家，位居第四、第七至第十，海南、青岛各1家，位居第三、第五。

4. 省市出口情况

按出口金额统计，广东、新疆、辽宁、上海和山东为前五大出口省市，占出口总额的80%。其中，广东出口数量和金额分别为7.77亿件、3.49亿美元，分别增长8.42%和23.5%，所占份额为56.8%和30.5%。新疆由上年的第三位跃居第二，出口数量和金额分别为1.41亿件、2.92亿美元，增长178.3%和194.7%，所占份额为10.34%和25.52%，主要是对哈萨克斯坦、吉尔吉斯斯坦和巴基斯坦的边境贸易异常活跃。

在出口前十大省市中，除辽宁、山东出口额呈下降外，上海、江苏、福建、浙江出口金额增幅都在20%以上；广东出口单价仍为前十大省市最低，为0.45美元/件，虽比去年上涨13.9%，但仍比全国出口平均单价低46.4%；海南出口单价最高，为2.66美元/件，新疆、上海、北京和浙江出口单价上升，辽宁、山东、江苏、海南和福建出口单价下降。

2004年胸衣对全球出口前十大省市统计

出口省市	出口数量			出口金额			出口单价	
	万件	同比%	份额%	万美元	同比%	份额%	美元/件	同比%
合　计	136751.7	20.55	100	114352.4	37.8	100	0.84	14.31
广东	77690.7	8.42	56.81	34879.2	23.5	30.5	0.45	13.91
新疆	14142.6	178.33	10.34	29186.3	194.66	25.52	2.06	5.87
辽宁	4624.3	16.5	3.38	11489.4	-3.34	10.05	2.48	-17.03
上海	3437.6	11.66	2.51	8910.2	27.19	7.79	2.59	13.91
山东	2862.3	-1.29	2.09	6755.8	-12.42	5.91	2.36	-11.28
江苏	1968.2	46.77	1.44	4009.2	31.7	3.51	2.04	-10.26
海南	1200.3	118.35	0.88	3187.1	18.42	2.79	2.66	-45.77
北京	1368.8	-28.39	1	2551.5	17.2	2.23	1.86	63.67
福建	3513.5	100.49	2.57	2458.8	74.76	2.15	0.7	-12.83
浙江	2016.0	12.23	1.47	2391.7	37.21	2.09	1.19	22.26

资料来源：中国海关　　　　按出口金额排序

二、对美国出口情况

自2003年12月23日美国对我胸衣进口实施纺织品特别限制以来，胸衣直接对美出口增长趋于平稳。据中国海关统计，2004年胸衣对美国出口6568.4万件、6095.7万美元，分别比上年同期增长10.6%和16.57%，增速明显低于前两年。其主要出口特点：

2001 年 -2004 年胸衣直接对美国出口统计

单位：万件、万美元、美元/件、%

年度	数量	同比	金额	同比	单价	同比
2001	400	-57.1	486	-56.2	1.21	1.7
2002	2764	591.1	2020	315.8	0.73	-39.7
2003	5939	114.8	5229	158.9	0.88	20.5
2004	6568	10.6	6095	16.6	0.93	5.4

资料来源：中国海关

1. 出口增幅大幅度回落，出口单价继续上升

2004 年是美国对我胸衣重新进行设限的一年，国内对胸衣出口没有出台任何管理办法，企业必须凭自己对形势的判断来安排出口计划。由于市场的不确定性，使得客户下单、企业出口比较谨慎。从 2004 年胸衣直接对美国出口数量、金额增幅来看，出口增幅比前两年大幅回落。值得一提的是，出口单价继续上升，达到 0.93 美元/件，比 2002 年每件上升 0.2 美元，比 2003 年每件上升 0.05 美元。

2. 出口企业家数继续扩大、出口企业相对集中

由于胸衣制作在设计、面料和辅料以及加工工艺上要求比较高，我国生产胸衣出口的企业多以三资企业为主，其中，港资企业占三分之二。因此，胸衣对美出口主要通过中国香港转口。2004 年胸衣直接对美出口家数已达到 256 家，增长 6.7%，出口额超过 100 万美元的企业有 11 家，出口额占总额的 71.8%，出口企业相对集中。在出口前 100 家企业中，有 68 家为新增企业，出口额占总额的 14.3%，主要集中在广东、浙江、江苏、上海和福建。其中，广东新增企业 20 家、浙江 13 家。

3. 一般贸易出口增幅高于加工贸易，加工贸易仍占主导地位

一般贸易出口增幅继续高于加工贸易，数量和金额增幅分别达到 27.3%、28.8%，高于加工贸易增幅 23 个百分点和 16 个百分点，反映出国产面料和辅料在设计、质量方面有所提高，但仍然不能满足客户的需要，多数胸衣的面料和辅料需要进口，加工贸易出口仍占主导地位。加工贸易出口数量和金额比重分别为 62.7% 和 69.3%，高于一般贸易 30 多个百分点。

2001 年 -2004 年胸衣对美国出口贸易方式统计

单位：万美元、%

年度	一般贸易	同比	加工贸易	同比
2001	102	-66.5	378	-52.0
2002	473	364.7	1488	293.7
2003	1323	180.0	3739	151.3
2004	1705	28.8	4222	12.9

资料来源：中国海关

4. 出口省市集中，广东、北京出口快速增长

胸衣直接对美出口主要集中在广东、山东、北京、江苏和浙江，五大省市出口额占出口总额的 93.3%。广东胸衣出口 80% 集中在中国香港，2004 年超过山东，成为直接对美出口第一大省市，出口数量、金额增幅分别为 9.3% 和 38.1%，所占份额分别为 67.5% 和 39.2%。山东出口呈下降趋势，主要是对美出口第一的青岛南南有限公司出口下滑，北京出口快速增长，数量、金额增幅达 99.5% 和 156.6%，跃居出口第三位。

在出口前五大出口省市中，广东出口单价最低，为 0.54 美元/件，每件低于全国出口平均单价 0.4 美元，但比上年同期增长 26.3%。山东出口单价最高，为 3.5 美元/件，下降 5.8%，其次是北京，出口单价 2.69 美元/件，增长 28.6%。

2002 年 -2004 年胸衣对美国出口前五大省市统计

单位:万美元、%

出口省市	2002 年			2003 年			2004 年		
	金额	同比	份额	金额	同比	份额	金额	同比	份额
广东	809	356.2	40.0	1730	113.8	33.1	2389	38.1	39.2
山东	460	11366.9	22.8	1763	283.3	33.7	1199	-32.0	19.7
北京	108	445.4	5.3	460	326.1	8.8	1180	156.6	19.4
江苏	225	1625.6	11.1	602	167.3	11.5	684	13.6	11.2
浙江	42	2998.8	2.6	135	219.2	2.6	232	71.9	3.8

资料来源:中国海关　　按 2004 年出口金额排序

5. 出口信息不畅增加企业出口不确定性

由于胸衣对美出口通过中国香港转口占三分之二以上,而直接对美出口仅占不到三分之一,加之中国海关统计数据要滞后一个半月才能获得,因此,出口企业很难了解国内胸衣输美实际数量情况,只能参考美国清关数据来判断胸衣出口情况,增加企业出口不确定性。2004 年 11 月 21 日胸衣输美清关率达到 100%,美国停止来自中国胸衣进口,使得部分出口企业因货到美国而不能进关,而遭受很大的经济损失。此外,由于美国对我胸衣重新设限,使得一些客户将订单转移到其他国家和地区,一些投资商停止或转移在中国的投资和生产。

三、美国进口概况

1. 总体进口情况

2001 年 -2004 年美国从全球进口胸衣统计

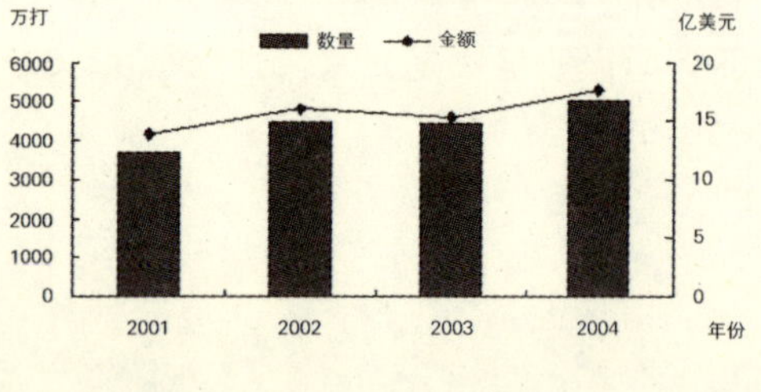

据美国商务部纺织品服装办公室统计,2004 年美国共从 82 个国家(地区)进口胸衣(349/649 类),比 2003 年减少 7 个国家(地区)。进口数量、金额分别为 5035 万打、17.64 亿美元,增长 13.8% 和 15.3%。平均进口单价 35 美元/打,折合 2.92 美元/件,增长 1.33%。

2. 从中国进口情况

中国自 2002 年跃居美国胸衣进口第一来源国以来,一直保持这一优势。2004 年从中国进口胸衣 1773 万打、4.47 亿美元,分别增长 10.44% 和 6.5%,较前两年增幅明显回落,数量、金额进口份额分别为 35.2% 和 25.3%,较上年下降 2 个百分点和 1 个百分点。进口平均单价 25.2 美元/打,每打低于全球进口平均单价近 10 美元,比上年下降 3.6%。

2001 年 -2004 年美国从中国进口胸衣统计

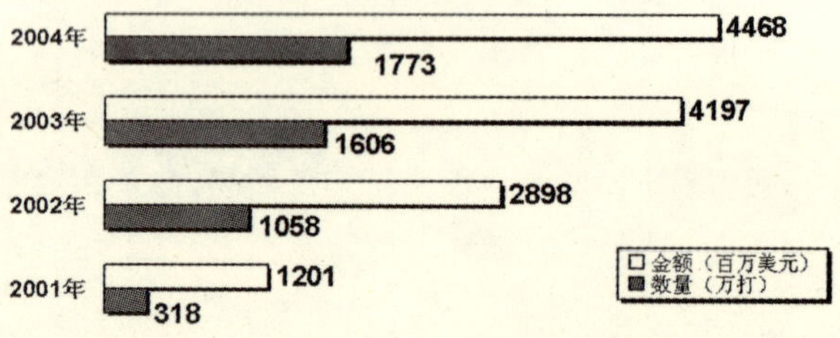

3. 主要竞争对手情况

美国胸衣消费市场容量较大，每年消费量在7000万打左右，进口量逐年增加，主要进口国/地区集中在亚洲、加勒比地区和北美，除中国外，印度尼西亚、洪都拉斯、泰国、墨西哥、多米尼加、菲律宾分别位居进口国第二至第七位，2004年美国从上述六国进口量在519万打－209万打，均比上年有所增长。其中，从马来西亚、泰国和多米尼加进口量分别增长37.5%、24.2%和11.6%。上述六国总进口量超过中国，达到2206万打，所占份额43%。

2004年美国胸衣主要进口国统计

单位：万打、亿美元、美元/打、%

国家(地区)	2004年					同比%		
	数量	份额	金额	份额	单价	数量	金额	单价
全　球	5035	–	17.6	–	35.03	13.8	15.3	1.33
中国	1773	35.22	4.5	27.44	25.2	10.4	6.5	-3.16
印度尼西亚	519	10.32	1.6	8.29	31.42	37.5	28.7	-6.43
洪都拉斯	412	8.19	1.9	10.97	45.73	9.8	12.4	2.41
泰国	402	7.98	1.4	7.02	34.78	24.2	30.2	4.82
墨西哥	335	6.66	1.6	9.91	48.54	0.4	7.4	6.89
多米尼加	328	6.51	1.7	8.96	52.51	11.6	25.7	12.64
菲律宾	209	4.16	0.7	3.74	32.95	6.1	20.5	13.50

资料来源：美国纺织品服装办公室

目前我胸衣在美国进口市场上价格上占有明显的优势，其他竞争对手难以超过。但我们必须注意到，我国胸衣仅凭价格优势很难在市场上长期站稳脚跟，一旦价格过低引起国外反倾销，我胸衣出口将会遭受严重的打击。

四、2005年出口预测

我国胸衣出口主要市场是日本、中国香港、美国和欧盟，随着2005年全球经济进一步好转和配额的取消，预计对日本、美国出口将保持平稳增长，对欧盟和中国香港出口将呈快速增长。但由于国外频频对我采取贸易保护，加之国内能源紧张、用工成本的增加等因素的影响会在一定程度限制胸衣出口快速增长。

（执笔：胡敏）

2004年中国针织布出口概况及分析

中国纺织品进出口商会两纱两布、花边漂布分会

2003年美国纺织品协议委员会(CITA)对来自我国的222类针织布实施特保限制,时间为一年,从2003年12月24日至2004年12月23日止,设限数量为966.45万公斤。截止2004年11月20日,设限数量全部使用完毕,清关率达到100%。直到2004年12月24日,美国海关才重新放关。由于设限数量用完的时间比设限截止日期提前一个月,对我企业的生产与出口的连续性造成破坏,2004年针织布出口呈现先高后低,再次冲高后又走低的波浪型走势。

一、2004年中国针织布对全球出口概况

据中国海关统计,2004年中国针织布对全球出口4亿公斤,同比增长11.09%;出口金额15.6亿美元,同比增长13.4%;出口平均单价3.86美元/公斤,同比微增2.07%。

中国香港依然稳居第一大出口市场位置,出口数量达到3亿公斤,同比增长了9.2%,占我对全球出口份额的75.19%;出口金额10.8亿美元,同比增长8.25%,占比69.61%。在前十大出口市场中,只有对第七和第八大市场的孟加拉和美国出口数量同比下降了12.42%和11.3%,对其他国家都有不同程度的增长,其中对危地马拉和菲律宾的出口增幅最高,分别为88.88%和72.13%。对排在出口市场第二位的中国澳门出口数量与去年同期基本持平,增幅仅有0.88%。

对全球针织布的出口企业以三资企业为主,特别是港资企业居多,2004年三资企业出口占比达到88.98%。

加工贸易为主要贸易方式,出口金额占比高达90.61%。

二、2004年中国针织布对美出口的主要特点

1. 出口数量和出口金额双双下降,出口平均单价有所提高,对美直接出口势头减弱。

2001年-2004年中国对美国针织布出口数量统计

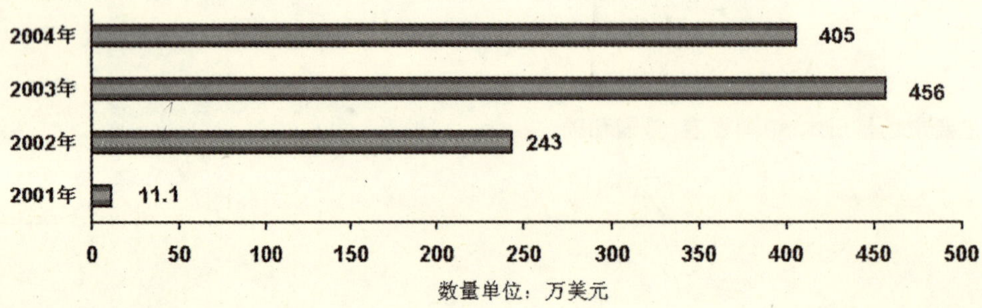

数据来源:中国海关

美国在我针织布出口市场中位居第八。2004 年我对美针织布出口数量为 405 万公斤，同比下降 11.3%，占我对全球针织布出口份额的 1%；出口金额 1857.9 万美元，同比下降 1.32%，占我对全球针织布出口份额的 1.19%。出口平均单价 4.59 美元/公斤，同比增长 11.25%，高于对全球针织布出口 3.86 美元/公斤的平均单价。与 2003 年出口数量与金额的高出口增幅相比，2004 年对美直接出口势头减弱，企业接单谨慎。

2. 从单月出口情况看，针织布对美出口主要集中在前六个月，最后三个月出口连续下降，12 月出口下降幅度达到最高值。

回顾2003 年，我对美针织布出口数量呈现明显的波峰波谷变化，出口高峰集中在春秋两季的 3、5 月和 10、12 月。而 2004 年由于受数量限制的影响，企业尽量提前出口，因而单月出口高峰集中在前 6 个月，在原本淡季的 1 月，出口数量仍呈高位增长，增幅达到 100%。7、8 两月出口有所回落，随后多数企业为争夺最后的出口份额，将原本 12 月的出口货物提前出运，造成 9 月份出口再次走高。最后三个月 10、11 和 12 月出口连续下降，由于美国海关在 11 月 20 日对自中国进口的针织布封关，造成 12 月出口数量下降幅度高达 35.4%，成为 2004 年全年出口降幅最高的月份。

2003 和 2004 年中国针织布对美国出口数量统计

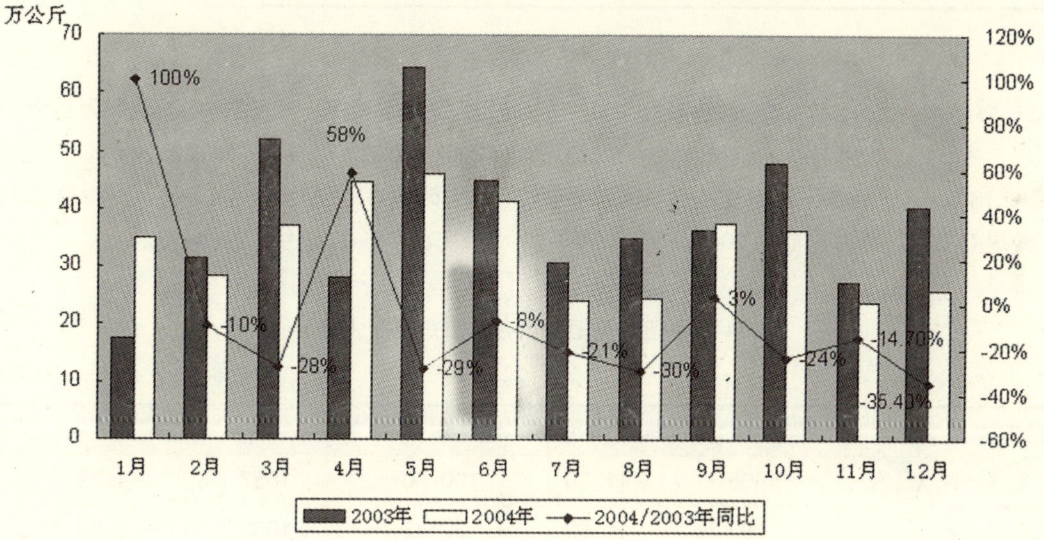

3. 出口企业家数同比下降，对美针织布出口企业规模不大，国有及国有参股企业、三资和民营企业三分天下。

2004 年针织布对美出口企业 110 家，同比下降 9.84%。大部分企业出口规模不大，出口主要集中在少数企业中。其中，出口金额在 100 万美元以上的企业 4 家，仅占出口企业家数的 3.6%，但 4 家出口企业的出口金额达 1093.7 万美元，占针织布对美出口总额的 58.86%。国有及国有参股企业出口家数最多，共有 52 家，同比下降 8.77%；三资企业和民营企业出口家数分别为 24 和 34 家，同比下降 20%和 2.86%。

在出口数量和出口金额上，三种类型的企业出口相差不多，各占 1/3。其中，民营企业的出口数量和出口金额同比降幅最大，达到 34.75%和 35.2%；国有及国有参股企业出口与去年基本持平；三资企业出口保持增长，出口数量和金额同比增长 9.69%和 14.72%。

从出口平均单价看,民营企业单价最低,为3.69美元/公斤,国有及国有参股企业居中,出口单价4.74美元/公斤,三资企业出口单价最高,达到5.3美元/公斤。

2004年中国对美国针织布出口企业出口数量和出口家数占比%

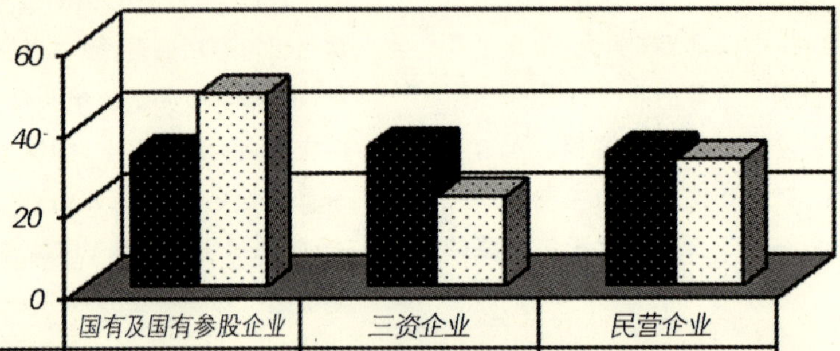

	国有及国有参股企业	三资企业	民营企业
■ 出口数量占比 %	32.45	34.45	33.1
□ 出口家数占比 %	47.27	21.82	30.91

4. 一般贸易出口仍占主导地位,所占份额进一步扩大。

对美针织布出口中,一般贸易出口金额为1552.2万美元,同比微增0.53%,所占份额由2003年的82%扩大到83.55%,出口数量293.5万公斤,同比下降12.62%,占比72.47%;加工贸易303.5万美元,同比下降9.52%,所占份额为16.34%,出口数量111.1万公斤,同比下降7%,占比27.44%。

2004年中国对美国针织布出口贸易方式统计

数量单位:万公斤;金额单位:万美元

贸易方式	数量	同比%	份额%	金额	同比%	份额%
合　计	405	-11.30	100.00	1857	-1.32	100.00
一般贸易	293	-12.62	72.47	1552	0.53	83.55
加工贸易	111	-7.04	27.44	303	-9.52	16.34
其中:来料加工	77	-8.67	19.22	188	8.85	10.15
进料加工	33	-3.02	8.22	115	-29.14	6.19

资料来源:中国海关

5. 广东和浙江省跃居出口第一和第二位,十四个省市的出口各有起落,增幅与下降的幅度都很大。

十四个省市中有5个省市对美针织布出口金额同比增长,增幅最小的山东,同比增长25.94%,增幅最高的是福建,同比增长200.68%。出口金额同比下降的9个省市中,降幅最大的是湖南,达99.29%,最小的江苏,下降了39.1%。

2004 年中国针织布对美国主要出口省市统计

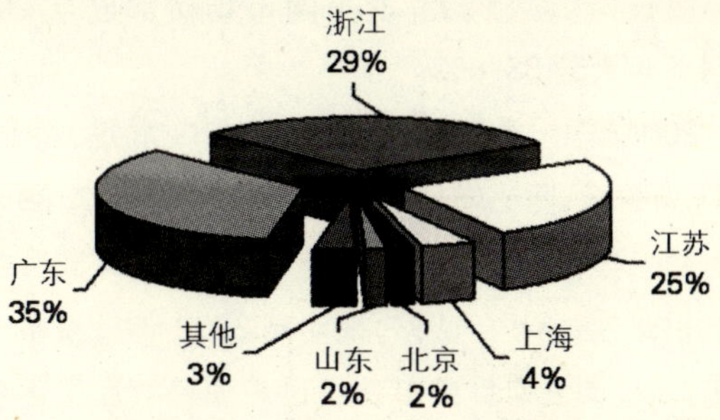

广东:2003 年广东还排在对美针织布出口第二位,2004 年已经一跃排在首位,出口数量为 176.5 万公斤,占对美针织布出口总量的 43.58%,同比增长了 37.36%;出口金额 646 万美元,占对美针织布出口总额的 34.8%,同比增长了 62.32%;出口平均单价 3.66 美元/公斤,同比增长 18.17%,低于全国 4.59 美元/公斤的出口平均单价。

广东省不仅是对美针织布出口第一大省,也是对全球针织布出口最大的省市。针织布生产和出口具有鲜明的地域特征,其表现如下:

一是与对全球针织布的出口企业以三资企业为主的情况不同,广东省对美出口以国有企业为主,出口占比为 58.4%。

二是出口以一般贸易方式为主,占比为 54.28%。

三是 2004 年广东对我国针织布第一大出口市场中国香港的出口金额达到 10.5 亿美元,占广东省针织布出口额的 83.72%,出口数量 2.9 亿公斤,占比为86.57%。对美出口仅排广东省针织布出口市场的第十位,份额 0.5%。由于广东省出口的针织布有相当一部分经中国香港转口到美国,因而广东省对美出口针织布的实际数量要大于直接对美出口数量。

2004 年广东针织布出口市场排名

数量单位:万公斤;金额单位:万美元

序号	国家(地区)	数量	同比%	份额%	金额	同比%	份额%
-	合 计	34326	9.41	100.00	125963	8.93	100.00
1	中国香港	29716	9.75	86.57	105461	8.61	83.72
2	中国澳门	1406	-3.93	4.10	6320	-11.58	5.02
3	斯里兰卡	455	36.55	1.33	3057	63.93	2.43
4	柬埔寨	469	7.59	1.37	1812	18.35	1.44
5	越南	299	13.14	0.87	1499	25.75	1.19
6	孟加拉	349	-9.16	1.02	1346	-1.94	1.07
7	印度尼西亚	203	-15.11	0.59	794	-13.19	0.63
8	菲律宾	159	41.88	0.46	724	36.87	0.58
9	莱索托	132	30.99	0.39	653	49.23	0.52
10	美国	176	37.36	0.51	646	62.32	0.51
11	泰国	116	52.58	0.34	449	34.93	0.36

数据来源:中国海关

浙江:浙江虽然不是对美针织布出口第一大省,但出口排名第一的企业在浙江。2004年浙江省出口数量91.7万公斤,占比为22.6%,同比增长39.32%;出口金额541.6万美元,占比29.1%,同比增长77.53%;出口平均单价5.9美元/公斤,同比增长27.43%,高于全国的出口平均单价。其出口特点包括:

一是民营企业是对美针织布的主要出口企业,出口金额为525.1万美元,同比增长139.7%,占比96.9%。

二是浙江对美针织布出口全部采用一般贸易方式。

6. 美国采取的特保措施对我企业生产与出口的负面影响不容忽视。

特保的实施打乱了正常的销售淡旺季,为避免卡关,企业纷纷抢在上半年出口,因出口企业无法准确掌握出口时机,11月部分企业的货物已经出运,却因封关而滞留美国海关。加上特保的随意性和不可预测性,使企业无法安排正常生产,包括原料的采购、用工、销售计划、企业战略等。这种"不确定性"极大地威胁着企业的生存和发展,也使一批订单专向东南亚和其他国家。

三、2004年美国自中国进口针织布的主要特点

据美国海关统计,2004年美国自全球进口针织布1.3亿公斤,同比下降3%,进口金额7.4亿美元,同比下降5.32%,进口平均单价5.51美元/公斤,同比下降2.39%。这是自2003年以来美国针织布的进口数量和金额连续第二年下降。与中国海关统计不同,美方统计2004年美国自中国进口针织布的数量和金额仍保持增长,据推测,经中国香港转口的贸易额是造成中美双方统计数字差异的重要原因之一。

1. 美国自中国进口针织布的数量继续上涨,但增幅已明显回落。

在美国前十大进口市场中,有五个市场的进口呈现上升,其中排在第八位的印度进口增幅最高,达328%,其余主要进口市场增幅分别为韩国增长12.8%、中国11.88%、墨西哥9.47%和泰国0.62%。值得关注的是,排在美国进口市场第一位的韩国,进口数量已经连续4年增长两位数以上,占美国市场份额已从2003年29.1%扩大到33.8%。

2004年中国是美国第四大进口市场,进口数量1061万公斤,同比增长11.88%,仅占美国7.88%的市场份额。与2002、2003年高达225%和35.36%的增长幅度相比,增幅逐年回落,说明从2002年针织布一体化以来,从中国进口针织布在经过短期释放后已逐步进入正常的贸易阶段。

2001-2004年美国自全球进口针织布数量统计

数量单位:万公斤

国家(地区)	2001年	2002年	2003年	2004年
合　计	10570	14062	13888	13472
韩国	1064	3320	4037	4555
加拿大	5769	5431	5269	4296
中国台湾	984	2162	1512	1379
中国	3	701	949	1062
墨西哥	709	777	764	837
意大利	164	201	198	148
印度	1	13	27	116
泰国	295	210	111	111
德国	39	41	117	94
乌兹别克斯坦	0	0	24	92

数据来源:美国海关

2. 美国自中国进口针织布的金额继续上涨,但增幅低于进口数量的增幅。

2004年美国自全球进口针织布的金额同比下降了5.33%,加拿大、中国台湾、意大利、德国、法国和巴西等主要进口市场均有不同程度的下降,降幅分别为13.95%、10.96%、20.99%、10.76%、15.91%和8.13%。从第一和第3大市场韩国和墨西哥的进口金额

与去年基本持平。从乌兹别克斯坦、印度和菲律宾的进口增幅最高,达311.16%、289.68%和266.94%。日本位居进口市场第十一位,进口表现突出,增幅达到65.51%。

按进口金额计,中国是美国第五大进口市场,2004年进口4633.8万美元,同比增长8.09%,占美国6.24%的市场份额。

3. 美国的进口平均单价下降幅度不大,自中国的进口单价微降。

美国自全球的进口平均单价同比下降了2.39%。在前10位进口市场中平均单价超过30美元/公斤的只有法国,达30.7美元/公斤。单价在10-20美元/公斤的国家四个,意大利、德国、巴西和澳大利亚,分别为24.3美元/公斤、13.1美元/公斤、10.2美元/公斤和10.1美元/公斤。韩国、加拿大和中国台湾的平均单价与中国相差不大,在4-5美元/公斤之间。

自中国进口的平均单价为4.36美元/公斤,同比微降3.38%,低于美国自全球5.51美元/公斤的进口平均单价。

2004年12月17日,就在美国针织布进口仍然受到特保限制的情况下,美国四家协会再次向CITA提出申请,要求对自中国进口的针织布继续进行特保限制。CITA虽然受理了申请,但由于美国国际贸易法院发布临时禁令,停止CITA对华以威胁为由进行特保。而美国政府随后又宣布对"临时禁令"事提起上诉,美国的行业组织也在等待时机以实际损害为由继续申请特保。我们将密切关注事态的发展,及时向企业通报信息,共同做好应对工作。

(执笔:王东晓)

2004年中国对美国出口其他化纤长丝织物概况及分析

中国纺织品进出口商会花色漂布分会

其他化纤长丝织物是近几年发展起来的优势品种，由于物美价廉，受到世界各地消费者欢迎，产品竞争力强。受美国进口配额限制，其他化纤长丝织物对美出口受到遏制。

一、我国出口情况

根据中国海关统计，2004年我国对全球出口其他化纤长丝织物35亿平方米，同比增长41.12%；出口金额27亿美元，同比增长44.67%。

美国市场位列我国其他化纤长丝织物出口第四十九位。2004年我国对美国出口其他化纤长丝织物1125万平方米，同比增长166%，占对全球出口数量的0.31%；出口金额1244万美元，同比增长63.4%，占对全球出口金额的0.31%；出口平均单价下降38.5%，出口价格下降主要原因是其他化纤长丝织物包括建筑工程用纺织品，价格较低。

我国其他化纤长丝织物主要出口市场统计

数量单位：万平方米　　金额单位：万美元

序号	国家(地区)	数量	同比%	份额%	金额	同比%	份额%	单价	同比%
-	合　计	365712	35.61	100	303698	42.3	100	0.83	4.97
1	阿联酋	50459	18.42	13.80	44428	27.3	13.80	0.88	7.54
2	伊朗	43049	16.05	11.77	36558	16.6	11.77	0.85	0.47
3	中国香港	22549	14.39	6.17	15632	28.5	6.17	0.69	12.31
4	巴基斯坦	13708	265.05	3.75	11255	270.5	3.75	0.82	1.48
5	沙特阿拉伯	14881	12.03	4.07	11191	13	4.07	0.75	0.91
6	巴西	14828	89.18	4.05	10995	86.5	4.05	0.74	-1.42
7	德国	9248	41.82	2.53	10109	40	2.53	1.09	-1.29
8	马来西亚	10967	95.18	3.00	8553	115.8	3.00	0.78	10.55
9	墨西哥	8225	10.11	2.25	6475	4	2.25	0.79	-5.59
49	美国	1125	165.63	0.31	1244	63.4	0.31	1.11	-38.5

资料来源：中国海关

2004年我国对美国出口化其他化纤长丝织物一般贸易为主，出口金额占96.22%。

全国有十四个省市对美出口，其中浙江出口数量(市场份额16.9%)和出口金额(市场份额43.41%)排名第一，出口增长幅度第一，出口数量、金额和价格分别增长262%、643%和105%。江苏(金额市场份额28.86%)、和上海(11.82%)出口额也较大。在主要出口省份中，江苏、浙江、上海出口平均单价均高于全国平均出口单价。

我国其他化纤长丝织物主要出口省市统计

数量单位:万米　　金额单位:万美元

序号	出口省市	数量	同比%	份额%	金额	同比%	份额%	单价	同比%
-	合　计	1125	165.63		1244	63.36		1.1063	-38.5
1	浙江	190	262.12	16.90	540	642.94	43.41	2.8432	105.17
2	江苏	147	-10.27	13.03	359	-6.6	28.86	2.4477	4.09
3	上海	58	-17.25	5.15	147	26.14	11.82	2.5374	52.44

资料来源:中国海关

国有及国有参股和民营企业是对美出口的主体,2004年共有159家企业对美出口,民营企业增加70%。

国有及国有参股和民营企业出口金额比重较大,分别占总出口额的43%和39%。

各类企业出口数量和金额都有不同程度的增长,独资企业出口金额增长幅度达462%;民营企业增长455%。

三资和民营企业出口平均单价高于其他类型企业。

我国其他化纤长丝织物企业构成统计

数量单位:万米　　金额单位:万美元

企业构成	家数	同比%	占比%	数量	同比%	占比%	金额	同比%	占比%	平均单价	同比%
合　计	159	3.25		1125	165.63	100	1244	63.36	100.00	1.11	-38.5
国有企业	76	-17.4	47.80	858	211.5	76.33	530	15.89	42.60	0.62	-62.8
三资企业	20	33.33	12.58	33	38.1	2.92	113	461.89	9.08	3.44	306.87
其中:中外合资企业	14	0	8.81	20	-11.5	1.82	66	278.25	5.31	3.24	327.38
外商独资企业	6	500	3.77	12	1894	1.10	47	1709.6	3.78	3.79	-9.25
集体企业	17	-10.5	10.69	43	-40.6	3.80	115	-41.28	9.24	2.70	-1.14
私人企业	46	70.37	28.93	191	268.69	16.95	486	455.46	39.07	2.55	50.66

资料来源:中国海关

二、美国进口情况(美国海关统计)

2004年美国从全球进口其他化纤长丝织物284百万平方米,同比增长12%;进口金额267百万美元,同比增长11.39%。

同期,美国从中国进口其他化纤长丝织物589万平方米,同比增长31.77%,市场份额2.08%(2002年为2.33%、2003年为1.77%);进口金额1164万美元,同比增长77.1%,市场份额4.36%(2002年为3.62%、2003年为2.74%)。

2004年从中国进口的平均价格提高了34.4%。

美国620类主要进口国(地区)进口数量统计

金额单位:万平方米

	国家(地区)	2002年	份额	2003年	份额	同比%	2004年	份额	同比%
	全球	29397	100.00	25321	100.00	-13.87	28359	100.00	12.00
1	加拿大	5018	17.07	5351	21.13	6.65	7662	27.02	43.18
2	欧盟十五国	3588	12.20	4185	16.53	16.65	5163	18.20	23.36
3	墨西哥	4421	15.04	1991	7.86	-54.96	3448	12.16	73.16
4	韩国	3584	12.19	2203	8.70	-38.53	2225	7.85	1.00
5	菲律宾	2537	8.63	2292	9.05	-9.68	1584	5.59	-30.88
6	泰国	1108	3.77	1077	4.25	-2.73	1294	4.56	20.15
7	中国台湾	1338	4.55	1359	5.37	1.56	1206	4.25	-11.25
8	日本	1302	4.43	1224	4.83	-6.02	1157	4.08	-5.47
9	土耳其	1338	4.55	1442	5.70	7.81	1049	3.70	-27.26
10	马来西亚	1040	3.54	337	1.33	-67.62	682	2.41	102.49
11	中国	686	2.33	447	1.77	-34.80	589	2.08	31.77

资料来源:美国海关

美国620类主要进口国(地区)进口金额统计

金额单位:万美元

	国家(地区)	2002年	份额	2003年	份额	同比%	2004年	份额	同比%
	全球	24837	100.00	23980	100.00	-3.45	26712	100.00	11.39
1	加拿大	5836	23.50	6309	26.31	8.10	7662	28.68	21.44
2	欧盟十五国	3713	14.95	3783	15.77	1.87	4998	18.71	32.13
3	韩国	4593	18.49	2917	12.17	-36.49	2810	10.52	-3.69
4	墨西哥	1615	6.50	1619	6.75	0.25	2181	8.16	34.65
5	中国台湾	1695	6.82	1926	8.03	13.65	1753	6.56	-8.99
6	日本	1607	6.47	1543	6.43	-4.03	1485	5.56	-3.71
7	中国	898	3.62	657	2.74	-26.83	1164	4.36	77.10
8	土耳其	1087	4.38	1248	5.20	14.78	1098	4.11	-12.01
9	菲律宾	1145	4.61	1473	6.14	28.61	1023	3.83	-30.53
10	泰国	550	2.21	464	1.93	-15.71	546	2.04	17.84

资料来源:美国海关

加拿大是美国其他化纤长丝织物最大供应国。从加拿大进口数量和金额（数量和金额市场份额分别为27.02%和28.68%）排列第一，欧盟（数量和金额市场份额分别为18.2%和18.71%）排列第二，墨西哥（数量和金额市场份额分别为12.16%和8.16%）和韩国（数量和金额市场份额分别为7.85%和10.52%）分别排列在数量和金额的三位；从中国进口数量排列第十一位，进口金额排列第七。

2004年加拿大对美出口数量增长达43%，金额增长21%。市场份额长期保持在20%－29%。出口价格稳定保持在1美元以上。

欧盟十五国对美出口仅次于加拿大，近年来对美出口持续增长，市场份额小幅扩大。数量市场份额从2002年12%，提高到2004年的18%；金额市场份额从2002年15%，提高到2004年的19%。出口价格稳中有降。其他主要供应国市场份额位次没有很大变化。

在主要供应国中，从中国（1.97美元/平方米）进口的平均单价是最高的，并且在2003年提高12%的基础上，2004年又提高34%。而进口数量最大的加拿大、墨西哥和韩国分别下降15%、22%和5%，欧盟十五国在2003年下降13%的基础上，仅提高7%。

美国620类主要供应国（地区）进口价格统计

价格单位：美元/平方米

	国家（地区）	2002	2003	同比%	2004年	同比%
	全球	0.84	0.95	12.09	0.94	-0.54
1	中国	1.31	1.47	12.23	1.97	34.40
2	中国台湾	1.27	1.42	11.90	1.45	2.55
3	日本	1.23	1.26	2.12	1.28	1.87
4	韩国	1.28	1.32	3.32	1.26	-4.64
5	土耳其	0.81	0.87	6.47	1.05	20.97
6	加拿大	1.16	1.18	1.30	1.00	-15.18
7	欧盟十五国	1.03	0.90	-12.67	0.97	7.11
8	墨西哥	0.37	0.81	122.59	0.63	-22.24
9	菲律宾	0.45	0.64	42.40	0.65	0.49
10	泰国	0.50	0.43	-13.35	0.42	-1.92

资料来源：美国海关

（执笔：虞芃）

2004年中国对美国出口精梳棉纱概况及分析

中国纺织品进出口商会两纱两布分会

2004年10月27日,美国"全国纺织组织总会"等三家纺织品行业协会组织向纺织品贸易协议执行委员会提请对来自中国的精梳棉纱(301类)实施特保措施。10月27日,美纺织贸易委员会已受理申请。

精梳棉纱是我国传统的主要出口品种,由于物美价廉,受到世界各地消费者欢迎。受美国进口配额限制,对美出口受到遏制。2004年精梳棉纱对美出口数量增长11.35%,出口金额增长46.30%。

我国精梳棉纱对美出口无论在数量增长上,还是价格提高上,均属健康状态。我国精梳棉纱对美出口增长幅度大大低于亚洲其他国家,出口平均单价在亚洲是最高的,而市场份额最少。

一、我国出口情况

根据中国海关统计,2004年我国对全球出口精梳棉纱29.82万吨,同比减少14.48%;出口金额9.77亿美元,同比减少2.94%。

美国是我国精梳棉纱第七出口市场。我国对美国出口精梳棉纱1864吨,同比增长11.35%,占对全球出口数量的0.63%;出口金额629万美元,同比增长46.3%,占对全球出口金额的0.64%;出口平均单价同比提高31.39%。

2004年我国精梳棉纱主要出口市场统计

数量单位:吨　　金额单位:万美元

序号	国家(地区)	数量	同比%	份额%	金额	同比%	份额%	单价	同比%
-	合　计	298188	-14.48	100.00	97720	-2.94	100.00	3.28	13.49
1	中国香港	259961	-14.34	87.18	83635	-4.16	85.59	3.22	11.89
2	韩国	9329	-19.71	3.13	3184	-1.55	3.26	3.41	22.61
3	日本	7229	48.95	2.42	2863	61.52	2.93	3.96	8.44
4	中国澳门	3396	16.67	1.14	1258	24.86	1.29	3.70	7.02
5	缅甸	1715	-12.05	0.58	803	-3.72	0.82	4.69	9.48
6	孟加拉	2229	-58.23	0.75	707	-50.07	0.72	3.17	19.53
7	美国	1864	11.35	0.63	629	46.30	0.64	3.37	31.39
8	马来西亚	2067	2.48	0.69	628	11.12	0.64	3.04	8.43
9	意大利	1069	424.02	0.36	557	409.35	0.57	5.21	-2.80
10	纳米比亚	1507	-19.75	0.51	490	-5.92	0.50	3.25	17.23

资料来源:中国海关

我国对美国出口精梳棉纱一般贸易400.18万美元，占对美出口的63.61%；进料加工228.91万美元，占36.39%。

全国有4个省对美出口精梳棉纱，江苏（市场份额61.96%）、山东（19.3%）、浙江（18.08%）和安徽（0.65%）。浙江出口增幅最大，数量增长130.61%，金额增长152.11%。

2004年我国精梳棉纱对美主要出口省市统计

数量单位：吨　　金额单位：万美元

序号	出口省市	数量	同比%	份额%	金额	同比%	份额%	单价	同比%
–	合　计	1864	11.35	100.00	629	46.30	100.00	3.37	31.39
1	江苏	1252	29.02	67.17	390	70.05	61.96	3.11	31.80
2	山东	370	–37.17	19.84	121	–18.92	19.30	3.28	29.04
3	浙江	232	130.61	12.46	114	152.11	18.08	4.90	9.32
4	安徽	10	–	0.53	4	–	0.65	4.13	–

资料来源：中国海关

三资企业、民营企业是对美出口的主体，共有14家企业对美出口，同比增加27.27%。

国有、国有参股企业只有2家，出口金额占总额的15.56%。三资企业和民营企业出口金额分别占总出口额的36.57%和47.88%。私人企业出口金额增长幅度达556.24%，国有、国有参股企业出口则减少74.59%。各类企业出口平均单价相差不大，独资企业平均单价较高。

2004年我国精梳棉纱对美出口企业构成统计

数量单位：吨　　金额单位：万美元

企业构成	家数	同比%	占比%	数量	同比%	占比%	金额	同比%	占比%	平均单价	同比%
合　计	14	27.27	100.00	1864	11.35	100.00	629	46.30	100.00	3.37	31.39
国有、国有参股企业	2	–77.78	14.29	294	–80.64	15.80	98	–74.59	15.56	3.32	31.24
三资企业	6	500.00	42.86	629	3164.27	33.79	230	2218.99	36.57	3.65	–28.96
其中：中外合作企业	0	–	0.00	0	–	0.00	0	–	0.00	–	–
中外合资企业	3	–	21.43	395	–	21.22	114	–	18.20	2.89	–
外商独资企业	3	200.00	21.43	234	1114.29	12.57	116	1064.94	18.37	4.93	–4.06
民营企业	6	500.00	42.86	940	607.08	50.41	301	763.96	47.88	3.21	22.19
其中：集体企业	3	–	21.43	248	–	13.30	72	–	11.51	2.92	–
私人企业	3	200.00	21.43	692	420.56	37.11	229	556.24	36.37	3.31	26.06

资料来源：中国海关

二、美国进口情况

据美国海关统计,2004 年,美国从全球进口精梳棉纱 7.07 万吨,同比增长 30.15%;进口金额 2.44 亿美元,同比增长 49.53%。

中国位于对美国出口精梳棉纱供应国第十位。美国从中国进口精梳棉纱 2016 吨,同比增长 17.29%,市场份额 2.85%;进口金额 696 万美元,同比增长 54.35%,市场份额 2.86%,进口平均价格提高了 31.61%。近两年来,美从中国进口精梳棉纱有较快增长,2003 年数量增长 58.94%,金额增长 55.41%。市场份额也逐年微幅提高,数量份额从 2002 年的 2.39%提高到 2004 年的 2.85%;同期,金额份额从 2.3%提高到 2.86%。

在主要进口国中,2004 年以前,墨西哥和巴基斯坦一直是美国精梳棉纱的第一和第二大供应国,但在 2004 年巴基斯坦超过墨西哥成为美第一大供应国。2004 年巴基斯坦对美出口 1.86 万吨,数量同比增长达到了 115.46%;金额同比增长 185.91%。其所占美进口数量份额达 26.26%,巴基斯坦也是亚洲对美出口最多的国家,其增长幅度大大超过中国。同时其精梳棉纱对美出口价格一直低于中国。

墨西哥近年来一直是美国精梳棉纱的主要供应国,对美出口持续增长,2003 年数量增长率为 27%,金额增长率为 36%。但是其对美出口增长势头在 2004 年有所减缓,出口数量和金额的增长分别只有 1.24% 和 17.87%,但 2004 年墨西哥仍然占美精梳棉纱总进口数量和金额份额的 21.24% 和 22.61%,在所有供应国中排名第二。

印尼是亚洲对美第二大供应国,数量市场份额为 7.58%,金额市场份额为 7.01%;2004 年,印尼对美出口大幅增长,数量增长 54.19%,金额增长 87.07%。增长幅度是中国 3 倍。金额排名从 2002 年第八位越升为 2004 年的第五位。

马来西亚和韩国对美出口增长也较快,市场份额也在逐年提高。

美国 301 类精梳棉纱主要进口国进口数量统计

数量单位:吨

国家(地区)	2002	份额%	2003	同比%	份额%	2004	同比%	份额%
全球	45232		54320	20.09		70696	30.15	
巴基斯坦	9553	21.12	8616	-9.80	15.86	18564	115.46	26.26
墨西哥	11588	25.62	14761	27.38	27.17	14944	1.24	21.14
加拿大	278	0.61	665	139.20	1.22	7027	957.21	9.94
巴西	3986	8.81	5287	32.63	9.73	5674	7.33	8.03
印尼	2204	4.87	3477	57.82	6.40	5362	54.19	7.58
韩国	975	2.16	1591	63.19	2.93	2796	75.69	3.95
埃及	1396	3.09	3373	141.69	6.21	2522	-25.22	3.57
泰国	2388	5.28	2135	-10.58	3.93	2512	17.65	3.55
中国	1081	2.39	1719	58.94	3.16	2016	17.29	2.85
马来西亚	2198	4.86	2844	29.41	5.24	1980	-30.38	2.80

资料来源:美国海关

中国是亚洲供应国中出口平均单价最高的国家。在主要供应国中，从中国（3.45 美元/公斤）进口的平均单价和从全球进口平均单价（3.45 美元/公斤）持平，但低于埃及（5.02 美元/公斤）和墨西哥（3.69 美元/公斤），高于其他国家，如：韩国（3.28 美元/公斤）、巴基斯坦（3.16美元/公斤）和加拿大（2.99 美元/公斤）。

美国 301 类精梳棉纱主要进口国进口价格统计

价格单位：美元/公斤

国家（地区）	2002 年单价	2003 年单价	同比%	2004 年单价	同比%
全球	2.78	3.00	7.69	3.45	14.89
巴基斯坦	2.13	2.38	0.12	3.16	32.70
墨西哥	2.96	3.17	0.07	3.69	16.43
加拿大	5.58	3.80	-0.32	2.99	-21.29
巴西	2.20	2.41	0.10	2.92	21.01
印尼	2.41	2.62	0.09	3.18	21.33
韩国	2.18	2.60	0.19	3.28	25.82
埃及	5.17	4.28	-0.17	5.02	17.39
泰国	2.26	2.50	0.10	2.99	19.83
中国	2.68	2.62	-0.02	3.45	31.61
马来西亚	2.76	2.87	0.04	3.18	10.60

资料来源：美国海关

（执笔：张腾）

2004年中国输欧盟敏感商品概况及分析

中国纺织品进出口商会两纱两布、花色漂布分会

2004年欧盟东扩为二十五国后,中欧纺织品服装进出口金额达125.1亿美元,其中中国对欧盟出口116.8亿美元,同比增长11.2%,进口8.3亿美元,同比增长28.7%,欧盟成为我国第三大出口市场。在配额即将取消的最后阶段,由于一些国家贸易保护主义的抬头,欧盟内部也发出限制进口中国纺织品的声音。欧盟一方面在努力提升自己产品档次的同时,也对中国采取了行动。但与美国大搞特保之风不同,欧盟采取了两种策略,一是决定从2005年1月起对从中国进口的纺织品启动进口监测体系,为欧盟对华实施贸易保护措施提供重要依据;二是对从中国进口的部分化纤布发起反倾销调查,从而平息欧盟内部纺织业界的怨气。两项措施各有侧重,对中欧纺织品贸易的影响各有不同,现分述如下:

欧盟对华纺织品进口实施监测体系

2004年12月欧委会通过了2005年1月1日后采取的纺织品进口管理措施。其规定之一是对中国纺织品进口实施进口监测,此项"单独事先监测"措施仅针对中国,监测涉及38个类别(包括36个类别及2个子类别)纺织服装动态数据。这除35类化纤布外,其余37个类别都是在2005年1月1日取消配额限制的产品。该监测体系没有数量限制,最多将实施一年,即在2005年12月31日以后不再适用。其目的是为了有效地跟踪监控中国纺织品的进口数量和价格变化。2004年中欧38个类别贸易呈现如下特点:

1.2004年中国对欧盟监测类别贸易呈现多数类别出口数量下降,出口金额上扬,绝大多数类别出口价格上涨的情况。

据中国海关统计,2004年中国对欧盟38个类别的出口金额达53亿美元,占中国对欧盟纺织品服装出口额的45.3%。其中纺织品类别16个,服装类别22个。

38个类别中出口数量下降的类别23个,降幅最大的产品是12类(袜类)、23类(人造短纤纱)、3A类(合纤短纤花色布)、3类(合纤短纤布)和14类(男大衣),分别下降59.25%、57.34%、56.98%、55.05%和44.11%。出口数量上涨的类别15个,上涨幅度最大的类别分别是1类(棉纱)、136A类(花色绸)、118类(麻制床上/厨房制品)和156类(丝制女罩衫),同比上涨268%、68.07%、43.58%和40.59%。

2004年中国对欧盟监测类别出口统计

(按出口金额增幅排序)

金额单位:万美元

序号	类别	商品名称	出口金额	同比%
1	EU001	非零售棉纱、线	662	332.23
2	EU136A	梭织花色绸	2226	73.07
3	EU156	丝制针织女罩衫、套头衫	12819	55.49
4	EU117	亚麻、苎麻梭织布	1389	43.9
5	EU003A	其中花色布	2713	39.24
6	EU159	丝制梭织连衣裙/女衬衫	11213	28.15
7	EU026	连衣裙	2568	27.32
8	EU16	男梭织套装	29762	23.02
9	EU097	渔网	456	20.13
10	EU015	女梭织大衣/外套	26657	19.37

数据来源:中国海关

38个类别中出口金额上涨的类别居多，有25个。涨幅排在前五位的分别是1类（棉纱）上涨332.23%、136A类（花色绸）增73.07%、156类（丝制女罩衫）55.49%、117类（麻制梭织布）43.9%和3A类（合纤短纤花色布）39.24%。

只有4个类别的出口平均单价下降，分别是EX20类（床上用织物）、118类（麻制床上/厨房制品）、122类（亚麻包装袋）和83类（外衣、夹克），下降幅度在10%－25%之间。其他类别的出口单价均呈上升趋势，3类（合纤短纤布）和3A类（合纤短纤花色布）的出口单价增幅高达154.3%和222.5%。

2. 产品清关率相差较大

据欧盟海关统计，2004年除35类外其余37个类别中清关率在90%以上的类别18个，其中服装类别12个，纺织品类别6个，5类（套头衫、毛衫）的清关率最高，为99.21%；清关率在50%－89%的类别14个，其中服装类别8个，纺织品类别6个；有5个类别的清关率在49%以下，有2个服装类别，3个纺织品类别，其中丝麻20类（床上用织物）、23类（人造短纤纱）和丝麻122类（亚麻包装袋）清关率在10%以下，分别是8.15%、0.78%和0%。

欧盟监测类别2004年进口清关率排名（前10位）

商品类别	商品名称	数量单位	实际设限数	清关数量	清关率%
5	针织套头衫、毛衫	PC	39,878,255	39,562,948	99.21
31	女用胸衣	PC	101,022,362	99,652,591	98.64
13	针织内裤	PR	613,480,870	604,393,501	98.52
29	女梭织套装	PC	16,537,235	16,154,411	97.69
6	梭织裤子	PC	41,470,423	40,452,713	97.55
4	针织衬衫、T恤衫	PC	128,021,584	124,622,566	97.34
2	梭织棉布	KG	30,811,759	29,855,253	96.9
7	女衬衫	PC	18,289,510	17,615,812	96.32
15	女梭织大衣、外套	PC	21,347,100	20,491,384	95.99
丝麻115	亚麻、苎麻纱	KG	1,483,851	1,397,479	94.18

数据来源：欧盟海关

中欧涉案化纤布贸易概况

2004年6月17日，欧盟委员会正式宣布对原产于中国的部分化纤布发起反倾销调查，调查期是2003年4月1日－2004年3月31日，申诉方为AIUFFASS（国际人造合成长丝、天然长丝纱线和丝绸使用者协会）。为争取此次反倾销胜诉，AIUFFASS选择了欧盟35类化纤布中5种有可能达到征收反倾销税标准的产品，涉及产品的欧盟海关税则号为：54075200、54075400、54076130、54076190和54076990。而欧委会同意对我部分化纤布进行反倾销调查，其真实用意在于平和欧洲产业界的怨气，缓解对欧委会施加的压力。由于AIUFFASS向欧委会提交反倾销申请的时间选择在欧盟东扩后的第三天，即2004年5月3日，并申请调查结果适用欧盟25国，这样我国该类产品对整个欧盟25国的出口都将受到影响。

该案涉及企业之多，涉案金额之大，成为至今为止我国纺织品领域中最大的反倾销案件。

一、2004年中国涉案化纤布对欧盟出口概况

1. 欧盟东扩后，欧盟二十五国成为我涉案化纤布第二大出口市场。

2004年中国对欧盟二十五国出口涉案化纤布5.3亿米，同比增长了11.46%，占对全球涉案化纤布出口的11.54%；出口金额4.9亿美元，同比增长11.08%，占比13.96%。其中对东扩十国的出口数量为0.57亿米，同比增长17.25%，占对欧盟二十五国出口数量的10.88%；出口金额0.33亿美元，同比增长8.82%，占对欧盟二十五国出口金额的6.6%。

2004年中国涉案化纤布对欧盟二十五国出口国别统计

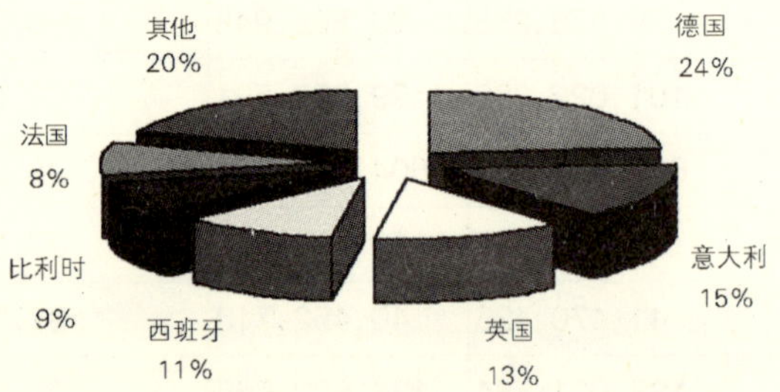

在欧盟二十五国中，对原欧盟十五国的德国、意大利、英国和西班牙的出口最多，出口金额分别为1.2亿、0.73亿、0.66和0.54亿美元，合计占对欧盟二十五国出口金额的63.9%。除对意大利出口金额同比下降了19.07%外，对德国、英国和西班牙的出口同比增长了23.53%、11.81%和11.37%。东扩十国中对波兰和匈牙利出口金额最高，为0.13亿美元和791万美元，分别占对欧盟二十五国出口金额的2.65%和1.61%。对波兰出口同比增长了52.86%，对匈牙利同比下降了6.26%。

2. 对欧盟二十五国的出口平均单价高于对全球的出口单价

2004年中国对欧盟二十五国出口涉案化纤布的平均单价为0.93美元/米，同比下降了0.35%，高于对全球0.77美元/米的出口平均单价。其中对原欧盟十五国的出口平均价格为0.97美元/米，高于对东扩十国0.57美元/米的平均价格。对德国、西班牙、比利时和法国的出口平均单价分别是1.01、1.08、1.07和1.05美元/米，对东扩十国中波兰、匈牙利和马耳他的平均价格为0.42、0.74和0.72美元/米。

3. 2004年6月17日欧盟发起反倾销后，我涉案化纤布并未出现突击出口势头，但企业接单相对比较谨慎。

从月度出口情况看，2004年前四个月涉案化纤布对欧盟出口增长迅速，出口金额增幅高达21.35%、47.65%、77.01%和31.53%。5月和6月份出口金额增幅回落到5.29%和1.54%。从7月份开始，除9月和11月有17.45%和16.77%的增长外，其余月份出口全部下降，7月甚至出现16.52%的降幅。

2004年中国涉案化纤布对欧盟月度出口金额统计

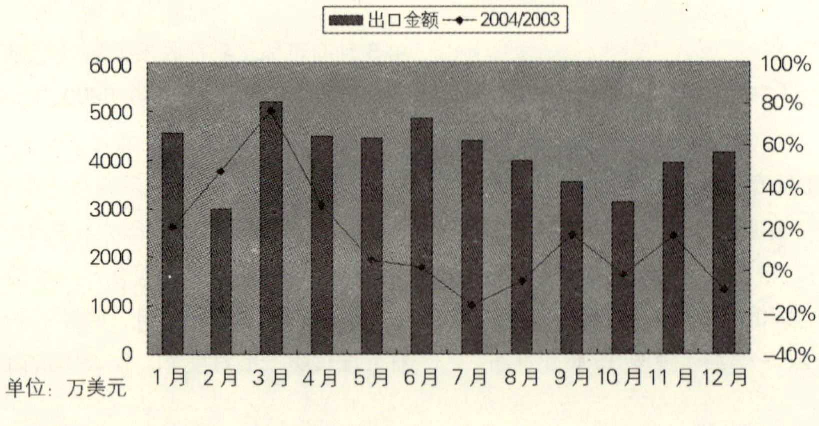

4. 浙江、江苏、上海、福建和山东五省市出口达4.8亿美元，占全国涉案化纤布出口额的98%。

浙江省是涉案化纤布第一大出口省市，出口数量3.2亿米，同比增长13.64%，占全国出口数量的61.68%，出口金额3.5亿美元，同比增长10.84%，占比为70.65%。排在前五位省市的出口数量和金额全面上涨，增幅最高的是上海，出口数量增长16.68%，出口金额增长32.57%。

2004年中国涉案化纤布对欧盟出口省市统计

数量单位：万米；金额单位：万美元

序号	出口省市	数量	同比%	份额%	金额	同比%	份额%
－	合　　计	53277	11.46	100.00	49590	11.08	100.00
1	浙江	32863	13.64	61.68	35035	10.84	70.65
2	江苏	10140	5.04	19.03	5182	2.28	10.45
3	上海	3269	16.68	6.14	4332	32.57	8.74
4	福建	4216	12.87	7.91	3375	10.57	6.81
5	山东	1652	7.22	3.10	646	13.11	1.30
6	安徽	410	−0.98	0.77	506	−1.77	1.02
7	广东	385	24.37	0.72	229	−9.60	0.46
8	湖南	55	41.85	0.10	56	97.50	0.11
9	江西	35	181.00	0.07	43	215.11	0.09
10	北京	71	−29.50	0.13	39	−38.94	0.08

数据来源：中国海关

5. 一般贸易方式占主导，出口增长迅速，加工贸易出口下降。

2004年一般贸易保持快速增长，出口数量达到4.6亿米，同比增长19.87%，所占份额为86.45%，出口金额4.2亿美元，同比增长16.23%，占比85.56%。加工贸易出口数量和金额同比下降了24.55%和14.61%。其中进料加工贸易额同比下降了17.47%，来料加工贸易额反而上升了48.37%。

6. 1110家出口企业中，民营企业出口增幅和占比均居首位。

民营企业合计628家，增幅达到最高，为47.76%，占比56.58%居第一位；三资企业和国有及国有参股企业出口家数分别为188家和294家，同比分别增长了13.94%和4.26%。在出口数量和出口金额中，民营企业出口增幅最高，分别为32.61%和31.82%，占对欧盟涉案化纤布出口数量和金额的53.93%和55.96%；三资企业的出口数量和金额同比下降了5.67%和7.24%，占比分别为28.78%和30.93%；国有及国有参股企业的出口数量和金额也分别下降了6.74%和7.87%。在出口平均单价上，三资企业出口单价最高，达1美元/米，同比下降1.67%；民营企业、国有及国有参股企业的出口价格也有所下降，为0.97美元/米和0.71美元/米，分别下降0.6%和1.67%。

2004 年中国涉案化纤布对欧盟出口贸易方式统计

数量单位:万米,金额单位:万美元

贸易方式	数量	同比%	份额%	金额	同比%	份额%
合　　计	53277	11.46	100.00	49590	11.08	100.00
一般贸易	46059	19.87	86.45	42427	16.23	85.56
加工贸易	7013	-24.55	13.16	6862	-14.61	13.84
其中:来料加工	270	23.16	0.51	516	48.37	1.04
进料加工	6743	-25.70	12.66	6345	-17.47	12.80

数据来源:中国海关

2004 年中国涉案化纤布对欧盟出口企业构成

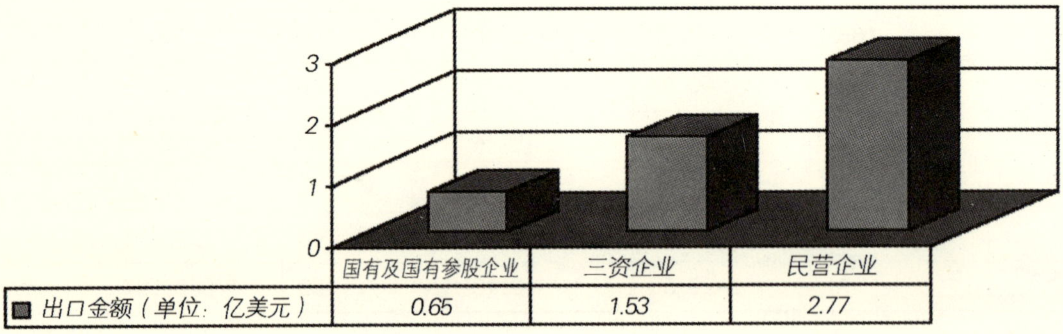

数据来源:中国海关

7. 多家主营企业加入到反倾销应诉的队伍中来。

此次参加反倾销应诉的企业共计 56 家,其中出口前 10 位中就有 8 家企业参加了应诉,有 38 家应诉企业 2004 年对欧盟涉案化纤布出口额在 100 万美元以上。全部 56 家应诉企业 2004 年对欧盟累计出口数量达到 1.71 亿米,占全部出口数量的 32.1%,出口金额 1.68 亿美元,占出口金额的 34%。

8. 获得市场经济地位的企业 25 家,有可能成为今后 5 年我涉案化纤布对欧盟出口的重点企业。

● 2004 年 25 家企业涉案化纤布出口数量 7273 万米,占应诉企业出口数量的 42.53%,占全部出口数量的 13.7%;出口金额 8991 万美元,占应诉企业出口金额的 53.51%,占出口总额的 18.3%。

● 25 家企业全部是浙江、江苏、福建和上海的企业,企业家数分别为 19 家、3 家、2 家和 1 家。其中浙江企业出口金额达到 4157 万美元,占获得市场经济地位企业出口额的 46.3%;江苏出口 641 万美元,占比 7.1%;福建出口 2386 万美元,占比 26.6%;上海出口 1806 万美元,占比 20%。

获得市场经济地位的中小企业比例高于大企业。

应诉企业中,有 38 家企业出口额在 100 万美元以上,其中有 14 家获得市场经济地位,占应诉企业家数的 36.8%;18 家出口在 100 万美元以下应诉企业中,11 家获得市场经济地位,占比为 61.11%。

● 获得市场经济地位的企业全部是三资企业和民营企业，其中民营企业15家，占获得市场经济地位企业家数的60%；三资企业10家，占比40%。国有及国有参股企业无一家入选。

二、2004年1-9月欧盟十五国自中国进口涉案化纤布概况

据欧盟海关2004年1-9月数据分析：

1. 欧盟十五国自中国进口涉案化纤布的数量增幅不大，但市场份额居首位。

据欧盟海关统计，2004年1-9月欧盟十五国自全球进口涉案化纤布5.1亿平方米，同比下降1.64%。中国是欧盟十五国涉案化纤布第一大进口来源国。从中国进口数量2.9亿平方米，同比微增4.56%，市场份额从2001年-2003年以来，分别为39.4%、45.4%和53.4%，2004年1-9月增长到57.07%，比排在第二位的韩国进口份额高出50个百分点。在欧盟十五国前十位进口来源国中，除中国以外，土耳其和捷克的进口数量同比增长0.22%和22.02%，从韩国、印尼、中国台湾、泰国和印度等来源地进口数量下降了10%-20%。土耳其和捷克所占市场份额同比也有所扩大，2004年1-9月达到4.13%和3.11%。

2. 自中国进口金额微增，市场份额有所扩大。

2004年1-9月欧盟十五国从全球进口涉案化纤布5.8亿美元，同比下降了0.49%。中国居进口市场第一位，进口金额2.5亿美元，同比增长了2.59%，市场份额从2002年的35%到03年41.1%，2004年1-9月再次上升到43.71%，增势已经减弱。与进口数量趋势相同，前十大市场中，从土耳其和捷克的进口金额增幅分别达到了22.15%和24.68%，市场份额也增长到9.22%和1.21%。韩国和日本等主要进口来源国的进口金额都有所下降，分别下降了9.78%和1.56%，降幅最大的是泰国，下降了22.67%。波兰、罗马尼亚、保加利亚和立陶宛四个新加入欧盟国家虽然排在前十大进口市场之外，但进口增幅显著，达到78.34%、77.8%、75.34%和93.07%。

3. 从中国进口涉案化纤布的平均单价同比微降，低于全球的进口平均价格。

欧盟十五国从全球进口平均单价为1.16美元/平方米，同比增长了1.17%。从中国的进口单价近三年来基本保持在0.9美元/平方米，2004年1-9月进口平均单价0.89美元/平方米，同比下降了1.89%。在欧盟主要进口市场中，瑞典的单价最高，从2002年的2.2美元/平方米增长到2004年1-9月的4.76美元/平方米。我主要竞争对手韩国、日本、土耳其、中国台湾和美国的进口单价均高于全球平均价，印尼、印度、泰国和捷克的单价低于全球平均价。

（执笔：王东晓）

2001 年 4 月 16 日,日本政府应日本毛巾工业组合联合会的要求,对中国产毛巾制品启动紧急进口设限调查。此后三年中,日方又以中国毛巾对日出口形势不明朗为由五次延长调查期限。我纺织商会在政府的支持和企业的配合下,与日本毛巾工业组合联合会建立了"民间磋商机制",成立对日毛巾出口协调小组,多次召开国内对日毛巾出口主营企业协调会,为妥善解决对日毛巾出口问题、促进对日毛巾出口有序发展做了大量工作。在政府、商会、和毛巾出口企业三方的努力下,对日毛巾出口保持平稳增长,促使中国毛巾近两年进口增长未达到必须采取限制进口的范围,日本政府于2004 年 4 月初决定终止对中国毛巾的调查,从而结束了长达三年对中国毛巾的设限调查。

2004 年中国输日毛巾制品概况及分析

中国纺织品进出口商会针棉织品分会

一、中国对日本毛巾进出口概况

(一)出口概况

根据中国海关统计,2004 年我对日毛巾制品出口为 9.86 亿条(或米),同比增长 8.08%,占我国对全球毛巾制品出口总量的 45.85%;金额为 4.06 亿美元,同比增长 22.11%,占我国对全球毛巾制品出口总金额的 41.45%;出口单价为 0.41 美元/条(或米),同比增长 12.98%,比对全球出口的平均单价低 10.9%。

如毛巾、浴巾、毛巾被和毛巾面料分别按 55 克/条、200 克/条、900 克/条和 300 克/米的折算率计算,则 2004 年我对日本毛巾制品出口数量共计 6752 万公斤;平均出口单价为 6.01 美元/公斤,是毛巾行业协会出口价格 3.8 美元/公斤的 1.58 倍,为近五年来增幅最大的一次。

2004 年中国对日本毛巾制品出口品种统计

数量单位:万条或万米　　金额单位:万美元　　单价:美元/条或米

商品名称	数量	份额%	同比%	金额	份额%	同比%	单价	同比%
毛巾制品	98631.19	100.00	8.08	40634.47	100.00	22.11	0.41	12.98
棉制毛巾	92046.44	93.32	8.26	27914.24	68.70	25.59	0.30	16.01
棉制浴巾	6039.03	6.12	7.76	10193.50	25.09	23.53	1.69	14.63
毛巾被	529.40	0.54	-12.48	2497.41	6.15	-9.98	4.72	2.86
未漂毛巾面料	2.69	-	243.58	6.89	0.02	248.86	2.56	1.54
其他毛巾面料	13.64	0.01	-35.98	22.43	0.06	-0.10	1.64	56.03

数据来源:中国海关

1. 出口单价大幅度提高

2000年以来我对日毛巾出口的平均单价一直呈下降趋势，2003年起价格开始回升，同比增长1.33%，2004年出现大幅度增长，同比增长12.98%，是近五年来的最高价格；2000年至2004年我对日毛巾出口数量持续增长，但增幅得到了一定的控制，促使日本政府在2004年4月停止了对中国毛巾出口的设限调查。目前，出口量增价升从一方面反映出企业正不断加强产品结构优化，增加产品附加值，同时也增加了企业的经济效益。

2002年—2004年中国对日本毛巾制品出口统计

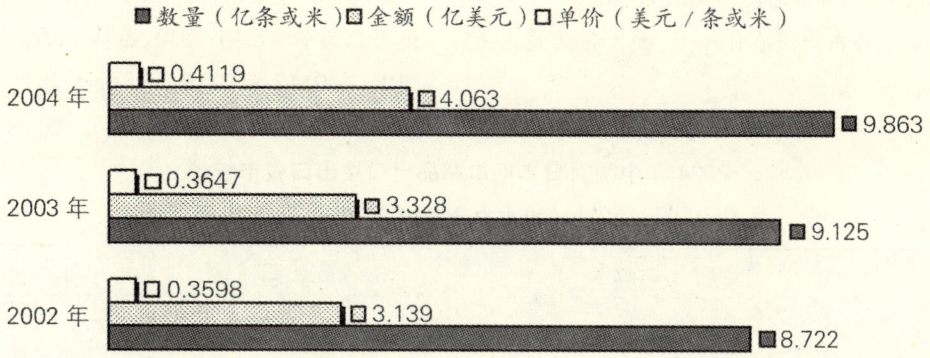

2. 加工贸易连续两年保持迅速增长

加工贸易出口连续两年保持15%以上的增长，2004年加工贸易的出口量和金额增幅分别为16.18%和35.81%，所占份额分别为34.68%和43.01%，比去年同期上升了2.41和4.34个百分点。其中主要是进料加工贸易增长较快，出口量和金额同比增长18.69%和37.6%；来料加工贸易的出口量和金额同比下降28.32%和19.62%。一般贸易的出口量和金额同比增长为4.19%和13.36%，所占市场份额分别为65.28%和56.93%。加工贸易迅速增长的主要原因：一是国内棉花、棉纱价格大起大落，企业难于把握；二是加工贸易出口无需办理预核签章，也使企业更倾向于此。

2004年中国对日本毛巾制品出口贸易方式统计

贸易方式	出口数量			出口金额			出口单价	
	万条（或米）	同比%	份额%	万美元	同比%	份额%	美元/条（或米）	同比%
合　计	98631	8.1	100.0	40634	22.1	100	0.41	12.9
一般贸易	64391	4.2	65.3	23132	13.4	56.9	0.36	9.1
加工贸易	34210	16.2	34.7	17476	35.8	43.0	0.51	15.4
其中：来料加工	1127	-28.3	1.1	323	-19.6	0.8	0.29	11.5
进料加工	33083	18.7	33.5	17153	37.6	42.2	0.52	15.5

数据来源：中国海关

3. 出口企业家数有所减少

2004年对日毛巾出口企业家数由去年的656家下降到611家,同比减少6.86%。其中三资企业虽减少30家,但出口连续三年保持6%以上的增长,2004年三资企业出口数量和金额同比增长9.81%和23.42%,所占市场份额分别为22.96%和33.61%,与去年同期所占市场份额基本一致。出口相对集中于部分较大企业,排名前50位的企业出口量约占总出口量的75%。

4. 主要出口省市分布状况变化不大,绝大多数省市出口呈量增价升态势

对日毛巾出口主要仍集中在山东、上海、江苏和辽宁、天津五个省市,五省市合计占我国对日毛巾出口数量和金额的91.62%和94.02%,五省市中上海增长幅度最大,出口数量和金额同比增长26.13和30.77%,以下依次为辽宁、江苏、山东、天津,其中天津出口数量出现3.88%的负增长;在其他对日毛巾出口的17个省市中有11个省市的出口数量出现增长,增幅在7.5%以上。重庆、湖南对日毛巾出口价格超过上海跃居第一位,为1.04美元/条或米;山东出口价格为0.36美元/条或米,低于全国平均价格;四川、吉林、湖北、安徽四省出口价格过低,在0.12和0.19美元/条或米之间。

2004年中国对日本毛巾制品出口按出口省市统计

(按出口金额排序)

出口省市	出口数量			出口金额			出口单价	
	万条(或米)	同比%	份额%	万美元	同比%	份额%	美元/条(或米)	同比%
合　计	98631	8.08	100	40634	22.11	100	0.41	12.98
山东	58181	4.7	59.0	20689	16.9	50.9	0.36	11.6
上海	8898	26.1	9.0	6049	30.8	14.9	0.68	3.7
江苏	10744	11.1	10.9	5297	22.1	13.0	0.49	9.9
辽宁	10492	11.7	10.6	5129	40.3	12.6	0.49	25.5
天津	2056	-3.9	2.1	1036	16.4	2.6	0.5	21.1
浙江	2866	14.0	2.9	980	12.2	2.4	0.34	-1.6
广东	892	9.7	0.9	437	-1.7	1.1	0.49	-10.4
安徽	2172	7.8	2.2	403	22.7	1.0	0.19	13.8
北京	871	-12.8	0.9	180	21.6	0.4	0.21	39.5
陕西	233	57.7	0.2	85	99.4	0.2	0.37	26.5

数据来源:中国海关

(二)进口概况

2004年我从日本进口毛巾制品数量为17.6万条(或米),同比增长14.18%;进口金额为55.2万美元,同比下降6.06%;进口单价平均为3.14美元/条(或米),同比下降17.72%。

二、日本从中国进口毛巾概况

1. 进口数量稳步增长

据日本海关统计数据显示,2004年日本共从33个国家(地区)进口了毛巾制品8.4万吨,同比增长8.04%。中国、越南和印度尼西亚仍为日本毛巾三大进口来源国,从三国进口数量合计已占到日本毛巾进口总量的98.75%。2004年日本从中国进口毛巾制品6.95万吨,同比增长8.44%,已占到进口份额的82.4%,与去年同期基本相同;从越南进口12142吨,同比增长6.71%,所占份额为14.39%;从印度尼西亚进口1550吨,同比下降4.65%,所占份额为1.84%。越南和印度尼西亚没有保持住前两年快速增长的势头,2004年增长较为缓慢,增幅分别比中国低1.73和13.09个百分点。

从月度进口情况看,2004年有3个月份日本从中国进口毛巾制品数量当月同比出现负增长,分别是2月(-3.47%)、5月(-5.97%)、10月(-3.6%);有4个月份出现较大增长,分别是1月(13.47%)、3月(15.38%)、6月(18.02%)、11月(27.01%)。

2003年、2004年各月日本从中国进口数量统计

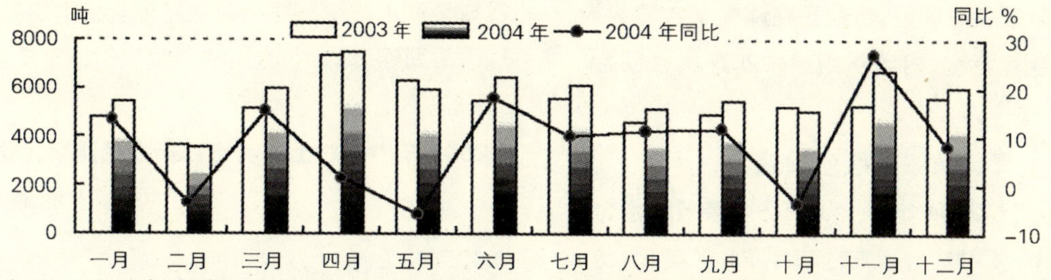

(注:以上日本海关统计税号包括:580211090、580219090、630260000、630130091、630130099)

从进口品种看,日本从中国进口毛巾和浴巾64297吨(9.08亿条),同比增长9.7%,占毛巾制品进口总重量的92.5%;进口毛巾被5111吨(565万条),同比下降15.4%;进口毛巾面料117吨(58.4万平方米)同比增长55.2%。

2. 进口金额增长明显

2004年日本毛巾制品进口总额为523.3亿日元,同比增长10.1%;其中从中国进口金额为444.2亿日元,同比增长10.49%,占日本毛巾制品进口总额的84.89%。

从月度进口情况看,日本从中国进口金额有3个月出现了小幅下降,分别是2月(-0.09%)、4月(-0.67%)、5月(-4.85%);有三个月出现大幅增长,分别为6月(19.98%)、9月(15.93%)、11月(33.88%)。

3. 进口单价同比上升

2004年日本进口毛巾制品平均单价为620.2日元/公斤,同比增长1.87%。其中从中国进口毛巾制品的平均单价为638.9日元/公斤,同比增长1.89%,比日本毛巾制品进口平均单价高3个百分点。从越南进口的平均单价为409.35日元/千克,同比增长6.01%,比从中国进口的平均单价低35.9%。

注:中国海关统计毛巾税号包括:63026010、63026090、63023192、58021100、58021900。

三、2005年出口展望

总体来讲,2005年我国毛巾对全球出口将继续保持平稳增长,对部分国家和地区出口将快速增长:

1. 对欧美市场出口将出现较快增长。长期以来,我毛巾对欧美出口一直受到配额的限制,2005年配额取消后,国内毛巾产能将得到合理释放,加之我毛巾到欧美市场进口份额小,出口会出现数量的大幅增长、价格有所下跌的正常。

2. 日本市场将继续平稳增长,出口增幅预计在8%左右。由于欧美市场的放开有可能造成一部分贸易转移,将减少对日本市场的压力。此外,国内棉花、棉纱价格波动、能源紧张等不确定的因素,对毛巾出口快速增长将产生一定的抑制作用。

(执笔:郭巍)

2004年中国对土耳其纺织服装出口概况及分析

中国纺织品进出口商会两纱两布分会、花色漂布分会

2005年2月1日,土耳其外贸署以"市场扰乱"或"市场扰乱威胁"为由对中国42类纺织品实施保障措施。42个类别包括24个2004年仍受配额限制的纺织品类别、8个2002年实现一体化的类别和10个非配额类别。土耳其与欧盟关税同盟,目前正在谋求加入欧盟。土耳其紧步发达国家后尘,对我纺织品采取严厉限制措施。

一、中国对土耳其纺织服装出口情况

据中国海关统计,2004年中土纺织品服装贸易额合计达4.52亿美元,其中对土耳其出口4.21亿美元,比2003年(下同)增长31.8%,自土耳其进口0.32亿美元,增长65.89%。2004年对土出口有如下特点:

1. 对土出口以一般贸易为主。出口额达3.45亿美元,占出口总额的82%,出口额增长27.15%;加工贸易出口额0.74亿美元,同比增长51%,其中来料加工下降11.2%。

2. 国有及国有参股、民营企业为出口主力。国企和国有参股企业出口1.65亿美元,占出口总额的39.19%,下降4.78%;三资企业和民营企业出口额分别为0.97亿美元和1.59亿美元,增幅分别为50%和102.5%,其中私营企业增长了163.56%。民企在对土出口中所占的份额已达到37.77%,超过三资企业。

3. 对土出口以面料为主。出口额2.48亿美元,增长23.76%,占总出口的58.91%。其中以化纤面料、特种机织物,毛制和棉制面料占较大份额。除面料外,对土出口增长主要是纱线和纺织制成品,增幅分别达到86.35%和55.11%。

2004年,对土耳其出口数量和单价整体保持增长。其中化纤纱线、毛制面料、工业用纺织品出口数量增幅都在80%以上。其他商品如丝制及植物纤维制纱线,还有丝制、动物毛制及玻璃纤维制面料的增幅都在一倍以上。绝大多数商品的单价实现增长,但化纤纱线和玻璃纤维纱线以及丝制、动物毛制及玻璃纤维制面料出口单价出现下降。部分纱线、织物和无纺布、工业用纺织品、地毯及成套家用纺织品等出口数量增长较大的商品单价都出现了不同程度的下降,需要引起我们的警觉。

2004年中国对土耳其出口纺织品服装大类商品统计

金额单位:万美元

商　　品	出口额	占比%	同比±%
合　　计	42048		31.8
其中:纱线	4164	9.9	86.35
面料	24796	58.97	23.76
服装	4579	10.89	12.8
家用纺织品	808	1.92	-11.51
其他	7701	18.32	63.0

资料来源:中国海关

二、中国、土耳其对欧盟出口纺织品服装对比

欧盟是中国第三大纺织品服装出口市场,是土耳其第一大纺织品服装出口市场。根据欧盟海关统计,2004年1-9月,欧盟(15国,下同)自全球进口纺织品服装共计679.44亿美元,增长14.22%。中国是欧盟最大的进口来源国,自中国进口139.6亿美元,增长25%,占欧盟总进口的19.42%;土耳其居第二位,自土耳其进口92.95亿美元,占欧盟总进口的13.68%,进口额增长16.21%,第三名是印度占比为5.99%。

中国服装、面料在欧盟市场所占市场份额分别比土耳其高出8.3和6.97个百分点;而土耳其在纱线和家用

纺织品方面占据强势，所占市场份额比中国分别高出6.42和2.46个百分点。

土耳其对欧盟出口无配额、零关税，具备较强的贸易利好条件和地缘优势，中土两国在欧盟市场上的竞争十分激烈。土方以"市场扰乱"或"市场扰乱威胁"为由对中国42类纺织品实施保障措施，已于2005年2月生效，其中以中国对欧盟出口主要商品服装和面料为主。

2004年1－9月欧盟（15国）自中国、土耳其进口纺织品服装对比

金额单位：亿美元

国别/商品	全球		中国		土耳其	
	进口额	同比±%	进口额	同比±%	进口额	同比±%
合　计	679.44	14.22	131.96	25	92.95	16.21
其中：纱线	32.72	6	1.98	14.65	4.14	15.82
面料	51.27	8.54	9.98	16.9	6.4	18.47
服装	520.54	14.51	114.71	22.75	71.5	14.23
家用纺织品	36.48	21.45	6.64	38.64	7.54	18.81

资料来源：GTI数据　　海关税则50－63章

三、42个类别对土出口情况

在实施保障措施的42个类别中，有33个属于服装产品、6个属于纺织面料、3个属于家用纺织品；24个属于04年受配额限制的类别、8个属于已一体化类别、10个属于非配额类别。

2004年，我对土出口这42个类别的金额共计9940万美元，占同期我对土出口纺织品服装总额的23.75%。其中2类棉梭织布（2004年受配额限制）、21类防寒服夹克衫（已一体化类别）和50类毛梭织物（非配额类别）出口最多，出口额占42个类别合计的比重分别为24.61%、19.97%和12.85%。

42个类别中，出口数量实现增长的有27个类别，出口金额增长的有29个类别，出口单价增长的有25个类别。其中数量增长较快的有6类梭织裤子、7类女衬衫、9类棉制毛巾及毛巾布、10类针织手套、16类男梭织套装、20/39类梭织床单台布、24类针织睡衣、27类裙子裙裤、28类针织长裤、29类女梭织套装、50类毛梭织物、68类婴儿装、72类泳装、74类针织女套装、75类针织男套装、78类男女梭织连身装、84类非针织头巾面纱、100类涂层布、156类丝制女针织衬衫套头衫、159类丝制梭织连衣裙，出口数量增幅都在一倍以上或接近1倍，其中72类泳装增长100倍以上。

出口数量下降较快的有2类棉梭织布、12类袜子、13类针织内裤、14类男梭织大衣、17类男梭织夹克、36类人造纤维长丝织物、83类针织套衫运动衣、117类麻梭织物、157类男女针织服装。

其中单价增长较快的有5类毛衫、6类梭织裤子、9类棉制毛巾及毛巾布、12类长筒袜、13类针织内裤、16类男梭织套装、29类女梭织套装、73类针织运动套装、83类针织运动上衣和159类丝制衬衫等。

2004年中国对土耳其42个类别出口统计

单位:万美元

类别	单位	出口金额	出口数量	出口单价	金额同比%	数量同比%
合 计		9946	73568243	1.35	29.55	-2.44
2	公斤	2448	25534005	0.96	-8.4	-37.88
4	件	109	254245	4.29	-12.43	4.08
5	件	38	35484	10.71	99.98	69.83
6	件	252	467504	5.39	130.89	104.47
7	件	51	58538	8.71	890.85	1416.53
8	件	21	52952	3.97	-15.69	27.58
9	公斤	4	14040	2.85	1500.9	101.72
10	双	492	19345882	0.25	117.09	93.96
12	双	1	14400	0.69	-91.55	-97.97
13	件	8	121426	0.66	30.68	-26.48
14	件	20	106194	1.88	29.44	-16.23
15	件	85	82767	10.27	66.88	75.44
16	件	27	9612	28.09	491.67	159.08
17	件	10	12248	8.16	-65.31	-69.37
18	公斤	96	489735	1.96	-26.61	-23.61
20/39	公斤	335	5605621	0.6	109.32	197.34
21	件	1986	2155078	9.22	96.23	71
24	件	7	106898	0.65	14.51	250.63
26	件	0	0	0	0	0
27	件	12	41663	2.88	123.28	190.54
28	件	7	35912	1.95	9.58	107.26
29	件	16	14891	10.74	503.37	209.91
31	件	0	0	0	0	0
36	米	163	2347190	0.69	-58.07	-59.75
50	米	1278	2563048	4.99	124.55	124.36
68	公斤	30	56141	5.34	174.53	543.52

类别	单位	出口金额	出口数量	出口单价	金额同比%	数量同比%
72	件	13	68136	1.91	8695.63	11015.17
73	件	104	179746	5.79	36.14	12
74	件	57	202631	2.81	172.32	515
75	件	23	39691	5.79	470.73	431.27
76	公斤	0	0	0	0	0
78	公斤	61	84428	7.23	194.15	132.99
83	公斤	23	22982	10.01	-44.64	-64.82
84	件/公斤	308	3852178	0.8	107.66	127.66
85	件/公斤	129	1682924	0.77	67.99	44.93
96	米/公斤	837	4315109	1.94	28.71	28.13
100	米/公斤	444	4367876	1.02	67.35	99.57
117	公斤	330	1986406	1.66	-12.26	-30.5
156	公斤	35	46857	7.47	41.37	195.33
157	公斤	5	8193	6.1	-80.39	-75.16
159	公斤	82	390096	2.1	152.11	122.79

四、土耳其国内纺织服装产业概况

2002年土耳其国民生产总值在2030亿美元，人均国民收入约3000美元。90年代以来，除1994、1999和2001年因经济危机和大地震的影响呈负增长外，土经济呈现连续高增长的态势。土目前位列全球十大新兴市场国家之列。

土耳其位于欧亚交界之处，三面环海，地理位置优越，西可触及巴尔干半岛，东可辐射中东及中亚，北可通过黑海连接乌克兰及前东欧，南可经地中海与北非相连。在政治和经济关系上与欧洲联系紧密，在1996年成为欧洲关税同盟成员国后，与欧盟的贸易总额已占其进出口总额的50%以上，同时也为它国产品通过土耳其进入欧洲创造了有利条件，土出口面临的主要问题是出口市场单一，对个别市场依赖较大。

纺织服装行业在土耳其国民经济中占有十分重要的地位，其纺织产品70%销往国外。据统计，纺织和服装行业占国内生产总值的5.5%、工业产值的17.5%；占制造工业产值的19%；纺织服装业就业人口占制造业就业人数的22%。土耳其现有服装企业1.2万余家，从业人员500万左右。纺织服装在土耳其出口中占主导地位，出口值占土出口总值的40%左右，据WTO统计，2003年出口额142亿美元，其中纺织品出口52.4亿美元，占纺织服装总出口的36.9%，是全球第10大出口国，同时也是第8大进口国。服装出口99.4亿美元，仅次于欧盟(15国)、中国和中国香港位居第四，主要出口国是德国、美国、英国、法国、荷兰、俄罗斯等国。

土纺织服装业出口高速发展，主要有以下的原因：土耳其纺织业的自给能力强。棉花产量、羊毛产量和人造纤维产量均居世界前列，其纺织服装配套行业很发达，具有较强的快速反应能力，这为土纺织和服装业的发展提供了基础和保障。

纺织服装业的大量投资，保障了全行业能够不断进行设备更新和技术改造,50%的环锭纺纱和90%的气流纺纱机都是90年代以后安装的,这为土纺织和服装业的发展提供了生产和技术保障。积极采用新技术,如计算机辅助设计和生产,培养高技术水平的产业工人,劳动力素质好,这为服装设计、加工能力站在行业的前面提供了保障。

土耳其纺织服装行业的自给能力和技术水平居世界领先地位,其针织、色织印花及装饰布的生产较发达。土耳其的棉花、羊毛和人造纤维织物产量均居世界前列,但每年仍需进口大量高质量羊毛纤维。土耳其的棉花年产量约80万吨,每年仍需进口40万吨左右。在主要纺织产品中,棉纱年产量90万吨、合成纱年产量26万吨、羊毛纱产量13万吨。机织物年产量约160万吨,其中棉机织物150万吨,羊毛织物7.5万吨,合成机织物2.5万吨。服装产量460万吨,编织品220万吨。土耳其的家用纺织品生产十分活跃,以中小企业居多,大约有1000多家,年产量约22万吨。主要品种是床上用品、毛巾和装饰布。土耳其的地毯产量约占世界的2% -3%,此外,袜子制造业也是其纺织制造业较成熟的产业,其产值占纺织服装行业总产值的6%。土耳其的平均工资水平为每小时2.13美元,高于主要纺织品出口国中国、印度、巴基斯坦和南美等地,比墨西哥(2.45美元/小时)略低。

土耳其是发起反倾销较多的WTO成员国,2004年对我国纺织品发起了三起反倾销调查:含金属纱线、聚亚氨酯涂层布和起绒织物,涉案金额共计7300万美元。目前,聚亚氨酯涂层布和含金属纱线征收反倾销税,起绒织物正在进行中。

土耳其是欧洲关税同盟国,其出口到关税同盟国的工业产品不受配额限制并免征关税,这对土耳其向欧洲出口来说是一个非常有利的因素。土耳其与欧盟和罗马尼亚、波兰、匈牙利等中东欧国家签有优惠贸易安排。其优越的地理位置,能降低运输和保险成本。

(执笔:吕丽　朱宇星)

2004年中国对印度真丝绸商品出口概况及分析

中国纺织品进出口商会丝绸分会

印度是我国真丝绸商品第二大出口市场，2004年我国对印度真丝绸商品出口3.59亿美元，同比增长49.84%，大大高于我国真丝绸商品对全球出口平均增幅。其中蚕丝类商品和真丝绸缎为我国对印度出口的主要商品，2004年对印度蚕丝类商品出口1.96亿美元，真丝绸缎出口1.63亿美元，两项商品合计出口3.585亿美元，占我国对印度真丝绸商品出口总额的99.87%。

一、对印度蚕丝类商品出口情况

2004年我国对印度蚕丝类商品出口1.14万吨，金额1.96亿美元，同比分别增长4.29%和27.31%，占我国蚕丝类对全球出口总额的40.86%。印度仍是我国蚕丝类商品出口第一大市场。

1. 生丝在蚕丝类出口中所占比例下降，绢纺纱线出口数量激增

由于2003年7月印度政府终裁对原产于我国或出口于我国的2A及以下等级生丝进口征收反倾销税，并同时对3A及以上等级生丝实行复检，直接影响了我国对其低等级生丝的出口，企业继而转为向印度出口高等级生丝和绢纺纱线。

2004年我国对印度出口生丝7057.07吨，同比下降15.63%；出口绢纺纱线3531.7吨，金额5294.64万美元，平均单价14.99美元/公斤，同比分别增长75.43%、122.04%和26.57%。在对印度出口的蚕丝类商品中，生丝出口量所占比例由2003年的76.57%下降至2004年的61.95%；绢纺纱线出口数量所占比例由2003年的18.43%上升到2004年的31%（见下表）。

对印度蚕丝类主要商品出口情况表

单位：数量：吨　　金额：万美元　　单价：美元/公斤

商品名称	占蚕丝类出口比重（金额）	2004年			同期对比%		
		数量	金额	单价	数量	金额	单价
绢纺纱线	27.04%	3531.7	5294.64	14.99	75.43	122.04	26.57
双宫丝	26.77%	2940.88	5241.66	17.82	-30.74	-14.04	24.11
厂丝	20.91%	2124.06	4094.97	19.28	403	551.59	29.54

2. 出口平均单价回升，但在主要市场中仍属最低

2004年对印度蚕丝类商品出口平均单价为17.19美元/公斤，同比增长22.07%，虽然增幅较大，但在主要市场中仍属最低，且略低于对全球出口平均水平。

价格回升的主要原因有以下几点：一是出口企业为避免被征收高额反倾销关税，及时调整出口商品结构，以较高等级生丝为主；二是政府宏观调控初见成效，使国内市场茧丝价格稳中有升；三是国内能源价格上涨，增加了生产成本，丝价相应上调。

单价低于全球平均单价的主要原因是：印度市场主要以进口低等级细丝为主，且我国对其出口的绢纺纱线中91.46%的数量为低等级的紬丝丝纱线，而紬丝的平

均单价较低,仅为14.54美元/公斤,从而拉低了对印度蚕丝类商品出口整体平均单价。

二、对印度真丝绸缎出口情况

1. 对印度绸缎出口概况

2004年我国对印度真丝绸缎出口1.63亿美元,同比增长90.18%。其中坯绸出口占对印度真丝绸缎出口总额的94.71%,印染绸出口金额仅为857.47万美元。

印度是我国坯绸出口第一大市场,2004年对印度坯绸出口9285.68万米,金额1.54亿美元,平均单价1.66美元/米,同比分别增长51.92%、85.98%和22.42%,占我国坯绸对全球出口总额的37.1%。

由于对印度出口的坯绸主要以低等级的为主,因此,虽然平均单价增幅较大,但在主要市场中仍属最低。

对印度坯绸出口大幅增长的原因有两个方面:一是由于印度对我国2A及以下等级生丝的进口征收高额反倾销税,导致我国对印度出口低等级生丝受阻,企业转而将低等级生丝生产成坯绸出口;二是印度丝绸商品出口强劲增长而本国原料不足,需要从我国进口。

2. 对印度绸缎出口面临的问题

近年来,印度部分进口商为回避高额进口关税,要求我国出口企业以双重单据出口,低价报关。我国少数绸缎出口企业为了保住客户,迎合个别进口商的要求,为其低开进口发票。

2004年以来,印度多家丝绸行业协会相继与我会进行会谈或来函,就印度织绸商认为我国部分出口企业低开发票一事提出意见,希望我会告诫所有的中国绸缎出口商停止低开发票,以免损害印度织绸商的利益。

我会曾多次向企业提出预警,并积极与印度有关行业协会进行磋商,但由于我国对印度坯绸出口平均单价低于全球平均单价幅度较大,因此磋商未能取得明显效果。

11月中旬我会从印度商工部获悉印度政府已经接受业界提出的反倾销申请并倾向于对该产品立案调查。得此消息后,我会及时在商会网站发布反倾销预警信息并继续同印度相关行业组织进行磋商,希望其从双方利益出发撤销申请。但印度部分织绸商声称:"基于国内的严峻形势,印度丝绸业界强烈要求政府采取强有力措施遏制中国廉价绸缎的涌入,挽救本国的丝绸产业。"

3. 应对措施

针对印度可能对我国绸缎发起的反倾销调查,我会积极组织企业探讨应对措施。2005年1月6日,我会在成都召开了全国绸缎出口企业座谈会。参加会议的28家企业2004年对全球真丝绸缎出口3.24亿美元,对印度真丝绸缎出口1.22亿美元,分别占我国对全球、对印度真丝绸缎出口总额的54.87%和74.69%。会上通报了我国对印度绸缎出口情况及面临的问题,积极引导企业自律互律;成立了"全国绸缎出口协调委员会",参加会议的28家企业当选为协调委员会成员,选举产生了主任、副主任单位。28家企业还联名签署了"致全国绸缎出口企业呼吁书",承诺各企业将严格按照出口实际价格开具发票,如发生违规,愿意接受相关处罚,并倡议全国绸缎出口企业团结一致,坚决杜绝和抵制低开发票行为。

三、印度生丝生产、出口情况及对本国丝绸业的保护

印度是丝绸生产大国,同时也是消费和出口大国,每年对蚕丝的需求量约为2.5万吨,而年产量仅为1.5万吨左右,约1万吨左右的需求缺口主要从我国进口。

印度丝绸商品在国内的消费主要用于生产纱丽,其余主要用于出口。近年来印度丝绸商品出口大幅增长,2002-2003财政年度印度丝绸商品出口额为3.16亿美元,2003-2004财政年度出口额迅速增至5.31亿美元,同比增幅达68.04%。

印度政府一直致力于促进本国丝绸业的发展,但由于其原料茧的品种、质量等方面的问题在短期内难以得到解决,加之近年来其国内主要桑蚕养殖州遭遇连年干旱,导致蚕丝产量下降,而随着丝绸商品出口额的增长,需求缺口有所增加。因此,印度需要进口我国的蚕丝及坯绸作为原料。而另一方面,印度又以保护本国蚕农及

织绸商利益为由，不断对我国丝绸产品进口设置障碍。继2003年7月印度政府终裁对我国的2A及以下等级生丝进口征收反倾销税后，2004年底部分织绸商又向政府提出了对我国绸缎进口征收反倾销关税的申请。

随着2005年1月1日纺织品一体化，我国已取消了对丝类商品的出口经营权管理，同时取消了坯绸和部分丝类商品出口配额的许可证管理，这既给丝绸出口企业提供了更大的发展空间，也带来了新的挑战。为此，希望我国丝绸企业自律互律，营造一个公平有序的贸易环境，并积极调整出口商品结构和出口市场，尽早防范出口风险。同时，我会将积极发挥中介组织的作用，积极配合政府建立出口预警和监测机制，并加强与印度等产品输入国同行业协会组织的沟通与交流，促进我国丝绸出口的平稳增长。

（执笔：吴红）

专家视点

入世　提升出口增长空间
自律　助推行业持续发展

中国纺织品进出口商会会长　王沈阳

2004年，我国纺织服装行业组织和出口企业积极配合政府，采取有力措施，全力应对纺织品一体化过程中出现的各种复杂情况，成功打掉了一些国家延长配额体制和“综合性安排”的企图，有效维护了我国加入世贸组织的权益，确保了我国纺织服装行业享受一体化带来的积极成果。

后配额时代，我们将面临纺织服装进口国更为广泛的反倾销措施、保障措施、技术壁垒等种种贸易障碍。因此，要树立和贯彻“科学发展观”，理性分析和面对当前我国纺织品服装贸易中的各种现实问题，进而从宏观管理和微观协调两个层面入手，以政府调控和行业自律相结合，探索出一条适合我国国情的发展道路，努力实现我国纺织品出口由数量增长型向质量增长型的转变，全面提升我国出口企业的竞争实力，确保我国纺织服装行业健康持续发展。

一、纺织服装业是我国国民经济重要的支柱产业之一，无论是生产、加工还是出口规模，我国纺织服装业均居世界首位。多年来纺织服装对外贸易的稳步发展，为我国劳动就业、外汇收支平衡做出了巨大贡献。但近年来纺织服装出口增幅远低于全国出口整体水平，在全国整体出口所占的比重也逐年下降。

1. 纺织服装业直接和间接就业人数超过1亿人口，是解决我国劳动就业的重要产业。

据国家统计局和中国纺织工业协会统计，我国纺织服装业直接就业人数1900万人，其中约1300万人为农民工，纺织服装业就业人数占我国制造业总人口的比例约为22%。如果加上从事纺织原料种植（养殖）的农牧民、从事纺织服装外贸出口和国内流通、港口运输等环节的间接就业人口，纺织服装业就业人口总数超过1亿人，占我国就业总人口约14%。可以说，纺织服装业是关系我国国计民生的重要产业。

2. 我国纺织服装业生产和贸易稳定发展，入世后潜能进一步释放，在世界贸易中的地位逐年提高。

我国的棉、麻、丝和化纤产量均居世界首位，羊毛产量仅次于澳大利亚列世界第二。据国家统计局统计，2004年我国纤维产量达到2100万吨，年纤维产量占世界份额的31%；纤维加工能力达2400万吨，接近世界总产能的40%，纤维加工量的内外销比例分别为76%和24%。其中，我国棉花产量632万吨，占世界总产量的四分之一；化纤产量达1424万吨，占世界总产量近40%。我国持续保持世界第一大纺织服装生产国，其强大的国内消费能力是支撑我国纺织服装业稳定发展的最重要因素。

从对外贸易发展看，根据WTO统计，我国自1994年起已连续11年位列世界纺织服装第一大出口国，特别是入世后我国纺织服装出口在世界纺织服装出口贸易中所占比重有较大提升，入世前的2001年，为15.6%，较《纺织品服装协定》（ATC）生效初期的1995年提升了仅3.3个百分点。2002年，即入世后的第一年，所占比重为17.5%，2003年增长到20%。入世后我国纺织服装出口在世界纺织服装出口贸易中所占比重平均每年提升2个多百分点，预计2004年将达到23%左右。

3. 多年来，我国纺织服装以其较大的贸易顺差为我

国外汇储备和贸易收支平衡做出了巨大贡献，但近年来纺织服装出口增幅远低于全国出口整体水平，在全国出口所占的比重也逐年下降。

多年来，我国纺织服装对外贸易一直保持较大顺差，且出口在纺织服装进出口总额中的比重逐年加大，1995年占比为69%，2001年提高到79%，2004年又上升至85%。据中国海关统计，2004年纺织服装实现贸易顺差783亿美元，而同期我国贸易整体顺差为320亿美元，纺织服装贸易顺差值是全国贸易总顺差的2.4倍。纺织服装贸易在过去、现在及今后一段时间都会成为我国外汇储备的重要来源和贸易收支平衡的重要保障。

需要指出的是，多年来我国纺织品服装出口与我国外贸保持了同步的发展，2004年我国纺织服装出口保持较大增长的同时，我国外贸突破万亿美元大关，达11547亿美元，在全球贸易排名首次超过日本，位列美国和德国之后升至第三位，但如果从出口增长速度上看，纺织服装业要远低于全国外贸整体增速。2001年全国外贸出口同比增长6.8%，而纺织服装出口增长仅2.4%；2002年纺织服装出口增长15.6%，比全国外贸出口增幅低6.7个百分点；2003年纺织服装出口增长27.7%，比全国低6.9个百分点；2004年纺织品服装增长20.6%，而同期全国外贸出口增速高达35.4%，差距拉大到14.8个百分点。纺织服装出口占全国货物出口总额的比重也出现连续下降，由1995年的24%、2001年的20.1%、2003年的18%，下降至2004年的16%。

4. 我国持续多年位居欧、美、日等世界主要纺织服装市场进口来源国首位。

世界纺织服装的消费市场高度集中在欧盟、美国、中国香港和日本。根据WTO统计，2003年世界纺织品服装贸易额为3953.6亿美元，同比增长11.3%，为近十年来最高。这一年，欧盟、美国、中国香港和日本四大市场进口纺织服装达2968亿美元，占全球纺织服装总进口额的75%，其中欧盟进口1538亿美元，占全球总进口的39%（其中欧盟有52%是从盟外进口，为804亿美元，占全球总进口的20%）；美国纺织品服装进口总额为895.6亿美元，占全球总进口的22.7%；中国香港进口289亿美元，占全球总进口的7.3%；日本进口245.2亿美元，占全球总进口的6.2%；而排在第五位的加拿大占比仅为2%，其他进口市场，均未超过全球进口总额的2%。

上述四大市场也是我国纺织服装出口的前四大市场。自我国入世后的2002年起，我纺织服装在欧、美、日这三大市场的份额均居第一。其中，自2002年，在美国市场我又重新夺回了阔别七年的第一位置。根据美国商务部纺织品服装办公室统计，2004年我纺织服装在美国的市场份额已达17.6%（数量占比高达25%），较2001年提高了6个百分点，而同期居第二位的墨西哥市场份额已从2001年的13%下降至9.4%（数量占比为8.9%）；在欧盟市场（根据欧盟15国统计，仅涵盖50－63章商品），2004年前三季度欧盟从盟外进口总额中，我国所占份额为19.4%，较2001年的14.4%提高了5个百分点，高出排名第二位的土耳其5.7个百分点；日本市场是我国最具竞争优势的市场，虽然多年来我在日本市场的份额变化不大，但我纺织服装处于绝对垄断优势，2004年占其市场份额高达74%，而位列第二的意大利仅占4.9%，其他国家（地区）均未超过3%。

二、入世三年来，我国纺织服装出口的主要特点。

1. 出口增速明显加快，入世好处显现。

入世以来我国纺织服装出口取得了快速的增长，特别是享受到部分配额一体化的成果，一定程度上释放了我国纺织服装的产能。从1995年《纺织品服装协定》（ATC）生效至2001年间，我国纺织品服装出口从358.8亿美元增加到534.7亿美元，累计增幅49%，年均增幅为6.9%；而我国入世之后的2001－2004年间，在出口基数已经较高的情况下，累计增幅高达78%，平均年增幅高达21.2%。入世为我国纺织服装出口带来的好处显而易见。

2. 贸易方式和企业格局发生了较大变化。

——一般贸易出口增速远高于加工贸易，国产面料质量和档次不断提高。我国纺织服装一般贸易出口从2001年的304亿美元增至2004年的639亿美元,累计增幅110%。加工贸易出口从2001年的222亿美元增长到2004年的280亿美元,累计增长仅26%。从所占份额看,一般贸易出口所占份额从2001年的57%增至2004年的67%,而同期加工贸易出口所占份额大幅下降,2004年仅占29%。

一般贸易出口增长较快,而加工贸易出口份额下降,反映出近年来由于国产面料质量、档次有所提高,替代了一定数量的进口面料,促进了一般贸易出口的发展。

——出口仍集中在东部沿海五省市,浙江发展最为迅猛。多年来,广东、浙江、江苏、上海、山东一直位居我国纺织品服装出口前五大省市,这五省市纺织品服装出口占全国纺织服装出口的比重一直保持在77%左右。但2004年一直位居我国纺织服装出口第一大省的广东,被浙江省超越。这一年浙江省出口196.6亿美元,占我对全球纺织服装出口的20.7%,较2001年提高了4.4个百分点。而广东省占比却由2001年的22.7%下降至2004年的18.8%。目前,浙江、广东、江苏和上海的年出口额均超过百亿美元。

各出口大省在开拓国际市场方面各有优势。加工贸易占60%的广东省是我对中国香港出口第一大户;而一般贸易比重高达88%的浙江省在开拓配额和非配额市场方面均成绩斐然,对美国、欧盟、澳大利亚、东南亚、中东、拉美和非洲出口均列第一;江苏对日本出口第一;山东对韩国出口第一,黑龙江对俄罗斯出口第一。

——传统出口市场份额逐年减少,新兴市场所占份额上升,开拓"多元化市场"初见成效,但对配额市场比重仍达25%。2004年我纺织服装出口前十大市场分别为:中国香港、日本、欧盟(25国)、美国、俄罗斯、韩国、阿联酋、澳大利亚、加拿大和新加坡。其中对中国香港、日本、美国和欧盟四大传统市场合计占总出口额的60%,比2001年减少了近8个百分点,但对欧、美、加、土四个配额市场的出口份额较2001年提高了2个百分点,达25%。

新兴市场所占份额明显上升。2001－2004年间,中国对非洲、东南亚、中东和拉丁美洲地区的出口累计增幅均实现了翻番,对俄罗斯出口增幅更是高达2.4倍,俄罗斯已替代韩国,成为我纺织服装出口第五大市场。

3. 最为紧俏的商品类别被安排到最后阶段才取消配额限制,一体化商品"量增价减"明显。

我国入世前,受到了欧盟、美国、加拿大和土耳其四个国家(地区)配额的限制,且是受限国家最多、受限商品类别最广的国家,共计受限类别多达275个。2001年底我国入世后,享受到ATC协定一体化进程部分配额取消的好处,设限类别数量减少到188个,2004年四个设限国(地区)对我设限的数量分别为,美国86个,欧盟41个,加拿大23个,土耳其38个。

按签证额计,2004年我配额商品出口约116亿美元,其中对欧、美设限商品的出口分别为65亿美元和43亿美元,共计占对欧美纺织服装出口总额的51%。设限配额所占份额较大,其主要原因是欧美将出口值约占70%的最为紧俏的服装类别,安排到最后阶段才取消配额限制,因此在2004年多数商品实际上仍受到严格的配额限制。

一体化商品出口的大幅增长,拉动了我对设限市场的整体出口,但由于配额费用的取消导致一体化商品"量增价减"趋势明显。以美国市场为例,根据美国商务部统计,2004年美国从中国进口纺织服装已占进口总量的25%,其中我一体化商品已占40.1%,较2001年的7.4%提高了32.7个百分点。2002、2003、2004年我一体化商品每年增长幅度分别为238%、91%和47%,可见其短期的出口"释放"已呈逐年回落之势。而伴随着我一体化商品出口数量的大幅增长,配额成本的取消使出口单价大幅下跌,2004年我一体化商品的平均单价已跌至1.01美元/平方米,仍高出美国从全球进口一体化商品平均单价(0.91美元/平方米),但较2001年我国该项商品的平均单价(2.75美元/平方米)已下降了63%。

三、当前及今后我国纺织服装国际贸易环境分

析

1. 针对中国纺织服装出口的"激增",部分发达国家与发展中国家正在联合起来,采取更为严厉的限制措施,并企图使中国纺织品问题多边化。

出于对自身及相关利益的保护,以美国为首的发达国家和部分发展中国家利用配额放开后我纺织服装出口暂时性激增的情况,大做文章,夸大其辞,鼓吹如果不加以限制,中国纺织服装将垄断世界。2004 年 3 月美国和土耳其发起签署《伊斯坦布尔宣言》,要求对中国延长配额限制,目前已有 54 个国家的 96 个行业组织签字声援。2005 年 1 月 26 日,《伊斯坦布尔宣言》签署者组成的"全球公平纺织品贸易联盟"在华盛顿召开峰会,再次呼吁对中国纺织服装进行限制,大有将中国纺织品问题多边化的意图。除美国、欧盟对我纺织服装采取特保、反倾销等措施外,土耳其、南非、印度、阿根廷、秘鲁等发展中国家也紧随其后,先后对我纺织服装采取限制措施。

2. 美国和欧盟的贸易政策取向对我国和世界纺织服装贸易形势的影响举足轻重。

——美国、欧盟是世界纺织服装的最主要进口市场,也是解决我国纺织服装出口面临的外部问题的关键所在。据 WTO 统计,2003 年美国进口了 895 亿美元,进口来源国 104 个,其中进口额上亿美元的有 42 个国家;欧盟 2003 年从盟外进口也达到 804 亿美元。美、欧合计进口 1699 亿美元,占全球纺织品服装贸易总额的 43%。

我国作为美国、欧盟进口纺织服装的最大来源国,由于长期遭受不公正的配额抑制,导致 2005 年后纺织服装出口有可能出现量增价跌的短期释放现象,这是十分正常的,相信今后二至三年内会逐渐趋于平稳。但我出口数量的增长和在美、欧市场份额的增加,某种程度上将影响美、欧国内纺织服装产业,并挤占其他出口国的份额,从而引起美欧及相关国家不满,《伊斯坦布尔宣言》正是在这样的背景下出笼的。美国因涉及利益较多,因而率先对我国纺织服装采取限制措施;而欧盟因担心美国对我国纺织服装设限可能产生的贸易转移,也酝酿对我国采取限制措施。美欧的举动将引起一系列连锁反映。基于此,今后一个时期,我国纺织服装出口对外交涉的重点将是美国和欧盟。美、欧的问题如果能得以妥善解决,将有利于我国解决好与其他国家在纺织品贸易方面的问题,为我国纺织服装出口营造良好的外部环境。

——根据中国入世协议,美国、欧盟拥有对我国纺织品采取限制措施的一些手段。首先,中国入世工作组报告书中第 242 段写明:如某一 WTO 成员认为原产于中国的纺织品造成其市场扰乱或存在扰乱威胁,阻碍这些产品贸易的有序发展,可经过磋商对中国采取为期一年的特别限制措施,这一条款执行至 2008 年;其次,中国入世议定书第 16 条规定了特定产品保障措施,这一条款执行程序虽比 242 段相对复杂,但执行期直至 2013 年;第三,根据中国入世议定书中第 15 条,我国没有被认定市场经济地位,这一有效期长达 15 年的条款对我国企业应诉国外反倾销非常不利。

四、采取积极有效的调控和协调措施,确保纺织品一体化的平稳过渡

通过以上分析,我们应当清醒地看到,后配额时代我国纺织服装出口在国际上面临前所未有的贸易和政治压力,我国纺织品贸易享受一体化的权利正在受到威胁。

面对国内外众多复杂和不确定的因素,为保障行业的健康长远发展,我国政府以负责任的态度,采取积极有效的调控措施,引导企业转变外贸增长方式,加强品牌建设,提高产品质量和附加值,促进产业升级;同时,充分听取业界的意见和建议,对行业自律给予必要的支持,全力维护和实现后配额时代我国纺织品贸易的平稳过渡。

1. 推出八项措施,积极推进我国纺织品出口实现可持续发展。其中从 2005 年 1 月 1 日起,我国决定对 148 个税号的服装产品加征从量关税,鼓励高附加值产品出口,遏制低价竞争,进一步优化我国纺织服装的出口结构。

2. 2005 年 3 月 1 日起,我国对涵盖梭织及针织套装、裤子、衬衣和内衣的 216 个税号产品实行第一批"纺

织品出口自动许可"管理，其针对的出口市场包括美国、欧盟和中国香港。对重点产品的重点市场实行出口自动许可，其目的是为了加强对纺织品出口的提前统计和监测，并分析重点产品企业的出口签约、价格等相关信息，把握出口动向，向出口经营者实时发布预警信息，引导企业合理安排生产和出口。

3. 我国纺织品出口行业自律机制已有突破性进展。目前，根据商务部的指示，由我会牵头，联合中国纺织工业协会、中国外商投资企业协会及中国香港纺织业联会、中国香港纺织商会就行业出口自律机制已达成共识，并民主选举产生了具有广泛代表性的裤子、衬衣、内衣等敏感商品出口协调委员会。行业自律主要从企业资质标准、出口数量调控、出口最低正常价格制定、出口监测和预警等方面建立公开、公正和公平的自律协调机制。为使行业自律得到有效实施，商务部将根据出口数量或价格的变化情况适时出台政策调控措施以支持行业自律决议。

此外，我会在积极研究行业自律的同时，继续坚持在商务部直接领导下，积极带领企业走出去与国外同业组织和国外进口商、零售商等进行广泛对话与交流，增信释疑；同时通过召开各种研讨会、应对会和培训会，引导企业熟悉 WTO 规则，积极应对国外各种贸易壁垒，维护自身权益。

总之，转变出口增长方式和整顿、治理出口经营秩序是一项长期的任务，仅靠行政手段是达不到的。在政府的支持下，采取行业自律、互律是重要手段之一；行业组织在国际交涉，化解同业矛盾、组织企业积极应对等方面也可以发挥积极的作用。同时，还要考虑到我国现阶段社会经济发展水平及企业的实际状况，制定相应的管理和协调办法。对于出现的各种新问题，需要我们的政府、行业组织、广大企业同心协力，与时俱进，以"科学发展观"指导我们开创新的思路，通过不断补充、修订和完善我们的管理、协调方法，才能保障我国纺织服装出口实现健康持续发展。

市场开放环境下的纺织服装业发展与出口前景

国务院发展研究中心对外经济研究部 张小济 张 琦

入世以来，我国纺织服装业关税减让基本到位，非关税壁垒逐步取消，贸易权分步放开，市场开放程度进一步深化，纺织行业取得快速发展。

2004年是全球纺织品配额全部取消前的最后一年，纺织服装业继续开放市场和如期享受全球纺织品一体化成果，推动整个行业的生产和对外贸易快速平稳发展。但全球纺织品贸易格局的变化和多种贸易保护措施的实施，导致未来我国纺织服装出口的不确定因素加大。

一、市场开放促进纺织业发展

我国纺织服装业产业规模大、综合配套生产能力强、市场开放程度较高、国际竞争力相对较强。近年来纺织服装业保持良好发展趋势，主要原因是：一是国内消费需求扩大为行业发展提供动力。二是市场开放程度加深。入世后，降低进口关税、取消进口配额等措施，有利于纺织服装行业降低成本；进口面料、高档服装和纺织机械，满足了国内消费和提高行业竞争力的需求；三是进一步吸引外资和参与国际竞争，利用外资企业销售渠道和品牌，推动纺织服装业技术进步、加快结构调整和开拓国际市场。外资企业在我国纺织服装行业中的作用日益重要，截至2004年9月，外资企业完成的销售收入分别占纺织和服装业销售收入的23%和48%，外资企业进出口分别占行业进出口总额的69%和34%。四是参与国际纺织品一体化和逐步取消出口配额影响显著。消除配额租金和对设限国出口数量限制，进一步增强了我国出口的价格优势、提高企业效益，促进纺织业生产潜能的释放。

不少人担心市场开放后国内企业失去关税保护，原料和高档产品的大量进口会对国内相关行业造成冲击。实际上，入世前纺织服装业市场开放程度已较高，部分进口产品在国内市场存在供应缺口，且与国内企业不存在激烈的竞争关系。总体上看，纺织行业是我国市场开放、参与国际竞争受惠最大的行业之一，除个别降税幅度相对较高的产品外，短期内市场开放不会产生巨大的负面影响。

二、入世以来纺织服装行业运行稳定、发展趋势良好

入世开放和取消出口配额限制，推动了纺织服装业的快速发展，2002年和2003年，各项指标实现高速增长。目前，我国纺织服装行业拥有世界上最大的加工生产能力，纱、纤维原料、麻、丝、布、服装等产量全球第一。

2004年，我国纺织服装业发展保持良好趋势。全行业总产值达到26400亿元，增长22.8%。其中，规模以上企业户数为29831家，同比增长15.6%，完成总产值和实现产品销售收入分别为15723亿元和15481亿元，同比增长24.2%和25.3%。行业发展带动就业人数稳步上升，目前，规模以上纺织服装企业共有职工894.6万人，全行业从业人数超过1900万人。

2004年行业经济效益总体水平有所提高。但受宏观调控、出口退税率下调、进口原料和能源成本上涨等因素的影响，加上部分企业低价竞销，企业效益增速减缓，平均利润率略高于3%。

三、出口潜能释放，对外贸易快速发展

2004年是全球纺织品一体化前的最后一年，开放市场和进一步取消配额，推动纺织服装业对外贸易快速、平稳发展。

1. 行业对外依存度进一步提高

我国巨大的纺织服装加工生产能力，已远远超过国内市场的需求量，向国际市场出口成为行业发展的重要途径。据测算，2004年我国纺织服装业出口占销售收入总值的52%，高于2003年46%的水平。

2. 纺织业出口高速增长，顺差继续扩大

近年来，我国纺织服装进口增长相对平稳，出口增势迅猛。2004年，纺织服装进、出口分别为168亿美元和973.8亿美元①，出口增幅达21%，大大高于进口7.8%的增幅。纺织服装业实现顺差805亿美元，增长24%，连续两年为全国外贸顺差的2.5倍。

3. 重点纺织原料和纺织机械大量进口

虽然进口增幅平稳，但受出口强劲增长的带动，纺织机械和棉花等重要纺织原料大量进口局面不断加剧，纺机进口占国内设备投资约50%，促进行业结构升级和竞争力的提高。

4. 在全球纺织品出口中地位日趋突出，对欧美设限国出口大幅增加

中国纺织服装对主要市场出口的增长情况

	年份	全部	美国	欧盟	日本
纺织品	2002	28.8%	35.8%	29.3%	3.9%
	2003	29.9%	42.2%	31.9%	16.1%
	2004	7.8%	29.4%	—	—
服装	2002	8.0%	4.3%	25.6%	-7.0%
	2003	21.8%	20.7%	42.8%	9.1%
	2004	21%	23%	—	—

资料来源：海关统计

注：2004年1－11月，中国对欧盟和日本的纺织服装出口分别增长13.7%和13.1%。

我国是世界第一纺织、服装出口大国。欧美等国市场在全球纺织品和服装进口总额中占40%和70%，但由于配额限制，我国产品在欧美市场的份额，远低于在不设限的日本市场的份额。开拓设限国市场的空间较大，对我国纺织服装业释放产能意义重大。

自配额逐步取消以来，由于无需承担配额租金，我国出口产品单价明显下降、竞争力增强，对欧美等设限国的出口增幅大大高于日本等其他主要市场（见前表）。2004年1－11月份，我国纺织服装对设限国出口已达236.87亿美元，占全部出口的26.8%，高于2002年24%的比重。

以对美出口为例，据美国海关统计，2004年我国对美纺织服装出口的数量和金额均大幅增长，在全美纺织和服装进口总额中均排名第一。其中，对美纺织品出口56亿美元，增长29%，对美服装出口达89亿美元，增长23%。从市场份额看，我国纺织品和服装占全美服装进口总额的30.4%和13.9%，大大高于2002年14%和12%的市场份额。

值得注意的是，2004年对美出口金额的增幅低于2003年的水平。主要原因除了配额租金取消导致企业成本降低和产品单价下降外，部分企业低价竞销，特别是设限国对已取消配额的产品重新设限和反倾销调查，在一定程度上影响我国出口潜力的发挥。以重新设限的纤维袍服为例，2004年出口增幅同比下降40多个百分点。

四、外部因素变化影响2005年纺织出口

1. 如期享受全球纺织品一体化成果意义重大

根据《纺织品与服装协议》（ATC），自2005年1月1日起将全面取消配额限制。面对近年来我国纺织服装出口的强劲势头，2004年以《伊斯坦布尔宣言》为代表，主要进口国和竞争对手要求WTO延迟对华取消配额，以避免短期内中国纺织品垄断国际市场。经多方努力，世贸组织正式否决伊斯坦布尔宣言的提议，我国已如期享受纺织品一体化成果。

① 2004年我国纺织品和服装的出口分别为358亿美元和616亿美元，进口分别为153亿美元和15亿美元。

我国是世界上所有纺织品出口国中受限种类和受限国别最多的国家,就业潜在损失高达上百万人,是扭曲的国际纺织品服装市场最大的受害者。全面取消配额,有利于在全球范围内为纺织品贸易创造一个公平的竞争环境,有利于企业降低出口成本、提高竞争力,将给我国纺织业发展和释放对设限国的出口潜能带来良机。如期全面享受一体化成果,是政府为企业出口争取到的最大利益,是2004年我国纺织业闯过的重要关口。

2. 纺织品国际贸易格局和环境变化,出口制约因素和不确定性增加

随着一体化进程的深入,全球纺织服装市场现有的供求和分配格局将被打破。我国纺织服装出口的较快增长,与主要进口国间的贸易摩擦将进一步升温,与其他主要出口国的市场竞争也将日趋激烈,有人甚至认为威胁到以纺织服装生产为经济支柱的国家①。为保护本国纺织服装产业的利益,各国已开始采取多种贸易保护措施,我国纺织服装出口面临新的制约因素:

第一,依据入世条款重新设限。纺织品配额的如期取消并不意味着中国纺织服装出口的外部环境彻底改善。根据我国入世协议,美国多次对已取消配额产品重新设限,欧盟出台采取保护性措施的指导原则并建立进口统计监控系统,印度、土耳其、秘鲁、墨西哥等发展中国家先后发起反倾销调查。虽然,为平衡国内制造商与进出口商②的利益,美国国际贸易法院于2004年12月30日发布临时禁令,不得以"市场扰乱威胁"为由,对中国纺织品实施特保措施。但这只是临时禁令,并不禁止政府将来执行特别保障条款。一旦中国对美纺织服装出口增幅太大,美国政府仍可采取限制措施。频繁使用"纺织品特保"条款、特定产品保障措施和反倾销等多种限制手段,对我国具有比较优势的纺织服装产品出口影响较大,使我国企业在国际竞争中处于不利的地位。

第二,欧盟实行新普惠制。根据新普惠制中的"毕业"标准,欧盟将取消对中国纺织服装的优惠待遇,且新普惠制提前至4月1日实施。我国纺织品对欧盟出口关税将上升3个百分点至12%,企业每年将付出超过1亿美元的代价。相比而言,印度等仍享受9.5%优惠关税待遇,中国产品在欧盟市场的竞争力受到一定的不利影响,且直接损害出口企业的利润。

第三,其他贸易保护措施的打击。纺织服装是各国设置技术壁垒最多的商品之一,贸易壁垒的范围和内涵日益扩大。如:执行严格的环保标准、技术与安全标准,推行纺织服装制成品的市场准入制度;通过验厂等方式,以劳工标准和社会责任等构筑新的贸易壁垒,对我国出口有较大影响。

第四,以优惠贸易安排削弱非成员国的竞争优势。欧美发达国家通过区域和双边贸易协定,给予周边国家和特定成员国减免税等特惠待遇。排他性的贸易优惠安排导致市场区域化倾向增强、贸易转移效应突出,增加了我国出口的不确定性。

3. 出口关税效果有限,是否采取进一步自限措施仍不确定

为了减少贸易摩擦,力争纺织服装业在后配额时代平稳、有序、持续地发展,我国将从2005年1月1日起,对占纺织品出口总额60%以上的六类148项纺织服装产品从量征收出口关税。此举表明中国愿与各国实现共同发展的态度,各国对此表示欢迎,但此举难以彻底消除欧美及其他竞争对手的顾虑。同时,出口征税在一定程度上影响我国企业,特别是单纯的加工型企业、内衣生产企业的利润收益。而出口企业和进口商难以判断中国政府是否采取进一步出口自限措施,也将直接影响企业出口定单。

4. 采购商分散风险,市场因素影响力加大

进口商和分销商的集团采购,将是未来纺织品服装营销的核心渠道。尽管我国产品的竞争优势凸显,有可能成为纺织服装进口的首选国。但重新设限和多种限制

① 有些发展中国家的经济高度依赖纺织服装业,例如,孟加拉国的纺织品出口占总出口量的85%。

② 此禁令的颁布,是根据美国纺织品和服装进口商协会提出的诉讼所进行的裁决。

措施的频繁使用，导致欧美采购商和进口商难以预期欧美是否采取进一步行动。为避免政策风险和对一国产品供应的过度依赖，采购商采取分散供应来源的做法，使我国出口的不确定性相应增加。

此外，受限国市场空间和需求增长弹性是有限的。在2005年配额取消前，欧盟受配额限制的进口纺织品所占比重仅为20%，而自中国进口纺织品中仅12%受配额管制。取消配额后，潜能释放的空间最终将由市场需求决定。

五、结语

如期享受纺织品一体化的成果，是我国入世利益兑现的关键，是纺织服装业发展的难得机遇。经过2003年和2004年的高速增长之后，全面取消配额有助于我国纺织服装业持续增长、进一步释放出口潜能。预计，2005年纺织业生产和对外贸易仍将呈现快速增长态势。

但取消配额并不意味着中国纺织服装进入“完全的自由贸易”。首先，全球纺织品贸易格局发生变化，特别是发达国家和主要出口竞争对手采取多种限制措施和贸易保护壁垒，使得我国纺织服装出口面临诸多障碍。

未来1－2年，将是我国纺织服装行业发展的外部环境最为关键和敏感的时期。短期内，将出现出口激增的局面，但量增价跌容易引发与进口国之间的贸易摩擦，发展中国家纺织服装出口的相互竞争也日趋激烈。中国纺织服装产业规模大、综合配套能力强等特点能否充分体现，出口潜能是否有机会大规模释放，还存在一定不确定性。

中国纺织服装业的竞争优势是相对的。“后配额时代”，纺织品全球市场仍将保持供大于求的趋势，出口竞争将更加激烈，企业利润空间可能被进一步挤压。为此，我国政府应尽可能消除贸易障碍，减少其他国家实施新的限制措施。同时，合理规范国内企业，避免出现出口无序竞争局面。为促进行业发展和结构调整的长期利益，应鼓励纺织服装企业发展高附加值产品，加快技术进步，不断提升国际竞争力。

理性应对"后配额时代"

江苏舜天国际集团董事长、总裁 董启彬

2005年,全球纺织品贸易将进入"后配额时代"。尽管"后配额时代"的到来标志着贸易自由化有了实质性的进展,但是要真正实现贸易自由化仍然有一个漫长的过程。

从目前情况来看,我们有理由相信,"后配额时代"尽管为中国的纺织品贸易提供了很多机遇,但可能出现的一些问题也丝毫不容忽视。如何抓住机遇求发展,如何理性应对可能面临的问题,我们认为可以从如下几个方面着手考虑。

1. 大力调整产品结构,增加出口产品附加值和科技含量,避免陷入"量增价跌"的不利局面

中国是一个名副其实的纺织品服装出口大国,中国纺织业目前已经占全球纺织服装贸易的1/5,纺织品出口约占中国商品出口的20%,2003年我国纺织品服装出口788亿美元,2004年出口已达951亿美元。但是我们还不是一个纺织服装出口的强国,首先在我们的出口企业中,还没有真正的知名度高的品牌;其次,我们的研发能力不强,许多该做的服务工作还跟不上。中国目前出口的纺织品,大部分仍然是劳动密集型产品,是依靠规模经济和廉价劳动力来降低成本,提高竞争力的。以2001年为例,中国一体化商品类别仅占美国市场份额7.4%,到2004年底,已增长到40%。但价格却从2001年以来平均下降了63%。低端产品微薄的利润通常只能勉强维持企业的生存,企业要发展必须寻求新的突破。面对全球贸易一体化的竞争,规模大并不意味着真正的强大,规模扩张到一定程度就可能导致生产过剩和低水平重复建设;廉价劳动力带来的产品价格优势,也会逐渐削弱,亚洲一些发展中国家的劳动力成本与中国差距已经不大,且已经形成跟中国竞争的实力。因此,大力调整产品结构,增加产品附加值,提高产品科技含量,注重创新,加强研发,不断出新品,走高技术含量高附加值之路已是刻不容缓。

另外,配额取消后,企业在同一起跑线上竞争,还避免了配额有偿使用和购买配额的成本支出,许多企业都在跃跃欲试,准备以低价迅速抢占市场份额。从单个企业角度考虑,这可能是理性的做法。但是,众多企业一哄而上,以低价占领市场,中国的纺织品服装出口将不可避免地陷入"量增价跌"的不利局面。而且国外市场的消费总量是一定的,因此靠量的取胜总是有限的。如果各企业仅追求眼前利益,一味扩大出口会引起国外多种抵制措施。而且,一旦因此引起进口国启动"特保"条款,甚至进行反倾销调查,最终受损的将是全部的出口企业。

因此,后配额时代仍要讲协调,讲管理,讲一致对外,讲有序竞争。在这种情况下,进出口商会的行业协调作用就显得十分必要。这种作用如能充分发挥,将在一定程度上避免不利局面的出现。商会可以根据国际市场调查,定期公布出口产品的指导性价格,对关键产品甚至可以采取限制最低出口单价的办法,联合海关控制低价商品的大量出口。这关系到每个出口企业的长远利益,需要出口企业的积极配合。

2. 改变单纯的价格竞争战略,代之以合作或创品牌、提高品质来提升竞争力

龙永图先生去年在无锡的一个研讨会上说,我们要从研究国别政策转为研究跨国公司,要把跨国公司当成一个国家进行研究,因为他们决定整个世界经济的走向。现在单纯研究一个企业也不够,要研究产业链。在全球化进程中,竞争已不仅是企业之间的竞争,而成了产业链之间的竞争,应考虑中国企业与跨国公司建立紧密的合

作关系，使自己成为其产业链中的一个或几个链。在这样的情况下，如遇反倾销打击的就不光是我们，而是打击的整个链条，包括外国企业的利益。

因此，"后配额时代"不光要讲竞争，更要讲合作。纺织服装行业的同行们也应该这样。社会消费水平发展到一定程度以后，商品价格将已不再是影响销售的最关键因素，况且价格终究要受到产品成本的制约，不可能一味的降低。因此，对企业来说，要想占领市场份额，获得长期收益，就必须创造自己有影响力的品牌。好的品牌能确保好的市场份额。这一点，国内的大多数出口企业仍未能给以足够的重视，真正有自己品牌的企业是少之又少。因此，我们必须强化品牌意识，要肯花精力，肯投入，尽管短期内效果不一定很明显，但对于企业长期发展却是至关重要的。创品牌也不能急于求成，还可以用拿来主义，可到国外去收购、控股、兼并等，用国外的"壳"装中国的"肉"也是可取的。创品牌更要坚持以质取胜战略，以质量赢得信誉、赢得客户、赢得市场，才是企业发展的根本之路。

3. 规范企业内部管理，切实改善企业经营环境，正视各种贸易壁垒

尽管贸易自由化是总的发展趋势，但贸易保护主义短期内不会消失，各种贸易壁垒的存在仍然不可避免，尤其是"绿色壁垒"、反倾销以及对 SA8000 认证。虽然目前还没有一个国家和地区在强行推行 SA8000 认证，但在国际贸易中将社会责任问题考虑进去是一个趋势。SA8000 事实上也是有些影响的，有些公司对此确实有要求，因此我们也不能毫不在乎。许多非关税壁垒的条款虽然苛刻，但只要我们加以足够的重视，很多问题还是可以解决的。SA8000 认证虽然还没有全面强制推行，但我们每个企业应该具备必要的社会责任感，要尽可能地为企业员工改善工作和生活条件。要重视工作过程中人的健康、安全和应享有的权益，注重企业对社会的贡献，这是完全应该的。如果我们真正的规范了企业内部管理，改善了企业经营环境，我们就不会被各种贸易壁垒牵着鼻子走。对于无法回避的贸易壁垒，我们只有理性的、积极的去应对。

4. 企业要真正"走出去"，以尽可能规避贸易摩擦的风险

"走出去"很难，但走出去又十分必要。我国的国情、省情决定了我们必须走出去。走出去也可避免中国出口额大幅增长带来的摩擦和限制，走出去还可以更多地引进来。我们应主动走出去，向国际市场要资源、要效益、要技术、要人才等。

目前中国近 3 万户的纺织服装企业和 1800 万纺织服装从业人员，大部分还只是充当了打工者的角色。中国的纺织服装业要真正的适应贸易全球化，现在更多要做的是"走出去"，到纺织服装业发展潜力较大的国家和地区去投资兴业。我们要让更多中国品牌的产品在国外生产、销售，要有更多的中国品牌的产品标上外国制造的标签。这样，我们的贸易摩擦就会减少，我们就会有稳定的市场和利润来源。现在省政府领导特别重视"走出去"战略的实施，特别注重自有知识产权的创立，特别注重服务贸易的发展，特别注重品牌建设，为此，我们应该抓住机遇，共同努力。

5. 注重发挥进出口商会的协调作用，规范出口竞争秩序

新《外贸法》的实施和配额的即将取消，使得很多企业有了发展的更大空间。大家都在摩拳擦掌，准备大展拳脚。但新的转变容易导致出现不规范行为和无序竞争。商会对此应予以更多的关注，要尽可能地规范和约束企业经营行为，加强行业自律，制止内部恶性竞争，同时，要建立一定的奖惩机制，对违规企业给予适当处罚。

另外，在发生国际贸易摩擦时，进出口商会要联合众多的有关联的企业共同、及时应对，避免单打独斗。

总体来看，后配额时代，机遇与挑战并存。我们既要研讨对策，更要抓紧行动，机不可失。希望我们江苏的纺织服装同行们在政府的领导下，通过进出口商会的桥梁，遇到大事多联系、多商量、多协调，工作中多理解、多配合、多合作，我们就一定能再创江苏纺织服装的新辉煌。

2004－2005年纺织经济形势回顾与展望

中国纺织工业协会统计中心　龚进礼

2004是世界纺织品服装贸易发展历史上具有划时代意义的一年。在这一年里，长达40余年的纺织配额制度行将结束，世界纺织品服装贸易将被重新纳入到自由贸易的轨道上来。这一历史性阶段的即将来临，让受配额制度束缚而长期处于不平等贸易境遇的纺织企业对未来充满着憧憬和希望；而同时，一些主要纺织进口国及受惠配额制度的纺织生产国，则对即期来临的后配额时代充满了担忧和恐慌。正是基于这一特殊的历史背景，2004年的中国纺织呈现出了一些特殊的经济现象：棉价大起大落、能源短缺、运力告急、贸易摩擦硝烟四起、反倾销与"特保"壁垒越演越烈。尽管如此，在纺织全行业的共同努力下，2004年的纺织经济仍取得快速健康的发展。生产、出口、效益均创历史最高水平。据统计，2004年纺织规模以上企业实现产值16107.73亿元，同比增长24.36%；利润总额513.48亿元，同比增长16.22%。纺织品服装出口951.3亿美元，同比增长20.6%。

一、2004年纺织行业经济运行基本特征

——生产快速增长，加工中心仍在东部。

2004年纺织主要产品产量均保持快速增长。据国家统计局统计，2004年纺织行业纱产量1120万吨，同比增长13.86%；布420亿米，同比增长18.8%；化纤1425万吨，同比增长20.64%。服装418亿件，同比增长15.12%。从主要产品区域分布看，2004年东部5省(浙江、江苏、广东、福建、山东)的纱、布、化纤、服装占全国的比重均在50%以上，尤其是服装和化纤产量已占全国的80%。在趋势变化方面，东部5省占全国的比重呈上升的趋势。

东部5省主要产品产量占全国的比重(%)

	纱	布	化纤	服装
2004年	57.67	66.45	79.89	80.01
2003年	54.72	62.85	76.83	79.59
04比03增减	2.95	3.6	3.06	0.42

——效益水平继续提高，但盈利能力下降

据国家统计局统计，至2004年12月规模以上纺织企业29831家，亏损企业5584家，亏损面18.72%，亏损面基本与去年持平；规模以上企业实现利润513.48亿元，同比增长16.22%；从全年季度增幅变化情况看，4季度与3、2、1季度相比，利润同比增幅分别下降了2.94、8.19和2.11个百分点。由于棉花、电力等要素成本上涨，2004年纺织行业利润率、毛利率均低于2003年的水平。面临严峻的市场形势，纺织企业通过练内功、抓管理、促销售，抵御了生产要素成本上升带来的经营风险，行业利润率随季上升。从分行业情况看，2004年1－12月除纺织机械外，毛纺织、化纤、棉纺织、麻纺织、丝绢、针织、服装利润均高于去年同期水平。其中：毛纺、制成品、针织有较快增长，同比增幅达到23.21%、27.41%、25.14%。

2004年分季度纺织利润率、毛利润情况(%)

	一季度	二季度	三季度	四季度
利润率	2.974	3.125	3.116	3.316
毛利率	11.007	10.81	10.63	10.73

——固定资产投资稳步增长，结构调整已见端倪

2004年我国纺织固定资产投资1179亿元，同比增长30.18%；比全国制造业投资低6.1个百分点；从投资的区域分布看，2004年东部5省（同上）完成固定资产投资799.52亿元，占纺织投资总额的67.80%；与2003年相比份额下降了3.21个百分点。从投资增长幅度看，青海、宁夏、吉林、辽宁、天津5省市的投资增幅均在100%以上，这反映出纺织产业结构布局逐步由东部沿海地区向西部、东北转移。在行业投资结构方面，2004与2003年相比，棉纺、毛纺、纺机投资比重下降，而麻纺、丝绸、制成品、针织、化纤投资比重上升，尤其是制成品、化纤和针织行业投资呈现快速增长势头，增幅分别达到了65.75%、49.52%和48.01%。

2004年的纺织经济运行大体上可划分为上、下半年两个阶段；上半年由于受配额取消等利好消息的驱动，纺织经济呈现了快速增长。一季度纺织固定资产投资增幅达114%，比2004年全年增幅高出83.82个百分点。而化纤产量也在下游企业需求拉动下，2季度的同比增幅接近30%。二季度后，一方面国家紧缩银根，严格控制固定资产的过快增长；另一方面棉价高位运行，电力运力紧张的局面，也大大削减了企业和投资商增产扩张的热情。加之越演越烈的反倾销和“特保”壁垒，使出口市场的不确定性进一步增加。在这些不利因素的影响下，下半年与上半年相比，纺织经济运行速度明显减缓。据统计2004年1-6月，纺织工业产值、销售收入、利润总额增速分别为25.60%、27.37%和24.64%；而4季度以上三项指标分别下降为24.36%、25.26%和16.22%。总之，2004年纺织经济运行中出现的问题，是行业发展中要素与产品市场非均衡发展的反映，因而应该引起警觉。

二、2004年经济运行引发问题的思考

——经济增长受要素约束日益显著

2004年在行业运行中发生的棉价大起大落、电力运力短缺、贸易摩擦等经济现象，实际上都与上半年纺织生产快速增长有着直接联系。2003-2004年度我国棉花产量632万吨左右，比上年增长了近30%。但由于受到下游产品增长的需求拉动，2004年实际纺织用棉约740万吨左右；而同期国内生产可用棉仅为510多万吨，供需缺口近200万吨。由于棉花进口有配额限制（2004年约89万吨），因此，2004上半年一度出现了棉花供应趋紧的局面。再之取消配额利好消息的市场炒做，形成了2004上半年棉价一直高居不下的局面。与此相关，电力运力也随着生产的快速增长，供给不足的矛盾日益突出。进入二季度后，许多企业出现了“三停四开”，更有甚者已是“四停三开”，造成了交货周期及产品质量的不稳定，产品单位成本上升，纺织企业苦不堪言。2002年中国入世后，随着配额制度的逐步取消，我国纺织出口呈现快速增长。由于配额取消市场蛋糕并未增加，仅仅是蛋糕分割原则发生了改变。因此，在我国纺织出口快速增长的同时，必然有其他一些国家生产企业的市场份额在减少，为维护自身利益，贸易摩擦难以避免。因此，无论是从纺织要素供给，还是外部发展环境方面看，中国纺织经济增长受要素供给约束日益明显，以量取胜的发展模式难以为继。

2004年还有一值得引起注意的事件是在东部有些地区出现了民工荒。众所周知，我国是世界上劳动供给最丰富的国家，中国有8亿多农民，而且是人多地少，剩余劳动力无限供给。这一事实被认为是中国纺织可持续发展的重要源泉；但应该看到，剩余劳动力无限供给结论隐含着一个前提，即是在劳动力供需双方均可接受报酬条件下。而东部地区出现的民工荒，其实质并不是无人可招，而是企业可提供的价格不被劳动者接受；而另一方面，生产企业又没有能力提高工资来维持生产经营。这一现实说明，目前我国有不少纺织企业已经处于微利或不盈利状况，从2004年的统计数字看，纺织行业的毛利率、利润率与2003年相比又下降了0.85和0.25个百分点。因此，中国纺织要实现可持续发展，必须改变粗放生产经营发展模式，走资源投入少、污染小、效益水平好、产品附加值高的新型工业化发展道路。

——竞争带来的利与弊

纺织工业是目前公认的市场化程度较高并最具国际竞争优势的产业。改革开放以来,随着对外开放和市场经济体制改革的深化,纺织工业也逐步由以国有经济为主体转变为多种经济成分共存的经济形态。至上世纪末,按产值和资产计算国有经济分别占28%和44%;以上两项指标2004年进一步下降至11.6%和20.7%。国有经济成分的下降,客观上促进了市场对资源的优化配置作用,纺织行业效率、效益及管理水平大幅度提高。2004年纺织劳产率为27894.05元/人(不变价),管理和财务费用占销售收入的比重为4.92%;而1995年以上两项指标为7065.95元/人和11.7%;分别为2004年的31.4%和3.947倍。以上数据就不难解释:为什么上世纪90年代中期出现的棉价大起大落,最终引发来了行业经济大滑坡。而2004年的棉价大起大落,行业经济运行最终仍能保持平稳运行。因此,竞争给纺织行业带来的积极方面是:企业抵御市场风险能力增强,行业整体素质提高。从不利方面看,由于高度的市场竞争,纺织工业的毛利率呈下降趋势,并与全国平均水平差距进一步扩大。2000年纺织工业毛利率12.97%,仅为全国工业毛利率的70.41%;2003年纺织工业毛利率11.26%,为同期全国毛利率的65.73%,与2000年相比又下降了4.67个百分点;近些年来,随着我国纺织出口的快速增长,国内出口企业间竞相压价问题日益严重。其结果是肥了国外采购商、苦了国内纺织企业。尤其是国内企业的过度竞争行为,也为主要纺织进口国对我实施反倾销和"特保",提供了有利的口实和素材。因此,规范企业出口行为、加强行业自律、避免企业过度竞争,将成为今后纺织行业面临的现实课题。

三、2005年行业经济形势展望

2005年是配额制度结束后世界纺织贸易进入一个新时代的第一年;在这一年里,纺织行业面临的有利因素是国内、国际经济仍将继续保持较快的增长。

从国际市场看,根据世界货币基金组织预测,2005年世界经济将增长4.3%;其中:我国纺织出口三大主销国美、日、欧2005年的增长率将分别为3.5%、2.3%和2.2%。世界经济的总体趋好,为2005年中国纺织品服装出口的增长,提供了极为有利的发展条件。同时,2005年配额取消后,我国纺织对受配地区的出口会有一恢复性增长。据海关统计,2005年1月,我国纺织品服装出口93.55亿美元,同比增长28.68%;而对美、欧、加、土四国的出口,同比增长了68.69%、42.9%、36.11%和79%。根据第三阶段取消配额后我国纺织出口增长的规律分析,预测2005年我国受配产品出口额将为164.5亿元,同比增长52.3%;同期纺织品服装出口额1200.46亿美元,同比增长23%。

从国内经济形势看,据权威机构预测,2005年我国经济仍将保持8%以上增长速度。按照经济发展一般规律,中国已经步入了以重化工业为主导的经济发展阶段。在新一轮的经济增长周期中,城市居民消费结构升级,城镇化进程加快以及世界制造业向中国转移,都将推动包括以房产、汽车、机械、城建等领域为代表的一批行业步入高增长期。纺织品作为我国工业发展的重要配套材料,将随着相关产业的快速发展产生强劲的需求拉动。在消费结构上,2005年商品住房、家用汽车消费仍将成为我国居民消费的热点;在三月初召开的全国人大会上,本届政府承诺至2006年中国将全部取消农业税,并强调"三农"问题是本届政府工作的重中之重;对困难地区农村子女实行免费教育等。随着一系列减轻农民负担和增加农民收入政策的实施,2005年农村纺织品市场有望取得较快增长,这将推动2005年纺织经济的快速发展。

另外,2005年国家也出台了一系列针对纺织出口的调控政策。如征收出口税、《纺织品出口自动许可暂行办法》等。这些政策的实施,将对纺织行业的结构调整,规范出口企业行为和市场秩序,产生积极影响。

除上述有利形势外,我们也应该看到,2005年纺织经济的发展也会受到一些不确定甚至是不利因素的影响,一是国内能源、原材料瓶颈问题依然存在,纺织企业可能仍要遭受水、电、煤等生产成本上升的压力。二是贸易摩擦和壁垒将会越演越烈。2005 年我国纺织出口贸易环境将会更加严峻。目前,欧盟针对中国、印度纺织出口的快速增长,提出了要取消对中国、印度优惠关税;美欧等国从2004 年开始也加大了对中国企业环境保护、劳工标准的情况调查;尽管目前由贸易摩擦造成的出口额减少不足影响大局,但从舆论及示范效应看,可能会对后配额时代的中国纺织贸易产生深远的影响。三是 2005 年人民币升值的压力增大。人民币升值有利于进口而不利于出口,纺织工业是我国贸易顺差最大的行业。因此,人民币升值将对纺织经济运行产生不利影响。

总之,2005 年中国纺织业仍然面临着极为有利的发展环境和空间。随着 2005 年配额制度的终结,也意味着国际纺织市场分割规则的变化,全球供应链系统的重组,这也为我国纺织在新形势下参与国际分工,并取得有利地位提供了难得的机遇。为此,2005 年我们建议应做好以下工作:

1. 加大产业结构调整和升级的力度,在全球市场供大于求、竞争日趋激烈的情况下,根据我国纺织要素的比较优势和国内外市场消费结构多元化、多层次的特点,建立与市场需求结构相适应的纺织生产技术结构和企业组织结构,以此推动纺织产品结构升级。

2. 进一步加强行业自律工作,加快行业社会责任、环境、质量认证体系与国际接轨的步伐;加速行业进出口预警机制的建设,国家应加大对纺织预警系统研究开发投资力度;强化产品信息监控及预警发布工作,为可能出现的贸易摩擦和企业应诉,提供预警资讯和信息支持。

全球化中的供应链之争

国际贸易经济合作研究院 赵玉敏

一、纺织服装业与国际产品供应链

纺织服装业是促进经济全球化最重要的产业，也是全球化程度最高的产业之一。目前全球60%以上的纺织生产能力、80%以上的服装生产能力在发展中国家，出口服装的发展中国家遍布世界各个角落，而发达国家的纺织服装业在不断收缩、调整、转移，致使相当部分的纺织品以及绝大部分的服装产品依赖进口，特别是从发展中国家的进口。经济全球化不仅意味着经济活动在分布和规模上具有跨国界的特点，而且更体现在经济活动的组织形式上。目前至少有两种国际化生产的组织形式，即卖方驱动的产品供应链和买方驱动的产品供应链。前者常见于资本、技术密集高行业，比如汽车行业。这类产业生产集中程度高、规模效益要求高。而相对于生产过程来说，销售是分散的、小规模的，经销商是依附在大的生产企业身上的，附加值更多地来自生产过程中的创新。与此相对应的是买方驱动的产品供应链，常见于世界贸易中的劳动密集型和低技术/低技能型产品，这类产品的生产高度分散在出口国(主要是发展中国家)，发达国家的零售商、品牌经销商作为买方在建立高度分散的国际生产网络中起着关键作用，这种产品供应链的主要特征是生产、设计和市场营销活动相分离，利润主要来自高附加值的产品开发设计、市场营销及金融服务，生产者缺乏对营销渠道和网络的控制。服装是典型的买方主导的产品供应链，一个高度竞争性的市场，具有初级产品的市场特征：供应充足，越来越多的发展中国家在这一领域建立起了生产和出口能力，还有大量的劳动力准备进入；发展中国家灵活的工资制度加大了竞争的压力，使得企业有可能在利润不受到损失的情况下从事价格竞争；在市场恶化的情况下，为了弥补竞争条件的不利变化，发展中国家往往会不断作出财政和贸易上的让步，以求贸易的增长。多年来服装生产盛行外包，外包一般有两种形式，一种是全活外包，另一种是缝合外包。发达国家的零售商更多地使用前者，即通过合同有选择地与世界各地的生产厂商建立供货关系，从供货商那里购买最终产品，如此形成了全球化的生产网络。品牌经销商则更多的是依赖一个区域性的生产网络，在该网络中品牌经销商或其附属商行向分包商提供中间产品并购回成品。在这个过程中，发展中国家的生产商要确保的只是产品的加工质量和交货期，而无须操心产品的开发也不用过问产品的销售。

二、国际采购新趋势

上述买方驱动的供应链是在配额制度下形成和发展的，在取消配额后，这种格局短时间内是不会发生根本改变的。但随着配额被取消，国际纺织服装产品供应链之争愈加突出，主要表现在两个方面，一是在发展中国家的生产厂商之间为进入国际供货商行列而激烈争夺。配额曾保护了一些厂商的经营和利益，同时也剥夺或削弱了另外一些厂商的经营权利和潜在的利益，这是取消配额必然会引发的市场重组。市场重组的核心是进口市场的国际采购商，他们将根据一些传统的和非传统的因素重整供应链。这些因素包括生产成本、工厂效率、基础设施配置(原料生产基地与服装生产基地的距离等)、采购商与供货商的关系等传统因素。同时一些非传统因素将会对买方的采购产生越来越大的影响，这些因素包括劳工标准和环境标准等的实施情况和记录。此外平衡采购原则也受到国际纺织品服装采购商的重视。由于配额不再是构筑供应链的重要考虑，过去靠配额庇护生存的企业将面临生死的抉择，被纳入供应链的国家和厂家数量将趋向减少，贸易将呈现相对集中的趋势。发展中国家的生产厂商将不得不为挤入国际供货商行列进行一番持续而激烈的较量。二是一些发展中国家意欲进入一直被发达国家所把持的供应链高端，即市场分销和营销。随着配额的取消，出口国失去了配额的租金收入，且由于市场争夺加剧价格大幅度下降，出口国的销售收入并未随着出口量的增加而同步增加，市场扩张带来的利益大部分上转移到进口国的零售商、经销商和消费者身上。因此对出口国来说进入、建立和掌控供应链高端的产品分销、营销甚至零售环节就比以往显得更加必要。由于取消配额后市场进一步扩张，这种扩张在高端产品上机会可能更多一些，这也给发展中国家建立自己的分销、营销渠道提供了更大的可能性，使他们有可能在不过分损害已有的分销商、营销商、零售商利益的前提下完成这项工作。这是取消配额引发的更高层次的供应链争夺战。

总之，取消配额没有改变纺织服装产品买方驱动的产品供应链的特征，发展中国家的生产厂家依然在贸易中处于被动地位，但情况正在悄悄发生变化。

三、中国在供应链中的角色和定位

中国内地与国际接轨首先是通过中国的香港地区、澳门地区和台湾地区，中国不但承接了这些地区的劳动密集型产品的生产而且其贸易也是最早通过中国香港转口到世界主要市场，特别是欧美市场。作为一个自由港，中国香港完备的市场经济制度、高度发达的运输、金融、法律服务业、精通对外贸易的规则和语言、与世界商界长期广泛、高效的联系使之成为改革开放初期中国与世界沟通的桥梁。正是这些积几十年的传统财富，成就了中国改革开放后对外贸易的高速度，这种速度让世界为之惊叹。中国香港在扩大内地产品在世界市场中的份额方面功不可没，它在中国对外贸易发展中的特殊作用，特别是改革开放初期的作用是其他政策因素不能取代的，它实际上是中国产品供应链的重要一环：大陆厂商为中国香港贸易商行提供货源，依靠中国香港贸易商行的渠道，把产品输往世界各地。

经过20多年的发展，中国纺织服装贸易发生了很大变化，不仅贸易量迅速扩大，而且众多的中国制造业企业及贸易公司与欧美的国际采购商建立了贸易联系，直接贸易比重有了提高，中国在不太长的时间里就完成了从缝制分包向全活分包过渡，现在正在向增加原创产品的出口方向努力。尽管中国作为国际纺织品服装生产和货源基地已举足轻重，但是，在供应链的高端基本没有中国的位置。

对中国这样一个纺织品服装出口大国来说没有自己能够掌控的完整的出口行销渠道，将使自己的出口面临诸多的不利和风险。首先，丧失很多利益，从贸易中所获甚少。在纺织服装产品供应链中中国以及大多数发展中国家从事的生产加工是附加值最低的部分，产品的设计开发和营销是整个供应链中附加值最高的，却大都被发达国家所占据，他们也因此占据了大部分的贸易利益。其次，不利本国自主品牌的出口。虽然中国目前已是世界上最大的服装出口国，但出口的服装少有自己设计开发的品牌，这不但是由于国内厂家长期对此不够重视，满足于从事来料加工、贴牌生产，而且也在于中国自主品牌很难进入由发达国家的各路国际采购商构筑的主销售渠道。第三，很难控制贸易中的价格风险。取消配额后，中国出口出现了强劲的增长，同时也导致中国产品在进口国价格的急剧跌落。这也由此引发了进口国不断使用和/或威胁使用纺织品特殊保障条款来限制中国纺织服装产品进口的事件。如果中国能够掌控产品供应链的全程直至进口市场的营销和分销，就有可能将这种价格风险分散并使其降低到最小程度，从而最大程度地避免由于价格大跌导致的一系列的灾难性后果。第四，强化国内企业间的价格竞争。由于中国纺织服装业没有建立起自己的出口营销渠道，因此出口竞争实际上很大程度上是争夺国外客户的竞争。竞争中往往是鹬蚌相争，渔翁得利，国内企业两败俱伤，国外客户稳操胜券。而相当部分与中国厂家直接打交道的国外客户还只是处于行销渠道的低端，要经过几番交易后产品才可与最终消费者见面。这中间毫无疑问蕴涵着中国丧失的大量机会和经济效益。

四、中国如何在新的供应链中取得优势

供应链之争是市场之争但又不完全等同于市场之争。其原因在于获得的市场份额与贸易利益之间并非完全等同。中国纺织服装出口高速增长,在世界市场上的份额是无人可敌的,但所获得的贸易利益与这一动态过程不符,这不仅因为中国纺织品服装中有很大比重是加工贸易,中国一般贸易中大量产品是中低档产品,而且因为中国没有在产品的国际供应链中取得控制权,更没有进入供应链的高端。因此对中国来说供应链之争的重点不在于让更多的企业挤入国际供货商的行列,虽然在有些品种上这也很重要,而在于利用目前市场扩张的契机,加紧建立自己的行销渠道,在国际供应链取得一定的控制权。由于打造中国产品完整有效的供应链是一个长期系统工程,必须调动和利用各个方面的力量统筹规划,全面推进,为此从政府、行业、企业三个层面提出以下值得关注的问题:

从政府来看,一是改善宏观经济运行体制,加快相关产业的进步,主要内容是发展金融、保险、法律、海运、分销等服务业。

经过20多年出口的不断扩张,中国之所以还是没有能够建立起自己可以掌控的行销渠道,一个根本的原因就是中国的服务业不发达。那些与出口相关的部门包括金融、保险、海运、法律、产品分销等长期处于封闭状态,体制僵化、经营理念陈旧、技术落后与国际接轨的进程缓慢。如果说在旧的计划体制下也有可能生产出合格的出口产品的话,那么要想在市场经济高度发达的欧美市场建立起通畅、高效的产品行销渠道,必须要有一套能完全适应市场经济法律法规制度的运行机制和做法。因此政府要有计划地推进国内服务业的开放,引进先进的经营理念、经营技术、管理方式,引进人才,引进竞争,加快发展,更好地为我国制造业出口铺路搭桥。

近年我国开放零售业对缩短包括纺织服装产品在内的很多产品的供应链就起到了积极的作用。随着零售业的开放,世界著名的跨国零售集团大都已在我国安营扎寨,他们优先的目标当然是占领中国市场,同时作为大型跨国公司,他们是在全球范围内布局资源,因此有些零售集团同时把中国当作亚太地区的采购中心,逐年增加在中国的采购额也就不奇怪了。欧美大型零售集团大规模进入中国,使中国更多的厂家有了与最终客户直接接触的机会,增进了相互了解和沟通,减少了交易的中间环节和交易的不确定性,缩短了供应链,降低了交易成本,提高了交易效率,扩大了交易规模。另外,纺织服装产品市场的激烈竞争使得交货期成为交易成败的要素,取消配额后这方面的要求更加紧迫。比起其他供应国来说,中国远离欧美等主要市场。比如从中美洲各国发货到美国需2-7天,而从中国则需要12-18天。因此提高海运能力和速度是建设中国供应链的一个重要组成部分。据报道,中国最新的远洋货轮可以将到达美国西海岸的时间缩短到11天,同时装载能力可以提高30%。这样的进步将有助于提升和巩固中国在国际纺织服装供应链的地位。

二是加紧人才的开发和培养。供应链的高端是知识密集型产业,对人的素质有很高的要求,中国香港之所以成功地实现从以制造业为主的经济形态向以服务业为主的经济形态的过渡,并在许多产品上占据供应链的高端,除了适宜而灵活的机制外,一个重要的原因就是有一大批在市场经济体制下陶冶出来的高素质人才,他们能在不同的文化环境、语言环境、市场环境、法律环境下有效沟通、灵活运作。这是进入供应链高端的基础条件,需要政府从长计议,加快实施步伐。

三是设立专门机构或责成专门机构负责推进这项工作。打造中国产品完整有效的供应链涉及不同的行业和部门,单靠纺织服装行业是无法完成的。在现行体制下商务部的贸易促进局作为国家促进对外贸易的专门机构应当将此提到重要的工作议事日程,制订出行动纲要和计划,调动并协调各部门的资源和力量,积极推进。

从行业来看,行业组织是制订和实施推进建立中国

纺织服装产品完整供应链战略的核心部门。其任务首先是制订部门战略规划。进入供应链高端是配额取消后中国纺织服装业面临的带有全局性的问题，对解决贸易壁垒问题、价格竞争问题、贸易利益低下的问题以及推动自有品牌产品出口等诸多问题都有帮助，因此行业协会要将其纳入工作重点，找出主攻目标和方向，制订切实可行的措施和办法，配合有关部门联合行动。其次，要研究纺织服装行业乃至世界经济全球化的走向及其对产品供应链的影响，及时向企业、相关部门通报有关信息，研究对策，帮助各方面适时调整。

从企业来看，一是要扎实推进品牌战略，重视开发自有品牌。实际上建立自己的出口营销渠道主要的任务是为自主开发的原创品牌的产品打开方便之门，提升其市场价值。但时至今日，这样的出口产品还不多，还远远没有形成中国出口的主流产品，众多的企业还只是热衷于为国际知名品牌加工，还有一些企业满足于生产没有多少技术含量的大路货。正是由于出口中加工贸易产品、低附加值产品占相当大的比重，使人们对进入供应链高端的紧迫性和必要性大打折扣。

二是积极开发电子商务的功能，提高运用的水平和技术。现代国际采购商大都采用最先进的信息技术和设备，把供应商、分销商和零售商、直至最终用户连成一个整体，使货物和信息在供应链中始终处于快速流动的状态。中国企业要想进入国际采购商的供应链发展高效电子商务系统是一个必然的选择。

三是优先考虑在主要市场建立销售终端。中国企业在欧美等主要进口市场应当考虑建立自己的销售设施，包括货场和零售网点。这样做比在发展中国家建立生产设施效果更好。中国毕竟是世界上生产纺织品和服装最具成本优势的国家，这种成本优势不仅来自中国相对便宜而优质的生产要素，也来自中国为贸易便利化所进行的一系列基础设施建设和政策体制的改革。而这些在许多发展中国家尚有不小的差距。因此与其在条件不太成熟的发展中国家设立生产设施，企图以迂回的方式进入发达国家市场，不如在发达国家建立商业企业，扎下根。这样既便于随时了解市场动态，及时与国内企业就销售数量、品种、价格、当地消费者和业界的反映等信息进行沟通，将可能出现的矛盾和危机化解在萌芽状态，也便于捕捉市场机会，有针对性地进行市场开发活动。

四是要重视在发展中国家建立出口的分销、营销渠道。

在配额取消前，一些发达国家就在多种场合要求发展中国家开放纺织品服装市场。欧盟认为，2005 年后纺织品服装市场的开放基本上呈现一边倒的情况，发展中国家在这个行业中有很强的竞争力，但却保持着与之不对称的高关税，这种情形是不可持续的。欧盟希望多哈回合的一个主要目标是进一步大幅度降低关税和非关税壁垒，以便创造可比较的竞争机会，为长期增长奠定基础并使贸易惠及各方。美国也在多边贸易组织上表达了同样的意见。因此，发展中国家逐步开放其市场是一个必然的趋势。中国企业应当密切关注这种动向，把握时机，在新兴发展中国家中建立市场通道。

国内外纺织品技术标准现状、趋势发展及对我纺织品出口的影响

天祥集团(Intertek Testing Services) 王建平

我国纺织标准体系的建立、特点与发展

我国纺织品标准体系的建立起步较早,上世纪50-60年代主要采用苏联模式,根据产品的原料、品种及生产工艺、所使用的染化料和实际的生产技术水平,制订相应的产品标准和试验方法标准。这不仅满足了生产企业要求,也适应了当时计划经济时代的按标准组织生产的基本要求。进入80年代之后,我国的纺织品标准进入了空前的快速发展时期。据统计,截止2004年底,我国共有纺织品和服装相关标准941个(不包括纺织机械标准),其中国家标准481个,国家军用标准7个,纺织行业标准448个,其他标准5个,形成了以产品标准为主体,以基础标准相配套的纺织标准体系,包括术语符号标准、试验方法标准、物质标准和产品标准四类,涉及纤维、纱线、长丝、织物、纺织制品和服装等内容,从数量和覆盖面上基本满足了纺织品和服装的生产和贸易需要[1][2]。

另据国家有关部门统计,目前我国对国际标准的平均采标率约为44%,而纺织标准的采标率达80%以上。ISO中有关纺织品和服装的标准有280多个,我国已不同程度地采用或已列入采用计划。除此之外,我国的纺织标准还不同程度地采用了国外先进标准,如美国标准、英国标准、德国标准和日本标准等,特别是基础的、通用的术语标准和方法标准基本上都采用了国际标准和国外先进标准,使我国的纺织品基础标准和方法标准基本上达到了国际标准或相当于国际标准的水平。

按我国现行《标准化法》的规定,我国现有的纺织品标准分为推荐性标准和强制性标准两大类。其中的推荐性标准除了大都采用国际标准或国外先进标准的基础标准和方法标准之外,基本都是产品标准。我国现有的纺织产品标准主要源于计划经济时代遗留下来的生产型标准。所谓的生产型标准是根据生产企业的生产工艺、原料结构、产品种类等因素制订的标准。这类标准被要求直接作为企业组织生产的依据。但这类标准的技术指标的依据主要是生产工艺,而不是消费需求,有的过高、有的过低,而有的则过死,且制修订速度严重滞后,无法满足新产品开发的需求。而另一类随着我国纺织品国际贸易的逐渐扩大而发展起来的贸易型产品标准,则是根据产品的最终用途而制订的标准。这类按国际惯例建立的标准主要从最终产品的消费要求出发,以满足用户的需求为前提,采用协商为主的办法,确立供需双方对产品的考核和验收指标。

与国外的法律法规不同,我国的强制性标准从某种程度上部分起到了强制性法规的作用。目前我国已有的有关纺织产品的强制性标准有9项[3],它们是:

GB 1103—1999 棉花 细绒棉

GB 1797—2001 生丝

GB 5296.4—1998 消费品使用说明 纺织品和服装的使用说明

GB 6529—1986 纺织品的调湿和试验用标准大气

GB 8965—1998 阻燃防护服

GB 9994—1988 纺织材料公定回潮率

GB 17591—1998 阻燃机织物

GB 18383—2001 絮用纤维制品 通用技术要求

GB 18401—2003 国家纺织产品基本安全技术规范

推出这些强制性标准的目的,在于规范市场,打击假

冒伪劣产品，保护消费者利益；保护消费者的人身健康和安全；规范和统一需要重点控制的技术条件和维护国家的经济利益等。但由于我国的强制性标准并未上升到法律法规的高度，加上执行机制的不够完善，强制性标准的实际执行情况并不理想。

纵观我国现有的纺织标准和纺织标准体系，在肯定成绩的同时不难发现，我国现有的纺织标准化体系和架构存在着不适应社会主义市场经济发展和加快融入国际大市场步伐的诸多弊端，其最主要的问题是在计划经济体制下逐步形成的现有的产品标准体系不仅在观念上无法与国际接轨，在技术内容上也相去甚远。按国际惯例，ISO 或国家层面上的纺织标准，其主要的注意力放在基础类标准上，通过统一术语、统一试验方法和统一评价手段，使各方所提供的数据具有可比性和通用性。同时，通过公开标准，提供作为交货、验收的技术依据，指导贸易双方从用户的角度和要求来制订贸易型标准。通常，这种贸易型标准的技术内容比较简明笼统，具有相当的灵活性。事实上，不同的企业由于其技术水平、生产工艺、所使用的原料、管理水平和产品市场与客户群存在很大的差异，要通过国家标准或行业标准的形式来规定统一的产品标准，就难免使这类标准订得过细、过滥、过于僵化，甚至为了考虑到面，而使标准的水平下降。一个重要的例子就是某些重要的产品标准因为牵涉面太广而无法及时修订，根本无法满足新产品开发、技术进步和国际贸易发展的需要。另外，我国在标准化管理机构的设置上，仍然以具有浓厚计划经济色彩的行业分类进行分工，各行业根据自身的生产工艺和技术水准来制订自己的标准，很少关注不同行业间的共性问题和前后道工序的标准关联性问题。其结果是：各行业间的标准缺乏沟通，技术要求的尺度掌握不一，半成品与成品的标准不衔接，条块分割的痕迹相当明显，以原料或工艺划分为主的产品标准成了现有产品标准的主体。更有甚者，一些标准中的明显错误也长期无法得到及时的更正。事实上，企业作为市场经济的主体，完全可以根据自己的实际情况制订相应的标准，并以此为依据组织生产。目前在国内市场涌现出来的许多名牌纺织品或服装生产企业，无一不是采用优于国家标准或行业标准的企业标准，执行严格的技术标准和检验制度，在推进企业技术进步的同时，使产品质量得到了大幅度的提升。

根据2002 年国家标准化管理委员会制定的《‘十五’期间国际标准转化计划》，我国将在 5 年内使国际标准转化为我国标准的转化率达到 70%，部分重要行业的主要工业产品的采标准率达到 75% –80%，参与制订国际标准 300 –500 项，以我国为主或我国标准被采纳为国际标准超过 50 项，力争达到 100 项。但到 2002 年底，我国国际标准的总采标准率仅为 44.2%，仅比 2001 年上升了 0.5 个百分点。按此速度，要达到“十五”目标，可能需要 8 –10 年的时间。因此，达标的任务十分艰巨[4]。在此，还有一个需要保持清醒的问题是，虽然我国现有的纺织标准对国际标准或国外先进标准的采标率达到了相当的程度，但以前采标的指导思想是结合中国国情，充分考虑国内现有的设备和工艺条件，以“非等效”或“参照”采用的方式居多。因此，除基础标准接轨程度较高之外，许多产品标准号称采用国际标准或国外先进标准，但实际上仅少数甚至个别指标与国外标准一致，或仅试验方法采用国外标准。因此，大多数产品标准的指标和水平并未与国际接轨。

根据 WTO 的《贸易技术壁垒协议》(简称 WTO/TBT 协议)，贸易技术壁垒有三种表现形式：强制性的法律法规、自愿执行的工业标准和符合性评定程序。贸易技术壁垒的一个重要的特点，是以知识产权作为技术支撑的。技术可以引进，标准也可以引进。但标准一旦成为技术壁垒时，就不是单纯依靠引进可以解决问题的。因此，无论是从提高国际标准的采标率或是提高我国技术标准的技术基础看，打破技术壁垒的唯一途经就是全面提升技术水平，特别是自主知识产权的获取能力，即创新能力。

国外纺织标准的特点和分类

长期以来我国纺织产品出口的主要市场集中在中国

香港、日本和欧美。因此,本文对国外标准的介绍将主要涉及美国、日本和欧盟的纺织标准体系,并就其特点与分类作简单介绍 。

目前有关纺织品和服装的国际标准有280多项,且大多为基础标准和试验方法标准。由于这些标准基本上已被采纳为我国标准或已被列入采标计划,本文不再赘述。我们现在所关心的更多的是对我国纺织品和服装出口可能产生重大影响的国外纺织品技术法规和标准。有关专家把这些法规分成三类:一类是控制有害物质的法规,第二类是纺织品燃烧性能的法规,还有一类是纺织品和服装标签的法规。由于是以法规形式出现的标准,虽然从形式上看有些类似于我国的强制性标准,但其执行和监督机制相当完善,执行效果也相当理想。至于众多的技术标准,包括某些环境标签标准,虽然具有自愿执行的属性,但对供应商而言,一旦买方以此作为验收标准,则自然就变成是必须执行的了。不过,与我国传统意义上的产品标准而言,国外的产品或技术标准绝大部分是贸易型的而非生产型的。

一、美国的纺织标准体系

美国的纺织品标准体系包括产品质量标准和测试方法标准两大类。对于产品质量,其实美国并没有统一的国家标准,而是由各大采购商根据最终客户的需求自行制订的。与我国从“符合性”角度去理解并制订纺织品质量标准不同的是,美国人通常用“适用性”(fitness for use)来定义纺织品或服装的质量。因此,若某一项目不适用于该商品的最终用途,即不被作为质量指标[6]。

以AAFES(美国陆军和空军交易服务中心)为例,美国的采购商在制订产品标准时,通常遵循四方面的原则:一是产品的考核要求与所使用的材料、生产工艺和产品的品种无关。如色牢度测试与纤维材料和所使用的染化料无关,只要能达标就行;二是所选择的测试项目偏重与产品的最终用途有关的性能;三是对某些性能并不确定明确的指标,能适用就行;四是重视产品的安全性能。

绝大部分美国纺织产品质量标准所引用的测试方法标准来源于AATCC(美国纺织化学家和染色家协会)标准和ASTM(美国材料试验协会)标准,涉及产品安全方面的测试方法标准则来源于CPSC(美国联邦消费品安全委员会)制订的相关标准,至于纤维标识标准,则是由FTC(美国联邦贸易委员会)制订的强制性标准。目前,美国有关纺织品服装的技术法规主要有:纺织纤维产品鉴定法令、毛产品标签法令、毛皮产品标签法令、公平包装和标签法、织物可燃性法规、儿童睡衣燃烧性法规、羽绒产品加工指南等。

AATCC最初是由美国140多位纺织业巨头于1921年11月3日在波士顿发起成立的地区标准化机构,其工作领域为:制订试验方法标准、信息发布、教育培训及技术交流。经过数十年的发展,AATCC不仅拥有自己先进的实验室,专门用于制订和改进试验方法标准的研究,而且已经成为当今世界纺织领域具有国际权威的标准化组织,在纺织品生物试验、色牢度试验和纺织品组分分析及部分纺织物理性能测试方面,都处于国际领先地位。ASTM的纺织技术委员会D-13成立于1915年,其主要职责是制修订纺织产品的物理性能标准,包括测试方法和测试要求等。由于ASTM在制订标准时有意吸收各方面的广泛参与,因此其标准被认为具有最高的可靠性、完善性和市场可接受性。目前,AATCC和ASTM所制订的纺织测试标准在全球范围内被广泛接受和采用。CPSC成立于1973年,其主要职责是通过发展自愿性工业标准和制订强制性标准,降低公众在使用消费品时可能受到伤害的危险。CPSC除了规定测试方法,还规定具体的产品质量要求,在纺织品方面主要涉及与产品安全性能有关的设计和阻燃性能等。

众所周知,著名的美国的四分制标准目前已经成为国际坯布贸易中最常用的质量验收标准,该标准的依据是美国的梭织纺织品质量评价的标准程序和梭织物的范友生疵点分等标准。与我国的相关标准(GB/T 406—1993)相比,美国的四分制标准更能反映产品的外观质量、更适应坯布的后道加工需要。由于美国的四分制标准满足了服装生产对面料的要求,因而被广泛接受和推广。但事实上，美国的四分制标准也并不是国家标准，而是被广大生产商接受的一个行业标准[7]。

二、日本的纺织标准体系

日本的纺织标准体系与欧美略有不同，其主要的标准基本都以国家标准（JIS）的形式出现。除此之外，还有不少以法规的形式对某些特定用途的产品或与产品使用的安全性能有关的项目提出质量要求。参与日本JIS标准制订的机构可以是政府属下的质检机构、民间的行业检验机构以及生产、流通领域的行业组织。

日本的纺织标准按其性质分，可分为三个大类：产品质量标准、安全性标准和质量标签标准。日本的产品质量标准比较注重产品的使用性能，如色牢度（耐光、耐洗、耐摩、耐汗等）、织物强力、尺寸稳定性、抗起毛起球、防水等，而且这些项目的考核，在指标掌控的尺度上有一定的灵活性，可以根据产品的最终用途进行调整。此外，对纺织品的外观质量检验标准也是侧重于产品的实用性能，要求从整体效应考核。如由日本生活协同组合联合会制定的家用纺织品质量标准，对外观质量标准规定为“无异常情况”而没有各种疵点的具体规定条文。因此实际考核时只对明显影响外观的色渍、黄斑、油污、严重色差和褶皱等方面进行考核与评分[8]。

日本的纺织产品安全性能标准通常以法规的形式出现，内容包括消费品安全法、纺织品中有害物质的限量、消防法令、有害物质管制法和残断针检验规定等，如产品质量法、家用物品有毒有害物质控制法规、制造物责任法等。此外，日本还有一些著名的质量标志标准，主要有：（1）“Q”标志，是日本的优质产品标志，于1920年实施；（2）麻标志，由日本麻纺协会按自行设定的协会标准设置的，是向消费者推荐放心的麻制品而作出的品质保证，有些类似于我国的真皮标志；（3）SIF标志，是对优秀制品予以认可和推荐的标志，制定于1972年。该标志是经日本经济产业省认可的专门负责服装测试和检查的综合性检查机构——缝制品检查协会对符合其标准的产品予以认可的标志。

从总体上看，日本市场的纺织品质量标准与欧美标准相似，甚至略高。日本消费者十分注重服装在洗涤后是否会变形、起皱、褪色、沾色和起壳等质量问题。在日本市场销售的服装产品必须全部经过针检，并且成分标签、使用标签、尺寸标签和产地标签齐全。值得注意的是，日本对包装质量的要求也相当高，对包装材料的回收利用也有明确的规定。

日本纺织标准的执行除了部分产品的出口由政府部门所属的检验机构承担检测任务之外，其他的一般性产品检验和进出口检验都由以专业或产品划分的第三方检验机构接受委托检验为主。此外生产企业一般都设立相应的质检部门，而流通领域的企业也会设立质检机构以维护消费者的利益。

三、欧盟的纺织标准体系

众所周知，欧盟是对纺织品和服装贸易设置技术壁垒较多的地区，尤其是在标准、法规和合格性评定程序方面采取了许多限制措施，使欧盟区域外的纺织产品进入欧盟市场遇到了越来越多的障碍。问题的复杂性还在于，欧盟既是一个政治实体又是一个经济实体，但同时其各个成员国又都是主权国家，在法规和标准的制订中，既有欧盟统一的，又有各国自己的，其中不少在技术要求和条件上还存在不小的差异，使许多产品出口欧盟的生产商或供应商在执行相关法规和标准时遇到不少的困难。

作为现代纺织业发源地之一的英国，其纺织标准（BS标准）体系相当完善，特别是基础标准和方法标准，其中有不少已被采用为我国的标准。德国的标准化体系（DIN标准）也相当严谨和完备，其中又以与纺织品上有害物质的控制有关的法规和标准著称。目前欧盟部分成员国乃至以欧盟名义推出的许多有害物质控制的法规和标准，基本上都是以德国的法规与标准为蓝本的。综合起来看，欧盟各成员国的纺织标准主要侧重这几个方面：（1）有害物质控制；（2）纤维成分标签；（3）产品规格标识或说明；（4）产品使用说明标签；（5）安全性要求，如阻燃性能等；（6）包装和原产地；（7）标识所使用的语言；（8）其他。

至于欧盟标准,很少有一般的产品标准。欧盟所推出的通常是以条例(Regulations)、指令(Directives)、决定(Decisions)、建议和意见(Recommendations and Opinions)等形式出现的法规和与之配套的试验方法标准。其中的建议和意见虽不具有约束力,但影响很大[9],通常最终也会形成正式的法规或法律文件。从现有的情况看,欧盟标准化委员会(CEN)的工作重点是研究、建立和统一一些重要的基础标准和测试方法标准,但由于没有自己单独的研究和检测机构,欧盟标准的制订通常是以某一成员国的某项标准为蓝本,或委托某一成员国的标准化管理机构负责起草标准的草案,在广泛征求意见的基础上,再以欧盟标准的名义发布。欧盟在发布某项标准的同时,通常会以欧盟指令或欧盟决定的形式,规定该标准的生效时限和过渡期等事项,同时限定在某一时段内,各成员国必须将其转化为本国标准。

欧盟及其主要成员国,长期以来在标准化工作方面投入了大量的人力和物力,已经形成了一个庞大的标准化体系。由于各成员国在经济、文化、法律、技术和国际关系等方面存在一定的差异,造成各国标准在技术要求和内容、实施办法等方面也是五花八门,因而欧盟除了少数的基础和方法标准之外,要把各成员国的标准在短时间内完全统一起来,实际上也是一件很困难的事,对此,我们必须有一个清醒的认识,并在处理具体问题时必须十分谨慎,以免混淆。

国内外纺织标准的应用

一、我国标准

到目前为止,我国现有的纺织标准已达941个(不含纺织机械标准),基本上可分成基础与方法标准和产品标准两大类,其中的基础与方法标准包括:基础标准、通用试验标准、纱线试验、织物试验、色牢度试验、棉纤维试验、毛纤维试验、麻纤维试验、化学纤维试验、涂层织物试验等;产品标准包括:棉纺织原料及产品、毛纺织原料及产品、麻纺织原料及产品、丝纺织原料及产品、化学纤维原料及产品、针织品、服装鞋帽、巾被(包括方法)、衬布(包括方法)、非织造布(包括方法)、土工合成材料(包括方法)、帘子布、帆布、篷盖布(包括方法)、线、带、绳、渔网(包括方法)、毯、毡类(包括方法)、特种纺织品(包括方法)、劳动保护用品(包括方法)、过滤材料、汽车用材料、商检标准、相关和通用标准。

采用我国标准时,要特别关注那些强制性的标准。对非强制性的推荐标准,要注意灵活应用。由于我国大部分产品标准带有明显的计划经济痕迹,因此在签订买卖合同时应尽可能采用贸易型的产品标准,更多地从客户需求和产品的最终用途去确定验收和考核指标,在测试方法上,尽可能采用与国际接轨的基础和方法标准。尤其要提醒的是,已于2005年1月1日起强制执行的国家标准GB 18401—2003《国家纺织产品基本安全技术规范》,对规范我国的生态安全纺织品的开发,全面提升我国纺织产品跨越"绿色壁垒"的能力,具有十分重要的战略意义。

二、国外标准

在具体应用美国、日本和欧盟等国外标准时,应特别注意具有强制性的法规要求的安全性能技术标准、纤维成分和标识标准、护理标签标准、有害物质控制及其检测方法标准、包装标准等。

由于在纺织品和服装的国际贸易中,贸易双方更倾向于采用贸易型的产品标准,这对习惯于计划经济模式下运行的企业而言,对如何采标往往会觉得无所适从。这就需要从根本上转变观念,变按国内标准生产为按国外客户的需求生产,并注重在签订合同时正确评估自己的履约能力,同时尽可能采用国际或进口国的基础或方法标准,对产品进行考核和验收。

相对而言,我国出口欧盟的纺织品和服装遇到贸易技术壁垒的机会会更多一些,加上欧盟的标准体系又相当庞杂,为避免不必要的损失,我们必须及时了解和掌握相关信息,加强合作与沟通。与此同时,我们应从更长远的战略角度,来审视我国现有的纺织标准体系,了解和掌握世界纺织标准化的发展趋势，在新的更高的层面上与国际接轨，保持我国作为纺织品服装的生产和出口大国的战略地位。

国内外纺织品技术标准的发展趋势及对我国纺织品服装出口的影响

一、我国纺织品标准的发展趋势

根据国家标准化管理部门制订的近期和长远发展规划，我国的纺织品服装标准化体系将作重大的调整，其中心指导思想是积极采用国际标准和国外先进标准，在及时、准确反映科学技术发展水平和指导生产的同时，要主动适应市场需要，促进产业结构调整和行业技术进步。与此同时，我国的纺织品技术标准体系应在经济全球化的进程中，加快与国际接轨的步伐，全面提升我国纺织业的国际竞争力。通过提高标准化水平，促进我国纺织品国际贸易健康稳步地向前发展。

目前，我国纺织品标准化归口单位正在国家有关部门的指导下，积极组织有关专家对现有的国家标准和行业标准进行清理，对标准的数量在总体上要进行压缩。对已不能符合当前技术水平，无法满足市场需求和使用需求的，将及时予以废止；对过多过滥、重复制订、前后不衔接、相互不配套、技术要求存在冲突但仍有需要的标准要及时予以修订、整合。笔者以为，今后对各类产品标准，将不应再从国家标准的层面上进行过多的制约，而是要充分发挥企业作为产品开发和生产的主体在纺织品标准化过程中的主导作用，使企业标准能真正成为指导生产、满足市场需求、推进品牌战略、提高企业竞争能力的有效工具和可被广泛接受的贸易标准。与此同时，对有关国计民生，合理利用资源，保护环境，保护人类健康和生命财产安全，诚信经营、规范市场等共性问题，则必须强化标准的制订和推广工作。目前，在全国纺织品标准化技术委员会的领导和组织下，有关纺织产品生态安全方面的限量标准和配套的试验方法标准的制、修订工作正在紧锣密鼓地进行，部分标准已经发布。这预示着我国纺织品标准化体系将朝着更贴近市场、更关注环境和人类的健康与安全、更适应国际消费潮流的方向发展。另外，根据WTO的规则，今后对强制性标准的制订要合理控制范围。

一个可喜的现象是，目前国内一些企业、行业商协会或提供技术、信息服务的中介机构已经开始积极参与某些纺织产品的标准制订和推广工作，而国家标准化管理和归口单位则更注重抓紧抓好基础标准和方法标准的配套制订工作，以为社会提供一个通用的、有可比性的标准化平台。但必须提醒的是，某些企业和社会中介机构在参与制订和开发新标准的过程中，缺乏对标准化工作的深入了解，或盲目否定现有的标准化体系，或不切实际地提出要建立全新的标准体系，甚至出于企业或部门的利益，试图通过标准化进行不正当竞争。凡此种种都是不可取的。

二、国外纺织品技术标准的发展趋势

如上所述，美国、日本和欧盟作为早期纺织产品的生产大国和目前纺织品服装主要进口地，在纺织品技术标准的发展方面已是相当成熟的。综观近年来国外纺织品技术标准的发展走向和国外买家在纺织品服装国际贸易中对产品质量的关注热点，不难发现，公平和诚信交易，方便和人性化，环境、生态和安全是近年来，乃至今后相当长一段时期内国际纺织品服装贸易中人们普遍关注的主旋律。

所谓公平和诚信交易在标准中的体现主要反映在世界各国对纺织产品纤维成分标签的关注达到了相当的程度。目前世界主要的纺织品服装生产和进口大国，大都以立法或强制标准的形式，对纺织产品采用规范化的纤维成分标签或类似标识作了严格的规定，并且作为贸易交货时须提供相关证明文件的主要内容。而方便和人性化则集中体现在护理标签的广泛使用上。我国曾于1988年发布过一个强制性国家标准GB 5296.4－1998《消费品使用说明　纺织品和服装的使用说明》，对上述内容也作了相关的规定，但实际执行情况并不理想，特别是标示与实际情况不符的问题比较严重。

有关环境、生态和安全,则是近10年来国外纺织品技术标准的发展重点。众所周知,美国对纺织产品、婴幼儿用品和玩具的阻燃性能一直给予强烈的关注。美国消费品安全委员会(CPSC)近年来不断强化在产品安全性能方面的立法和监管,并经常派员到世界各纺织产品主要出口地,包括中国,与相关部门和企业进行沟通。日本、澳大利亚和英国、荷兰等欧盟国家也将纺织产品的燃烧性能以立法的形式进行严格的监控。1994年7月14日,德国政府颁布《食品和日用消费品法》(第二修正案),首次以法律的形式,规定在纺织产品和日用消费品上不得使用某些可能还原出致癌芳香胺的偶氮染料。作为国际生态纺织品发展领域的标志性事件,其影响迅速扩展到整个全球纺织品纺织贸易领域,与此相对应的各种法律法规、标准、符合性评定程序、标签认证、买家验收标准(贸易标准)等也随之纷纷出台。到目前为止,在国际纺织品纺织贸易中,有关纺织品生态安全性能的监控范围已经从单纯的甲醛释放扩展到了可裂解出致癌芳香胺的偶氮染料、五氯苯酚防腐剂、致敏染料、致癌染料、可萃取重金属、杀虫剂、有机氯染色载体、有机锡化合物、六价铬、含溴阻燃剂、镍释放量、邻苯二甲酸酯类增塑剂、短链氯化石蜡、部分游离单体、烷基酚聚氧乙烯醚和气味等,并正在逐渐成为国际纺织品纺织贸易中一道必须跨越的"绿色"门槛,即国内常称之为的"绿色贸易壁垒"或"绿色技术壁垒"。2002年5月15日,欧盟委员会作出决定(2002/371/EC),对原有的授予某些符合要求的纺织品欧共体生态标签(Eco-Label)的生态标准进行修订,并发布新的标准。欧共体的Eco-Label所倡导的是全生态的概念,与目前我们所熟知的部分生态概念(即只关注产品本身的生态安全性能)有很大的差异。Eco-Label的评价标准涵盖了某一产品的整个生命周期对环境可能产生的影响,如纺织产品从纤维种植或生产、纺纱织造、前处理、印染、后整理、成衣制作乃至废弃处理的整个生命过程中可能对环境、生态和人类健康的危害。因此,从可持续发展战略角度看,Eco-Label是一种极具发展潜力的、更理想的生态标准,并将逐渐成为市场的主导。此外,由于欧共体的Eco-Label标准是以法律的形式推出的,在全欧盟范围内的法律地位是不容置疑的,而且其影响力也会进一步扩大。显然,从单纯关注产品本身的生态安全问题,到关注产品从生产到废弃的整个生命周期的生态和环境问题,体现了可持续发展和倡导"清洁生产"的理念,而且这种理念正在向国际纺织品纺织贸易领域延伸。

事实上,所谓"绿色贸易壁垒"的出现并不是偶然的,它既体现了崇尚绿色的国际消费潮流,又反映了在国际市场占主导地位的一些国际买家或零售商主动迎合消费者需求的强烈的市场意识。与此同时,有关国家的政府也从可持续发展战略和保护环境的高度出发,通过法律法规或标准的形式,来引导和规范市场,从而有力地推动了"绿色浪潮"的迅猛发展。当然,这当中也不排除在国际纺织品服装贸易中,随着传统的贸易壁垒的弱化或取消,特别是随着ATC协议规定的在全球纺织品服装贸易中取消配额的正式实施,某些国家或地区性组织为了自身的政治或经济利益,以"绿色"为幌子,构筑新的贸易壁垒的企图。但不管是壁垒也好,市场趋势也好,"门槛"是客观存在的,而且在某种程度上是受到WTO/TBT协议所鼓励和保护的。因此,我们唯一可做的是按照WTO的游戏规则,努力跨越这座"门槛",单纯的斥责和抱怨都是于事无补的。

另一个值得一提的问题是,功能性纺织产品的开发经过多次起伏,目前已形成相对稳定的市场需求,与之相对应的各种标准、标签认证也已逐渐浮出水面并被广泛采用。对抗菌或抑菌产品的开发,日本已建立了一套成熟的监控、检测和评价系统,对抗菌剂选择中的安全性问题已经引起广泛的关注,随意号称产品具有抗菌功能和随意选择对人体有毒性的抗菌剂将受到严格的监管。此外,远红外、抗紫外、抗辐射、负离子、保暖、防水透湿、拒油、抗污等功能性纺织产品和有关服用产品的舒适性等,日本和欧盟一些国家也已陆续出台了相关的检测方法标准以及功能产品认证程序,有的还可授权使用某种标签,功能产品无序开发和随意夸大功能的现象将得到制约。

三、国外纺织品技术标准发展对我国纺织产品出口的影响

国际纺织品服装贸易已进入“后配额时代”，全球的纺织品服装贸易格局亦将随之发生重大的变化。在此背景下，国外纺织品技术标准的发展及其变化，必将对我国的纺织品服装出口带来重大影响，这是毫无疑问的。

影响之一是观念上的冲击。综上所述，我国现有的纺织品技术标准体系的基本框架是在计划经济体制下建立起来的。虽然国家有关管理部门已经对今后我国纺织品技术标准的发展战略作了重大调整，但就目前而言，我国现有的纺织品技术标准体系从整体上已经难以满足国际纺织品服装贸易的发展要求，特别是在中国纺织品服装出口持续增长，因配额取消而面临新的发展机遇以及欧美等纺织品服装主要进口国因政治或经济原因频频设置新的贸易障碍的特殊背景下，这种基础性的不适应，对我国纺织产品出口的影响将是多方面的和长远的。众所周知，中国在入世前，由于体制上的原因，外贸经营权受到严格的控制，作为供应链主体的产品生产企业往往并不直接参与与国外买家的谈判，对国际采购商的贸易标准或国外产品质量标准及其发展趋势知之甚少。与此同时，由于大量采用转口贸易的方式，也使我国的生产企业与国际市场需求的发展变化严重脱节。加上信息渠道的不畅和信息技术的落后，创新能力的严重不足和技术及装备水平的低下，使我国的纺织品服装出口始终陷于低档、低质、低价、无序竞争的泥潭而无法自拔。另一方面，在计划经济体制影响下，国内企业一直被要求按国内标准组织生产，习惯于以自我为中心，缺乏灵活应对国外买家不断变化的贸易标准和紧跟市场节拍的机制，与我国纺织品服装出口连年持续增长形成强烈反差的是出口平均单价的大幅度下降，其结果是中国在成为纺织品服装贸易大国的同时并未成为纺织品服装贸易的强国，反而背上“低价倾销”的恶名，授人以柄。因此，面对入世以后的有利时机，中国的纺织品服装出口要从简单的数量型增长向以质取胜的目标转变，观念的更新是当务之急。从这个意义上讲，国外纺织品技术标准的发展变化对我国纺织产品出口的影响将是正面和积极的。

其次，绿色、环境和生态安全已经且必将成为今后相当长一段时期内国内外纺织品技术标准发展的主题，并将在相当程度上对国际依存度超过30%的中国纺织业的产业结构、产品结构和生产工艺的调整以及技术升级、标准体系转轨和管理模式的转变方面发挥重大的导向作用。以欧盟为代表的“绿色贸易技术壁垒”从出现到现在，已经有10年的时间，中国的纺织品服装出口企业也经历了从一无所知，到一知半解，再到消极应对的过程。虽然同期我国的纺织品服装出口取得了连年增长的好成绩，但由于观念、法规、标准、技术和人员素质的相对落后，面对“绿色壁垒”，我们还是处于相当被动的局面，失去了一部分潜在的增长空间。事实上，目前国内大部分纺织产品出口企业对所谓的“绿色技术壁垒”只是到了知道有这么回事，而且也会应客户的要求，对某些指标进行控制。但能从观念、技术、工艺、信息、资金、管理等方面主动地去满足市场发展需求或追踪国外标准发展变化的企业并不多见。这种状况如果不能在2－3年内有根本改变的话，我们不但不能缩小目前与国际发展潮流的差距，而且会在国际纺织品服装贸易格局大洗牌的良好机遇面前，错失良机。有专家预言，用不了10年，生态纺织品将主宰全球的纺织品服装贸易市场。从目前国外纺织品生态技术标准的发展现状看，主要还是围绕部分生态概念展开的，即仅注重产品对人体生态安全性能而尚未全方位地涉及环境、“清洁生产”。从这一点来分析，在近一二年内，现有的国外生态标准尚不会对我国的纺织品服装出口造成很大的冲击。但随着配额的取消和我国纺织品服装出口的进一步增长，情况就会迅速发生变化。一是随着出口数量的迅速增加，特别是对欧美出口的增加，“绿色壁垒”的作用就会大规模地显现；二是欧美等国会借用“绿色壁垒”作为抵御因配额取消而可能带来的中国纺织品服装出口大幅度增长而造成的冲击的重要手段；部分国家会利用WTO的某些条款对我国纺织品服装出口采取临时的限制措施。有一个新的动向值得我们充分注意，那就是，欧美等国，特别是欧盟，正在进行新一轮的有关强化生态安全和环境保护的立法

和标准的制订,预计在3年后会基本趋于完善,其中部分法规和标准将在今年出台。根据欧盟立法的一般程序,在经过立法、转化成各成员国的法律或标准和过渡期后,2007年至2008年,这些新的有关生态安全和环境保护的法规或标准将开始对我国的纺织品服装出口产生重大的影响,如欧盟的《关于化学品的注册、评估、许可管理办法》(REACH)[10]。尽管这个法规目前尚未出台,且已在欧盟内部和全世界引起广泛的争议,但最终将于2006年初推出已是确定了的。这个法规的出台可能对中国的染料和纺织行业造成的冲击,怎么估计都不会过分。因此,如果我们不能及时了解和重视这种趋势,立即着手调整发展战略并采取相应的措施,我们将处于十分被动的境地！相比之下,印度纺织业在面对"绿色壁垒"而采取的措施方面要比我们积极得多,市场竞争的发展态势如何,在此其实是一目了然的。

除了"绿色"的主题之外,继ISO9000质量体系认证、ISO14000和欧盟的EMAS(Environmental Management and Auditing System,环境管理和审核体系)环境体系认证之后,以SA8000为代表的社会责任认证正在迅速成为国际纺织业激烈竞争的新的热点。有关SA8000与贸易壁垒的关系以及我们该如何正确认识社会责任认证迅速"走红"的深层次的背景等问题,笔者曾专门撰文有过论述[11]。现在的问题是,不管你愿意不愿意,SA8000已经被引入纺织等劳动密集型行业,并成为激烈的市场竞争中的一个重要的砝码。目前,我国有关政府部门、行业协会和企业对社会责任认证的看法不一,所采取的应对措施也不尽相同,但有一点笔者认为非常可取的是,大家对企业作为社会的一个重要的组成部分,它所应该承担的社会和道德责任基本都有一个统一的认识,这为中国纺织品服装出口努力跨越社会责任这道"门槛"奠定了良好的基础。笔者预测,在今后的2年内,SA8000社会责任认证和由美国服装和鞋类产品行业协会推出的WRAP(Worldwide Responsible Apparel Production,即全球负责任的服装生产组织)认证,将是中国纺织品,特别是出口美国的服装生产加工企业所要面临的重要挑战,我们切不可对此掉以轻心。

面对良好的发展机遇和复杂的国际贸易环境,中国的纺织品服装出口的发展走向如何,2005年是关键的一年！作为长期从事纺织品标准化及测试技术研究、生态纺织品及其检测技术研究和纺织品国际贸易及技术壁垒研究的技术人员,笔者强烈呼吁各有关方面,包括政府部门、行业商协会,特别是出口产品的生产企业,要以积极的姿态,从观念、技术、资金、信息、管理和发展战略上参与和推进我国现有纺织品技术标准体制的改革,加快与国际接轨的步伐。要从可持续发展战略的角度出发,及时了解和深入研究国外纺织品技术标准的发展态势,采取主动的对策和措施,以创新和技术为基础,跨越贸易技术壁垒或"绿色贸易壁垒",任何消极的观望或抱怨都是毫无意义的。相信通过观念的更新、技术的创新、发展战略的调整和政策的正确引导,我国的纺织品服装出口一定会沿着我们既定的方向健康、稳步地向前发展。

参考文献

[1]徐晓锋.从AATCC发展史谈我国纺织品标准的发展[J].纺织标准与质量,2000,(4):19-20
[2]纺织工业标准化研究所.国内外纺织标准总目录(2004年版)
[3]徐路.郑宇英.国内外纺织产品技术法规和标准综述[J].纺织标准与质量,2003,(1):18-21
[4]高志前.应对技术壁垒三大问题[R].http://www.cass.net.cn/webnew/file/2004041413736.html/2004-04-21
[5]王建平.欧盟生态纺织品"绿色禁令"的新发展[J].纺织导报,2004,(2):93-96
[6]翟保京.王贤瑞.刘艳辉.从AAFES标准看美国纺织品标准构筑体系[J].印染,2004,30(4):35-36
[7]苏卫国.吴鸣.许自力.浅谈美国四分制标准[J].纺织标准与质量,2001,(6):24-25
[8]靳颖等.日本纺织品质量检测管理及有关法规[J].印染,2003,29(11):26-28,46
[9]王新付.郭会清.欧盟纺织品和服装标准法规的特点[J].棉纺织技术,2003,31(3):156-160
[10]吴玉华.欧盟REACH法规及其对我国印染行业的影响[J].印染,2005,31(4):45-46
[11]王建平 SA8000与贸易壁垒[J].丝绸,2005,No.1:1-4

社会责任标准发展趋势分析

中国纺织品进出口商会　马英、于华波、朱宇星

一、社会责任标准兴起的国际背景

近年来，随着经济全球化和国际贸易的发展，以美国、欧盟为首的发达国家日益关注企业及相关组织中的人权和劳工等问题，一些工会、人权和消费者等非政府组织掀起了各种形式的活动，如“反对血汗工厂”（anti－sweat-shop）和“清洁服装运动”（clean clothes campaign）等，对大型跨国零售企业施压，反对其进口和出售在生产过程中违反人权和劳工标准的商品，并号召消费者抵制购买。

在此背景下，发达国家政府也推波助澜，欧盟先后发布与商品社会标准相关的决议和文件，敦促企业在制定发展战略中考虑社会和生态因素。美国也多次在关贸总协定和世贸组织会议上提议将劳工标准问题纳入多边贸易谈判框架，均因发展中国家的坚决反对而未能如愿。

一些国际组织也对国际社会和劳工标准问题予以关注。联合国秘书长安南于2000年6月启动“全球契约”（UN Global Compact），提出企业在人权、劳工标准和环保方面的9项原则，国际标准化组织（ISO）正在着手制定“ISO社会责任标准导则”，并有可能在未来演变成继ISO9000和ISO14000之后又一国际性标准；国际劳工组织（ILO）还在2001年世贸组织多哈部长级会议上提议讨论世界贸易自由化与社会标准的关系问题，但遭到发展中国家的反对。

二、社会责任标准发展现状

1. 社会责任的概念

目前国际上对“社会责任”概念的认识尚未统一，有众多提法，如“核心劳工标准”、“社会责任”、“贸易－社会条款”、“人权－社会标准”等，所涉及的内容基本上以国际劳工组织的四项核心劳工标准为基础，即：禁止强迫劳动；禁止童工；结社自由和集体谈判权；同工同酬和消除就业歧视。此外，还涉及工人工作条件、工时、工资、职业健康和安全等内容。

近年来，受可持续发展概念的影响，社会责任的外延也开始扩大到环境和生态保护等方面。

2. 社会责任标准的分类

从社会责任标准本身的操作性高低来看，主要分为两类：一类是社会责任的指导性原则，如联合国“全球契约”、国际劳工组织有关公约以及国际标准化组织拟制定的“ISO社会责任标准导则”等，这些政府间组织所发布的社会责任标准只是原则性文件，并未提供具体认证标准，没有实际操作性，因此一般只起到指导和呼吁作用；另一类则是具体的实施标准，一般由行业协会、非政府组织和大型进口零售商制定，由审查人员根据标准进行检查和认证，并作出合格与否的结论，因此对出口企业来说具有较大现实意义，目前，我国企业在出口过程中遇到的社会责任标准均属此类。

从制定社会责任标准的主体看，主要分为三类：（1）由政府间组织发起，多为原则性指导文件，如国际劳工组织和联合国的相关公约和文件；（2）由行业协会和非政府组织发起，如美国社会责任国际（SAI）的SA8000和德国外贸零售商协会（AVE）的社会责任行业规范等；（3）大型跨国公司（如沃尔玛等）自身制定的旨在规范供应商行为的供应商准则，由于供应商的行为关系到跨国公司的公众形象和文化诉求，其准则往往比一般的社会责任标准涵盖内容更多、审查项目更细致（一般通称“验厂标准”）。

3. 目前国际上尚无一个统一的社会责任标准，也没有任何一个社会责任标准是强制性的

近期，国内对社会责任标准问题的误导性信息较多，

如前一段时间流传的"SA8000 即将强制实施"等不实信息,在企业间造成混乱,各种相关研讨会、培训班不断,这当中既有一些媒体断章取义、以讹传讹的原因,也不排除个别组织或机构为获取商业利益而炒作所致。

事实上,虽然社会责任标准已经成为一些主要发达国家贸易政策发展的重要动向,但目前国际上尚无一个得到广泛认可的统一的社会责任标准。且现有社会责任标准都是自愿的,目前没有任何一个国家强制实施社会责任标准。

4. 社会责任标准与我国劳动法规的关系

从基本内容看,社会责任标准与我国劳动领域法律法规所涵盖的范围有很多重合之处,例如劳动者在就业中的基本权利、工作条件、工资、工时、职业安全和健康等。据一些企业反映,如果能够严格执行我国的《劳动法》,则获得社会责任标准认证基本不成问题。如工作时间问题,SA8000 标准要求每周不超过 60 小时,沃尔玛公司规定每周不超过 72 小时,而我国劳动法规定每周工作时间(不含加班)不能超过 44 小时,加班时间每月不超过 36 小时,比前两者的要求都要严格得多。

三、与纺织服装贸易有关的主要社会责任标准及认证介绍

1. SA8000 社会责任标准(Social Accountability 8000)

SA8000 社会责任标准于 1997 年 10 月由总部设在美国的非政府组织"经济优先权委员会"(2001 年更名为社会责任国际,SAI)发布,并于 2001 年 12 月发布修订版。其依据为国际劳工组织公约、联合国儿童权利公约和世界人权宣言,主要内容包括童工、强迫劳动、结社自由和集体谈判权、歧视、惩罚性措施、工作时间、工资报酬、安全健康及管理体系等 9 个要素,适用于各类工商企业和公共机构。

目前,SAI 授权 CISE、SGS、DNV、BVQI、ITS、CSCC、RINA、RWTUV、TUV 等 9 家认证公司进行 SA8000 第三方认证。由于上述认证公司单独在中国开展认证业务不具合法性,中国公司一般通过这些公司的中国香港公司或办事处申请办理。

SA8000 标准原则上每 4 年修改一次,企业需向经授权的认证机构申请,接受并通过其核查后方可获得认证证书,SA8000 认证一般需要一年时间,证书有效期为 3 年,认证机构每 6 个月或每年进行一次监督审查,每 3 年进行一次全面审查,以延长证书的有效期。

SA8000 在全球主要国家认证企业情况统计

(截至 2004 年 12 月 31 日)

国家	认证企业总数	纺织服装小计	纺织品企业数	服装企业数
总　计	572	141	42	99
其中:意大利	167	3	1	2
中国	79	19	3	16
印度	72	40	9	31
巴西	65	0	0	0
巴基斯坦	42	28	17	11
越南	31	21	3	18
西班牙	11	0	0	0
土耳其	10	1	1	0
波兰	9	0	0	0
泰国	9	7	2	5

资料来源:www. sa – intl. org

据 SAI 网站公布,截至 2004 年 12 月 31 日,全世界仅有 45 个国家的 572 家企业和机构通过了 SA8000 认证,涉及 50 个行业,前十大行业依次为服装、纺织、交通、化工、咨询、培训、化妆品、农业、食品、商业服务和家用器皿,所涉及的范围包括设计、研发、生产、加工、销售、安装、服务等各个方面,其中获得认证最多的前三位国家是意大利 167 家,中国 79 家和巴西 65 家,而号称对劳工标准最重视的美国只有 2 家。从行业看,纺织服装业通过认证的企业最多,全球共有 141 家(服装 99 家,纺织 42 家),其中

印度40家，巴基斯坦28家，越南21家，中国19家，而发达国家认证极少，其中，荷兰2家，美国、日本、意大利、英国、瑞士和比利时仅各有1家。

SA8000在全球的推广并不顺利，主要原因一是其标准较高，企业不易获得认证；二是直接认证费用较高，通过认证所要花费的间接管理成本更高，后续投入不断；三是SA8000在国际上、尤其是大型跨国企业中间的影响力有限，目前要求供应商通过SA8000认证的进口商很少。

2. 德国AVE社会责任行业规范（AVE Sector Model）

德国AVE社会责任行业规范是德国外贸零售商协会（AVE）在SA8000基础上开发的一套社会责任行业标准，目前被德、荷两国的14家大型进口商、零售商认可并逐步采纳，如欧盟最大的邮购商OTTO公司、德国大型零售商Karsdardt公司等均在其中。

AVE行业规范与SA8000内容基本相近，但门槛比SA8000低，主要不同点包括：（1）AVE只要求达到供应国法定最低工资标准，而SA8000除此以外，还要求工资水平必须满足员工基本生活需求；（2）AVE不要求供应商建立社会责任管理体系；（3）AVE不要求供应商说明价值创造环节是否包含家庭生产，因为家庭生产难以有效监控；（4）AVE不要求企业必须设有独立工会，只要有职工代表大会即可，而SA8000则要求企业员工有自由结社、参加工会和集体谈判权；（5）AVE要求垃圾、污水和化学品等处理应符合环保要求，而SA8000未涉及环保问题。（6）认证费用较低，直接认证费用一般为1600欧元左右。如未达标，AVE提供整改咨询并承担咨询费用的50%。

AVE认可的第三方认证机构有7家，目前已有270家供货商接受了AVE行业规范认证，这些供货商主要来自印度、罗马尼亚和保加利亚等国，集中在纺织服装、体育用品、玩具和鞋类等行业。中国只有个别供货商申请AVE认证。2004年2月和3月AVE在中国举办了两次推介活动。

该标准及制定标准的服装零售商与我国的出口企业的利益更为一致，据了解，他们在标准的实施过程中，计划通过在德国、荷兰的政府机关、商协会、企业、工会和环保部门的代表定期对某项标准的实施情况进行评估，对出现的问题进行讨论，并及时提出解决办法。他们的做法对我国有关政府管理部门及行业组织开展我国社会责任的标准实施有很好的借鉴意义。

3. “全球负责任服装生产”（WRAP）

“全球负责任服装生产”（WRAP）（Worldwide Responsible Apparel Production）由美国服装业最大的行业协会美国服装鞋类协会（AAFA）于1998年12月制定，在美国纺织服装进口商中影响较大，主要内容包括遵守法律和工作场所规则、禁止强迫劳动、禁止童工、禁止侵扰或虐待劳工、补偿与福利、工作时间、禁止歧视、健康与安全、结社自由和集体谈判权、环境、遵守海关规则、安全等12项原则。与SA8000和AVE等社会标准相比，WRAP准则添加了环保、海关规则和安全3项原则。该认证申请费为750美元，认证费用视企业情况由双方协商确定。目前，共有570家供应商通过了WRAP认证。

4. 大型进口商验厂标准

目前我国纺织服装企业最为熟悉的是欧美大进口商对我实施的验厂标准。一般欧美大型进口商在与我供货商签订采购合同之前，通常要求我方签订有关协议，保证遵守该进口商为其供应商制定的“行为准则”，同意进口商在任何时间未经通知实地检查工厂及外包加工厂是否执行了这些标准；还要求生产商在工厂内显著位置张贴其“标准”。

验厂的检查依据是：劳动人事方面，如工人年龄、工资收入、工作时间等，通常以中国的《劳动法》为准；消防、安全、生产及工作环境方面，则一般以进口商提供的标准为准。

检查方式及范围：查厂一般一年进行一次。检查人员查看人事档案、劳动合同、工资表、工时卡、工伤记录、社会保险单据等资料，巡视厂房、宿舍、食堂、洗手间、医疗室、紧急出口等场所，检查空调、危险品处理、吸烟管制、医疗急救设备、消防设备及通道等，并与厂方负责人、人事财务负责人及职工面谈。查厂后，检查方与厂方负责人商定“整改计划”，列明所有与进口商标准不符的地方和“整改措施”,由双方签字确认。

据沃尔玛公司公布的资料,2002/03 财年,沃尔玛公司进行了 13192 次查厂,其中 27% 的工厂无风险或违规风险较低,1% 的工厂未通过验厂,其余工厂均有不同程度的违规风险,需要整改。

四、SA8000 认证在国内开展情况

20 世纪 90 年代,企业社会责任运动开始影响中国,其实施的方式有两种,即跨国公司“查厂”和第三方认证。SA8000 认证作为第三方认证的一种方式,上世纪 90 年代中后期开始出现于中国。由于受 SA8000 标准影响的主要是劳动密集型产品的生产,中国企业特别是东南沿海的一些劳动密集型企业受到冲击,珠江三角洲一些专门做出口欧美国家产品的企业经受了一定的打击,一些企业因没有取得 SA8000 标准认证或者无法满足要求,产品出口受阻或者被取消供应商资格。近年,SA8000 在国内特别是一些沿海地区发展比较迅速,取得认证的企业和组织也相对较多。获得 SA8000 认证的中国企业绝大多数位于沿海并主要集中在珠三角地区,其中广东最多,其后分别是中国香港、山东、上海、中国澳门、湖北、河北、天津和福建。近几年通过认证的中国企业数量呈逐年上升的势头。

取得 SA8000 认证的中国企业,多集中在玩具、服装、鞋类、家具、运动器材及日用五金等产品。目前获得认证最多的行业是玩具行业,其后依次是服装、珠宝、箱包、家用器皿、纺织品、电子和鞋类等行业,总的来说,获得认证的企业基本上都是出口企业。

目前在中国认证审核的重点集中在安全、工时、工资、员工福利等方面,一般不特别强调结社自由问题。加班时间和加班工资是最迫切和最难解决的问题。

由于企业社会责任并非等同于 SA8000,SA8000 的影响远非媒体宣传的那样广泛,通过 SA8000 认证也不能完全说明企业就履行了社会责任。因此,国家认监委目前尚未批准任何认证机构在我国从事 SA8000 的认证工作,也就是说,国内还没有能够进行 SA8000 标准认证的机构,在我国开展 SA8000 认证的机构均属超范围经营。

总之,国际上与社会责任有关的标准非常多,具体到与纺织服装贸易关联度最多的标准和认证而言,SA8000 只是其中之一,这几年在各种宣传媒介上出现的频率最多,但实事求是来说,我国企业目前遇到最多的是各大型进口商或零售商自行制定的社会行为准则,SA8000 其中的人为炒作成分更大一些。

五、纺织服装领域社会责任标准的发展前景

纺织服装业为劳动密集型产业,就业人数庞大,存在的劳工问题较多,在欧美国家引发的关注度也较高。欧美兴起的“反对血汗工厂”和“清洁服装运动”均针对纺织服装产品。因此,纺织服装贸易领域未来将面临比其他行业更大的社会责任标准挑战。

1. 社会责任标准从单边贸易壁垒趋于多边化

目前,社会责任标准虽然非强制性,但其阻碍贸易的巨大作用促使许多发达国家频繁运用。在纺织服装贸易领域,一个劳工标准与贸易相挂钩的重要案例是柬埔寨和美国于 1999 年签订的双边纺织品贸易协定。协定规定,如果柬埔寨能够遵守柬国内劳工法律,并遵守国际劳工组织(ILO)的四项核心劳工标准,则美国相应提高柬埔寨的配额数量。此外,美国在北美自由贸易协定、非洲经济增长机遇法案、加勒比盆地计划、美国-约旦自由贸易协定等区域优惠安排中都加入了劳工标准的条款。欧盟也在其普惠制中规定,给予遵守基本人权、劳工权利、环保及打击毒品等相关国际公约的国家提供关税减免的特殊鼓励。

从长期看,欧美国家利用社会责任标准作为贸易政策筹码的趋势将会进一步增强。

2. 纺织品贸易一体化后进口国很可能利用社会责任问题限制我纺织服装出口

我国入世后,享受到了部分配额取消的好处,纺织品服装出口连年保持稳定增长,特别是对美国、欧盟等配额地区的出口出现了快速增长,因此欧美等国家和地区在 2005 年失去配额保护后很可能将社会责任及劳工标准作为特保、反倾销等限制措施的辅助手段。2004 年 3 月,美国劳联-产联向布什总统提出“301”调查申请,指责中国侵犯劳工权

利，人为降低生产成本，导致美国大量失业，要求布什对中国产品征收高达77%的惩罚性关税。该申请后被布什驳回。可以预见，2005年，欧美的类似举动将会增多。

此外，还应警惕国外在我纺织服装出口竞争力较强的情况下，对我国产品实行歧视性做法，即对其他发展中国家要求松，而对我国要求严。

3. 全球统一的社会责任标准出台尚需时日

2004年6月，国际标准化组织（ISO）社会责任标准国际研讨会在瑞典斯德哥尔摩举行，全球66个成员方参加，中国派代表参加会议。会上决定启动ISO社会责任标准导则的制定工作，但该导则只是指导性原则，不包含认证内容。按初步计划，社会责任国际标准导则将于2007年制定完成。

虽然ISO所推行的ISO9000和ISO14000在世界范围内获得了广泛认同，但上述两标准均只涉及技术层面，而不涉及政治和社会层面。相比之下，社会责任标准要复杂和敏感得多，由于各国和各行业的巨大差异，协调各方立场非常困难，因此短期内不可能形成全球统一的社会责任标准。

4. 近期内强制实施社会责任标准的可能性较小

现有的社会责任国际标准均由民间组织或企业制定和认证，认同范围较小，影响力较弱，任何一个国家政府、包括欧美发达国家都未要求强制执行，强调自愿认证。若实施强制认证，势必招致广大发展中国家的抵制和反对，就连发达国家内部也有不少反对的声音。例如，欧盟拟仿效"生态标签"推行"社会标签"，就引起欧盟内部业界的强烈反对。

此外，发展中国家在WTO谈判中坚决反对将国际贸易与劳工标准相挂钩，因此，在世贸组织框架内也不可能制定强制认证的社会责任国际标准。

综上所述，可以肯定，短期内世界上不可能出现一个获各国政府一致认同的社会责任国际标准，但同时，发达国家也不会放弃其由政府在幕后推动、由非政府组织和行业协会在台前制定和推广的社会责任标准。从长远看，很可能出现以ISO社会责任标准导则为指导，各国或各行业根据各自特点制定相应认证标准并在国际上相互认可的局面。

六、我会已开展的工作及有关工作建议

1. 我会多年来一直密切跟踪国外各类社会责任标准的动向，及时向政府和会员企业通报情况

我会早在2000年就开始关注社会责任标准问题，并在赴广东等省份调研时曾就我国多家出口企业被迫接受欧、美进口商的"人权查厂"向现商务部（当时外经贸部）做过情况反映，并引起了国家有关部门的高度重视。

2002年6月我会又向商务部通报了参加国际纺织服装局第35届理事会获悉的，欧美进口商和零售商迫于民众、消费者的要求和政府的压力，很可能通过社会责任标准，对发展中国家的纺织品服装出口设置贸易壁垒，并通过《国际商报》和我会会刊向国内企业及时发布了信息。

近几年我会通过信息研讨会、企业培训会等多种形式，对企业的社会责任意识和国际最新动向进行培训和提高，并指导企业对社会责任问题既要密切关注，又不能盲目认证，以免造成过重的经济负担。

2. 组织有关部门制定并实施出口可持续发展战略，积极制定中国的社会责任标准

积极引导并采取措施鼓励企业从量的扩张到质的提升，同时兼顾与生态环境、劳动条件和整个社会的和谐发展，从根本上突破SA8000贸易壁垒。对于纺织出口行业来说，标准的制定可与后配额时代的纺织服装企业市场准入结合起来，并以劳动法、环保法、外贸法等国家规章制度严格我国敏感商品出口的市场准入条件，规范企业经营行为，实现我国纺织品服装出口的有序、协调、健康发展。

3. 以积极的姿态，加强对外沟通与合作

政府及中介组织通过加强与国际组织、有关国家的沟通与合作，积极参与国际规则的制定，维护国家及行业的合法权益。在对外交往中，我国政府应继续坚持反对社会责任强制认证、反对将贸易与社会责任相挂钩的立场，同时积极传递我国出口企业持续改善工人劳动条件和就业状况的积极信息，尽量消除外方误解。

美国自由贸易协定和优惠贸易安排与纺织品贸易

中国纺织品进出口商会 傅浩

近年来美国与多个国家签署了双边自由贸易协定(以下简称“自贸协定”),并实施了两个重要的优惠贸易安排,其中的许多内容涉及纺织品。那么,美国为什么会如此积极地推动自贸协定和优惠贸易安排?这是否仅是美国与协定签署国之间的事?对我国纺织品出口将造成怎样的影响?我国纺织业应如何应对?本文将尝试解答上述问题,并简要介绍美国新近签署的一些自贸协定和优惠贸易安排。

一、近年来美国积极推动双边自贸协定和优惠贸易安排

小布什政府上任以来、特别是2004年以来,美国对外商签自贸协定、推出优惠贸易安排的步伐明显加快。截至2004年年底,美国已与以色列、加拿大、墨西哥、约旦、智利、新加坡、哥斯达黎加、多米尼加、萨尔瓦多、危地马拉、洪都拉斯、尼加拉瓜、澳大利亚、摩洛哥和巴林等15个国家签署了自贸协定,同时,正与巴拿马、哥伦比亚、秘鲁、厄瓜多尔、泰国、南非、博茨瓦纳、纳米比亚、莱索托、斯威士兰、阿联酋和阿曼等12个国家进行自贸协定谈判。此外,美国还实施了两个重要的优惠贸易安排,即“非洲增长与机会法案”(AGOA)和“加勒比盆地贸易伙伴法案”(CBTPA),这两个法案的受惠国分别达到37个和24个。仅2004年一年内,美国就与9个国家签署了自贸协定,与7个国家启动了自贸协定谈判,与13个国家签署了贸易投资框架协议,还通过了AGOA第三期法案。可以说,美国推动双边自贸协定和优惠贸易安排的工作紧锣密鼓、不遗余力,其触角已经伸向了除欧洲、东亚、南亚外的几乎整个世界。

在美国自贸协定和优惠贸易安排的整个网络中,既有黑非洲、中南美洲的许多小国,也有像加拿大、澳大利亚、以色列、南非这样的经济大国。据美国官方测算,新近与美国签署自贸协定或正在与美国进行自贸协定谈判的国家,合计为美国的第三大出口市场,按购买力平价计算是世界第六大经济体,成为国际经贸活动中不可忽视的一支力量。

按照美国的设想,2005年将建成整个美洲的自由贸易区,到2013年,将建成美国—中东自由贸易区。从目前情况看,这一进程比较顺利,预计未来几年中,美国的自贸协定和优惠贸易安排将不断扩大和深化,尤其是美洲自由贸易区的谈判很可能取得实质性进展,美国在中东、黑非洲和东南亚的涉足也会日益加深。在经济全球化的今天,以美国为核心的“经济贸易利益共同体”的实力持续且不可遏制地增强,必将对世界经济、贸易乃至政治格局的发展演变产生重要影响。

二、美国推动双边自贸协定和优惠贸易安排的根本动机和终极目的,在于维护和扩张其全球战略利益和经济利益

美国声称其自贸协定和优惠贸易安排的目的是为了“促进世界的自由、民主、繁荣,通过加强伙伴关系建设更美好的未来”。抛开这些冠冕堂皇的说辞,不难看出,美国可以从自贸协定和优惠贸易安排中获得很大的“收益”。

1. 自贸协定和优惠贸易安排有利于美国增强对世界经济的主导,在全球化中赢取主动

美国是世界头号经济强国,近年来经济持续增长,但随着欧盟的扩大和中国等东亚、东南亚国家经济的快速

发展，今后美国在世界经济总量中所占的比例将相对下降。而美国通过双边自贸协定和优惠贸易安排，可以把有关国家和地区纳入以美国为核心的经济轨道，强化其对世界经济的主导作用。按照美国的自贸协定和优惠贸易安排，对象国或受惠国都要按照美国的要求，对本国的税收、海关监管、公司财务等方面做出不同程度的调整，由此，美国可以推广其在经济贸易方面的理念和做法，获得跨越国境的“控制权”。在全球经贸事务中，美国通过自贸协定、优惠贸易安排的密集网络，极大地增加了话语权，有利于推行其倡导的游戏规则，在全球化进程中取得更大的主动。

2. 自贸协定和优惠贸易安排是美国对外政策的有力工具

经济服从于外交，外交又为经济服务，这一原则充分地体现在美国的自贸协定和优惠贸易安排之中。美国在挑选自贸协定对象国和优惠贸易安排受惠国时，具有明显的选择性：首先是所谓“美国的后院”——美洲各国，以此来整合整个西半球的经济力量；其次是热点地区的关键国家，如中东的约旦、巴林以及马六甲海峡的新加坡、中美洲地峡的巴拿马等，美国以此进一步密切与这些国家的关系，巩固和扩张美国在全球的石油、航运等战略利益；再次是黑非洲，美国以此在非洲树立领导者与救世主的形象，培植亲美势力，便于美国低成本攫取非洲资源和加强对非洲的控制。这种选择性，与美国对外政策亲疏好恶的优先次序紧密关联。同时，美国在提供贸易优惠时，往往提出许多附加条件，如反恐、推进民主化和私有化、反腐败等等，并根据这些标准，每年审定受惠国名单，从而推行美国的价值观和行为准则，维护符合美国战略利益的国际秩序。

3. 自贸协定和优惠贸易安排使美国获得很大的经济利益

事实上，自贸协定双方的受益并不是均等的，优惠贸易安排也并非美国的“慈善之举”，美国从中获取了很大的经济利益。美国自贸协定和优惠贸易安排的对象国或受惠国中，有许多是发展中国家，甚至是比较落后的发展中国家，这些国家与美国的经济结构有很大的差异，在高端产品上与美国根本没有竞争。美国提供贸易优惠涉及的主要是国内已处于衰退或对外转移的产业，主要针对纺织品、服装等低附加值消费产品，这些产品的国内产量本来就不能满足需求，因而对进口实行一定优惠，于美国经济而言没有什么损害，而美国通过自贸协定和优惠贸易安排，也获得了其他国家的市场准入，为美国产品的出口打开了大门。与此同时，美国还获得了廉价进口能源、原材料的便利。据有关非政府组织统计，AGOA 实施以来，美国从黑非洲进口石油获得的收益，是非洲国家对美国出口服装获得收益的 9 倍以上。可见，即使看似单方面优惠的贸易安排，最终最大的受益方仍是美国。

4. 自贸协定和优惠贸易安排适应美国经济结构调整和产业转移的要求

近年来，信息技术、生物技术的蓬勃发展使美国经济结构和产业走向发生了深刻变化。传统的劳动密集型产业如纺织服装业，在结构调整中逐渐大规模向外转移。出于劳动力和运输成本的考虑，许多服装加工业转移至加勒比地区，这样，美国投资者就势必要求在美国和加勒比地区之间实行服装原料和成品的零关税。美国的自贸协定和优惠贸易安排应运而生，形成以美国为中心的“经济圈”，使美国的产业转移和扩张获得更大的回旋余地。不仅是纺织服装业，其他一些技术含量相对较低、需要大量劳动力的加工制造业也纷纷发生这样的转移，要求美国与这些产业的转移目的国之间实行自由贸易。可以说，美国的经济结构调整和产业转移要求美国政府推动更多的自贸协定和优惠贸易安排，反过来，自贸协定和优惠贸易安排的发展又进一步促进了美国的经济结构调整和产业转移。

5. 自贸协定和优惠贸易安排有助于美国摆脱 WTO 的束缚

对于 WTO 这一“经贸联合国”，美国的政策是利用与回避并举：一方面，美国积极主导 WTO 事务，并充分利用 WTO 规则对其他国家的产品设置壁垒，以保护其国内产业，例如利用中国入世条款打压中国纺织品、对进口钢铁和农产品实施反倾销等；另一方面，WTO 新一轮多边谈判迟迟无法启动，全球贸易自由化的最终实现显得遥遥无期，各成员方协商一致的原则、以及解决争端的繁琐而漫长的程序，又成为美国难以忍受的一种束缚，尤其是近期 WTO 就美国钢铁反倾销、伯德修正案做出一系列不利于美国的裁决，更使美国有意绕开 WTO，奉行贸易上的"单边主义"。因此，面对欧盟东扩南下、不断加强区域一体化的趋势，美国积极发展双边自贸协定和优惠贸易安排，就成为政策选择上的必然。相比较而言，商签双边自贸协定和优惠贸易安排，比 WTO 的多边谈判体制要简便易行得多，而且不会受到第三方的掣肘。美国的市场和资金，对许多国家来说具有相当大的吸引力，因此，一旦美国选定目标，一般来说谈判成功的几率会比较大。从本质上讲，这种以国家集团形式出现的双边或区域经贸体制，是与 WTO 全球贸易一体化、自由化的原则相违背的。

三、美国的双边自贸协定和优惠贸易安排，对世界纺织品生产、贸易格局将产生重要影响

1. 美国是世界纺织品生产、消费和贸易大国

美国是纺织品服装生产大国，虽已经历多年的衰退，但目前年产值仍维持在 450—550 亿美元的水平。据美国商务部经济分析局统计，2003 年美国纺织服装产业销售额达 1288 亿美元，其中纺织业销售额 534 亿美元，服装业销售额 754 亿美元。同时，美国又是纺织品服装消费大国，2002 年人均纤维消费量达 38.1 公斤，是世界人均纤维消费量(8.5 公斤)的 4.5 倍，其中，化纤、棉、羊毛和其他纤维的人均年消费量分别为 21 公斤、15.5 公斤、0.64 公斤和 0.91 公斤。正是由于美国纺织业的巨大产能和消费能力，使美国在世界纺织品服装贸易中举足轻重。据 WTO 统计，2003 年美国纺织品服装出口 164.6 亿美元，位居中国、欧盟、中国香港之后，为第四大出口市场；进口 895.7 亿美元，占世界纺织品服装进口总量的 21.62%，超过欧盟成为第一大进口市场。可以说，美国纺织产业和消费市场的发展变化将牵动整个世界的纺织业，美国贸易政策的变化也必然会对世界纺织品生产、贸易产生影响。

2. 美国的自贸协定和优惠贸易安排中，许多内容涉及纺织品

仔细研读美国对外商签的自贸协定和优惠贸易安排，就会发现其中有许多内容涉及纺织品。AGOA 和 CBTPA 对黑非洲和加勒比地区国家提供的贸易优惠，主要是对纺织服装产品进口免关税、免配额的优惠，例如，黑非洲 24 个受惠国可免关税、免配额对美出口 6 类纺织品，加勒比地区 10 个受惠国可免关税、免配额对美出口 9 类纺织品，并对纱线、面料、辅料的来源和规格等等做出了细致繁杂的规定。其他一些双边的自贸协定，在关税减免方面的措施也多涉及纺织品。美国以在纺织品服装进口方面的"让步"，换取了在能源、重要工业品和农产品方面的极力保护。

3. 自贸协定和优惠贸易安排加速了美国纺织业的对外转移，是美国纺织业产量和就业下降的直接原因

政府政策的变化必将促使相关行业中的企业纷纷调整个体行为，并最终演变为整个行业集体的行为趋向。如前所述，美国纺织业对外转移与美国对外商签自贸协定、推动优惠贸易安排是一种紧密联系的互为因果的关系，自贸协定和优惠贸易安排进一步促进了美国纺织业对外转移。美国许多大的纺织品服装生产商，在本土仅留下总部以及设计、营销部门，而把绝大部分生产环节转移至中南美洲、加勒比海地区甚至非洲。这种转移造成的最直接后果就是，美国本土纺织业产量持续下降，就业人口不断减少。固然，美国纺织业的下降趋势与其自身创新不足、成本攀升、竞争力下降等许多因素有关，但是不可否认，近年来美国纺织企业为享受自贸协定和贸易安排的优惠而纷纷在海外投资建厂，是导致本土纺织业急剧萎缩的最直接、也是最主要的原因之一。美国一些组织把纺织业的问题归咎于其他国家、尤其是中国对美国的出口，是毫无道理、别有用心的。如果从美国本土加上贸易安排受惠国和自贸协定对象国的整体角度来看，以美国为核心的纺织业"集群"，利润是上升了而不是下

降了，就业是增加了而不是减少了，利益是扩大了而不是缩小了，情况并不像美国一些组织宣称的那样凄惨。

4. 美国的自贸协定和优惠贸易安排，对世界纺织品生产和贸易格局将产生重要影响

美国的自贸协定和优惠贸易安排，极大地促进了有关国家纺织服装业的发展，使全球纺织业生产布局发生调整。非洲、加勒比海地区的许多国家，原本纺织业微不足道，正是美国的优惠贸易安排，使这些国家吸引了大量的投资，纺织业得以迅速增长，个别国家已成为美国某些纺织服装产品的主要供应国。由于这些国家纺织产业链并不完整，多数仅能完成服装加工这最后一道工序，因此对纱线、面料需求也大大地增加了。在一定程度上，美国的优惠贸易安排和自贸协定，带动了全球纺织业从纺纱、织布、染整到制衣整个流程的重新分工组合，美国从加工环节中退出，重点放在设计、开发纱线面料和营销等方面，而相当多的发展中国家承接起服装加工的任务，利用美国提供的市场准入优惠，与中国、印度等纺织业大国展开竞争。世界纺织业生产布局上的这种调整，必然对世界纺织品贸易流向发生重大影响，发达国家所占份额逐渐下降，中国、印度出口高速增长的势头也将受到一定遏制，一些发展中小国则是突飞猛进，同时，纱线、面料等中间产品的贸易量将继续上升。在世界纺织品生产贸易格局的这种变化中，美国掌握着启动政策、技术研发、提供纱线面料的前期主动权，也掌握着最终的消费市场，形势非常有利。

四、美国的双边自贸协定和优惠贸易安排，对我国纺织品出口造成不利影响，应认真研究、妥善应对

在可预见的未来，美国不可能与我国签署自贸协定，也不可能给予我国纺织品服装优惠的市场准入条件。因此，美国的自贸协定和优惠贸易安排对我国纺织品出口的不利影响，应引起高度重视：首先，这种排他性的优惠贸易安排，促进了美国从相关贸易伙伴的进口，必然影响我国纺织品服装在美国市场所占份额的巩固和扩大；其次，对其他出口国免关税的优惠，也在客观上削弱了我国产品的竞争优势，尤其是价格优势；第三，美国纺织业界习惯于将自身衰退问题以及由自贸协定和优惠贸易安排造成的纺织产业转移、国内产量和就业下降等问题，归咎于中国，从而恶化我纺织品对美出口的环境；第四，美国一些组织在国际上极力宣扬“中国纺织品威胁论”，声称美国优惠贸易安排受惠国的市场份额都被中国挤占、中国要垄断全球市场等等，鼓动一些受惠国政府或行业组织一道向中国发难，使我陷入比较被动的境地。关于以上这些影响，连美国官员也毫不讳言：“过去四年中，美国做出了两个区域性优惠贸易安排，最近又与中美洲国家达成自由贸易协议，目的就是为这些贸易伙伴与中国产品竞争提供便利。”2004 年喧嚣一时的“伊斯坦布尔宣言”就是明证，不仅美国、欧盟要对我国纺织品出口设置重重阻力，连一些发展中国家也站到了我们的对立面，形势不容乐观。

面对这种情况，我们应认真研究、妥善应对：

首先，要引导我国纺织服装企业调整贸易、投资流向，积极“走出去”，发展国际化经营，酌情在美国自贸协定和优惠贸易安排受惠国投资建立纺织服装厂，再利用美国的优惠政策扩大对美出口，合理合法地规避美国对我纺织品服装的贸易壁垒；

其次，要引导我国纺织服装企业提升产品档次，提高质量和工艺水平，以尽量避免在低端产品上，与美国优惠贸易安排的受惠国过度竞争；

第三，我国的纺织服装业已形成相对完整的生产链，这个生产链还要积极向设计、品牌、营销等上下游发展，形成真正的、完整的纺织服装产业链，争取更大的利润空间；

第四，要积极运用“穿插战术”，与美国自贸协定和优惠贸易安排的受惠国商签双边自贸协定，个别条件比较成熟的如中国—智利自贸协定、中国—东盟自贸协定、中国—澳大利亚自贸协定等，要尽快完成，以便打入美国的纺织品贸易网络，产生示范效应；

第五，要积极利用中非合作论坛等机制，做好美国自

贸协定和优惠贸易安排受惠国的工作,可考虑向黑非洲、加勒比地区的一些国家增加援助或对其产品出口至中国给予一定的减免关税优惠,以争取广大发展中国家对我纺织品出口的支持。

相关链结

近年来美国的双边自贸协定和优惠贸易安排简介

一、"非洲增长与机会法案"(AGOA)

2000年5月18日,美国总统克林顿签署"非洲增长与机会法案"(AGOA),自当年10月1日起生效。2002年8月6日,布什总统签署"AGOA修正案"(即AGOA II),自当天起生效。2004年7月13日,布什总统签署"2004年AGOA加速法案"(即AGOA III),自当天起生效。

AGOA的签署和实施,是美国与黑非洲经贸关系中具有里程碑意义的重大事件。根据AGOA及其历次修订,AGOA受惠国在2015年9月30日前,可按普惠制待遇向美国免关税出口6400多种商品,包括以前一般普惠制排除在外的鞋类、箱包、手表、餐具等商品。

对AGOA受惠国而言,受益最显著的产品是服装。根据AGOA III最新修订的内容,符合一定条件的AGOA受惠国,在2015年9月30日前,可以免关税、免配额向美国出口以下6类服装:

1. 使用由美国纱线织成的美国面料、在美国裁剪、在受惠国缝制的服装;

2. 使用由美国纱线织成的美国面料、在受惠国裁剪和缝制的服装;

3. 使用由美国/受惠国混合纱线织成的美国面料或受惠国面料或美国/受惠国混合面料、在美国或受惠国裁剪、在受惠国缝制的服装;

4. 以来自第三国(指既非美国、也非AGOA受惠国的国家和地区,下同)的羊绒或直径为21.5微米的美利奴羊毛为主要原料(按重量计要超过50%)、在受惠国加工的针织毛衫;

5. 使用北美自由贸易区短缺的、来自第三国的纱线和面料、在受惠国裁剪和缝制的服装,主要指丝绸、亚麻、棉绒等质地的服装;

6. 手织或机织的受惠国民间传统服装。

但是,AGOA为美国从受惠国进口上述6类服装的总量(按平方米计)设置了限制条件:从2003年10月1日开始的一年时间里,美国从AGOA受惠国进口上述6类服装的总量,不超过美国此前12个月从全球进口服装总量的4.747%;在此后的5年时间里,这一比例逐年按相同增幅上升,至2007年10月1日开始的一年,不超过7%;此后直至2015年AGOA到期,这一比例每年均不超过7%。

另外,来自欠发达受惠国(按世界银行统计口径,1998年人均GNP少于1500美元)及博茨瓦纳、纳米比亚、毛里求斯等三国的以下两类服装,在2007年9月30日前,也可以免关税、免配额向美国出口:

1. 使用由受惠国纱线织成的受惠国面料、在受惠国加工的服装;

2. 使用第三国的纱线和面料、在受惠国加工的服装。

同样,AGOA为美国进口这两类服装的总量(按平方米计)也设置了限制条件:从2003年10月1日开始的一年时间里,美国进口这两类服装的总量,不超过美国此前12个月从全球进口服装总量的2.3571%;从2004年10月1日开始的一年里,这一比例为2.6428%;从2005年10月1日开始的一年里,这一比例为2.9285%;

从 2006 年 10 月 1 日开始的一年里，这一比例为 1.6071%。

这两类服装的进口按平方米计量，实行“先到先清”的原则，即，在限额以内，免关税免配额；达到当年的上限后，则征收正常贸易关系关税。此外，AGOA 赋予美国商务部长每月对这两类服装的进口进行监控的权力，如果商务部长认为进口的激增对美国生产商造成损害或构成威胁，美国将中止黑非洲国家某一特定服装商品的优惠市场准入待遇。

关于从第三国进口服装辅料，AGOA 规定：1. 价值不超过服装成本 25% 的服装辅料，可以从第三国进口，包括：缝纫线、吊钩和扣眼、揿扣、纽扣、装饰蕾丝、拉链、拉带以及用于生产胸围、宽度不超过 1 英寸的松紧带等；2. 服装衬里和垫肩，在美国认为本国尚无商业产量之前，可以从第三国进口，作为服装辅料而享受免税待遇；3. 按重量计，不超过服装总重量 10% 的纤维和纱线，可以从第三国进口；4. AGOA III 将衣领、袖口也纳入服装辅料的范围，允许从第三国进口。

针对目前美国与一部分黑非洲国家商谈自贸协定的情况，AGOA III 确定，AGOA 受惠国如与美国签署自贸协定，仍可享受 AGOA 的优惠待遇，而不会受到自贸协定双向、对等原则的束缚。

截至 2004 年年底，共有 37 个黑非洲国家成为 AGOA 的受惠国：安哥拉、贝宁、博茨瓦纳、布基纳法索、喀麦隆、佛得角、乍得、刚果（布）、刚果（金）、吉布提、埃塞俄比亚、加蓬、冈比亚、加纳、几内亚、几内亚比绍、肯尼亚、莱索托、马达加斯加、马拉维、马里、毛里塔尼亚、毛里求斯、莫桑比克、纳米比亚、尼日尔、尼日利亚、卢旺达、圣多美和普林西比、塞内加尔、塞舌尔、塞拉利昂、南非、斯威士兰、坦桑尼亚、乌干达、赞比亚。

在 AGOA 受惠国中，可免关税向美国出口服装的国家共有 24 个：贝宁、博茨瓦纳、喀麦隆、佛得角、埃塞俄比亚、加纳、肯尼亚、莱索托、马达加斯加、马拉维、马里、毛里求斯、莫桑比克、纳米比亚、尼日尔、尼日利亚、卢旺达、塞内加尔、塞拉利昂、南非、斯威士兰、坦桑尼亚、乌干达、赞比亚。

在可以免关税对美出口服装的 24 个 AGOA 受惠国中，除博茨瓦纳、毛里求斯、纳米比亚和南非等四国外，其余 20 个国家均符合“欠发达受惠国”的标准，2002 年 AGOA II 将博茨瓦纳、纳米比亚两国纳入，2004 年 AGOA III 将毛里求斯纳入，使除南非外、其余 23 个受惠国均可享受欠发达受惠国的优惠待遇。

AGOA 实施以来，黑非洲国家的纺织服装业已开始从中受益，美国也在进口石油、贵金属等方面获得很大利益。近年来美国与黑非洲贸易情况见下表：

2001 年—2004 年美国与 AGOA 受惠国贸易统计

金额单位：万美元

		2001 年	2002 年	2003 年	2004 年
所有商品	美国出口	615676	525028	571200	769261
	美国进口	1725366	1405570	2022991	3440660
	其中 AGOA 项下进口	816603	899171	1410507	2655892
纺织品服装	美国出口	10914	10848	11660	12860
	美国进口	98198	112799	154693	179675
	其中 AGOA 项下进口	35935	80333	120208	162074

数据来源：美国国际贸易署

从上表可以看出,AGOA 项下黑非洲纺织品服装对美出口增长很快,2004 年比 2001 年增长了 351%,但是应当看到,许多"第三国"利用 AGOA 优惠条件在黑非洲投资建厂,是黑非洲纺织品服装出口迅速增长的重要原因之一。同时,美国利用 AGOA 从黑非洲大量进口石油等资源性产品,在 2004 年 265.6 亿美元的 AGOA 进口中,石油就占了 80%,而纺织品服装仅为 16.2 亿美元,美国成功地实现了利用小优惠、获取大利益的目标。同时,美国为 AGOA 附加了许多条件,如:实行多党民主政治和市场经济、反恐、反腐败、保护人权等,从而加强了对黑非洲的政治影响。

二、"加勒比盆地贸易伙伴法案"(CBTPA)

2000 年 5 月 18 日,"加勒比盆地贸易伙伴法案"(CBTPA)由克林顿总统签署,自当年 10 月 1 日起生效。CBTPA 与美国 1983 年通过的"加勒比盆地经济复苏法案"(CBERA,1990 年经过修订)一起,作为"加勒比盆地计划"(CBI),为中美洲及加勒比海地区国家的产品提供进入美国市场的优惠待遇。截至 2004 年年底,共有 24 个国家和地区成为 CBI 受惠国:安提瓜和巴布达、荷属阿鲁巴岛、巴哈马、巴巴多斯、伯利兹、英属维京群岛、哥斯达黎加、多米尼克、多米尼加、萨尔瓦多、格林纳达、危地马拉、圭亚那、海地、洪都拉斯、牙买加、英属蒙特塞拉特岛、尼加拉瓜、荷属安的列斯群岛、巴拿马、圣基茨和尼维斯、圣卢西亚、圣文森特和格林纳丁斯、特立尼达和多巴哥。

CBTPA 提供的优惠主要有:在 2008 年 9 月 30 日前,受惠国生产的绝大部分产品可免关税进入美国市场,包括受惠国使用美国纱线和面料生产的服装可免关税、免配额进入美国市场;一部分美国的政府采购项目向受惠国开放,给予受惠国企业国民待遇;受惠国向美国出口商品免征进口商品处理费(一种按进口关税应税额一定比例计算的海关手续费);美国联邦政府、各州政府以及私营部门将向受惠国提供贸易融资、技术援助等。另外,在已与美国签署税务信息交换协定的受惠国举办商务会议,美国将减征主办公司的税收。同时,美国出口企业在受惠国建立分支机构,也可享受美国的税收优惠。

关于纺织品服装,CBTPA 规定,只有当受惠国严格实施"北美自由贸易协定"(NAFTA)第五章的要求和相关程序或取得重要进展时,才可以享受免关税、免配额的优惠准入待遇。在 2000 年 10 月 2 日 CBTPA 生效时,被美国贸易代表办公室认定为合格的受惠国仅有 10 个:伯利兹、哥斯达黎加、多米尼加、萨尔瓦多、危地马拉、海地、洪都拉斯、牙买加、尼加拉瓜和巴拿马。受惠纺织品服装类别为:

1. 使用美国纱线和面料、在美国裁剪、在受惠国缝制、在 HTS 编码第 61 章及 62 章项下的服装,允许部分刺绣或水洗工艺;

2. 使用美国纱线和面料、在美国裁剪、在受惠国使用美国缝纫线缝制的服装;

3. 使用美国纱线生产的美国或受惠国面料、在受惠国针织的服装(短袜除外),但第一年限量 2.5 亿平方米,此后至 2004 年 9 月 30 日,该限额每年递增 16%,2004 年 9 月 30 日后的四年中,该限额不再上升;

4. 使用美国纱线生产的美国或受惠国面料、在受惠国生产的 T 恤衫和内衣,但第一年限量 420 万打,此后至 2004 年 9 月 30 日,该限额每年递增 16%,2004 年 9 月 30 日后的四年中,该限额不再上升;

5. 从 2001 年 10 月 1 日起,在美国或受惠国裁剪、缝制的胸罩可享受免关税、免配额的优惠待遇,此后每年每家受惠国企业的受惠条件将与上一年该企业使用美国面料的数量挂钩,如果该企业上一年使用美国面料的数量低于此前一年使用量的 75%,则该企业本年度将丧失受惠资格,必须使本年度的美国面料使用量达到上一年使用量的 85% 以上,才能重新获得受惠资格。

6. 使用美国及受惠国没有商业产量的纤维、纱线、面料,在受惠国生产的服装;

7. 在受惠国手工制作的民间传统服装;

8. 使用美国纱线和面料、在美国或受惠国裁剪、在受惠国生产、在 HTS 编码 98020080 项下的纺织面料旅行箱;

9. 以下几种情况仍可享受优惠待遇:服装中含有产自墨西哥、加拿大或以色列的尼龙丝线;服装中含有产自第三国、价值不超过服装成本 25% 的服装辅料;服装中含有产自第三国、按重量计不超过服装总重量 7% 的纤维和纱线。

CBTPA 的实施,进一步密切了美国与加勒比诸国的经贸关系。2000 年,美国对 CBI 受惠国出口 220.91 亿美元,自 CBI 受惠国进口 227.08 亿美元;2003 年美国出口 240.30 亿美元,进口 249.22 亿美元。纺织品服装是美国从 CBI 受惠国进口的主要商品之一,2000 年进口额为 96.29 亿美元,2004 年为 96.64 亿美元,CBI 受惠国纺织品服装的数量在美国进口市场所占份额为 8.4%,金额所占份额为 11.7%。

三、美国—约旦自由贸易协定

2000 年 10 月 24 日,美国与约旦签署自贸协定,2001 年 12 月 17 日生效。这是美国继美国—以色列自贸协定、北美自由贸易区之后签署的第三个自贸协定,也是美国首次与一个阿拉伯国家建立紧密的经贸关系。

协定共分七部分,涉及关税、服务贸易、知识产权、环境和劳工权益等多项内容。两国承诺 10 年内分四阶段减免商品贸易的所有关税:协定签署时 5% 以下的关税在两年内免除;5%—10% 的关税在四年内免除;10%—20% 的关税在五年内免除;20% 以上的关税在十年内免除。为此,在协定中重点强调了原产地规则问题。

美国—约旦自贸协定实施后,双边贸易迅速增长。2001 年—2004 年美国对约旦出口额分别为 3.39 亿美元、4.04 亿美元、4.92 亿美元和 5.52 亿美元,四年间增长了 62.8%;同期,美国自约旦进口额分别为 2.29 亿美元、4.12 亿美元、6.73 亿美元和 10.93 亿美元,四年间增长了 377.3%,美国由顺差转为逆差。美国对约旦出口的主要商品为小麦、飞机及零配件、烟草、通讯设备、植物油脂等,2004 年纺织品服装出口 280 万美元;自约旦进口的主要商品为服装、旅行箱包、轻工产品、办公用品等,2004 年纺织品服装进口 9.56 亿美元,占当年美国自约旦进口总额的 87.5%。

四、美国—智利自由贸易协定

2003 年 6 月 6 日,美国与智利签署双边自贸协定,自 2004 年 1 月 1 日起生效。这是美国首次与一个南美洲国家签署自贸协定,对美国倡导的在 2005 年建立美洲自由贸易区将起到重要的推动作用。

协定共分前言、24 章和 3 个附件,内容涉及关税减免、投资保护、知识产权、环保、劳工、服务贸易、政府采购、电子商务、海关监管等各个方面。有关关税减免的部分规定:85% 的工业品立即免除关税;4 年内,75% 的农产品免除关税;10 年内,所有非农产品均免除关税和配额;12 年内,所有农产品的关税也将被免除。

协定的签署和实施,必将极大地促进美国—智利的双边贸易,尤其是美国的工业品和农产品,将获得更大的市场空间。2003 年,美国对智利出口 27.19 亿美元,从智利进口 37.03 亿美元;2004 年美国出口和进口分别上升至 36.25 亿美元和 47.34 亿美元。美国对智利出口的主要商品为计算机、成套设备、电讯器材、办公自动化用品、成品油等,2004 年纺织品服装出口 3228 万美元;从智利进口的主要商品为水果、水产品、铜材、木材、板材、酒类等,2004 年纺织品服装进口 2949 万美元。

五、美国—新加坡自由贸易协定

2003 年 6 月 6 日,美国总统布什与新加坡总理吴作栋在华盛顿签署自贸协定,自 2004 年 1 月 1 日起生效。这是美国首次与一个东盟国家签署自贸协定,也是第一个由美国总统亲自签署的自贸协定,将进一步加强美国与东南亚地区的经贸联系。新加坡是美国第 12 大贸易伙伴,双边贸易额超过 300 亿美元,因此,协定的签署备受瞩目。

协定共 21 章,长达 1400 多页,内容涉及广泛,主要包括:新加坡立即免除美国所有商品的关税,并承诺今后也不再向美国商品征收关税;美国立即免除最不敏感的新加坡产品的关税,并承诺在10年内免除所有新加坡商品的关税;新加坡承诺将对美国服务业开放市场,给予美国服务商国民待遇;新加坡承诺将保护美国投资者的合法权益,给予美国投资者国民待遇。

协定的签署和实施,将进一步促进美国—新加坡的双边经贸关系,尤其是短期内将极大地促进美国商品的出口。2003年,美国对新加坡出口165.76亿美元,从新加坡进口151.58亿美元。2004年,美国对新加坡出口196.01亿美元,比2003年增长18.25%,从新加坡进口153.06亿美元,微增0.98%。美国对新加坡出口的主要商品为飞机及零配件、半导体、办公自动化设备、计量检测设备、发动机、计算机、成品油等,2004年纺织品服装出口5710万美元;从新加坡进口的主要商品为计算机、办公设备、化工产品、半导体、电讯器材、医疗设备、电子元件等,2004年纺织品服装进口2.44亿美元。

六、美国—澳大利亚自由贸易协定

2004年5月18日,美国与澳大利亚在华盛顿签署自贸协定,2005年1月开始实施。这是继加拿大之后,美国第二次与一个发达国家签署自贸协定。澳大利亚是美国第九大商品出口市场,美国是澳大利亚第一大进口来源国,双边商品和服务贸易额约280亿美元,美国有约90亿美元的顺差。同时,双边投资额约610亿美元。

协定共23章,1300页,内容涉及关税减免、农产品关税配额、开放服务贸易和政府采购市场、促进双边投资、保护知识产权、劳工权益和环境等。协定中有关关税减免的内容尤为引人注目,双方承诺立即取消99%的工业制成品和除牛肉、奶制品外所有农产品的关税,这种关税减免的速度和范围在美国是空前的。

协定实施后,将对双边贸易和投资起到巨大的推动作用。据美国贸易代表办公室预计,美国对澳大利亚的工业品出口将增加20亿美元,主要的受惠产品包括飞机、汽车、机械设备、计算机、化工产品等。2004年,美国对澳大利亚出口142.71亿美元,其中纺织品服装1.29亿美元;从澳大利亚进口75.44亿美元,其中纺织品服装2.43亿美元。

七、美国—中美洲自由贸易协定

2004年5月28日,美国与萨尔瓦多、危地马拉、洪都拉斯、尼加拉瓜、哥斯达黎加等五个中美洲国家签署自贸协定,8月5日,多米尼加与美国签署协议,加入美国—中美洲自贸协定。美国与上述六国的自贸协定,将进一步密切美国与中美洲地区的经贸关系,使美国设想的整个美洲自由贸易区又向前推进了一步。

协定的主要内容包括:六国立即取消超过80%的美国消费品和工业品进口关税,另5%的消费品和工业品关税将在5年内取消,其余消费品和工业品的关税将在10年内取消;六国立即取消超过一半的美国农产品进口关税,其余的农产品关税将在15年内取消;六国符合美国原产地规则生产的纺织品服装,立即享受免关税、免配额进入美国市场的待遇,部分使用墨西哥或加拿大面料生产的服装也可享受同等待遇,且这种待遇可上溯至2004年1月1日;六国将对美国开放服务贸易市场,给予美国企业国民待遇;保护投资、知识产权、劳工权益和环境等。

目前,上述六国的绝大部分产品已可免税进入美国市场,因此,协定实施后,将极大地促进美国对中美洲的出口,同时,也将进一步促进上述六国对美国纺织品服装的出口。2004年,美国对上述六国出口157.31亿美元,其中纺织品服装40.90亿美元;自上述六国进口177亿美元,其中纺织品服装92.93亿美元。

八、美国—摩洛哥自由贸易协定

2004年6月15日,美国与摩洛哥签署自贸协定,7月22日获美国国会通过。摩洛哥是第三个与美国签署自贸协定的中东国家,对美国倡导的在2013年建成美国—中东自由贸易区将起到重要的推动作用。协定的主要内容包括:双方将立即取消95%的消费品和工业品进口关税,另 5% 的产品关税将在 9 年内取消;摩洛哥将取消或大幅度削减美国玉米、高粱、大豆的关税,增加美国禽类产品、牛肉和小麦的关税配额;双方将大范围开放服务贸易和政府采购市场;双方将保护投资、知识产权、劳工权益和环境等。目前,美国商品进入摩洛哥市场的平均关税约 20%,而摩洛哥商品进入美国市场的平均关税约 4%,因此,协定实施后,将促进双边贸易投资的发展,尤其将促进美国商品的出口。2004 年,美国对摩洛哥出口 5.24 亿美元,其中纺织品服装 277 万美元;从摩洛哥进口 5.15 亿美元,其中纺织品服装 7551 万美元。

九、美国—巴林自由贸易协定

2004 年 9 月 14 日,美国与巴林签署自贸协定。巴林成为继以色列、约旦、摩洛哥之后,第四个与美国签署自贸协定的中东国家,也是第三个与美国签署自贸协定的穆斯林国家,对美国中东战略的实施、尤其是美国—中东自由贸易区的建立将起到积极的促进作用。

协定草案的内容主要包括:巴林立即取消目前双边贸易中美国消费品和工业品的进口关税,其余在税目中的消费品和工业品的关税将在未来 10 年内予以免除;巴林立即取消 98% 的美国农产品的进口关税,其余部分将在未来 10 年内予以免除;美国立即取消目前双边贸易中巴林消费品、工业品和农产品的进口关税,其余在税目中的关税将在未来 10 年内予以免除;两国立即取消使用美国或巴林纱线、面料生产的纺织品服装的进口关税;巴林向美国开放服务业市场和政府采购市场,简化海关程序;保护知识产权、环境和劳工权益等。

协定实施后,将加强美国与巴林的经贸联系。2004 年,美国对巴林出口 3.01 亿美元,主要为飞机、机械、汽车、药品、玩具、运动器材等,其中纺织品服装 246 万美元;从巴林进口 4.05 亿美元,其中纺织品服装 2.04 亿美元。

服装出口降价不是中国专利

中国纺织品进出口商会 朱宇星

我国2001年12月正式加入世界贸易组织以来，三年间对外出口额持续增长，贸易机会大大增加。就服装产品而言，2002年1月起，中国开始享受ATC协议框架下纺织品配额三个阶段一体化的好处，中国服装产品在美国和欧盟市场上的份额逐年递增。据进口方统计，2004年，中国服装产品已占美国市场的13.9%，占比三年间提升了4.1个百分点；2004年1-9月，占欧盟(15国)市场的22%，占比三年间提升了2.8个百分点。

而美国、欧盟的服装业界出于对自身利益的保护，不顾事实真相，指责中国产品的激增和价格的下降，要求政府对中国采取贸易保护措施。美国政府由此多次发表评论指责中国的不公平贸易做法，并已接受业界要求开始对中国产品实施特保设限。2004年，已先后对中国四个类别的商品实施特保措施，并已受理了业界提出的九个类别的设限申请。欧盟也表示应正视中国纺织品对欧盟的倾销问题，已开始对自中国进口的35类化纤长丝织物实施反倾销立案调查。同时，欧盟还提出，由于2002年中国向欧盟出口不受配额限制的纺织产品的数量激增150%，出口价格下降40%，导致欧盟市场的价格全面下降。欧盟委员会现要求各成员国海关收集来自中国的服装进口数量和进口单价，在此基础上建立一套预警机制，以期针对中国产品施行保障措施。

面对美、欧的指责，我们承认降价的存在。同时强调，中国服装出口降价是符合经济发展普遍规律和服装消费发展趋势的，且放眼全球，大量的数据可以证明，对欧美出口服装产品的其他国家(地区)都有降价行为，降价不是中国专利，降价是ATC协议下配额一体化带给世界人民的福音。

一、中国服装出口价格具竞争力是由自身的比较优势和国内工业飞速发展所带动的

根据资源有效配置的经济规律，服装工业从20世纪中后期已经随着全球原料、劳动力成本优势的转移从发达国家逐步向发展中国家倾斜。中国是最大的发展中国家，比较优势明显：拥有大量、多品种的原材料资源——棉花、化纤、亚麻、苎麻和黄麻、丝的产量均占世界首位或前列；劳动力充足，成本低—中国服装业的平均工资仅为0.68美元/小时①，与发达国家相差十几倍甚至几十倍。两方面的比较优势使中国有能力承接发达国家转移的服装制造业，并通过多年的发展，成为世界最大的服装生产国、消费国和出口国。目前中国已具备良好的纺织工业基础，形成了纤维、纺纱、织造、染整、服装各门类齐全的产业体系，具有上中下游结合配套的生产能力和向深加工发展的条件。据统计，2003年与1999年相比，规模以上的服装企业数增长45.9%，产值增长了73.9%，人均劳动生产率提高了46%(按可比价格计算提高了51.44%)。中国服装产业不仅规模居世界第一，而且制造水平跃居国际主流市场的首要位置，在中国，可以生产任一品种、任一档次的服装，并且质优价廉。中国服装制造业的竞争力在全球名列第一，显性竞争系数已从1995年的0.923增至2002年的0.937②。服装业的大发展使生产数量增长和单位成本的下降成为必然。

① 《华盛顿邮报》调查数据。

② 摘自杜钰洲著《入世的中国纺织业》(中国纺织出版社)中“加入世贸组织与中国纺织工业竞争力”。

二、中国质优价廉的商品受到全球大众消费者的喜爱，降价是进口商和消费者的共同意愿

作为满足全球大众化消费的服装制造者，“中国制造”由于质优价廉一直受到消费者的普遍青睐。随着2005年配额取消，全球竞争的加剧，消费者对服装的降价期望较高，进口商在采购时也将价格是否便宜作为考虑的主要因素。美国纺织服装进口商协会明确表示，只有在交货速度和产品价格上具备优势的企业才能在残酷的竞争中免遭淘汰。欧盟的知名企业也提出选择供货商的五条标准，其中第一条就是能够提供尽可能低的价格。可见，降价是进口国消费者和进口商的共同意愿，并非中方的独立行为。

三、入世后配额成本取消，进口国成为最大的受益者

配额制度是发达国家强加给发展中国家的不公平待遇，严重扭曲了世界纺织品贸易，压抑了中国纺织服装业的发展。据测算，我国服装产品的配额价格一般占到出口价格的30%左右，使我服装出口价格被人为抬高。配额取消后，进口商在下订单的时候即将配额成本部分扣除，使服装价格获得下降空间。实际上，中国企业从中并未得到多大好处，欧、美等国的进口商、零售商及消费者才是真正的受益者。美国国际贸易委员会2002年的贸易壁垒报告中称，每年美国消费者要为配额项下进口的纺织品服装支付高达130亿美元的配额费用。配额取消后，对消费者而言，减少支出，不必再为这部分配额费用买单，成为最终的受益者。

四、近几年来导致中国服装产品出口价格下降的其他因素

■国内产业加快从东部向西部的转移，出口成本进一步降低；

■民营企业逐渐替代国有企业，竞争力更强；

■服装面料自产比例逐年提高，带动价格下降；

■跨国零售集团加大在中国直接采购的力度，减少中间环节，与生产商直接见面，并以大数量订单利诱生产商压低价格；

■ 2001－2002年美欧等主要贸易伙伴经济萧条、消费者信心不足，低档服装出口比重明显增加。

五、服装出口降价不是中国专利

（一）中国的价位在美国市场上居中等水平

1. 美国自全球及主要国家进口服装单价增减比较

表Ⅰ　2002－2004美国自全球各国进口服装单价变化及与中国对比情况

项　　目	02/01	03/02	04/03
自全球进口单价可比国家（地区）数	163	164	170
其中：单价增长/持平家数	65	78	97
占比%	39.88	47.56	57.1
单价降幅小于中国的家数	72	40	23
占比%	44.17	24.39	13.5
单价降幅大于中国的家数	25	45	49
占比%	15.33	27.43	28.8

资料来源：根据美国商务部纺织品服装办公室数据整理

近年来,美国自全球进口服装的单价持续下降,根据美国商务部纺织品服装办公室提供的数据,2001 年 - 2004 年,各年度单价同比分别下降 1.8%、5.9%、1.8% 和增长 1%。2002 年输美服装出口单价下降的共有 98 个国家(地区)(以下简称国(地)),占美进口国(地)总数的 60%,其中下降幅度超过中国的就有 25 个,占进口国(地)总数的 15.3%(2003 年及 2004 年的情况详见表Ⅰ)。2002 年下降较多的国家有阿根廷、巴哈马、智利、加纳、哈萨克斯坦、黎巴嫩、塞拉利昂、坦桑尼亚等国;2003 年下降较多的国家有阿富汗、阿尔巴尼亚、巴拿马、多哥等国;2004 年下降较多的有阿富汗、巴哈马、丹麦、智利、朝鲜、马里、塔吉克斯坦等国。

2. 美国进口服装一体化产品单价变化情况

从表Ⅱ中可以看出,中国一体化服装产品的输美价格在入世后出现了下降,但幅度不是最大的,两年中,分别有中国香港、韩国、印度尼西亚等主要输美国(地)的下降幅度大于中国。且韩国、墨西哥、印度、印度尼西亚等国(地)的价格仍未呈现回升之势。

表Ⅱ 近年美国自全球各主要国家(地区)进口服装配额一体化产品单价变化趋势

国家(地区)	2003/2002 ±%	2004/2003 ±%
全　球	-4.2	-3.4
中国	-4.9	-9.4
中国香港	-19.0	-7.5
中国台湾	-1.6	3.2
韩国	4.9	-11.1
墨西哥	0.2	-8.1
巴基斯坦	-4.6	7.5
印度	1.0	-4.6
印度尼西亚	-6.6	-3.5

资料来源:根据美国商务部纺织品服装办公室数据整理

美于 2003 年底以中国产品量增价减为由对我输美棉制/化纤制胸衣(349/649)、棉制/化纤制袍服(350/650)四个一体化类别的服装产品采取特保措施,重新设限。但美方自身的数据同样不能对其提出的特保理由形成支持。

① 349 类 - 2003 年,对美出口有 9 个国(地)单价下降,其中降幅大于中国的有 6 个,占出口总国(地)的 29%;2004 年,对美出口有 15 个国(地)单价下降,其中降幅大于中国的有 6 个,占出口总国(地)的 24%。

② 649 类 - 2003 年,对美出口有 10 个国(地)单价下降,其中降幅大于中国的有 5 个,占出口总国(地)的 25%;2004 年,对美出口有 6 个国(地)单价下降,其中降幅大于中国的有 2 个,占出口总国(地)的 10%。

③ 350 类 - 2003 年,对美出口有 28 个国(地)单价下降,其中降幅大于中国的有 19 个,占出口总国(地)的 44%;2004 年,对美出口有 15 个国(地)单价下降,其中降幅大于中国的有 12 个,占出口总国(地)的 26%。

④ 650 类 - 2003 年,对美出口有 17 个国(地)单价下降,其中降幅大于中国的有 14 个,占出口总国(地)的 54%;2004 年,对美出口有 13 个国(地)单价下降,其中降幅大于中国的有 10 个,占出口总国(地)的 39%。

(二)中国服装价格在欧盟市场上稳中有升

1. 欧盟自全球及主要国家进口服装单价增减比较

据欧盟 15 国海关统计,2002 年、2003 年和 2004 年 1 - 9 月,在欧盟服装进口前十位来源国(地)中,分别有 5 个、2 个和 1 个国(地)的单价下降,其中中国 2003 年和 2004 年 1 - 9 月均保持增长,仅 2002 年出现下降。(详见表Ⅲ)

表Ⅲ　欧盟近年自主要国家(地区)进口服装单价变动情况对比

项目 / 国家(地区)	单价变动		
	02/01 ±%	03/02 ±%	04(1－9)/03(1－9) ±%
中国	-8.2	13.5	15.4
土耳其	6.9	69.8	9.6
罗马尼亚	6.7	34.0	-1.6
孟加拉	-6.2	-12.8	1.2
印度	1.6	60.6	1.3
中国香港	7.2	-2.5	9.4
印度尼西亚	-8.5	17.1	0.7
巴基斯坦	-56.1	386.6	2.4

资料来源:根据 GTI 数据整理

2. 欧盟进口服装一体化产品单价变化情况

中国输欧盟 21 类梭织夹克和 73 类针织运动套装已于第三阶段实现一体化。近年来欧盟自全球进口这两类产品的单价一直处于下降态势。2002 年 21 类下降 16.8%,73 类下降 20.3%;2003 年 21 类下降 5.5%,73 类下降 9%;2004 年 1－9 月,21 类下降 1%%,73 类下降 12.9%。自中国进口三年间也全部下降。尽管如此,把中国看作拉动进口单价全面降低的唯一"罪魁"仍然是言过其实的,欧盟进口单价下降不是中国一方的行为所致,大量的国家和地区参与了降价,更有很多国(地)的降价幅度超过中国。

① 21 类－2002 年,对欧盟出口有 50 个国(地)的单价下降,其中降幅大于中国的有 14 个,占出口总国(地)的 9%;2003 年,对欧盟出口有 34 个国(地)单价下降,其中降幅大于中国的有 29 个,占出口总国(地)的 18.7%;2004 年 1－9 月,对欧盟出口的国(地)中,中国的平均单价微增 1.6%,有 44 个国(地)的单价下降,占出口总国(地)的 40%。

② 73 类－2002 年,对欧盟出口有 36 个国(地)的单价下降,其中降幅大于中国的有 6 个,占出口总国(地)的 9.5%;2003 年,对欧盟出口有 18 个国(地)单价下降,其中降幅大于中国的有 10 个,占出口总国(地)的 16.1%;2004 年 1－9 月,对欧盟出口有 25 个国(地)的单价下降,其中降幅大于中国的有 16 个,占出口总国(地)的 23%。

整体而言,在输欧盟两个类别的所有来源国(地)中,有一成以上的国(地)出口单价下降幅度超过中国;在输欧盟两个类别单价下降的所有来源国(地)中,有一半以上的国(地)下降幅度超过中国。

六、降价不是竞争的唯一"灵药"

出口竞争力确实可以通过价格下降来实现,但价格下降并不是万能的灵药,在国际贸易中存在着诸多对产品竞争力产生影响的因素。

近日,美国哈佛大学纺织服装研究中心发布了一篇题为《2005 年后的服装和纺织业:前景与选择》的文章,对后配额时代中国将占领市场提出质疑。文中指出:后配额时代,除成本和质量等传统因素外,一些其他相关因素,如关税、库存风险、生产的多样性、及时补货能力和服务等,也对贸易流向具有相当大的影响力。如果能够对市场需求及时做出反应,其他国家的纺织服装生产商将能够控制自己的命运。

事实的确如此,墨西哥、土耳其等国的出口价格目前仍然高于中国,在同比变动上也显示出较为坚挺的趋势。其中一个主要原因就在于这些国家毗邻美国或欧盟,在地理位置上占优,而地理位置的远近决定了交货周期的长短,墨西哥和加勒比海国家对美国出口货物的交货期平均为 4－5 周,而中国沿海地区交货期高达 11 周左右。同时,进口国零售商对服装款式与流行性的要求日益增强,订单趋向小批量、多品种,通过频繁追加订单来降低库存风险。进口商、零售商往往会为了追赶一季流行或不耽误如圣诞节等重要售货档期,而会忽略价格的高低,更看重交货的迅速。如此,欧美近邻国家服装产品的价格居高也就不足为奇了。

结束语:综上所述,中国的服装业通过自身努力,在几十年的配额夹缝中打拼出一片天地,取得了来之不易的成绩,对全世界的服装消费作出了巨大的贡献。欧美发达国家出于少数人的要求对中国产品进行排挤,不顾现实强调中国产品价格下降对国内造成的损失是片面的,目光是短浅的,违背了贸易自由化的原则,损害了广大消费者的利益。

进入2005年,配额已经全面取消,中国服装出口面临着更多的机遇与挑战,国际市场的竞争更加激烈,纺织服装价位的降低已成为世界的潮流,一股不可抗拒的潮流。对此,中国企业积极应对,从内部挖掘潜力,将提高产品的附加值和科技含量作为首要任务,力求把中国的服装质量和档次、营销和服务上一个新台阶。中国的服装不会靠降价也不能靠降价来实现出口竞争力的提高,只有产品和服务才是行之于天下而皆准的最有分量的竞争砝码。我们有理由相信,中国服装产品的价格将在一定时期内缓步实现增长,中国服装将不再是低价产品和降价产品的代名词。

2004/2005 年棉花市场形势回顾与展望

中国棉花网　梅咏

2004 年是国内外棉花市场起伏跌宕的一年，国内外棉花产量预计大幅增长，国内宏观经济调控趋紧、棉纺织品外贸形势不如预期以及国外棉花贸易整体走弱等多种因素对国内棉花市场造成了不小的冲击。

一、国内外棉价走势概况

2004 年国内外棉价整体呈现高开低走，持续下跌的走势。据中国棉花网统计，内地 328 级棉（Cncotton A 指数）年均价 14575 元/吨。其中最高价位出现在 2 月 24 日，为 17845 元/吨；最低价为 12 月 31 日的 11181 元/吨，二者相差 6664 元。特别是"五一"长假后国内棉价急速下跌，跌势之猛，为 20 年来不曾有的，棉花市场犹如经历了一场寒冬。

6 月 1 日郑棉期货上市并没有改变国内市场低迷格局。继上市首日各合约高开后，便是大幅跳水和长达数月的持续走低。10 月 25 日主力合约 CF501 创年度最低，结算价仅为 11910 元/吨，较开盘当日的 15305 元下跌 3395 元/吨，跌幅达 22%。此后郑棉期货保持盘整格局，近月合同价格多在 12000－12500 元/吨区间内窄幅波动。

承接国内棉花市场疲弱之势，2004 年 9－12 月国内籽棉收购价格也相应经历了冲高回落的历程（如图 1）。中国棉花收购价格指数（内地 328 级棉收购均价，简称 CNCotton S）为 10591 元/吨，较 2003 年同期下跌了 4609 元/吨。其中 3 级籽棉收购价格在 9 月底创年度最高，为 5.2 元/公斤，折中国棉花收购价格指数 11300 元/吨。10 月后快速回落，并于 10 月底跌至谷底，折皮棉收购价格仅 9500 元。而 10 月 27 日的国家新棉收储政策起到了稳定棉价的作用，在一定程度上成为棉价平稳运行的"定海神针"。

图 1：2004 年 9－12 月国内标准级棉购销价格比较图

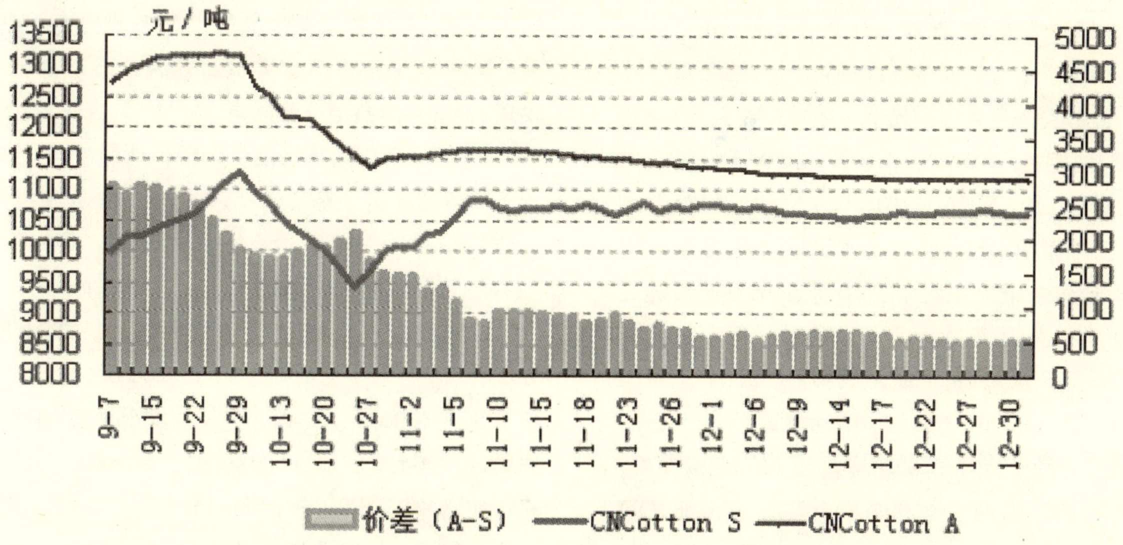

和国内棉花市场近似,2004 年国际棉花现货和期货价格整体呈现持续下跌态势。纽约期货近期合约和北欧到岸价 A 指数全年分别下跌了 33.63 美分/磅和 28.65 美分/磅;跌幅高达 44.28% 和 37.23%。2004 年 7 月底,纽约期货投机商净空头率为 37.3%,创当年最高纪录,11 月中旬以后,由于美棉出口市场逐渐活跃,纽约期货市场投资基金净持仓也由前期的"净空头"转为"净多头",拉动国际期、现货价格逐步走强。纽约期货近期合约和北欧到岸价 A 指数全年均价分别为 55.53 美分/磅和61.32 美分/磅。

图 2:2004 年国内外棉花价格比较

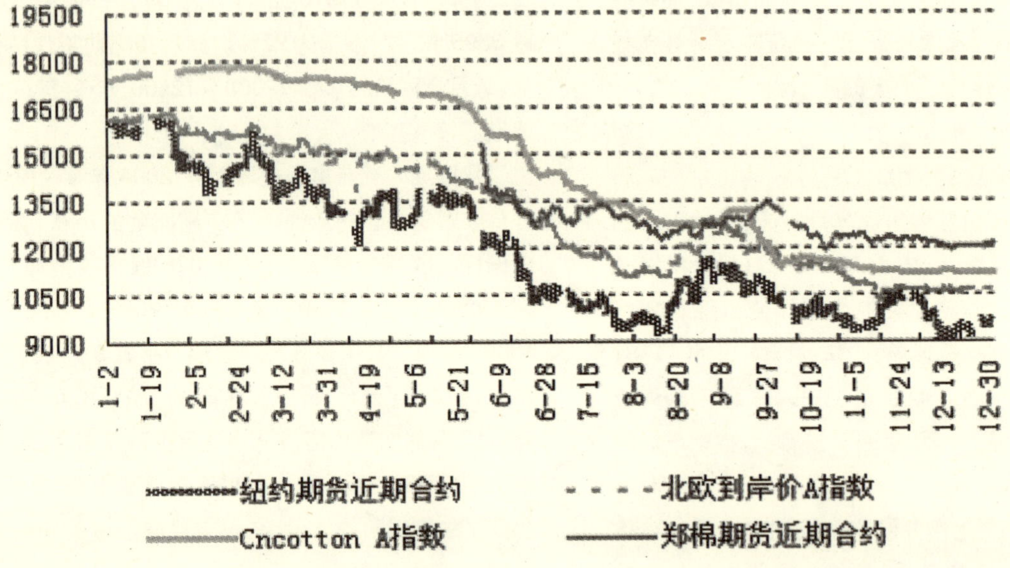

二、价格下跌原因分析

1. 资金紧缺造成国内棉花市场有效需求不足

2004 年国家出台抑制经济过热的产业政策、货币政策,纺织行业被列入重点限制低水平重复建设目录,企业信贷收到严格控制,涉棉企业资金匮乏成为诱发国内棉价下跌的重要力量。2004 年 10 月,中国棉花网对国内 16 家国内大中型棉纺织企业调查发现,企业资金周转率平均为 46 天,较上年同期增加了 20 天;原棉库存普遍在 20 天以内,较上年同期减少 7 天。同时受资金紧缺影响,大量进口棉积压港口,不能及时报关。2004 年中国进口美棉毁约量达 2.67 万吨,为历年之最。

2. 能源瓶颈制约作用愈加明显,纺织成本普遍提高

2004 年一季度,24 个省区市拉闸限电,能源瓶颈问题凸显。浙江省和苏南地区是电荒的重灾区,纺织企业"开四停三"的现象非常普遍。多数纺织企业使用柴油发电,吨纱的用电成本比电网供电普遍提高 400 - 600 元。5 月,交通部等 7 部委联合开展公路车辆超载超限治理,企业物流费用普遍提高,吨公里运费普遍上涨0.10 -0.20 元。受国际市场油价大幅上涨影响,5 月中旬全国各地普遍上调了柴油价格,0 号柴油零售中准价每吨上调 280 元,纺织企业运输成本平均上涨 30% 左右。

3. 下游市场销售不畅,国内有效需求不足

国内纺织市场销售状况持续疲软。2004 年国内 32S 普梳纱主体价格每吨下跌了 5500 元,纯棉精梳纱价格下跌近 7000 元。纺织企业库存积压严重,据国家统计局统计,2004 年三季度国内纺织工业企业纺纱期末库存较年初增加 31.8%、棉布增长 26.3%,产销形势不理想。

4. 纺织品出口退税政策效能显现,初级产品出口受

挫

自2004年1月起，纺织品服装出口退税率普遍下调4个百分点，且退税额的25%由出口企业地方财政负担，致使出口企业的收益大幅减少。以生产32S纯棉纱为例，退税率下调4个百分点，出口企业吨纱收益减少900元左右，致使国内纺织品在国际市场上的竞争力明显下降，外单明显减少。尽管全国纺织服装进出口额同比继续保持高增长，但初级棉纺织品出口出现明显回落，进口增速明显放缓。2004年我国棉纱累计出口42.75万吨，同比减少14%，是自1999年以来首次出现负增长；累计进口71.29万吨，与上年基本持平。2004年我国棉布累计出口47.08亿米，同比减少4.69%；累计进口15.90亿米，同比增长仅4.18%。出口形势不容乐观。

5. 棉花进口大幅增加

2004年中国累计进口棉花191万吨，同比增长118%，为建国以来进口量最大的一年。大量进口有效弥补了国内棉花消费的不足，特别是5月以后进口棉大量到港，集中供应，导致国内棉花供求关系发生根本变化，棉花价格大幅回落。

6. 与棉花替代产品的差价过大，抑制了棉花的有效需求

2004年上半年328级棉与涤纶短纤价差曾一度高达7000元以上，造成相当多纺织企业为降低生产成本而大幅增加化纤使用比例，棉花需求减少，价格向下调整。

三、2004年度国内外棉花市场供求形势

(一)国内产销形势

1. 生产形势

国家统计局统计显示，由于植棉面积及单产水平均有较大幅度提高，2004年棉花产量大幅增长。2004年全国棉花种植面积569万公顷(8535万亩)，比上年扩大58万公顷(869万亩)，增长11.3%。产量632万吨，比上年增产146万吨，增长30.1%，棉花产量创历史最高。

其中棉花产量增加较多的有：新疆178万吨，增长11.4%；山东增长25.2%；河南、江苏、安徽的产量出现恢复性增长，增幅分别达到77%、73%和71%。其余各主产省的增幅也超过20%。2004年全国棉花平均单产为每公顷1111公斤，比上年增加160公斤，增长16.9%。单产提高对全国棉花增产的贡献率达到62.2%。

2. 消费市场

棉纱、棉布产能已连续3年保持大幅增长，国内棉花消费旺盛，2004年9－12月，社会纱产量同比增幅达25%，棉布生产同比增幅22%，远远高于市场预期。

产量增长不仅与国内棉纺织产能不断增长的相一致，而且受持续走强的纺织出口拉动。2001年以来中国纺织品服装出口以每年两位数的增幅递增。2004年，我国纺织品服装出口951亿美元，同比增长20.6%。2005年后，随着配额的取消，被配额约束住的生产能力如果得到充分发挥，中国纺织品服装出口增长速度将相当可观，也必将带动棉花消费的进一步增长。

预计2004年中国纺纱产量以不低于10%的速度递增，同时由于棉花价格走低，与化纤的价差缩小，纺织配棉比例将逐步增加。预计当年国内棉花需求800万吨，产需缺口170万吨，进口仍将是弥补国内需求不足的有效手段，计划配额数量将无法满足进口需求。中国棉花市场在经历了整整一年的低迷后，将有望在2005年上半年走出困境，出现向好形势。

表1:2004/2005中国棉花产销存预测

单位:万吨

年度	期初库存	产量	进口	国内需求	出口	期末库存	库存消费比
2002/03	260	492	72	647	15	162	0.24
2003/04	162	487	199	710	3	135	0.19
2004/05	135	632	170	800	3	134	0.17

(中国棉花网2005年1月20日预测)

注:中国的棉花年度指当年的9月1日至下年的8月31日止。

(二)国际形势

1.全球

2004年度全球棉花丰产,当年资源供大于求,库存回升。

据美国农业部1月份最新预测,2004/05年度全球棉花产量2517.8万吨,较上年增长455.1万吨,增幅22.06%;消费量2273.7万吨,较上年仅增长128.8万吨,增幅6.00%。当年产大于需244.1万吨,是自1984/85年度(389.3万吨)来,第二个产大于需的年份。主要消费国中,除中国需求较上年较大增长外,其他国家和地区变化不大。

值得注意的是,中国以外的地区当年产量大于需求量约410万吨,在全球供应状况大大改善的同时,为中国更多地选择国际市场棉花提供了机会,也为中国棉花大幅度上涨设定了上限。如果中国进口能够实现美国农业部预期的190万吨的目标,国际市场仍将有二百多万吨的棉花资源没有出路,国际市场严重供过于求和状况与中国供给不足形成鲜明对比。

表2:2004/2005年度全球棉花产销存预测

单位:万吨

国家(地区)	期初库存	产量	进口	消费	出口	期末库存	库存变化(同比)	库存消费比
全球	775.3	2517.8	716.5	2273.7	709.8	1025.9	+250.70	34.39%
美国	76.4	501.0	0.9	135.0	276.5	167.7	+91.40	40.74%
巴基斯坦	44.2	250.4	21.8	222.1	13.1	80.8	+36.60	34.35%
中亚	36.8	170.9	0.1	42.7	116.0	48.8	+12.00	30.73%
西非	27.9	102.8	0.1	4.4	87.3	39.0	+11.13	42.52%
澳大利亚	18.9	54.4	0.1	1.5	37.0	37.2	+18.20	96.61%
巴西	100.4	127.4	7.6	89.3	43.5	104.7	+4.30	78.85%
印度	88.4	330.9	14.2	315.7	13.1	104.7	+16.30	31.85%
墨西哥	24.0	12.0	34.8	43.5	4.4	22.4	-1.55	46.82%
中国	170.7	631.4	190.5	800.2	3.3	189.2	+18.40	23.55%
土耳其	30.7	92.5	51.2	135.0	5.4	34.0	+3.40	24.19%
印度尼西亚	8.1	0.9	50.1	47.9	0.4	9.6	+1.54	19.82%
泰国	8.3	1.3	47.9	44.2	0.2	12.8	+4.53	28.92%

美国农业部1月12日预测

2.美国

2003年度(2003年8月1日-2004年7月31日)美国创下了出口300万吨的最高记录。2004年度(2004年8月1日-2005年7月31日)美国计划出口277万吨。而据美国农业部棉花出口报告显示,2004年8月5日-2005年1月13日,美棉累计净出口量为111万吨,同比下降23%。其中对中国累计净出口量为20.77万吨,占其本年度已出口总量的18%;而上年同期,美棉对中国出口占其出口量的50%。

总体看,国际市场今年供过于求的形势异常突出,除中国消费有较大增长外，其他国家的消费增长很难支撑大幅增长的棉花供应。国际棉价总体在中低价位运行的可能性较大。

四、2004 年度棉花市场形势变化的初步判断

尽管2004 年度国内棉花市场形势总体向好的，但我们认为，仍有一些不确定因素在影响着棉花市场，对2005 年上半年国内棉花市场变化应持谨慎乐观态度。

(一)年初棉价上行仍存有压力

1. 纺织出口形势不明朗

2005 年配额全面取消给中国纺织品服装出口带来了很多不确定性，在内销没有明显突破的情况下，国外采购商下订单时顾虑重重，多以短期订单为主，大多数出口企业都反映看不清后期纺织出口形势，不愿贸然进行较大规模的原棉采购，买方市场特点明显。

2. 现货市场购销量升价略扬，棉花销售压力仍然较大

新棉供应相对充足。据国家棉花市场监测系统对国内11 省、区59 个县市的60 个监测站所监测的691 家农户调查数据显示，截至2005 年1 月19 日，被调查农户累计交售籽棉3588 吨，占已摘籽棉量的94.71%。其中河南、河北、山东等地交售进度为全国最低，分别为59.06%、70.08%和71.66%，仍有不少资源滞留在棉农手中。另据国家棉花市场监测系统调查，按照国内棉花产量632 万吨和95%的商品化率测算，截至2005 年1 月19 日，全社会加工新棉505 万吨，销售仅150 万吨。

3. 国际市场压力正逐步增大

据海关统计数据，我国棉花进口经历了2004 年10 月、11 月两个月的低谷后，12 月份反弹至6 万吨左右，随着配额的发放，用棉企业外棉订购量将逐步增加。据美国农业部出口周报统计，2004 年8 月5 日 –2005 年1 月27 日，美棉对中国净出口达到25 万吨，加上其他国家的棉花，2 月底前进口的外棉总量不会超过50 万吨，也就是说，未来几个月将是外棉集中到港时期，这对国内棉价上涨无疑将起抑制作用。

4. 央行升息增加企业资金成本

2004 年10 月29 日，央行上调金融机构存贷款基准利率拉开了加息的序幕；而2005 年中央实行稳健的财政政策，意味着政府宏观调控的力度并没有放松，企业经营的外部环境仍然不容乐观。

(二)突发因素可能左右国内棉花市场，使价格变化的不确定性增强。

棉花宏观调控政策取向和操作时机是决定2005 年棉价变化的重要因素；另外，诸如人民币汇率政策等宏观经济方面可能出现变化的因素也不容忽视。

首先是商业库存(包括工厂库存)过低将影响后期棉花价格的稳定。

如果本年度收储实现预期目标，2004/2005 年度的期末库存中，储备库存计划将达到70 万吨以上，也就是说商业库存只有60 万吨左右，这是个非常危险的信号。就当前情况来看，下年度棉花面积减少已成定局，如果2005 年棉花生产过程中天气再发生变化，导致棉花产量较大幅度的减少预期，年度后期价格发生震荡的可能性会变大，因此收储数量和储备运作方式将对年度后期棉花价格变化发挥重要作用。

其次，进口棉规模能否达到预期数量，尚不可知。不定的因素包括：国家是否增发进口配额，增发的时机是否合适、增发的配额能否全部实现按时进口。个人判断，如果今年国家不打算动用储备，也就是只进不出的话，进口量还将进一步加大。既定的配额数量显然是无法满足市场需求的，增发配额是必然之选。届时，配额发放的时机、采购方式和数量对年度中后期市场走势发挥重大影响。

总体看，2005 年棉花价格总体趋势看涨。价格高点出现在何时取决于上述未定因素、期货和现货市场的联动作用，以及市场人士的心态。在以上因素中，纺织市场的活跃与否将最终决定棉花价格走势。

中国棉花产销经营回顾与展望

新疆贝正实业有限公司 张闻民

一、2003/2004 年度中国棉花产业及商品市场回顾

中国是世界上最大的棉花生产国、消费国。2003 年中国棉花生产量为 487 万吨，占世界 2,042 万吨的 23.58%，棉花消费量为 729 万吨，占世界 2,204 万吨的 33%；中国拥有世界最大的棉花产销经营和纺织染整服装生产出口体系，现有 7000 余万纺织纱锭。然而，2003/2004 棉花年度中国棉花商品市场却经历了跌宕起伏、大涨大落，为中国棉花产业发展历史所罕见。

1.2004 年中国棉花种植面积为 8535 万亩，较上年扩大 869 万亩，增长 11.3%，棉花生产量达到 632 万吨，超过 1984 年 625 万吨的中国历年最高生产量，再创历史新高，实现了中国棉花生产的特大丰收年。

2.2003/2004 棉花年度中国国内市场 129 级棉价由 2003 年 9 月的 13400－13500 元/吨，遂涨至 10 月底的 17800－18000 元/吨，至 2004 年 2 月开始小幅波动保持在上述价位水平；2004 年 3 月起，随着国内国际棉花棉花供求关系转变，棉花价格持续下跌，国内市场棉价逐月下跌至 9 月的 13000－13500 元，10 月底进一步跌至 11000－11800 元；

3.受益于国内棉花市场高位价格，2003 年中国棉农获得了历年棉花最好的收益年景，每公斤籽棉平均价格达到 6.0－7.0 元/公斤，棉农每亩收入净增 500－800 元，极大激发了棉农的生产积极性；2004 年中国棉花种植面积较上年大幅增加 811 万亩，导致棉花收购价格急剧下跌，籽棉收购价格 9 月中下旬由初期的 4.8－5.3 元/公斤下降至 10 月以后的 3.8－4.6 元/公斤，棉农收益也大幅度降至 200－500 元/亩甚至更低；2004 年粮棉比较效益由往年的 8:1 降为 6.8:1；2004 年秋各棉花产区农民已弃棉种粮，改棉田为增种冬小麦，预计下年度棉花种植面积将大幅度减少；

4.2003/2004 年度棉花生产经营企业前期盈利、中期持平、后期全面亏损。棉花棉纺企业大都在前中期购买 17000－18000 元/吨高价棉花，期待棉价将上涨至 20000－22000 元；2004 年 3 月棉价逐月急跌后，又难舍抛售，造成大多数棉花企业普遍持有大量高价库存棉花；棉纺企业则由于国内外纺织品服装市场疲软不振，棉花价格涨幅大大高于各类纺织半制成品、制成品，也造成大量价高滞销库存积压的棉纱、棉布半成品和纺织品服装；

5.2003/2004 年度中国先后下达棉花配额近 240 万吨；2003 年 10 月国家追加 2003 年进口配额 50 万吨，2004 年元月发放了进口配额 89.4 万吨，2004 年 2 月底再追加进口配额 100 万吨，全年度实际进口外棉 190.6 万吨，其中进口美棉 105 万吨；外棉一直以低于国产棉 1500－3000 元/吨的价差销售，对国内市场及国产棉花造成极大冲击；美国、欧盟等对中国出口纺织品设限，反倾销，实行特保，取消普惠制，与有关发展中国家设立针对限制中国纺织品出口的优惠联盟等，贸易保护主义抬头，棉花、纺织品后配额时代形势不容乐观。

6.2002－2003 年中国纺织生产能力急剧扩张，从 2000 年的 3400 万纱锭增至 7000 余万纱锭；棉花轧花厂生产加工能力超出棉花生产量的 1 倍以上，部分省区高达 2－3 倍，如 2003 年新疆现有轧花能力已达 316 万吨，是新疆棉花生产量的 2 倍。上述状况造成设备开工不足，争抢棉花资源，竞争加剧，效益低下；

7.2003/2004 年度国家对棉花、纺织产业采取了一系列宏观调控政策措施：

棉花产业：①根据世贸协议规定，2003/04 年度国家

先后三次下达进口棉花配额239.4万吨;②2004年6月中国棉花期货正式在郑州商品交易所上市,经营运行正常平稳;农发行限制涉棉贷款企业参与棉花期货经营;③2004年2月全国棉花交易市场允许进口棉花参与电子撮合交易;并正式将进口棉花挂牌分列交易为MJ系列;④2003年度中国棉花库存为164万吨,消费库存比仅为21%,实际可动用数量不足50万吨,国家调控棉市能力极为有限;⑤2004年6-9月国家按328标准级13100元/吨的价格收储13万吨陈棉储备棉,国内棉价以此为底线基本稳定保持在13000元以上,棉市开始回暖复升;11月初国家决定按11500元/吨价格收储新棉,暂定数量30万吨,使跌破12000元/吨的棉价开始企稳;⑥中国从2004年12月11日允许外国公司在华成立经营农产品的独资公司;⑦郑交所中国棉花期货市场、全国棉花交易市场电子撮合交易、棉花现货市场、中国棉花价格指数等,已初步形成中国棉花产业及市场的定价中心。

纺织产业:①2003年起国家将包括纺织行业在内的9大行业列为受限制行业;②国家出台信贷紧缩政策,导致棉花企业和纺织企业资金非常紧张,企业资金受银行贷款限制和棉纱库存增加的制约;③为了抑制纺织品出口过快增长,从2003年12月国家将纺织品出口退税率由17%降至13%,其中25%退税额由出口企业地方财政负担,使退税下调4-9个百分点;④2004年11月发布对中国部分出口纺织品采取从量税计征方式加征出口关税。

二、中国棉花产业发展的战略设想

(一)下几年度中国棉花产销经营预测

1.2004年世界棉花生产量为2517.8万吨,消费量2273.7万吨,期末库存量1025.9万吨,库存消费比34.39%;2004年中国棉花生产量632万吨,消费量800.2万吨,库存量189.2万吨,库存消费比23.55%。在世界各棉花主产国中,仅有中国棉花生产量小于消费量,中国已成为世界唯一连续数年的主要棉花净进口国。2002-2004年三年间中国累计进口外国棉花440万吨,预计下几年度将继续保持大量进口外棉势头。从有利于中国棉花产销经营角度出发,中国将采取稳定棉花生产量、适度增长规模,重在提高品种质量的作法:2005-2008年中国年均棉花生产量650-720万吨、消费量800-850万吨、进口量150-180万吨,酌情储备或释放国家储备棉50-100万吨;纱线生产量1100-1200万吨、布匹150-160亿米,出口额950-1100亿美元;上述各类纺织品服装生产年均增长超过两位数,分别高于棉花生产出口增长3-6个百分点。

从以上情况分析,2005-2008年的下几年度中国棉花产业及产销经营将具有以下几个有利特点:①中国棉花生产量小于消费量;棉花出口量小于进口量;②棉花生产出口增长幅度低于纺织品服装生产出口增长;③连续保持国产棉供不应求,须以进口棉补充消费缺口,继续成为棉花净进口国。与世界及其他棉花主产国相比,中国将处于较为主动有利的产销经营形势和局面。

2.继续改良棉花品种品级质量,新疆北部减少每亩栽棉株数至12000株以下,努力提高国产棉129、229高品级细绒棉、137、237长绒棉生产商品量比例,拉开高品级棉花价差,改善国产棉、进口棉合理品级数量价格结构,实行优质优价和名牌市场战略,灵活运用多种有效调节手段措施,利用国内三大市场渠道途径,降低进口成本,提高国产棉综合经营效益,实现棉农和棉花生产经营企业年均增产增收20-50亿元;

3.2004年度中国棉花纺织产业创立了四个历史新高,即2004年中国棉花生产量632万吨,进口外国棉花190.6万吨、纱线生产量1000万吨,纺织服装出口额951亿美元;既显示了中国棉花、纺织产业的产销经营巨大规模数量,又表现出国家强化宏观调控棉花、纺织产业的极端重要性和繁重艰巨任务责任。

4.国家宏观调控政策、决策、方式、手段相对滞后,尚未建立市场价格风险预警机制,在进口棉花及配额、储备棉数量及价格、调节引导棉花市场价格趋势、培育调控现货期货市场、设立棉花生产、风险基金等方面,都有待于进一步改善加强;当前国家财政收紧,银行紧缩银根,棉花、纺织企业库存占压银行贷款,造成还贷借贷困难,无法满足资金流转需要;农发行限制涉棉贷款企业参与棉花期货经营,影响棉花期货市场培育发展。因此,国家主管部门须建立健全经常性的价格市场调节体系和机制,扶持国家级和大型棉花集团成为龙头企业,协助国家执行落实宏观调控政策、平衡棉花产销存供求关系和价格,维护棉企整体利益;充分发挥中国棉花期货交易市场、全国棉花交易市场、棉花现货市场、中国棉花价格指数等中国自主的市场价格经营体系功能,实行棉花产业及商品市场多种政策调控手段和措施,使中国棉花产业发展及商品市场经营与国际棉花的先进标准、规范、做法全面接轨,加速提升中国棉花产业发展步伐,有效利用中国巨大的棉花纺织生产量、消费量、出口量的蓄水池,实现中国棉花现货与期货商品相结合,国内与国际产业和市场相结合,使中国拥有世界棉花市场及价格的决策权、发言权,使中国成为中国乃至世界棉花产业和商品市场的交易中心、定价中心、信息咨询中心和产业市场中心。

5. 中国现有7000万以上纺织纱锭,年产纱能超过1000万吨;棉花加工轧花能力是全国棉花生产量的2倍以上,低档次、小规模、土造简陋轧花厂星罗棋布,屡禁不止,浪费资源,危害极大。建议国家实行优胜劣汰、宽严结合的差别待遇,用提高商品、设备、技术、标准、规范、档次、级别等方式,实行强制性产业升级换代,借此在1-2年内取缔、淘汰20%—30%上述无发展前途的轧花、纺织生产厂家,集中优势资金、设备、技术,进而提升中国棉花、纺织产业整体档次水平。使中国棉花加工、纺织设备技术达到20世纪90年代和国际先进水平的比例从2000年的30%上升到45%—60%,棉花加工、纺织染整工艺技术和质量水平大幅提升,高中档商品生产和出口比重不断上升。

6. 按照国家六部委关于棉花质量检验体制改革规划,将产棉供棉单位自检棉花改为纤维公检部门强制性公检,由到厂公检改为加工中即时公检,将抽样检验改为逐包检验,将现行手工目测检验棉花改为纤检仪器检测,在2-3年内逐步推广国际通行标准400吨压力的227公斤/500磅大包打包机等,这将进一步提高国产棉商品质量,促进棉花加工设备升级换代,提高档次,使国产棉花加工检验质量符合国际先进标准、规范,使国产棉花的强力、长度、马克隆值、回潮、含杂等项质量检验接近或达到国内国际先进水平,更加公平、公正、合理、规范。

7. 2004年中国棉花生产量632万吨,占世界棉花生产量2517.8万吨的26%,棉花消费量790万吨,占世界2273.7万吨的35%。中国棉花期货上市,为中国棉花产业提供了新的市场途径和重要机遇;郑交所棉花期货持仓量最高时已超过美国纽约商品交易所,从而确立独立于外国的中国棉花市场价格体系,使中国也能运用灵活有效的市场调节手段,促成中国棉价阶段性高于或低于国际棉价,得以自主调节出口或进口棉花时机,在高价时出口,低价时进口;适当提高国家收储国产新棉价格,使中国储备棉数量达到60-80万吨,从而兼顾进口外国棉花150-170万吨,恢复回暖国内棉花现货期货市场及价格;鼓励纺织品服装生产出口向优质高效发展;避免今春棉花播种面积大幅减少和下年度棉花市场价格剧烈波动。随着国家通过储备棉花及数量、价格、进口棉花及配额、产业扶持、调控等有效手段方式,将可能使中国棉花现货期货市场进入更主动的良性循环高效经营期。

8. 国家储备棉

(1)以中国储备棉经营管理公司为中心,建立国家、省区、企业的三级储备棉体系。逐步完善新的储备棉吸纳、调换、仓储、运输、抛售、释放、信贷、补贴、价格、结算等制度、机制,在市场低价疲软期吸纳储备新棉,市场高价畅销期抛售释放储备棉,既平衡市场供求矛盾关系,又实现购销盈利,达到国内市场阶段自我总量平衡。2004年中国棉花生产量创造历史最高水平,达到632万吨,恰是吸纳收储的适合年份。为了改善市场供求关系,预计全年度将酌情收进储备棉60-80万吨,建议将现行收储价格由328级到库公检价11500元/吨,适当浮动调至略高水平。

(2)不宜将进口棉花纳入到国家储备棉收储范围;储备棉应多收储129、229高品级优质细绒棉和适量137

级长绒棉，以供应释放抛售期高品级数量不足之需。

(3) 储备棉经营管理应与棉花现货经营分离，从而体现对储备棉制定、执行政策、做法的公平、公正和有效。

(4) 各年度储备棉数量将决定进口棉数量和价格，将作为国家调控国内市场供求关系、价格、品种、数量的经常性措施手段之一，有利于保证国家棉花产业安全和经营效益。

9. 进口棉花及配额

2003/2004 棉花年度国家先后下达进口棉花配额 239.4 万吨，实际使用 190.6 万吨，结余 48.8 万吨。由于近年中国棉花年生产量持续小于消费量 150 万吨以上，进口棉花已成为平衡中国棉花市场供求关系不可缺少的重要途径。利用进口棉花数量来推动促进中国棉花和纺织品出口，灵活运作，合理控制其规模数量与时机技巧。

(1) 建议国家主管部门下发进口棉花配额由集中统一下达，改为小批量、多批次、多渠道、分阶段、常年均衡分解下达，或总量一次下达，分批量分阶段执行，避免给外棉造成大幅提价机会；尽量避免高价进口外棉的现象；

(2) 面对美国、欧盟在后配额时代对中国出口纺织品服装实行特保、反倾销、取消普惠制，与非洲、美洲等国家建立特殊优惠联盟等限制中国政策，针对美国对棉花以及农产品继续实行高额补贴，巴西、阿根廷已向美国及世贸组织提出质疑，中国亦可将进口棉花作为应对条件措施，增强实力筹码，保护我国的基本合法正当权益和利益；

(3) 上年度国际棉价一直低于中国棉花价格 1000－2000 元/吨。由于棉花价格倒挂，使中国无望对外出口棉花，反而只能大量进口外国棉花，直接冲击国内棉花市场。中国应建立相应的自主、能上能下、灵活高效健全的棉花市场价格调控体系和机制；既适当进口棉花数量、又适量增加出口数量；争取今后每年度对外出口棉花 10－20 万吨，出口品种以 129、229 级优质细绒棉为主，适量补充 137、237 级长绒棉和 130、131 级中长绒棉。

实施以质取胜战略 推进出口品牌建设

宁波市对外贸易经济合作局

近几年来,我市出口品牌工作在商务部和浙江省外经贸厅的大力关心、支持下,积极探索,扎实工作,取得了一定的成效。近年来我市实施以质取胜战略,推进出口品牌建设工作情况如下:

一、基本情况

我市自1988年开展自营对外贸易以来,一直是以一般贸易为主体的出口结构,去年全市出口总额166.9亿美元,其中一般贸易出口达131.61亿美元,占78.9%。抓好出口产品的品牌和认证工作对扩大发展一般贸易显得尤为重要,为此我们始终把抓好出口产品的创牌认证工作作为扩大出口的一个重要环节,精心培育,严格申报,确保质量。特别是1999年以来,在规划实施、舆论导向、部门协作和政策扶持上努力探索,不断创新,使我市出口品牌认证工作取得快速发展。全市有效注册商标件数由1998年的13008件,上升到2004年的26296件,增长102.15%。其中境外注册商标件数从1998年底的290件,猛增加到1840件,增长了534%,注册国别涉及90多个国家和地区。有8个商标荣获中国驰名商标称号,有134个商标荣获浙江省著名商标称号。雅戈尔、杉杉、维科、韵声、贝发、海天等20个品牌被列入商务部重点培育和发展的品牌名单,占商务部已公布重点品牌数的10.5%。一些品牌商品的单项出口额,如一根线("敦煌牌"涤纶缝纫线)、一支笔("贝发牌"、"成路牌"圆珠笔)、一把尺("长城牌"卷尺)、一节电池("双鹿牌"电池)一个八音盒("韵升牌"八音盒)和一台注塑机("海天牌"注塑机)等,均居全国首位,且在国际上有了较广的知名度和市场占有率。

二、主要做法和经验

我们认为,推进出口品牌建设是全面实施以质取胜战略的一个重要组成部分,特别是我国加入WTO后,竞争的国际化程度更加激烈,品牌竞争是商品竞争的一个重要方向,从一定意义上讲品牌就是质量,品牌就是市场,品牌就是竞争力。因此,抓好创牌认证工作刻不容缓,必须增强企业对创牌认证的共识,像抓扩大出口队伍一样抓创牌认证工作。

1. 制定规划、组织发动是推进出口品牌建设的重要基础。

为推动我市企业深入开展出口创牌工作,早在1999年,我们就在调查研究的基础上,制定了《宁波市品牌商品发展规划》,对全市出口创牌工作提出了总体目标和要求:到2010年,确保全市有50%的外经贸企业在境外有自己的注册商标,全市有5000家以上的企业通过ISO9000质量体系认证。同时每年召开专题工作会议,结合年度发展实际,提出当年创牌工作任务,确定一批重点发展的品牌商品,加以积极推进,出台扶持措施,表彰先进企业,以示范榜样推进企业创牌认证,从而为我市出口创牌奠定了比较扎实的工作基础。

2. 舆论导向、扩大宣传是形成出口品牌建设的重要氛围。

在创牌认证过程中,我们十分注重舆论的影响,扩大对创牌认证的宣传,并着重做到以下三个结合。一是注重品牌产品与企业形象的结合,在争创产品品牌的同时,力争创企业的品牌,有针对性地开展ISO9000的认证工作,推动产品与企业的整体品牌形象的确立;二是注重品牌产品与"宁波制造"商品的结合,特别在广交会、华交会以及部分境外国际博览会中,以品牌认证产品为载体,突出"宁波制造"商品,推动品牌产品与城市品牌形象的确立；三是注重企业创牌认证的主导和政府积极有效的引导相结合，政府在企业自身投入品牌认证宣传的基础上，对品牌企业进行有重点、有选择地宣传，尤其在广交会、华交会和消博会等重大境内外活动的会刊封页上、场馆内外显著位置免费为这些品牌产品和企业进行宣传，大大提升了产品品牌和企业形象，实现了政府与企业在争创品牌的互动效应。

3. 部门协作、主动服务是发展出口品牌建设的重要保障。

多年实践告诉我们，创牌认证工作不仅仅是我们外经贸部门一个单位能直接推动的，而是要靠相关部门共同协作、主动服务的结果。一是自1999年起，我们每年会同市工商管理部门对全市企业到境外注册商标情况进行普查分析，及时分析掌握情况，并有针对性地对出口企业广泛开展以《商标法》为主题的培训和讲座工作，增强依法创牌能力；二是邀请宁波国检局和宁波质量认证中心专家有针对性地对外贸企业开展质量认证宣讲，并建立了日常的检贸合作制度，帮助指导企业开展认证工作。三是把好质量关，提高品牌认证产品的信誉。邀请市技术质量监督部门定期对品牌产品进行抽查，不断改进技术装备，提高品牌产品质量的可靠性。到去年底，全市已有约2200家企业通过ISO9000体系认证，其中中化宁波进出口公司、宁波维科联合进出口公司等外贸企业还通过了ISO14000和OSHMS18000体系的认证。

4. 双管齐下、政策扶持是实现出口品牌建设的重要手段。

市和县级两级政府积极支持创牌认证工作，并从1999年起，给予政策上的有力扶持。一是出台境外注册商标奖励。凡市属外贸企业到境外注册商标，每件奖励3,000元人民币；凡按马德里协定注册手续办理多国注册，一次性在5个以上国家注册的，奖励5,000元人民币。各县(市)、区也根据当地情况，出台了相关政策。二是出台鼓励企业认证补贴奖励。对年出口额达到1500万美元以上的全市流通性外贸企业，当年通过ISO9000质量管理体系认证的补贴2万元；通过ISO14000环境管理体系认证的补贴3万元；通过其他各类管理体系认证的补贴2万元。三是出台品牌出口商品奖励政策。经过几次调整，今年对已通过ISO9000认证，并已取得境外注册商标证书的，年出口额在2000万美元以上，且居全市前8位的纺织服装品牌企业；年出口额在500万美元以上，且居全市前5位的农产品品牌企业；年出口额在3000万美元以上，且居全市前10位的其他品牌企业，各奖励5万元人民币。

三、存在问题和建议

我市出口品牌建设虽然做了一些工作，但与许多兄弟城市相比，特别是与部领导对我们创牌认证工作的要求来看，还有很大差距，还存在许多问题，当前主要表现在：一是创牌意识还没有真正深入到每家外贸企业之中，品牌建设工作仍任重道远；二是重创牌轻用牌现象还十分普遍，必须积极推进有牌企业的用牌工作；三是创牌认证工作还没有形成一套比较系统的管理促进体系，有待于进一步探索。同时为保证出口品牌建设的健康发展，维护我国出口品牌的国际声誉，特提出以下三条建议：

1. 出口品牌产品的知识产权保护问题。许多名牌往往被仿冒。建议请工商、海关加大保护力度。同时，商务部制作“中国名牌出口商品”专用防伪标记，允许持有名牌的企业在出口时使用。

2. 出口品牌产品的统计问题。由于当前海关出口统计中对企业出口自主品牌无专门统计，建议请商务部与海关部署协商，增设自主品牌出口统计专栏，以进一步加强对品牌工作的有效推进。

3. 出口品牌产品的扶持问题。除广交会保证性摊位外，建议商务部与海关、检验检疫部门商量后，对品牌产品出口开辟绿色通道，并能在财政扶持上加大力度。

当前我国正处于经济发展的重要战略机遇期和宏观调控的重要关口，要转变外贸增长方式，实现粗放规模扩张向集约质量提高转变，一个重要举措是积极实施“以牌兴贸”战略，逐步探索和创新出一条出口从以规模取胜向品牌取胜转移的新路子。

中国纺织品服装对外贸易报告年鉴
ANNUAL REPORT ON CHINA'S INTERNATIONAL TRADE IN TEXTILES AND CLOTHING
(2004/2005)

行业商会大事记

2004年国际纺织服装贸易大事记

◆2004年1月1日:CEPA开始实施。

"内地与中国香港、中国澳门建立更紧密经贸关系安排"(CEPA)是中国国家主体与其单独关税区之间建立具有自由贸易协议性质的安排,于2004年1月1日正式实施。自1月1日起,原产于香港的87个税目项下的纺织服装产品进入内地可享受零关税,其中51个纺织品税目,原平均税率为13%;36个服装税目,原平均税率为18.9%。原产于中国澳门的115个税目项下的纺织服装产品享受零关税,其中有23个纺织品税目,原平均税率为12.9%;92个服装税目,原平均税率为19.1%。

◆2004年1月8日:尼日利亚颁布进口产品禁令。

2004年1月8日,尼日利亚联邦执行委员会颁布政令,将41种产品列入"禁止进口产品名单",决定自4月8日起禁止从国外进口和销售列入禁令的41种商品,其中包括绝大部分纺织服装产品。

◆2004年2-3月:美、加、欧政府分别向WTO通报将如期取消配额。

美国、加拿大和欧盟政府根据《纺织品和服装协议》(ATC)第二条的要求,先后于2月6日、2月9日和3月15日分别向世界贸易组织递交了正式通报,表示将于2005年1月1日按照ATC的规定,如期取消所有剩余纺织品配额限制。

◆2004年3月3日:土耳其和美国纺织业组织联合发起《伊斯坦布尔宣言》,掀起旨在延长纺织品配额体制的全球性大规模游说活动。

2004年3月3日,土耳其纺织服装出口商协会(ITKIB)、美国纺织制造商协会(ATMI)和美国制造贸易行动联盟(AMTAC)联合在伊斯坦布尔签署了《伊斯坦布尔宣言》。之后,一些非洲、中南美洲和欧洲国家的纺织业组织也陆续签署该宣言。截至2004年底,共有54个国家的96个行业组织签署了该宣言。

该宣言实际上是致世贸组织总干事的一封信,信中声称,自1995年乌拉圭回合协议生效和纺织品一体化进程开始以来,与一体化进程相联系的经济环境已经发生巨大变化。中国加入WTO是人们在上世纪90年代初制订纺织品一体化时间表时始料未及的,人们期待取消配额给全球生产和采购模式带来的合理转变被中国作为WTO成员享受纺织品一体化的事实不可逆转地改变。宣言敦促WTO立即采取措施,将纺织品一体化实施的最后期限推迟至2007年底。在过渡期内,WTO成员应对全球纺织服装的生产、出口和市场环境进行全面评估,以决定是否在2008年1月1日最终取消纺织品配额或采取其他替代性安排。宣言呼吁世贸组织最迟在2004年7月1日前召开紧急会议讨论这一建议。

◆2004年3月13日:欧盟修改反倾销和反补贴条例,降低反倾销实施门槛。

2004年3月13日,欧盟发布第461/2004号理事会条例,修改了欧盟第384/96号基本反倾销条例和第2026/97号基本反补贴条例。按照原条例,在实施最终反倾销或反补贴措施时,欧盟委员会的提议必须得到半数以上(简单多数)成员国的同意才能生效,成员国投弃权票实际上也意味着对提议的否决。但按照新条例,欧盟委员会的提议将自动生效,除非在提议之后一个月内遭到半数以上成员国的反对。新条例的实施,将使成员国否决欧盟委员会提议的难度大大增加,从而有效地降低了欧盟反倾销和反补贴措施实施的"门槛"。

◆2004年4月15日:日本对华毛巾设限调查终止。

4月2日,日本政府就对中国毛巾产品进口设限调查一事发表新闻公告,决定在2004年4月15日调查到期时,终止对中国毛巾设限调查。同时,日方表示,希望保持两国间已建立的对话机制,努力实现纺织品贸易的有序发展。

2001年4月,日本经济产业省应日本毛巾工业组合联合会的要求,对来自中国和越南的毛巾及毛巾面料发起过渡期保障措施调查(即TSG),并先后将调查延期5次。调查期间,中国纺织品进出口商会对外积极交涉磋商、对内做好协调工作,终于打消了日方的设限企图,长达3年的中日毛巾摩擦终于告一段落。

◆2004年4月20日:俄罗斯提高从中国进口商品关税。

自2004年4月20日起,俄罗斯对所有自中国进口的商品征收从价税和从量税,即在征收原关税的基础上另加收30%的从价税,同时再按每公斤不低于3.5美元征收从量税(原来的从量税为每公斤不低于0.2-1.4美元)。

◆2004年4月21日:中美高层会晤建立中美纺织品对话机制。

第15届中美商贸联委会会议4月21日在美国举行,中国国务院副总理吴仪与美国商务部长埃文斯、贸易代表佐利克共同主持会议。双方一致同意,在中美商贸联委会框架内,成立6个工作小组,其中包括纺织品贸易工作小组。

◆2004年5月1日:欧盟东扩使得中国对东扩10国出口受限。

2004年5月1日,波兰、匈牙利、捷克、斯洛伐克、斯洛文尼亚、爱沙尼亚、拉脱维亚、立陶宛、塞浦路斯和马耳他十国(以下简称东扩十国)正式加入欧盟。东扩十国原属非设限国家。欧盟扩大后,中欧纺织品双边协议也适用于东扩十国,中国相应类别的产品出口到这十国也受到配额限制。据统计,中国获得的配额补偿数量为:纺织品原配额总量为9.9万吨,新增配额量约为6400吨,增长幅度为6.5%;服装原配额总量为9.6亿件加6.5万吨(服装类别中有5个类别以重量为单位),新增配额量约2.5亿件加2700吨,增长幅度为24.3%。

◆2004年5月5日:中欧高层会晤建立中欧纺织品对话机制。

5月5日,在温家宝总理访欧期间,中国商务部部长薄熙来与欧盟贸易委员拉米举行了高层贸易政策对话,并就双边纺织服装贸易问题开展了讨论。

欧委会称,举行纺织品贸易高层对话的目的在于解决双方共同关心的纺织品贸易问题,尤其是寻求确保2005年配额取消后向无配额贸易环境的平稳过渡。欧委会希望对话能够带来实际的结果,并在公平和健康的市场竞争的基础上,对双边纺织服装贸易产生切实和积极的影响。除政府间对话外,中欧企业间对话也正在建立之中。

◆2004年5月28日:美国与中美洲五国签署自由贸易协定(US-CAFTA)。

5月28日,美国与中美洲五国哥斯达黎加、厄瓜多尔、危地马拉、洪都拉斯、尼加拉瓜签署了自由贸易协定(US-CAFTA)。

根据US-CAFTA,美国与中美洲五国间80%的消费品、工业制成品以及一半的农产品在协定生效之日起互免税进入对方市场。享受免关税待遇的还包括采用中美洲国家或美国的原料生产的纺织与服装产品。此协定须经美国会批准方可生效。截至2004年底,该协定尚未获得国会通过。

◆2004年6月16日:《伊斯坦布尔宣言》签署者召开高峰会议并发布公报。

6月16-17日,《伊斯坦布尔宣言》的签署者组成"全球纺织品公平贸易联盟",在布鲁塞尔召开"纺织服装公平贸易高峰会议",23个国家的纺织业组织出席会议。会后发布公报,呼吁各自政府立即采取以下措施:要求WTO召开紧急会议,就配额取消所导致的迫在眉睫的危机进行分析并确定解决办法,包括延长现存配额体制、制定新体制、或使用其他WTO机制;实施自动的、全屏障式的保障措施机制,以防止少数国家出口激增扰乱市场;加快实施有效的贸易救济措施,以反对某些主要出口国所采取的各种不公平贸易做法。

◆2004年6月17日:欧盟启动对华聚酯长丝服装面料的反倾销调查。

6月17日,欧盟委员会宣布对中国产聚酯长丝服装面料发起反倾销调查,涉及5个海关税则号,调查期为2003年4月1日-2004年3月31日,申诉方提出的替代国为墨西哥。该案涉案金额4.87亿美元，涉及企业942家，是迄今为止我国纺织服装出口涉案金额最大的反倾销案件。

◆2004年6月18日：WTO裁定美国的棉花补贴政策违规。

6月18日，世界贸易组织就美国和巴西之间的棉花补贴争端做出最终裁决，认定美国政府为棉花种植者提供的补贴是不公平竞争手段，导致美国棉花产量和出口上升，人为降低了世界棉花价格。终裁结果宣布后，美国表示不服并将提出上诉。从提出上诉到新的裁决下达，可能要耗费几个月甚至长达几年的时间，因此世贸组织的终裁结果短期内不会对美国农业产生影响。

世贸组织的此次裁定将进一步促使发达国家削减农业补贴，也无疑将为加快多哈回合农业谈判提供新契机。

◆2004年6月28日：美国对中国产袜子提出纺织品特保申请。

6月28日，美国袜业协会国内生产商委员会、美国制造贸易行动联盟(AMTAC)、美国全国纺织组织总会(NCTO)和美国全国纺织协会(NTA)联合向美国纺织品协议执行委员会(CITA)提出针对中国产袜子的特保申请，涉及11个税号的棉制/毛制袜子(332/432类)和部分化纤制袜子(632类部分产品)。7月19日，美国政府决定受理该申请。

◆2004年6月30日：欧盟开始禁用新一类“偶氮染料”。

6月30日，欧盟开始实施于2003年1月6日发布的欧盟第2003/03/EC号指令，禁止在纺织、服装和皮革制品中使用可释放芳香胺浓度超过30ppm的名为蓝色染料(blue colorant)的偶氮染料，并禁止含有此种偶氮染料的纺织服装及皮革制品在市场销售。

◆2004年6月：加拿大修改《特别进口措施法》中关于市场经济地位问题的政策。

6月，加拿大国际贸易部向我国驻加使馆经商参处确认，加边境服务署已对加《特别进口措施法》中第20节、即有关非市场经济问题的政策进行了修订。

根据修订后的第20节规定，在对中国产品发起反倾销调查和进行复审时，加政府将推定被调查的中国行业为市场导向行业，并采用与其他国家输加产品相同的计算方法来确定中国产品的正常价值，如其国内申请方能提出充分的证据反对这一推定，则加主管部门将启动市场导向行业调查，以确定该行业是否是市场导向行业。此举还意味着，加拿大申请方可将中国视为市场经济国家从而发起反补贴调查申请。

◆2004年6月：美国和欧盟对2004年底出运货物清关问题做出澄清。

6月25日，美国纺织品协议执行委员会(CITA)在《联邦纪事》上发布公告，就2004年内可能出现的纺织品超配额发货(overshipment)问题发出警告并披露美国关于全球纺织品服装配额取消后的行动计划。公告说，CITA注意到，在2005年初进口配额即将取消的情况下，今年内某些纺织和服装产品可能出现超配额发货的情况。为此，CITA提醒有关各方，根据《乌拉圭回合》纺织品与服装协议以及美国签署的双边纺织品协议，配额的使用是按货物的出口日期、而非到港日期计算的，在2004年内超配额发货属于违反协议。

6月30日，欧盟委员会贸易总司也就ATC到期后的纺织服装进口问题发布通告，指出，根据欧盟与一些第三国签署的纺织品双边协议、欧盟向WTO通报的行政安排以及欧盟第3030/93号理事会条例，配额的实施以货物的出口日期为准，因此，任何在2004年向欧盟出口的受限产品都将受到数量限制，并需要提交出口和进口许可证，无论这些货物是在2004年还是2004年过后清关。此原则也适用于2004年底以前出口的储存在保税仓库的纺织产品。

◆2004年7月3日：日本与东南亚三国业界同意互免纺织品关税。

日本与泰国、马来西亚、菲律宾三国的纺织业界就互相撤销纺织品进口关税、实现贸易自由化一事达成一致。日本政府正着手与上述三国缔结自由贸易协定(FTA)。泰国、马来西亚和菲律宾分别为日本纺织服装第7、14和

15 位供应国。如果日本与上述三国达成自由贸易协定,互免关税,预计将对东南亚三国对日服装出口和日本对三国的纺织品出口产生积极影响。

◆2004 年 7 月 11 日:秘鲁取消对华纺织品临时特保措施。

7 月 11 日,为期 200 天的秘鲁对华纺织品临时特保措施终止,秘方还排除了对中国纺织品实施永久贸易保护措施的可能性。但据秘鲁方面称,自 7 月 12 日起,秘鲁将动用海关"红色通道"对中国纺织服装进行稽查,以防止低值估价或被更换标签的商品进入秘鲁。

2003 年 12 月 24 日,秘鲁依据中国《入世议定书》第 16 条对中国 106 个税号的纺织服装产品采取了为期 200 天的临时特别保障措施。此案是中国入世以来,国外第一次依据《议定书》第 16 条对中国纺织服装产品实施特保措施,涉案金额 3425 万美元。

◆2004 年 7 月 13 日:布什签署 AGOA 加速法案。

7 月 13 日,美国总统布什签署了《非洲增长与机遇加速法案》(AGOA-III),将原 AGOA 的有效期从 2008 年 9 月 30 日延长至 2015 年 9 月 30 日,并将本应在 2004 年 9 月 30 日到期的"第三国纱线面料条款"延长至 2007 年 9 月 30 日。

AGOA 于 2000 年 10 月 1 日起实施,对撒哈拉以南非洲国家输美纺织服装给予免税、免配额的优惠待遇,显著促进了非洲国家对美服装出口。截至目前,共有 48 个撒哈拉以南非洲国家为 AGOA 受益国,其中 25 个国家为纺织服装条款的合格国家,可以享受纺织服装贸易的优惠。

◆2004 年 8 月 3 日:世贸组织总干事正式否决《伊斯坦布尔宣言》的提议。

世贸组织总干事素帕猜于 8 月 3 日召集 18 个世贸组织成员就是否召开一个旨在研究配额取消影响的紧急会议进行了讨论。经过讨论,素帕猜决定不召开 WTO 紧急会议来讨论纺织品配额取消的影响。他说,WTO 以往的紧急会议都是在全体成员方一致同意的基础上召开的,而此次召集紧急会议的提议并未得到一致同意,因此不会安排召开。素帕猜的决定表明,《伊斯坦布尔宣言》所提出的延长纺织品配额体制的要求将不会被 WTO 成员方讨论,因此延长配额的可能性被基本排除。

◆2004 年 8 月 12 日:WTO 发布《ATC 协议之后的全球纺织服装产业》研究报告。

世界贸易组织于 8 月 12 日公布了题为《ATC 协议之后的全球纺织服装产业》的研究报告,对纺织品贸易自由化后的可能影响进行了评估,并得出以下结论:1. 中国和印度的纺织服装出口将显著增长,但很可能低于预测。2. 配额取消对墨西哥、土耳其、中美洲和中东欧等国家的负面影响将不像人们想象的那么大。3. 最有可能丧失市场份额的国家是那些远离主要市场并在配额取消前享有关税和配额优惠的国家。

◆2004 年 10 月 1 日:WTO 货物贸易理事会对 ATC 执行情况进行第三次重大审议。

10 月 1 日,WTO 货物贸易理事会召开会议,正式对 ATC 执行情况进行第三次重大审议。会上,国际纺织服装局成员方(包括中国、印度等)递交意见书,对设限国不允许 2004 年预借配额表示失望、呼吁 WTO 成员对原受限纺织品进行反倾销调查采取审慎态度。毛里求斯、孟加拉等国则呼吁对配额取消的影响及相应调整措施开展研究。

◆2004 年 10 月 8 日:美 5 家行业组织提出首起"基于威胁"纺织品特保申请。

10 月 8 日,美国全国纺织组织协会(NCTO)、美国制造贸易行动联盟(AMTAC)、美国全国纺织协会(NTA)、美国全国缝制产品工业协会(SEAMS)、和"团结起来!"(UNITE HERE!)劳工组织等 5 家组织以"市场扰乱威胁"为由提出对自中国进口的 347/8 类(棉制裤子)产品实施特保措施的申请。此后的两个月间,美业界又分别针对衬衫、内衣等 8 项产品提出了"基于威胁"的特保申请,并针对针织布、袍服和胸衣三种已经受到特保限制的纺织品重新提出了特保申请。

◆2004 年 10 月 14 日:秘鲁对涉及 20 个税号的进口纺织品实施临时性保障措施。

秘鲁政府决定自10月14日起对合成纤维制服装、棉制非针织服装等20个税号的纺织品实施临时保障措施。该临时保障措施不包括占秘进口不到3%的近120个国家。受影响较大的国家除中国外,还有德国等十多个国家。

2003年,涉案20个税号服装产品中国对秘鲁出口金额为928.7万美元,占2003年中国对秘鲁出口纺织服装总额的10.8%。2004年受限后,此20个税号的服装产品出口额大幅下降为127万美元,占2004年中国对秘鲁出口纺织服装总额的比例下降为2.1%。

◆2004年10月20日:欧盟正式宣布取消对中国纺织品的普惠制待遇。

10月20日,欧盟贸易委员拉米宣布,欧盟将对现行普惠制进行改革,以使那些真正需要帮助的发展中国家获益。中国纺织品和服装在欧盟的市场份额已经超过30%,表明中国此类产品可以从普惠制中"毕业",无需再享受普惠制下的关税优惠。拉米说,取消普惠制后,中国纺织品的关税税率将由目前的9%上升至12%。欧盟新普惠制将从2005年4月1日起实施。

◆2004年10月28日:美国对中国产袜子实施特保限制。

2004年10月28日,美国政府正式向中国提起关于对自中国进口的棉制、羊毛制和人造纤维制袜子(332/432类全部产品和632类部分产品)的磋商请求,并从28日开始对我上述产品实施进口数量限制,设限数量为42,433,990打双,设限期为一年,至2005年10月27日。该案是自2003年12月美国对中国三种纺织品实施特保措施以来的第二项对华纺织品特保措施,涉及金额9100万美元。

◆2004年12月1日:美国纺织服装进口商协会就"基于威胁"特保案向美国国际贸易法院起诉美国政府。

12月1日,代表杰西·潘尼公司和利兹·克莱勃恩公司等200多家美国主要纺织服装进口企业的美国纺织服装进口商协会(USA－ITA)向美国国际贸易法院提起诉讼,控告美国政府,要求法院禁止美国政府仅"基于威胁"就对来自中国的纺织服装产品实施特保措施。12月30日,美国国际贸易法院发出初步禁令,禁止美政府受理新的以"市场扰乱威胁"为由的设限申请或对已受理的基于"威胁"的申请采取进一步措施。

◆2004年12月2日:欧委会公布05年纺织品进口管理措施细节。

12月2日,欧盟委员会网站公布了欧盟理事会第3030/93号条例修改稿,披露了欧盟拟于2005年1月1日以后采取的纺织品进口管理措施文本。1.2005年1月1日起,欧盟将取消其针对11个WTO成员的210项纺织服装配额。2.为确保遵守双边纺织品协议,2005年1月1日前出运的受2004年配额限制的货物仍将受2004年度进口体制的约束,自2005年4月1日起,所有此类货物将被允许自由进入欧盟。3.为密切跟踪最敏感纺织服装类别的进口,欧盟将针对自中国的进口建立监测系统(自动进口许可制度)。

◆2004年12月13日:美国CITA宣布将采取"限量逐月放行"的办法来解决2004年底纺织品超配额发货问题。

12月13日,美国纺织品协议执行委员会(CITA)在其网站上公布了对2004年超配额数量发货和中国三类纺织品超限量发货的进关问题的管理措施,具体如下:1.对于所有在2004年出运的、超过2004年双边协议配额数量的货物,在2005年2月1日前将不予放行进关。自2月1日起,每月将放行相当于2004年全年配额量5%的数量,直至所有超配额发运货物全部进关为止。2.对于所有在2003年12月24日至2004年12月23日期间出运的、超过特保限量的中国产三类纺织品,在2005年1月24日以前将不予放行进关。自1月24日起的每一个月,将放行相当于特保限量5%的数量,直至所有超限量发运货物全部进关为止。

◆2004年12月14日:加拿大宣布将取消纤维和纺纱进口关税。

加拿大政府宣布将从2005年1月1日起取消对纤维和纺纱进口关税,以帮助加拿大纺织企业走出困境,增强竞争力。在今后5年内,除了取消纺纱和纤维等纺织品原料的进口关税外,政府还将对纺织企业给予5000万加元(1美元约合1.22加元)的补助,以鼓励加纺织企业转向高附加值产品的生产。此外,加政府还将目前有利于纺织企业的免税措施再延长5年。

◆2004年12月16日:阿根廷总统签署法令限制中国纺织品及成衣进口。

阿根廷总统基什内尔16日签署了两项旨在限制中国纺织品和成衣进口的法令,对我产品实行严格的配额管理。这两项将在公布后15天正式生效的法令规定,今后中国纺织品和成衣的进口量不得超过上年全部同类商品进口总量的7.5%和6%。中国商务部对此表示了强烈反对。

◆2004年12月23日:土耳其对中国42类纺织品实施保障措施。

12月23日,土耳其外贸署以"市场扰乱"或"市场扰乱威胁"为由决定对中国42类纺织品实施保障措施。42个类别包括24个目前仍受配额限制的纺织品类别、8个2002年实现一体化的类别和10个非配额类别。土耳其商工海洋商会及贸易交易所联合会(TOBB)、土耳其出口商协会(TIM)、伊斯坦布尔纺织及成衣出口商联合会(ITKIE)、土耳其纺织工业就业工会(TUTSIS)、土耳其服装工业协会(TGSD)、棉纺工业者协会(PTSB)是本次保障措施的申请机构。

2005年1月9日,土耳其正式对相关类别的中国纺织品实施了数量限制。

2004年纺织商会大事记

◆2004年1月14日 曹新宇副会长出席了由全国人大法律委员会、财政经济委员会、全国人大常委会法制工作委员会召开的对外贸易法修订案座谈会。

◆2004年1月14日 我会在京召开了“三种纺织品出口工作会议”，来自全国10个省市的外经贸主管部门代表、90多家纺织品出口企业代表共113人出席了会议。会议由姜哲副会长主持，王沈阳会长、商务部外贸司孙际文副司长到会并讲话。

◆2004年1月19日 姜哲副会长、王宇秘书长会见美国Liz Claiborne上海代表处郎黛安总经理，就美国三类纺织品设限问题以及三月份美国纺织服装进口商协会在华举办研讨会有关事宜交换了意见。

◆2004年1月 我会成立了纺织品协调改革暨预核签章办公室，姜哲副会长任办公室主任。

◆2004年2月4日 王沈阳会长会见了来访的日本纤维输出机构代表米良章生先生和日本纤维输入组合/输出组合常务理事小村恒夫先生。

◆2004年2月16－2月22日 2004年春季丝绸交易会在中国香港举办。

◆2004年2月18日 曹新宇副会长拜会孟加拉驻华大使馆商务参赞阿米努先生。双方交流了对中孟两国纺织服装贸易的看法，达成了加强两国纺织业界合作的共识。

◆2004年2月20日－24日 王沈阳会长赴塞班考察，会见了塞班副总督，塞班商会会长及当地企业，与中资企业召开了座谈会，并参观了纺织工厂。

◆2004年2月20－29日 我会派员随商务部公平贸易局团组，赴秘鲁就纺织品问题进行交涉。

◆2004年2月24－27日 我会人员赴浙江参与欧盟聚酯短纤反倾销案市场经济地位实地核查。

◆2004年2月25日－29日 中日纺织品贸易第八届年会在日本举行，王沈阳会长赴会并会见了日本经产省产业制造局中岛次长，并与日本毛巾工联交换了意见。

◆2004年2月29日－3月3日 中韩第八届纺织业界年会在汉城召开，王沈阳会长赴会并会见了相关的韩国行业组织负责人。

◆2004年3月12日－3月31日 王沈阳会长、王宇秘书长率团赴比利时、德国、法国、意大利和西班牙等欧盟国家，就我国纺织品对欧出口问题进行交流。访欧期间，代表团会见了欧盟有关政府部门和行业中介组织，彼此交换了对中欧纺织品贸易关系的看法和意见。

◆2004年3月14日和23日 由我会组织举办的中美纺织品贸易研讨会分别在上海和北京举办。

◆2004年3月18日 我会在北京召集有关企业，召开了秘鲁特保案件应对会议。

◆2004年3月19日 我会主办的中国香港纺织面料洽谈会在中国香港召开。

◆2004年3月22日 姜哲副会长会见了美国纺织品进口商协会代表团成员。

◆2004年3月24日 姜哲副会长会见了来访的欧盟驻华使团成员。

◆2004年3月31日 曹新宇副会长会见了欧洲纺织服装工业协会来访人员。

◆2004年4月14日 姜哲副会长赴巴西参加“中巴企业家委员会”有关活动，并顺访德国和希腊，拜访了希中工商会，巴中工商会等有关行业组织。

◆2004年4月21日－24日 我会在深圳组织了“纺织服装企业对美洲国家开展投资合作高级研讨会”，研讨会共有50余家企业计80余人参加。

◆2004年4月中旬 我会首次撰写、出版的《中国纺织品服装对外贸易报告》(中文版)如期于春交会期间发行。

◆2004年4月下旬 根据商务部和海关总署有关规定，我会组织企业进行了2004年度欧盟扩大纺织品补偿配额招标工作。

◆2004年6月9日 姜哲副会长应约会见了美国驻华使馆公使衔商务参赞艾伦先生。双方就中美纺织品服装贸易有关问题交换了意见。

◆2004年6月10日－11日 纺织商会在无锡组织了“2004中国纺织国际论坛”，中国商务部高虎城副部长、博鳌亚洲论坛龙永图秘书长、WTO秘书处纺织司Osakwe司长及国际纺织服装局主席Munir先生出席论坛并做演讲。

◆2004年6月22日 王沈阳会长在商务部应约会见了来访的美国商务部主管国际贸易的副部长阿尔多纳斯先生(Grant D. Aldonas)。双方就建立纺织业界对话机制、目前纺织品贸易中存在的问题及合作前景进行了探讨。

◆2004年7月24日 王沈阳会长随高虎城副部长率领的政府代表团访问了南非、马达加斯加和毛里求斯,落实曾副主席访问三国成果。

◆2004年8月26日 曹新宇副会长会见来访的巴基斯坦出口促进局副主席及巴基斯坦驻华使馆经济参赞,就中巴纺织业合作问题进行了交流。

◆2004年9月2日 王沈阳会长在上海会见了来访的德国纺织服装工业协会会长贝克曼先生和奥地利纺织工业协会会长普纳索先生及其随行人员,双方就配额取消、双边合作等问题深入交换了意见。

◆2004年9月7日 中欧纺织业界第一次见面会在比利时举行,曹新宇副会长赴欧参会。

◆2004年9月13日 王沈阳会长会见了到访的美国商务部副助理部长、美国纺织品协议执行委员会主席莱昂纳多先生,双方就中美两国纺织品贸易形势及纺织品"特保"问题进行了交流。

◆2004年9月14日 王沈阳会长在商务部应约会见了来访的美国商务部副部长阿尔多纳斯先生。双方就目前纺织品贸易中的焦点问题进行了探讨。同时参加会议的还有美国纺织品协议执行委员会主席莱昂纳多先生、美国商务部助理部长帮办李凡先生、美国商务部部长特别代表包凯明先生以及我国对美纺织品服装出口企业的代表和对美袜子主营企业的负责人。

◆2004年10月9日 由我会主办的首届"国际纺织服装品牌交易会"新闻发布会在中国大饭店举行。

◆2004年10月11日 王沈阳会长会见了来访的巴西南大河州纺织企业代表团。

◆2004年10月12日 王沈阳会长会见并宴请了来访的土耳其爱琴海服装出口商协会代表团一行。土耳其驻华使馆商务参赞古泽汉和土耳其外贸部出口司纺织服装皮革工业处处长仙纳尔参加了会谈。双方就双边合作等问题深入交换了意见。

◆2004年10月19日 我会举办的2004年秋季丝绸交易会在广州举行。

◆2004年10月22日 王沈阳会长会见了来访的美国服装与鞋类协会(AAFA)副总裁伊文森女士。伊文森女士此次系率领美国服装采购商代表团来华访问,在访问东莞、北京后,将前往上海,与美国采购商代表团会合完成纺织品服装的采购工作

◆2004年11月1日-19日 王沈阳会长赴巴黎参加法国"中国时装商务活动",并访问保加利亚等东欧三国,会见了有关同行业组织。

◆2004年11月14日 姜哲副会长赴中国香港参加了中国香港贸发局主办的中小企业国际市场推广日展览会,并在期间举办的论坛活动受邀发言。

◆2004年11月14日-27日 由我会主办的第四届澳大利亚纺织品服装展览会在墨尔本成功举行。

◆2004年12月10日-11日 我会在浙江杭州召开四届三次理事扩大会议,王沈阳会长作主题报告,汇报了我会2004年工作总结和2005年工作安排,会上还就2005年配额取消后纺织企业比较关心的形势和具体管理办法进行了讨论,同时研究了成立敏感类别商品协调组问题。

◆2004年12月12日-15日 王沈阳会长、姜哲副会长赴中国香港参加了由中联办和中国香港纺织联会举办的中国香港纺织品贸易研讨会。

◆2004年12月15日-21日 曹新宇副会长赴布鲁塞尔出席欧盟35类化纤布反倾销调查听证会。

◆2004年12月19日-24日 王沈阳会长随商务部政府代表团赴美磋商有关纺织品问题。在美期间,代表团会见了美国商务部阿尔多纳斯副部长、美国贸易代表办公室和美国纺织品协议执行委员会(CITA)的有关成员及美国纺织品进口商协会副会长等业界代表。

◆2004年12月30日 王宇秘书长会见了来访的法国女装协会副主席。

中国纺织品服装对外贸易报告年鉴

ANNUAL REPORT ON CHINA'S INTERNATIONAL TRADE IN TEXTILES AND CLOTHING

（2004/2005）

统计资料篇

统 计 说 明

1、本刊文中所指纺织品服装包括纺织品和服装，涉及 HS 码 50－63 章中的除原料外的商品、以及其它章节的部分商品。不包括纺织原料、纺织机械；

2、美国、欧盟、日本的进口数据来源于当地国（地区）海关，纺织品服装统计涵盖 HS 码范围按中国相应税则号统计；

3、表格中同比所列“＊＊＊”指去年同期对比数为零或同比结果过大；

4、企业排名中，仅纺织品服装出口企业总排名按集团公司合并海关码，其它排名均未合并。

5、本刊中所涉及到的中国进、出口数据除特殊说明外均来自中国海关。

WTO统计

2001－2003年世界前15位国家(地区)服装出口统计

单位:亿美元

国家(地区)	出口金额			份额%			同比±%		
	2001	2002	2003	2001	2002	2003	2001	2002	2003
全　　球	1,944.9	2,023.1	2,259.4	100.0	100.0	100.0	－2	4	12
欧盟(15国)	484.6	519.2	599.5	24.9	25.7	26.5	2	7	15
其中:欧盟外出口	157.4	165.9	190.4	8.1	8.2	8.4	7	5	15
中国	366.5	413.0	520.6	18.8	20.4	23.0	2	13	26
中国香港	234.5	223.4	231.5	12.1	11.0	－	－3	－5	4
其中:本地出口	92.6	83.1	82.0	4.8	4.1	3.6	－7	－10	－1
其中:转口	141.8	140.4	149.5	7.3	6.9	－	－1	－1	7
土耳其	66.6	80.6	99.4	3.4	4.0	4.4	2	21	23
墨西哥	80.1	77.5	73.4	4.1	3.8	3.2	－7	－3	－5
印度	54.8	60.4	64.6	2.8	3.0	2.9	－11	10	7
美国	70.1	60.3	55.4	3.6	3.0	2.5	－19	－14	－8
孟加拉	42.6	40.1	43.3	2.2	2.0	1.9	2	－6	8
印度尼西亚	45.3	39.5	41.1	2.3	2.0	1.8	－4	－13	4
罗马尼亚	27.0	32.5	40.7	1.4	1.6	1.8	19	17	25
泰国	35.8	33.7	36.2	1.8	1.7	1.6	－5	－6	7
韩国	43.1	39.2	36.1	2.2	1.9	1.6	－14	－9	－8
越南	18.7	26.3	35.6	1.0	1.3	1.6	3	41	35
摩洛哥	23.4	24.4	28.3	1.2	1.2	1.3	－2	4	16
巴基斯坦	21.4	22.2	27.1	1.1	1.1	1.2	0	4	22

资料来源:WTO Annual Report

2001－2003年世界前15位国家(地区)服装进口统计

单位:亿美元

国家(地区)	进口金额			份额%			同比±%		
	2001	2002	2003	2001	2002	2003	2001	2002	2003
欧盟(15国)	810.0	863.7	1,012.9	38.7	40.3	42.9	1	7	17
其中:欧盟外进口	482.8	510.2	603.9	23.4	24.2	25.6	2	6	18
美国	663.9	667.3	712.8	32.4	31.7	30.2	-1	1	7
日本	191.9	176.0	194.9	9.3	8.4	8.3	-3	-8	11
中国香港	161.0	156.4	159.5	-	-	-	1	-3	2
其中:本地区进口	19.2	16.0	9.9	0.9	0.8	0.4	11	-16	-38
加拿大	39.3	40.1	45.0	1.9	1.9	1.9	6	2	12
瑞士	32.3	34.5	39.3	1.6	1.6	1.7	0	7	14
俄罗斯	30.3	38.6	37.1	1.3	1.8	1.6	13	27	-4
墨西哥	35.0	33.4	30.3	1.9	1.9	1.3	-3	-5	-9
韩国	16.3	22.4	25.0	0.8	1.0	1.1	25	38	11
澳大利亚	16.4	18.2	21.9	0.8	0.9	0.9	-12	11	20
新加坡	17.0	18.1	19.4	0.8	0.9	0.8	-10	7	7
其中:本地区进口	4.6	5.4	5.3	0.2	0.3	0.2	-18	18	-2
阿联酋	15.5	17.8	17.8	0.8	-	0.8	9	15	-
挪威	12.3	13.6	15.2	0.6	0.6	0.6	-4	10	12
中国	12.7	13.6	14.2	0.6	0.6	0.6	7	6	5
沙特阿拉伯	8.6	9.1	10.3	0.4	-	0.4	6	6	13

资料来源:WTO Annual Report

2001－2003年世界前15位国家(地区)纺织品出口统计

单位:亿美元

国家(地区)	出口金额			份额%			同比±%		
	2001	2002	2003	2001	2002	2003	2001	2002	2003
全　球	1,468.7	1,527.6	1,694.2	100.0	100.0	100.0	-5	4	11
欧盟(15国)	516.4	529.6	589.4	35.2	34.7	34.8	-2	3	11
其中:欧盟外出口	221.4	231.4	263.7	15.1	15.1	15.6	2	5	14
中国	168.3	205.6	269.0	11.5	13.5	15.9	4	22	31
中国香港	122.1	123.7	130.8	8.3	8.1	–	-9	1	6
其中:本地出口	10.5	9.8	7.6	0.7	0.6	0.4	-11	-7	-22
其中:转口	111.6	114.0	123.3	7.6	7.5	–	-9	2	8
美国	104.9	107.0	109.2	7.1	7.0	6.4	-4	2	2
韩国	109.4	107.1	101.2	7.4	7.0	6.0	-14	-2	-6
中国台湾	99.0	95.3	93.2	6.7	6.2	5.5	-17	-4	-2
印度	53.8	60.3	65.1	3.7	3.9	3.8	-10	12	9
日本	62.0	60.3	64.3	4.2	3.9	3.8	-12	-3	7
巴基斯坦	45.3	47.9	58.1	3.1	3.1	3.4	0	6	21
土耳其	39.4	42.4	52.4	2.7	2.8	3.1	7	8	24
印度尼西亚	32.0	29.0	29.2	2.2	1.9	1.7	-9	-10	1
加拿大	21.6	21.8	22.7	1.5	1.4	1.3	-2	1	4
泰国	18.9	19.3	21.6	1.3	1.3	1.3	-4	2	12
墨西哥	20.9	22.1	21.0	1.4	1.4	1.2	-19	6	-5
捷克	13.3	13.7	16.5	0.9	0.9	1.0	9	3	21

资料来源:WTO Annual Report

2001－2003年世界前15位国家(地区)纺织品进口统计

单位:亿美元

国家(地区)	进口金额			份额%			同比±%		
	2001	2002	2003	2001	2002	2003	2001	2002	2003
欧盟(15国)	466.7	470.9	525.3	29.2	28.8	29.3	-4	1	12
其中:欧盟外进口	171.8	172.7	199.7	10.9	10.8	11.2	-2	1	16
美国	154.3	170.0	182.9	9.9	10.6	10.2	-4	10	8
中国	125.7	130.6	142.2	8.0	8.1	7.9	-2	4	9
中国香港	121.8	120.2	129.3	-	-	-	-11	-1	8
其中:本地进口	10.1	6.2	6.0	0.6	0.4	0.3	-30	-39	-3
墨西哥	53.9	55.7	54.6	3.9	4.0	3.1	-8	3	-2
日本	47.6	45.4	50.4	3.0	2.8	2.8	-4	-5	11
加拿大	38.1	38.1	38.6	2.4	2.4	2.2	-8	0	1
土耳其	19.2	28.4	34.2	1.2	1.8	1.9	-10	48	21
波兰	26.2	27.3	30.4	1.7	1.7	1.7	6	4	11
韩国	30.7	32.1	29.4	2.0	2.0	1.6	-9	4	-8
罗马尼亚	20.1	23.7	28.7	1.3	1.5	1.6	17	18	21
越南	12.9	20.7	27.9	-	-	1.6	-6	60	35
阿联酋	19.1	20.7	20.7	1.1	-	1.3	-7	9	-
俄罗斯	14.4	14.8	19.3	0.9	0.9	1.1	15	3	30
澳大利亚	13.0	14.7	16.7	0.8	0.9	0.9	-20	13	13

资料来源:WTO Annual Report

数据说明:资料摘自WTO Annual Report。因WTO每年对数据进行调整更新,故2001年、2002年的部分数据与我会2003/2004《年度报告》中所列数据略有不同,以此次统计为准。

主要国家(地区)纺织服装关税状况

世界贸易组织在《2004年世界贸易报告》附件中,收录了世界各国/地区主要商品的进口关税情况。其中纺织服装关税情况如下(以下为平均关税,通常纺织品关税较低,而服装关税较高):

国家(地区)	2002-2004年纺织服装平均关税(实际执行关税)	2005年纺织服装约束关税(承诺关税上限)
欧洲		
欧盟	7.9	7.9
瑞士	0.0	0.0
挪威	3.6	8.4
罗马尼亚	23.6	32.9
保加利亚	16.3	32.6
白俄罗斯	10.8	* * *
俄罗斯	10.8	* * *
土耳其	8.2	27.4
亚洲		
中国	17.5	11.5
中国香港	0.0	0.0
中国澳门	0.0	0.0
中国台湾	9.0	8.7
日本	7.4	6.7
韩国	10.1	19.4
印度	27.1	26.6
巴基斯坦	21.6	21.9
新加坡	0.0	10.0
马来西亚	13.5	19.5
泰国	24.0	28.0
菲律宾	6.9	28.0
印尼	10.5	28.7
孟加拉国	27.7	37.5
斯里兰卡	5.3	12.1
越南	35.4	* * *
柬埔寨	19.8	* * *
蒙古	7.0	21.5
阿联酋	* * *	14.9
科威特	4.0	100.0
沙特阿拉伯	5.8	* * *

国家(地区)	2002-2004年纺织服装平均关税(实际执行关税)	2005年纺织服装约束关税(承诺关税上限)
以色列	4.6	11.6
约旦	15.4	16.8
美洲		
美国	9.6	8.6
加拿大	11.7	12.5
墨西哥	24.5	35.0
巴西	19.2	34.8
阿根廷	27.9	35.0
乌拉圭	19.1	34.6
委内瑞拉	18.4	35.3
智利	6.0	25.0
萨尔瓦多	16.9	38.7
哥斯达黎加	9.5	45.0
巴拉圭	19.1	33.6
秘鲁	17.6	30.0
哥伦比亚	18.4	36.9
非洲		
南非	15.2	29.7
埃及	37.4	31.2
突尼斯	32.3	57.1
摩洛哥	40.0	41.2
阿尔及利亚	25.8	* * *
尼日利亚	51.5	60.0
肯尼亚	27.5	* * *
毛里求斯	32.0	* * *
马达加斯加	14.3	17.5
大洋洲		
澳大利亚	12.9	24.9
新西兰	7.3	17.6

中国海关进出口统计

近十年中国纺织品服装进出口统计

金额单位:亿美元

年度	出口额	占全部出口%	同比 ±%	进口额	占全部进口%	同比 ±%	顺差额	是全国货物贸易总顺差的倍数	同比 ±%
1995	358.8	24.1	4.8	158.2	12.0	23.0	200.6	1.2	-6.1
1996	349.7	23.1	-2.5	166.8	12.0	5.4	182.9	1.5	-8.8
1997	432.1	23.7	23.5	171.9	12.1	3.0	260.2	0.6	42.3
1998	404.8	22.0	-6.3	143.9	10.3	-16.3	260.9	0.6	0.3
1999	403.3	20.7	2.0	120.2	7.3	-3.2	283.1	1.0	8.5
2000	521.7	20.9	29.4	140.2	6.2	16.6	381.5	1.6	34.8
2001	534.4	20.1	2.4	138.4	5.7	-1.3	396.0	1.8	3.8
2002	617.9	19.0	15.6	144.0	4.9	4.0	473.9	1.6	19.7
2003	788.7	18.0	27.7	156.3	3.8	8.5	632.4	2.5	33.4
2004	951.3	16.0	20.6	168.5	3.0	7.8	782.8	2.4	23.8

2004年中国纺织品服装进出口市场统计

（按出口金额排序前20位）

金额单位：万美元

序号	国家（地区）	进出口金额	出口金额	同比±%	进口金额	同比±%
	合　计	11,197,413	9,512,806	20.6	1,684,607	7.8
	亚洲	6,875,106	5,320,957	16.5	1,554,150	6.6
	东南亚	521,534	456,459	25.0	65,075	19.2
	中东地区	548,844	546,610	23.4	2,234	31.3
	非洲	406,737	405,886	35.8	851	6.8
	欧洲	1,976,054	1,888,438	26.6	87,616	28.9
	欧盟二十五国	1,251,299	1,168,130	11.2	83,169	28.7
	欧盟十五国	1,132,843	1,050,878	21.8	81,964	28.4
	东扩十国	118,456	117,252	-37.6	1,205	50.0
	拉丁美洲	442,437	440,272	37.0	2,165	-19.3
	北美洲	1,269,115	1,234,525	20.1	34,590	20.2
	大洋洲	227,753	222,718	22.6	5,035	12.1
1	中国香港	1,932,216	1,733,996	13.0	198,220	-0.9
2	日本	2,010,739	1,659,817	12.4	350,921	12.8
3	美国	1,125,457	1,092,951	20.2	32,507	18.0
4	俄罗斯	459,497	458,885	55.3	613	26.1
5	韩国	675,201	413,732	8.7	261,469	3.4
6	德国	257,464	243,103	16.5	14,361	24.1
7	阿拉伯联合酋长国	219,681	219,525	24.8	156	6.3
8	澳大利亚	193,862	189,326	21.7	4,536	6.2
9	英国	176,564	169,901	23.1	6,663	26.4
10	意大利	208,094	169,456	25.8	38,638	32.2
11	加拿大	143,494	141,411	19.7	2,083	71.2
12	新加坡	140,063	134,631	10.6	5,432	-9.4
13	法国	124,929	118,798	26.0	6,131	20.0
14	墨西哥	111,197	110,074	17.6	1,123	39.9
15	孟加拉	95,737	95,274	28.3	463	171.4
16	沙特阿拉伯	93,503	93,275	9.2	228	29.0
17	中国澳门	109,818	92,270	22.1	17,547	8.2
18	哈萨克斯坦	91,855	91,837	68.8	19	57759.7
19	巴拿马	89,731	89,730	41.6	0	-85.4
20	西班牙	91,133	88,741	32.9	2,392	49.1

2004年中国服装(含衣着附件)进出口市场统计

(按出口金额排序前20位)

金额单位:万美元

序号	国家(地区)	进出口金额	出口金额	同比±%	进口金额	同比±%
	合　计	6,315,075	6,162,038	18.7	53,037	9.0
	亚洲	3,415,578	3,282,484	14.8	133,094	5.5
	东南亚	176,192	171,959	13.6	4,233	19.5
	中东地区	292,530	291,774	17.0	756	12.2
	非洲	155,141	154,816	39.0	325	46.1
	欧洲	1,463,446	1,447,545	25.2	15,901	48.0
	欧盟二十五国	843,292	828,511	6.0	14,781	49.7
	欧盟十五国	750,716	736,290	18.7	14,426	50.2
	东扩十国	92,576	92,221	-42.9	355	33.7
	拉丁美洲	233,267	232,843	30.2	424	61.1
	北美洲	876,190	874,650	17.3	1,540	24.1
	大洋洲	171,452	169,700	20.4	1,752	-5.8
1	日本	1,424,169	1,405,366	12.5	18,803	-12.8
2	中国香港	1,042,397	973,244	14.9	69,153	4.1
3	美国	772,465	771,062	17.4	1,403	21.7
4	俄罗斯	401,669	401,547	56.4	121	17.1
5	韩国	287,062	277,716	7.4	9,346	5.3
6	德国	177,080	176,012	12.9	1,068	25.8
7	澳大利亚	146,470	144,756	18.9	1,714	-6.7
8	英国	114,314	113,384	17.5	930	83.1
9	意大利	115,034	105,521	28.3	9,513	69.0
10	加拿大	103,563	103,425	16.0	137	54.8
11	阿拉伯联合酋长国	103,334	103,331	23.8	3	15.6
12	新加坡	103,249	103,048	9.6	201	49.8
13	法国	94,541	93,030	24.6	1,511	-21.0
14	哈萨克斯坦	86,390	86,375	75.7	15	47020.0
15	中国澳门	83,016	70,069	26.2	12,947	33.5
16	巴拿马	65,959	65,959	37.6	0	0.0
17	墨西哥	62,260	61,950	18.1	310	102.3
18	沙特阿拉伯	60,998	60,996	1.9	2	47.1
19	西班牙	61,265	60,496	28.8	769	122.6
20	荷兰	60,281	60,253	18.3	28	32.8

2004年中国家用纺织品进出口市场统计

（按出口金额排序前20位）

金额单位：万美元

序号	国家(地区)	进出口金额	出口金额	同比±%	进口金额	同比±%
	合　计	552,755	549,958	27.5	2,797	6.0
	亚洲	210,161	208,145	12.6	2,016	-4.2
	东南亚	16,244	16,057	1.7	187	70.3
	中东地区	32,332	32,328	45.4	4	88.4
	非洲	16,585	16,583	42.2	2	355.3
	欧洲	118,373	117,941	39.0	432	22.3
	欧盟二十五国	79,102	78,691	29.4	410	25.0
	欧盟十五国	73,827	73,484	38.2	343	16.5
	东扩十国	5,275	5,208	-31.8	67	100.6
	拉丁美洲	21,679	21,663	52.7	16	4646.5
	北美洲	160,777	160,500	36.4	277	101.9
	大洋洲	25,171	25,117	39.1	54	23.1
1	美国	146,746	146,476	36.2	270	109.5
2	日本	115,456	114,868	8.1	588	34.1
3	俄罗斯	26,780	26,780	49.8	1	-12.0
4	中国香港	24,991	24,894	8.9	97	-33.0
5	英国	22,908	22,889	48.5	20	67.6
6	澳大利亚	21,936	21,883	40.6	53	19.2
7	阿拉伯联合酋长国	18,671	18,670	48.3	1	251.2
8	德国	14,399	14,305	33.8	93	14
9	加拿大	14,030	14,023	38.4	7	-16.8
10	巴拿马	12,517	12,517	58.2	0	0.0
11	中国台湾	8,234	7,986	25.6	249	0.4
12	意大利	7,550	7,457	18.6	93	-15.0
13	韩国	7,047	6,723	3.1	324	-51.0
14	新加坡	6,463	6,423	-1.5	40	142.9
15	西班牙	5,870	5,851	44.9	18	-35.0
16	法国	5,419	5,336	42.6	83	155.2
17	南非	4,910	4,910	69.1	0	6.4
18	挪威	4,732	4,731	61.5	1	-89.4
19	荷兰	4,594	4,592	30.3	2	-49.3
20	沙特阿拉伯	3,972	3,972	49.7	0	13484.6

2004年中国丝绸商品进出口市场统计

(按出口金额排序前20位)

金额单位:万美元

序号	国家(地区)	进出口金额	出口金额	同比±%	进口金额	同比±%
	合　计	1,001,525	766,443	34.1	235,082	4.1
	亚洲	608,844	379,792	33.1	229,052	3.9
	东南亚	52,902	47,458	71.5	5,444	28.2
	中东地区	105,899	105,789	32.4	111	43.8
	非洲	46,939	46,923	64.6	17	2.2
	欧洲	146,526	141,739	26.8	4,787	19.0
	欧盟二十五国	123,637	119,084	22.1	4,554	18.1
	欧盟十五国	119,043	114,508	22.8	4,535	18.0
	东扩十国	4,595	4,576	6.3	19	74.8
	拉丁美洲	58,128	58,062	62.5	65	-36.5
	北美洲	137,084	136,129	26.4	955	-6.1
	大洋洲	3,997	3,798	51.6	199	189.9
1	美国	129,638	128,736	26.3	901	-6.8
2	阿拉伯联合酋长国	58,665	58,649	26.3	16	914.1
3	中国香港	74,330	58,329	20.9	16,001	-4.4
4	印度	44,133	43,517	43.6	616	22.7
5	伊朗	39,862	39,856	16.8	6	-73.4
6	日本	110,469	37,710	10.9	72,759	10.1
7	意大利	34,484	31,858	13.3	2,626	66.8
8	德国	27,657	27,067	24.8	590	8.5
9	韩国	68,511	20,280	28.9	48,230	-3.1
10	巴西	19,238	19,179	90.1	58	-35.3
11	英国	16,593	16,265	29.0	328	30.5
12	沙特阿拉伯	15,004	14,940	8.6	64	161.5
13	巴基斯坦	14,144	14,140	198.8	4	-78.7
14	墨西哥	13,531	13,530	21.5	0	-84.7
15	法国	12,087	11,585	20.8	502	3.2
16	马来西亚	12,766	10,971	91.9	1,795	46.1
17	西班牙	9,722	9,584	22.3	138	9.8
18	俄罗斯	9,078	9,078	116.0	0	-100.0
19	印度尼西亚	9,333	8,759	83.9	574	4.1
20	越南	8,535	8,023	77.8	512	21.9

2004年中国纱线面料进出口市场统计

（按出口金额排序前20位）

金额单位：万美元

序号	国家(地区)	进出口金额	出口金额	同比±%	进口金额	同比±%
	合计	3,539,985	2,247,296	22.00	1,292,689	6.70
	亚洲	2,822,603	1,593,219	19.10	1,229,384	6.10
	东南亚	288,776	235,289	34.80	53,487	15.60
	中东地区	194,888	193,737	28.70	1,151	86.00
	非洲	196,072	195,701	25.70	370	7.10
	欧洲	268,201	221,978	29.40	46,223	24.80
	欧盟二十五国	215,213	171,239	24.90	43,974	23.90
	欧盟十五国	199,763	156,214	27.50	43,550	23.60
	东扩十国	15,449	15,025	3.20	424	60.30
	拉丁美洲	167,357	166,015	43.00	1,342	-40.20
	北美洲	68,889	55,805	16.60	13,084	9.00
	大洋洲	16,670	14,578	15.80	2,091	31.60
1	美国	54,257	42,424	16.30	11,833	4.00
2	日本	357,919	76,244	13.10	281,675	13.60
3	俄罗斯	24,463	23,982	48.80	481	26.80
4	英国	20,680	16,823	23.00	3,857	20.40
5	加拿大	14,631	13,381	17.60	1,251	103.20
6	中国香港	803,283	686,046	10.00	117,238	-4.40
7	意大利	73,816	47,374	24.20	26,441	24.30
8	阿尔及利亚	593	593	-87.00	0	0
9	阿拉伯联合酋长国	87,302	87,162	20.90	140	1.80
10	西班牙	17,778	16,631	40.70	1,147	23.40
11	德国	37,568	33,508	27.80	4,060	5.00
12	墨西哥	42,029	41,267	10.80	762	26.10
13	以色列	8,674	8,226	34.60	448	176.40
14	奥地利	1,059	339	12.90	720	-30.80
15	保加利亚	2,342	2,309	64.00	33	107.00
16	挪威	618	563	95.90	55	-35.30
17	新加坡	26,650	21,817	17.10	4,833	-12.90
18	新西兰	1,725	1,344	-3.90	381	171.40
19	澳大利亚	13,174	11,465	17.50	1,709	18.10
20	加那利群岛	132	132	355.40	0	0

2004年中国纺织原料进出口市场统计

(按进口金额排序前20位)

金额单位:万美元

序号	国家(地区)	进出口金额	出口金额	同比±%	进口金额	同比±%
	合　计	756,221	92,929	-0.9	663,292	63.9
	亚洲	240,566	46,624	-15.5	193,942	23.7
	东南亚	22,470	3,060	-72.2	19,410	33.7
	中东地区	8,425	1,139	27.1	7,286	52.1
	非洲	70,867	1,141	-9.1	69,726	147.1
	欧洲	84,823	39,436	21.0	45,387	17.4
	欧盟二十五国	83,002	38,650	21.8	44,352	16.5
	欧盟十五国	82,310	38,277	20.9	44,033	16.1
	东扩十国	692	373	613.3	319	102.4
	拉丁美洲	30,188	1,194	-15.0	28,995	67.1
	北美洲	209,169	4,306	37.6	204,863	135.6
	大洋洲	120,608	229	38.1	120,380	56.9
1	美国	204,159	4,151	41.6	200,008	145.6
2	澳大利亚	110,510	194	51.5	110,316	63.3
3	中国台湾	46,704	1,982	-7.0	44,722	7.8
4	日本	47,459	9,029	-18.4	38,430	-2.2
5	乌兹别克斯坦	33,287	0	0.0	33,287	108.9
6	韩国	39,062	7,555	-18.4	31,507	6.9
7	布基纳法索	12,325	0	0.0	12,325	281.2
8	法国	12,940	632	13.4	12,308	23.7
9	泰国	11,599	525	-88.6	11,074	53.3
10	贝宁	10,903	0	0.0	10,903	59.8
11	马里	10,667	0	0.0	10,667	276.6
12	印度	25,784	15,569	11.4	10,215	299.1
13	新西兰	10,098	34	-9.1	10,064	9.6
14	科特迪瓦	9,316	0	0.0	9,316	234.1
15	墨西哥	9,416	104	-3.8	9,312	100.9
16	比利时	11,112	1,987	33.4	9,126	17.9
17	喀麦隆	5,505	0	0.0	5,505	200.8
18	乌拉圭	5,446	113	12.4	5,332	21.9
19	加拿大	5,010	155	-21.7	4,855	-11.6
20	巴拉圭	4,827	20	117.3	4,807	778.6

注:此表中"纺织原料"包括棉花、化纤、羊毛、蚕茧、麻等原料。

2004年中国纺织机械进出口市场统计

（按进口金额排序前20位）

金额单位：万美元

序号	国家（地区）	进出口金额	出口金额	同比%	进口金额	同比%
	合 计	514,825	66,731	28.9	448,094	2.5
	亚洲	265,943	53,351	21.8	212,592	2.9
	东南亚	7,777	7,012	-24.1	765	14.9
	中东地区	3,197	3,196	76.0	2	-95.0
	非洲	3,577	3,554	121.2	23	-23.1
	欧洲	235,921	6,695	46.8	229,226	2.2
	欧盟二十五国	201,322	6,028	56.2	195,294	1.8
	欧盟十五国	199,067	5,813	57.6	193,253	1.7
	东扩十国	2,255	215	25.6	2,040	16.4
	拉丁美洲	1,630	1,560	130.5	71	-77.1
	北美洲	7,217	1,481	42.9	5,736	10.9
	大洋洲	537	90	3.3	447	-28.2
1	日本	134,219	2,155	43.0	132,064	0.7
2	德国	122,438	2,980	83.6	119,458	13.2
3	意大利	43,467	641	30.0	42,826	-13.3
4	韩国	39,636	744	32.1	38,891	36.9
5	瑞士	33,699	131	138.8	33,568	3.7
6	中国台湾	28,876	1,300	16.4	27,576	-14.2
7	法国	13,375	537	-19.6	12,837	6.1
8	比利时	12,736	196	342.2	12,540	-31.7
9	中国香港	19,459	13,676	4.4	5,783	-10.1
10	美国	7,065	1,438	45.6	5,628	12.5
11	捷克共和国	1,949	96	231.2	1,854	29.7
12	英国	2,155	336	28.3	1,819	-15.8
13	瑞典	1,202	201	65.0	1,001	21.3
14	奥地利	739	23	514.2	716	4.8
15	西班牙	1,026	385	41.6	641	80.4
16	希腊	716	101	156.6	615	811.1
17	新加坡	904	404	64.3	500	72.8
18	荷兰	822	347	182.6	475	10.3
19	澳大利亚	415	81	-2.8	333	-34.4
20	挪威	332	0	0	332	270.3

2004年中国纺织品服装出口商品结构统计

金额单位:万美元

商品名称	数量单位	出口数量	同比±%	出口金额	同比±%
合　计				9,512,806	20.6
纺织品				3,350,768	24.4
纱线	公斤	1,405,484,951	9.2	441,498	15.3
棉纱线	公斤	432,231,494	-14.3	133,655	-3.0
丝线	公斤	13,715,366	21.1	24,311	34.9
羊毛、动物毛纱线	公斤	56,280,615	1.6	77,344	30.8
化学纤维纱线	公斤	641,537,078	24.5	171,491	22.4
其他纱线	公斤	261,720,398	30.0	34,697	25.6
面料				1,805,798	23.8
棉布	米	4,801,300,997	-4.7	525,118	11.5
丝机织物	米	250,975,480	29.5	58,284	43.8
羊毛、动物毛机织物	米	95,643,581	45.6	50,420	47.9
化学纤维机织物	米	9,413,955,403	25.5	677,095	36.2
其他面料				494,880	18.9
制成品				1,103,472	29.5
家用纺织品				549,958	27.5
地毯	平方米	136,677,229	38.2	77,355	21.2
工业用纺织制品				123,746	49.8
无纺织物	公斤	257,918,078	19.7	59,470	26.7
其他制成品				292,943	28.7
服装				6,162,038	18.7
针织服装	件(套)	13,839,201,633	19.3	2,342,618	24.2
棉制针织服装	件(套)	6,134,835,284	14.6	922,733	25.0
丝制针织服装	件(套)	89,979,023	24.3	77,667	35.3
毛制针织服装	件(套)	167,949,867	7.2	106,192	18.5
化纤制针织服装	件(套)	6,067,550,271	25.5	946,173	25.0
其他材料制针织服装	件(套)	1,378,887,188	17.1	289,854	18.5

商品名称	数量单位	出口数量	同比±%	出口金额	同比±%
梭织服装	件(套)	8,088,869,649	8.5	2,783,078	15.2
棉制梭织服装	件(套)	2,654,378,720	6.0	952,893	13.6
丝制梭织服装	件(套)	112,789,923	18.3	101,231	21.2
毛制梭织服装	件(套)	55,519,514	12.2	130,738	15.9
化纤制梭织服装	件(套)	3,654,481,455	6.2	1,027,033	11.6
其他材料制梭织服装	件(套)	1,611,700,037	18.0	571,182	24.1
毛皮革服装	件(套)	73,231,483	-1.1	364,557	28.9
皮革服装	件(套)	61,265,814	-11.5	230,307	-1.8
毛皮服装	件(套)	11,965,669	146.9	134,250	177.2
其他服装	件(套)	2,845,364,322	22.0	87,346	25.0
衣着附件				468,687	5.1
帽类				115,753	25.4

2004年中国纺织品服装进口商品结构统计

金额单位：万美元

商品名称	数量单位	进口数量	同比±%	进口金额	同比±%
合　计				1,684,607	7.8
纺织品				1,531,570	7.7
纱线	公斤	1,799,022,549	-2.7	406,398	3.3
棉纱线	公斤	714,472,027	0.4	153,190	1.9
丝线	公斤	1,401,653	54.7	871	36.8
羊毛、动物毛纱线	公斤	35,703,812	-4.6	21,654	4.3
化学纤维纱线	公斤	948,533,422	-3.6	213,810	4.4
其他纱线	公斤	98,911,635	-14.0	16,874	0.2
面料				886,291	8.3
棉布	米	1,612,068,086	4.7	217,449	11.0

商品名称	数量单位	进口数量	同比 ±%	进口金额	同比 ±%
丝机织物	米	40,804,923	16.8	11,542	22.8
羊毛、动物毛机织物	米	77,059,313	13.8	61,048	17.7
化学纤维机织物	米	3,199,896,463	-3.6	318,641	1.7
其他面料				277,611	12.0
制成品				238,881	13.4
家用纺织品				2,797	6.0
地毯	平方米	10,489,122	12.4	5,845	23.5
工业用纺织制品				134,877	10.0
无纺织物	公斤	166,794,515	12.9	61,789	17.8
其他制成品				33,573	18.6
服装				153,037	9.0
针织服装	件(套)	473,378,759	9.7	57,166	16.2
棉制针织服装	件(套)	273,264,749	11.0	27,952	13.7
丝制针织服装	件(套)	590,056	-11.6	197	83.7
毛制针织服装	件(套)	26,660,817	16.9	7,771	50.8
化纤制针织服装	件(套)	151,224,860	13.4	17,404	19.2
其他材料制针织服装	件(套)	21,638,277	-24.6	3,842	-18.9
梭织服装	件(套)	270,861,684	0.3	64,483	15.8
棉制梭织服装	件(套)	187,614,361	5.4	36,697	19.4
丝制梭织服装	件(套)	285,737	-7.1	2,403	33.9
毛制梭织服装	件(套)	2,599,895	-9.7	5,189	22.5
化纤制梭织服装	件(套)	58,988,546	-11.3	15,109	4.7
其他材料制梭织服装	件(套)	21,373,145	-5.0	5,085	12.8
毛皮革服装	件(套)	66,774	-5.6	1,187	83.7
皮革服装	件(套)	59,102	-9.2	1,101	97.6
毛皮服装	件(套)	7,672	36.0	86	-3.0
其他服装	件(套)	421,116,858	152.1	5,635	48.8
衣着附件				23,481	-22.8
帽类				1,085	57.9

2004年中国纺织品服装进出口省市统计

金额单位:万美元

省市	进出口额	同比±%	出口金额	同比±%	进口金额	同比±%
合　计	11,197,413	18.5	9,512,806	20.6	1,684,607	7.8
浙江	2,074,393	25.8	1,966,316	26.6	108,077	12.8
广东	2,548,350	6.7	1,786,225	8.2	762,126	3.4
江苏	1,684,756	24.2	1,490,449	24.8	194,307	19.9
上海	1,390,568	16.4	1,165,148	17.0	225,420	13.1
山东	1,028,370	16.9	886,653	18.7	141,717	6.8
福建	504,866	41.7	442,768	51.1	62,098	-1.8
河北	314,438	60.3	308,217	61.8	6,221	10.5
辽宁	301,366	12.8	226,771	14.6	74,596	7.6
北京	225,498	17.1	184,432	16.7	41,066	18.7
天津	173,662	10.9	145,855	10.0	27,807	16.1
黑龙江	143,475	28.9	142,597	29.5	878	-29.7
新疆	132,989	45.1	132,776	45.0	213	122.5
安徽	96,240	16.5	91,965	17.7	4,276	-3.9
湖北	99,929	-4.7	85,371	-6.0	14,557	4.1
四川	78,823	31.1	76,152	31.2	2,671	29.8
江西	79,352	25.2	75,216	24.7	4,136	34.4
河南	63,514	3.2	62,542	3.9	972	-27.3
内蒙古	47,850	27.4	46,993	28.3	856	-7.6
湖南	43,060	3.8	41,009	4.1	1,961	-1.5
陕西	31,451	12.6	31,113	13.0	338	-14.7
广西	27,175	4.3	24,612	2.9	2,563	20.6
吉林	26,991	3.7	23,328	6.2	3,663	-10.2
海南	23,749	15.2	20,949	14.4	2,800	21.6
重庆	17,438	43.6	17,122	43.8	316	29.3
云南	12,016	7.6	11,821	7.8	196	-5.4
甘肃	6,177	-32.4	6,089	-31.7	88	-59.7
西藏	5,269	-3.5	5,207	-3.8	62	37.9
山西	5,611	-3.4	5,061	-4.6	549	10.0
青海	4,395	-32.6	4,384	-32.7	11	81.8
宁夏	4,286	-32.7	4,279	-32.5	8	-72.1
贵州	1,354	11.2	1,297	13.7	57	-25.6

美国海关进出口统计

2002－2004年美国纺织品服装贸易主要商品统计

金额单位:百万美元

商品名称	金额			占比%			同比±%
	2002	2003	2004	2002	2003	2004	2004/2003
自全球进口							
纺织品服装合计	80,089	85,623	92,040	100.00	100.00	100.00	7.49
其中:纱线	1,813	1,861	2,156	2.26	2.17	2.34	15.84
面料	4,793	4,573	4,700	5.98	5.34	5.11	2.76
家用纺织品	3,650	4,336	5,199	4.56	5.06	5.65	19.90
服装	63,952	68,317	72,462	79.85	79.79	78.73	6.07
其他	5,881	6,536	7,523	7.34	7.63	8.17	15.10
对全球出口							
纺织品服装合计	16,960	16,709	17,360	100.00	100.00	100.00	3.90
其中:纱线	1,481	1,662	1,876	8.73	9.95	10.81	12.84
面料	4,847	4,670	5,212	28.58	27.95	30.02	11.59
家用纺织品	307	300	313	1.81	1.80	1.80	4.15
服装	6,022	5,532	5,059	35.51	33.11	29.14	-8.54
其他	4,303	4,545	4,900	25.37	27.20	28.23	7.81

资料来源:美国海关统计

2002－2004年美国与中国纺织品服装贸易主要商品统计

金额单位:百万美元

商品名称	金额			占比%			同比±%
	2002	2003	2004	2002	2003	2004	2004/2003
自中国进口							
纺织品服装合计	12,112	14,787	17,917	100.00	100.00	100.00	21.16
其中:纱线	23	28	44	0.19	0.19	0.25	55.56
面料	417	465	535	3.44	3.14	2.99	15.10
家用纺织品	767	1,212	1,605	6.33	8.20	8.96	32.39
服装	9,599	11,420	13,649	79.25	77.23	76.18	19.52
其他	1,306	1,662	2,084	10.78	11.24	11.63	25.39
对中国出口							
纺织品服装合计	214	271	322	100.00	100.00	100.00	18.66
其中:纱线	45	56	45	21.03	20.66	13.98	-19.37
面料	49	50	72	22.90	18.45	22.36	42.92
家用纺织品	2	2	2	0.93	0.74	0.62	53.85
服装	25	18	31	11.68	6.64	9.63	73.22
其他	93	145	172	43.46	53.51	53.42	18.62

资料来源:美国海关统计

2002－2004年美国进口纺织品服装主要来源国(地区)统计

(按2004年进口金额排序前20位)

金额单位:百万美元

序号	国家(地区)	进口金额			占比%			同比±%
		2002	2003	2004	2002	2003	2004	2004/2003
	全　球	80,089	85,623	92,040	100.00	100.00	100.00	7.49
1	中国	12,112	14,787	17,917	15.12	17.27	19.47	21.16
2	墨西哥	9,362	8,771	8,635	11.69	10.24	9.38	-1.55
3	印度	3,327	3,576	4,041	4.15	4.18	4.39	13.01
4	中国香港	4,111	3,886	4,025	5.13	4.54	4.37	3.59
5	加拿大	3,737	3,678	3,722	4.67	4.3	4.04	1.18
6	韩国	3,185	2,860	2,882	3.98	3.34	3.13	0.76
7	洪都拉斯	2,508	2,577	2,754	3.13	3.01	2.99	6.87
8	印度尼西亚	2,387	2,449	2,719	2.98	2.86	2.95	11.00
9	越南	921	2,427	2,647	1.15	2.83	2.88	9.07
10	巴基斯坦	2,082	2,291	2,631	2.6	2.68	2.86	14.81
11	泰国	2,467	2,488	2,604	3.08	2.91	2.83	4.67
12	意大利	2,357	2,510	2,598	2.94	2.93	2.82	3.50
13	中国台湾	2,410	2,373	2,296	3.01	2.77	2.5	-3.21
14	多米尼加	2,242	2,210	2,143	2.80	2.58	2.33	-3.04
15	孟加拉	2,003	1,960	2,092	2.50	2.29	2.27	6.76
16	危地马拉	1,690	1,797	1,981	2.11	2.1	2.15	10.19
17	菲律宾	1,962	2,013	1,928	2.45	2.35	2.09	-4.24
18	土耳其	1,725	1,802	1,815	2.15	2.1	1.97	0.72
19	萨尔瓦多	1,708	1,756	1,756	2.13	2.05	1.91	0.00
20	斯里兰卡	1,523	1,531	1,640	1.900	1.79	1.78	7.14

资料来源:美国海关统计

2002－2004年美国出口纺织品服装主要市场统计

（按2004年出口金额排序前20位）　　金额单位：百万美元

序号	国家(地区)	出口金额			占比%			同比±%
		2002	2003	2004	2002	2003	2004	2004/2003
	全　　球	16,960	16,709	17,360	100.00	100.00	100.00	3.90
1	墨西哥	5,074	4,804	4,831	29.92	28.75	27.83	0.57
2	加拿大	3,279	3,251	3,485	19.33	19.46	20.08	7.19
3	洪都拉斯	1,515	1,498	1,529	8.93	8.97	8.81	2.04
4	多米尼加	1,265	1,241	1,246	7.46	7.43	7.18	0.42
5	萨尔瓦多	715	712	653	4.22	4.26	3.76	-8.20
6	日本	561	543	583	3.31	3.25	3.36	7.37
7	危地马拉	349	348	398	2.06	2.08	2.30	14.4
8	哥斯达黎加	432	351	343	2.55	2.10	1.97	-2.41
9	英国	356	339	339	2.10	2.03	1.95	-0.16
10	中国	214	271	322	1.26	1.62	1.85	18.66
11	中国香港	305	290	314	1.80	1.73	1.81	8.26
12	比利时	269	273	300	1.59	1.63	1.73	9.83
13	德国	229	223	232	1.35	1.34	1.33	3.70
14	海地	164	192	190	0.97	1.15	1.10	-0.73
15	韩国	160	180	187	0.94	1.08	1.08	3.49
16	哥伦比亚	110	158	168	0.65	0.95	0.97	6.54
17	澳大利亚	118	131	141	0.69	0.78	0.81	7.99
18	意大利	111	116	122	0.65	0.69	0.70	5.35
19	荷兰	118	113	113	0.70	0.68	0.65	0.13
20	巴西	79	87	111	0.46	0.52	0.64	27.34

资料来源：美国海关统计

2002－2004年美国进口纱线主要来源国(地区)统计

(按2004年进口金额排序前20位)　　金额单位:百万美元

序号	国家(地区)	进口金额			占比%			同比±%
		2002	2003	2004	2002	2003	2004	2004/2003
	全　球	1,813	1,861	2,156	100.00	100.00	100.00	15.84
1	加拿大	502	486	525	27.68	26.12	24.36	8.07
2	墨西哥	298	305	346	16.42	16.38	16.04	13.44
3	意大利	71	90	134	3.93	4.85	6.20	48.10
4	巴基斯坦	69	62	130	3.82	3.34	6.02	109.11
5	韩国	98	103	102	5.40	5.55	4.74	-1.01
6	荷兰	50	73	99	2.76	3.93	4.59	35.50
7	日本	86	88	89	4.77	4.73	4.14	1.28
8	德国	85	84	79	4.68	4.50	3.66	-5.73
9	以色列	74	67	70	4.10	3.62	3.27	4.69
10	印度尼西亚	31	37	64	1.70	1.97	2.95	73.66
11	英国	38	43	47	2.07	2.32	2.17	8.04
12	中国	23	28	44	1.27	1.52	2.04	55.56
13	泰国	44	36	43	2.44	1.91	2.00	21.53
14	中国台湾	35	35	39	1.91	1.88	1.81	11.42
15	土耳其	34	29	39	1.88	1.55	1.80	34.34
16	法国	32	29	34	1.76	1.53	1.58	19.06
17	巴西	15	23	29	0.85	1.24	1.35	25.90
18	马来西亚	25	28	24	1.35	1.51	1.11	-14.47
19	埃及	33	32	21	1.81	1.74	0.98	-34.81
20	西班牙	13	16	20	0.74	0.85	0.93	26.67

资料来源:美国海关统计

2002－2004年美国出口纱线主要市场统计

（按2004年出口金额排序前20位）

金额单位：百万美元

序号	国家(地区)	出口金额			占比%			同比±%
		2002	2003	2004	2002	2003	2004	2004/2003
	全　球	1,481	1,662	1,876	100.00	100.00	100.00	12.84
1	加拿大	429	377	407	28.93	22.69	21.69	7.85
2	洪都拉斯	156	288	382	10.55	17.31	20.39	32.85
3	墨西哥	219	257	292	14.78	15.43	15.57	13.81
4	危地马拉	48	55	73	3.26	3.34	3.91	32.35
5	韩国	54	65	71	3.62	3.89	3.77	9.41
6	比利时	40	54	65	2.71	3.27	3.47	19.79
7	萨尔瓦多	40	36	50	2.67	2.14	2.69	41.65
8	巴西	30	36	48	2.03	2.19	2.56	31.85
9	中国	45	56	45	3.05	3.39	2.42	-19.37
10	日本	43	43	42	2.92	2.56	2.26	-0.31
11	哥伦比亚	22	37	38	1.46	2.20	2.04	4.43
12	英国	35	39	34	2.35	2.36	1.82	-13.09
13	多米尼加	40	39	34	2.72	2.34	1.82	-12.5
14	荷兰	40	28	28	2.71	1.67	1.51	1.94
15	多斯达黎加	19	19	27	1.28	1.14	1.43	40.87
16	德国	27	21	23	1.84	1.24	1.24	12.92
17	中国台湾	17	19	18	1.18	1.16	0.99	-4.09
18	中国香港	23	21	18	1.58	1.27	0.95	-15.74
19	泰国	9	12	17	0.63	0.69	0.88	43.08
20	澳大利亚	16	13	14	1.05	0.77	0.74	7.90

资料来源：美国海关统计

2002－2004年美国进口面料主要来源国(地区)统计

(按2004年进口金额排序前20位)　　金额单位:百万美元

序号	国家(地区)	进口金额			占比%			同比±%
		2002	2003	2004	2002	2003	2004	2004/2003
	全　球	4,793	4,573	4,700	100.00	100.00	100.00	2.76
1	韩国	619	561	584	12.91	12.27	12.42	3.99
2	加拿大	616	598	561	12.86	13.08	11.94	-6.22
3	中国	417	465	535	8.71	10.17	11.39	15.10
4	意大利	409	430	449	8.54	9.39	9.55	4.42
5	巴基斯坦	358	354	378	7.47	7.73	8.04	6.79
6	中国台湾	432	390	362	9.00	8.53	7.70	-7.31
7	墨西哥	343	303	315	7.15	6.63	6.69	3.79
8	印度	218	231	246	4.56	5.04	5.23	6.56
9	日本	157	164	188	3.28	3.58	4.01	15.17
10	土耳其	140	115	119	2.92	2.51	2.54	3.83
11	法国	103	100	110	2.16	2.19	2.35	10.31
12	英国	91	88	99	1.89	1.93	2.11	12.69
13	泰国	110	84	78	2.31	1.85	1.66	-7.74
14	德国	74	75	78	1.55	1.63	1.65	4.05
15	比利时	86	74	70	1.79	1.61	1.50	-4.54
16	印度尼西亚	90	74	67	1.87	1.63	1.42	-10.44
17	以色列	55	57	65	1.15	1.26	1.39	13.88
18	中国香港	111	59	49	2.32	1.28	1.04	-16.31
19	菲律宾	35	48	39	0.73	1.05	0.83	-18.51
20	西班牙	31	33	35	0.64	0.71	0.75	8.52

资料来源:美国海关统计

2002－2004年美国出口面料主要市场统计

（按2004年出口金额排序前20位）　　金额单位：百万美元

序号	国家（地区）	出口金额			占比%			同比±%
		2002	2003	2004	2002	2003	2004	2004/2003
	全　球	4,847	4,670	5,212	100.00	100.00	100.00	11.59
1	墨西哥	1,901	1,713	2,035	39.22	36.67	39.06	18.85
2	加拿大	689	644	626	14.22	13.80	12.01	-2.87
3	多米尼加	532	546	594	10.98	11.70	11.41	8.80
4	洪都拉斯	450	479	561	9.29	10.26	10.77	17.22
5	萨尔瓦多	260	361	362	5.36	7.72	6.94	0.27
6	危地马拉	198	174	222	4.09	3.73	4.25	27.35
7	中国香港	99	77	83	2.04	1.65	1.60	8.16
8	中国	49	50	72	1.01	1.08	1.38	42.92
9	哥伦比亚	33	62	70	0.69	1.32	1.34	12.84
10	哥斯达黎加	71	62	60	1.47	1.33	1.14	-3.92
11	尼加拉瓜	23	33	47	0.47	0.7	0.90	43.28
12	英国	43	47	46	0.89	1.01	0.88	-2.48
13	海地	24	22	34	0.50	0.48	0.64	50.15
14	澳大利亚	27	26	25	0.56	0.56	0.48	-5.87
15	日本	40	24	23	0.82	0.51	0.44	-3.14
16	德国	26	24	22	0.53	0.52	0.42	-9.36
17	比利时	67	31	19	1.38	0.67	0.37	-38.5
18	意大利	22	19	19	0.45	0.40	0.36	0.09
19	荷兰	13	14	14	0.26	0.29	0.28	5.46
20	韩国	18	17	14	0.38	0.36	0.27	-14.12

资料来源：美国海关统计

2002－2004年美国进口家用纺织品主要来源国(地区)统计

(按2004年进口金额排序前20位)　　金额单位:百万美元

序号	国家(地区)	进口金额			占比%			同比±%
		2002	2003	2004	2002	2003	2004	2004/2003
	全　球	3,650	4,336	5,199	100.00	100.00	100.00	19.90
1	中国	767	1,212	1,605	21.02	27.95	30.86	32.39
2	印度	528	623	758	14.47	14.38	14.58	21.61
3	巴基斯坦	528	624	736	14.48	14.38	14.16	18.00
4	土耳其	247	261	295	6.76	6.02	5.68	13.15
5	墨西哥	264	227	246	7.23	5.24	4.74	8.57
6	葡萄牙	213	197	204	5.82	4.55	3.92	3.14
7	巴西	172	197	199	4.71	4.53	3.82	1.07
8	泰国	85	96	149	2.32	2.22	2.87	55.28
9	意大利	67	78	90	1.83	1.79	1.73	15.59
10	以色列	73	76	89	2.00	1.76	1.71	16.56
11	加拿大	80	71	86	2.20	1.64	1.65	20.39
12	中国台湾	114	102	79	3.12	2.35	1.53	-21.90
13	韩国	87	80	77	2.40	1.85	1.48	-3.60
14	孟加拉	55	61	61	1.51	1.41	1.18	0.79
15	埃及	30	39	43	0.83	0.91	0.82	8.59
16	巴林	1	9	40	0.02	0.22	0.77	320.31
17	日本	9	23	38	0.23	0.54	0.74	64.03
18	越南	5	15	33	0.13	0.34	0.63	121.25
19	保加利亚	7	28	32	0.19	0.65	0.62	14.54
20	土库曼斯坦	14	14	25	0.38	0.33	0.49	78.80

资料来源:美国海关统计

2002－2004年美国出口家用纺织品主要市场统计

（按2004年出口金额排序前20位）　　金额单位：百万美元

序号	国家(地区)	出口金额			占比%			同比±%
		2002	2003	2004	2002	2003	2004	2004/2003
	全　球	307	300	313	100.00	100.00	100.00	4.15
1	加拿大	190	189	198	61.86	62.93	63.48	5.06
2	墨西哥	32	33	21	10.27	10.98	6.74	-36.07
3	英国	6	7	9	1.99	2.26	2.99	37.97
4	日本	6	7	8	1.99	2.23	2.68	25.11
5	新加坡	4	2	5	1.36	0.79	1.48	94.06
6	荷兰	2	3	4	0.74	0.97	1.38	47.91
7	萨尔瓦多	1	3	4	0.27	0.97	1.30	39.52
8	德国	3	2	4	0.98	0.60	1.25	115.93
9	多米尼加	3	4	3	1.08	1.50	1.11	-22.68
10	巴拿马	2	3	3	0.81	1.13	0.91	-16.70
11	阿联酋	2	1	3	0.67	0.47	0.83	84.45
12	巴哈马	1	3	2	0.38	1.11	0.79	-25.41
13	沙特阿拉伯	3	4	2	1.12	1.36	0.78	-40.06
14	科威特	1	1	2	0.33	0.28	0.77	192.12
15	中国	2	2	2	0.51	0.52	0.77	53.85
16	中国台湾	2	2	2	0.74	0.70	0.73	9.23
17	澳大利亚	2	2	2	0.51	0.81	0.69	-10.88
18	以色列	1	1	2	0.25	0.20	0.60	211.17
19	牙买加	2	2	2	0.56	0.60	0.56	-2.74
20	洪都拉斯	4	3	2	1.28	0.90	0.49	-43.37

资料来源：美国海关统计

2002－2004年美国进口服装主要来源国(地区)统计

(按2004年进口金额排序前20位)　　金额单位:百万美元

序号	国家(地区)	进口金额			占比%			同比±%
		2002	2003	2004	2002	2003	2004	2004/2003
	全　球	63,952	68,317	72,462	100.00	100.00	100.00	6.07
1	中国	9,599	11,420	13,649	15.01	16.72	18.84	19.52
2	墨西哥	7,732	7,200	6,945	12.09	10.54	9.58	-3.53
3	中国香港	3,960	3,786	3,937	6.19	5.54	5.43	3.98
4	洪都拉斯	2,502	2,569	2,744	3.91	3.76	3.79	6.83
5	越南	908	2,389	2,580	1.42	3.50	3.56	7.99
6	印度尼西亚	2,205	2,282	2,524	3.45	3.34	3.48	10.61
7	印度	2,066	2,158	2,380	3.23	3.16	3.29	10.31
8	泰国	2,130	2,186	2,248	3.33	3.20	3.10	2.85
9	多米尼加	2,177	2,134	2,064	3.40	3.12	2.85	-3.28
10	孟加拉	1,886	1,849	1,978	2.95	2.71	2.73	6.98
11	危地马拉	1,676	1,783	1,965	2.62	2.61	2.71	10.23
12	韩国	2,214	1,930	1,943	3.46	2.83	2.68	0.66
13	菲律宾	1,872	1,906	1,831	2.93	2.79	2.53	-3.98
14	意大利	1,682	1,776	1,785	2.63	2.60	2.46	0.52
15	萨尔瓦多	1,676	1,721	1,721	2.62	2.52	2.37	-0.01
16	加拿大	1,795	1,738	1,690	2.81	2.54	2.33	-2.79
17	中国台湾	1,668	1,693	1,627	2.61	2.48	2.24	-3.95
18	斯里兰卡	1,449	1,477	1,597	2.27	2.16	2.20	8.12
19	中国澳门	1,147	1,283	1,438	1.79	1.88	1.98	12.06
20	柬埔寨	1,043	1,239	1,430	1.63	1.81	1.97	15.35

资料来源:美国海关统计

2002－2004年美国出口服装主要市场统计

（按2004年出口金额排序前20位）

金额单位：百万美元

序号	国家（地区）	出口金额			占比%			同比±%
		2002	2003	2004	2002	2003	2004	2004/2003
	全　　球	6,022	5,532	5,059	100.00	100.00	100.00	-8.54
1	墨西哥	1,877	1,649	1,301	31.16	29.82	25.72	-21.11
2	加拿大	716	755	855	11.89	13.65	16.89	13.19
3	多米尼加	634	587	533	10.54	10.61	10.53	-9.21
4	洪都拉斯	783	678	526	13.01	12.26	10.4	-22.44
5	日本	296	284	301	4.92	5.13	5.95	6.11
6	哥斯达黎加	320	246	230	5.31	4.44	4.54	-6.50
7	萨尔瓦多	350	287	207	5.81	5.18	4.10	-27.62
8	海地	120	153	142	1.99	2.76	2.81	-6.87
9	英国	112	104	101	1.86	1.87	2.00	-2.61
10	比利时	40	49	71	0.66	0.88	1.41	45.90
11	危地马拉	63	83	69	1.04	1.51	1.36	-17.14
12	中国香港	57	40	55	0.95	0.72	1.09	37.62
13	德国	48	42	43	0.79	0.76	0.85	2.31
14	牙买加	63	51	43	1.05	0.93	0.85	-16.83
15	尼加拉瓜	44	44	42	0.74	0.80	0.84	-4.28
16	韩国	24	36	42	0.40	0.65	0.84	17.15
17	意大利	34	32	41	0.56	0.57	0.80	28.56
18	哥伦比亚	30	37	35	0.50	0.67	0.70	-5.55
19	澳大利亚	22	29	33	0.36	0.52	0.65	12.84
20	中国	25	18	31	0.42	0.33	0.62	73.22

资料来源：美国海关统计

欧盟海关进出口统计

2002(1-9)-2004年(1-9)欧盟(15国)纺织品服装贸易主要商品统计

金额单位:百万美元

商品名称	金额			占比%			同比±%
	2002	2003	2004	2002	2003	2004	2004/2003
自全球进口							
纺织品服装合计	51,550	60,408	69,045	100.00	100.00	100.00	14.30
其中:纱线	2,695	3,086	3,270	5.23	5.11	4.74	5.96
面料	4,292	4,723	5,124	8.33	7.82	7.42	8.47
家用纺织品	2,333	3,004	3,647	4.53	4.97	5.28	21.39
服装	38,589	45,458	52,000	74.86	75.25	75.31	14.39
其他	3,641	4,137	5,004	7.06	6.85	7.25	20.96
对全球出口							
纺织品服装合计	29,848	34,132	37,543	100.00	100.00	100.00	9.99
其中:纱线	2,166	2,426	2,872	7.26	7.11	7.65	18.38
面料	9,143	10,450	11,261	30.63	30.62	29.99	7.76
家用纺织品	748	812	867	2.51	2.38	2.31	6.75
服装	12,312	14,051	15,672	41.25	41.17	41.74	11.54
其他	5,479	6,393	6,871	18.36	18.73	18.30	7.48

资料来源:欧盟(15国)海关统计

2002(1－9)－2004年(1－9)欧盟(15国)与中国纺织品服装贸易主要商品统计

金额单位:百万美元

商品名称	金额			占比%			同比±%
	2002	2003	2004	2002	2003	2004	2004/2003
自中国进口							
纺织品服装合计	9,024	11,500	14,210	100.00	100.00	100.00	23.57
其中:纱线	125	172	198	1.39	1.50	1.39	14.63
面料	649	854	998	7.19	7.43	7.02	16.87
家用纺织品	333	479	664	3.69	4.17	4.67	38.62
服装	7,411	9,345	11,457	82.13	81.26	80.63	22.60
其他	506	650	893	5.61	5.65	6.28	37.38
对中国出口							
纺织品服装合计	308	409	509	100.00	100.00	100.00	24.53
其中:纱线	45	57	78	14.61	13.94	15.32	36.25
面料	97	121	164	31.49	29.58	32.22	35.69
家用纺织品	2	3	3	0.65	0.73	0.59	1.17
服装	48	65	85	15.58	15.89	16.70	30.90
其他	116	163	179	37.66	39.85	35.17	9.82

资料来源:欧盟(15国)海关统计

2002(1-9)-2004年(1-9)欧盟(15国)进口纺织品服装主要来源国(地区)统计

(按2004年进口金额排序前20位)　　金额单位:百万美元

序号	国家(地区)	进口金额			占比%			同比±%
		2002	2003	2004	2002	2003	2004	2004/2003
	全　球	51,550	60,408	69,045	100.00	100.00	100.00	14.30
1	中国	9,024	11,500	14,210	17.51	19.04	20.58	23.57
2	土耳其	6,409	8,107	9,369	12.43	13.42	13.57	15.56
3	印度	3,193	3,792	4,356	6.19	6.28	6.31	14.90
4	罗马尼亚	2,724	3,333	3,763	5.28	5.52	5.45	12.89
5	孟加拉	2,049	2,642	3,612	3.98	4.37	5.23	36.70
6	突尼斯	2,218	2,535	2,643	4.30	4.20	3.83	4.26
7	摩洛哥	1,973	2,190	2,381	3.83	3.63	3.45	8.73
8	巴基斯坦	1,495	1,873	2,213	2.90	3.10	3.21	18.18
9	中国香港	1,733	1,826	1,879	3.36	3.02	2.72	2.94
10	波兰	1,720	1,832	1,750	3.34	3.03	2.53	-4.44
11	印度尼西亚	1,488	1,509	1,648	2.89	2.50	2.39	9.25
12	捷克	1,152	1,509	1,525	2.23	2.50	2.21	1.05
13	瑞士	1,092	1,310	1,405	2.12	2.17	2.03	7.29
14	泰国	907	990	1,195	1.76	1.64	1.73	20.72
15	韩国	1,075	1,142	1,181	2.08	1.89	1.71	3.43
16	保加利亚	719	920	1,118	1.39	1.52	1.62	21.58
17	美国	1,099	1,045	1,041	2.13	1.73	1.51	-0.37
18	匈牙利	966	1,025	978	1.87	1.70	1.42	-4.64
19	斯里兰卡	551	585	791	1.07	0.97	1.15	35.25
20	越南	575	500	700	1.12	0.83	1.01	40.12

资料来源:欧盟(15国)海关统计

2002(1-9)-2004年(1-9)欧盟(15国)出口纺织品服装主要市场统计

(按2004年出口金额排序前20位)　　金额单位:百万美元

序号	国家(地区)	出口金额			占比%			同比±%
		2002	2003	2004	2002	2003	2004	2004/2003
	全　球	29,848	34,132	37,543	100.00	100.00	100.00	9.99
1	美国	3,758	4,062	4,374	12.59	11.90	11.65	7.68
2	瑞士	2,592	2,957	3,345	8.68	8.66	8.91	13.13
3	罗马尼亚	1,753	2,178	2,494	5.87	6.38	6.64	14.53
4	波兰	1,739	1,990	2,064	5.83	5.83	5.50	3.75
5	日本	1,589	1,777	1,867	5.32	5.21	4.97	5.03
6	俄罗斯	1,150	1,427	1,726	3.85	4.18	4.60	20.90
7	突尼斯	1,384	1,566	1,622	4.64	4.59	4.32	3.57
8	土耳其	1,068	1,228	1,536	3.58	3.60	4.09	25.01
9	捷克	1,030	1,365	1,511	3.45	4.00	4.02	10.7
10	摩洛哥	1,195	1,327	1,390	4.00	3.89	3.70	4.74
11	中国香港	1,056	1,156	1,384	3.54	3.39	3.69	19.67
12	匈牙利	912	1,023	1,026	3.05	3.00	2.73	0.30
13	挪威	775	875	927	2.60	2.56	2.47	5.90
14	保加利亚	582	778	892	1.95	2.28	2.38	14.71
15	乌克兰	384	461	566	1.29	1.35	1.51	22.92
16	韩国	518	590	550	1.73	1.73	1.46	-6.85
17	加拿大	425	492	527	1.42	1.44	1.40	7.15
18	中国	308	409	509	1.03	1.20	1.36	24.53
19	斯洛伐克	417	490	502	1.40	1.44	1.34	2.54
20	克罗地亚	385	471	502	1.29	1.38	1.34	6.54

资料来源:欧盟(15国)海关统计

2002(1-9)-2004年(1-9)欧盟(15国)进口纱线主要来源国(地区)统计

(按2004年进口金额排序前20位)　　金额单位:百万美元

序号	国家(地区)	进口金额			占比%			同比±%
		2002	2003	2004	2002	2003	2004	2004/2003
	全　球	2,695	3,086	3,270	100.00	100.00	100.00	5.96
1	土耳其	298	357	414	11.07	11.57	12.65	15.83
2	印度	313	347	364	11.61	11.26	11.14	4.87
3	中国	125	172	198	4.65	5.59	6.04	14.63
4	捷克	132	164	165	4.91	5.33	5.04	0.19
5	印度尼西亚	155	157	162	5.76	5.08	4.96	3.55
6	波兰	138	153	162	5.10	4.96	4.95	5.61
7	瑞士	172	170	160	6.37	5.50	4.90	-5.71
8	韩国	104	126	148	3.86	4.09	4.54	17.53
9	美国	165	156	129	6.12	5.07	3.96	-17.30
10	日本	95	99	100	3.53	3.20	3.05	0.91
11	斯洛伐克	66	84	96	2.45	2.71	2.95	15.2
12	埃及	65	78	85	2.40	2.54	2.59	7.92
13	巴基斯坦	61	75	80	2.26	2.44	2.44	5.76
14	泰国	48	63	77	1.77	2.04	2.36	22.2
15	斯洛文尼亚	72	83	75	2.67	2.68	2.29	-9.52
16	匈牙利	63	87	72	2.34	2.83	2.20	-17.32
17	罗马尼亚	39	55	71	1.46	1.80	2.19	28.83
18	叙利亚	42	65	67	1.56	2.11	2.04	2.66
19	中国台湾	64	65	65	2.36	2.11	1.99	0.09
20	保加利亚	24	35	59	0.90	1.13	1.81	69.04

资料来源:欧盟(15国)海关统计

2002(1-9)-2004年(1-9)欧盟(15国)出口纱线主要市场统计

(按2004年出口金额排序前20位)　　金额单位:百万美元

序号	国家(地区)	出口金额			占比%			同比±%
		2002	2003	2004	2002	2003	2004	2004/2003
	全　球	2,166	2,426	2,872	100.00	100.00	100.00	18.38
1	美国	222	237	327	10.27	9.79	11.39	37.76
2	土耳其	187	206	283	8.62	8.48	9.87	37.71
3	中国香港	209	225	251	9.63	9.28	8.75	11.54
4	捷克	136	154	186	6.29	6.36	6.49	20.76
5	波兰	152	167	166	7.00	6.90	5.78	-0.93
6	罗马尼亚	99	135	159	4.59	5.56	5.54	17.99
7	瑞士	98	111	112	4.51	4.56	3.91	1.50
8	匈牙利	80	89	90	3.70	3.67	3.12	0.84
9	中国	45	57	78	2.06	2.36	2.72	36.25
10	突尼斯	61	70	74	2.82	2.90	2.57	4.80
11	摩洛哥	59	63	64	2.74	2.60	2.23	1.55
12	阿联酋	5	3	56	0.22	0.11	1.95	1012.85
13	立陶宛	39	48	55	1.81	1.99	1.92	14.69
14	加拿大	29	35	54	1.32	1.43	1.87	54.62
15	以色列	23	24	51	1.06	1.00	1.77	109.31
16	日本	42	52	49	1.92	2.13	1.71	-4.91
17	保加利亚	33	45	45	1.51	1.85	1.56	-0.41
18	克罗地亚	31	39	43	1.45	1.60	1.50	11.15
19	澳大利亚	35	40	43	1.59	1.63	1.50	8.43
20	斯洛伐克	36	43	41	1.66	1.79	1.44	-4.37

资料来源:欧盟(15国)海关统计

2002(1-9)-2004年(1-9)欧盟(15国)进口面料主要来源国(地区)统计

(按2004年进口金额排序前20位) 金额单位:百万美元

序号	国家(地区)	进口金额			占比%			同比±%
		2002	2003	2004	2002	2003	2004	2004/2003
	全　球	4,292	4,723	5,124	100.00	100.00	100.00	8.47
1	中国	649	854	998	15.13	18.07	19.47	16.87
2	土耳其	475	540	640	11.08	11.44	12.49	18.44
3	巴基斯坦	267	312	391	6.21	6.61	7.63	25.32
4	印度	281	286	346	6.56	6.06	6.76	20.95
5	韩国	372	361	317	8.66	7.64	6.19	-12.11
6	捷克	259	321	296	6.03	6.79	5.77	-7.83
7	瑞士	210	238	262	4.89	5.04	5.11	10.05
8	日本	156	139	155	3.64	2.94	3.02	11.34
9	印度尼西亚	184	160	153	4.28	3.39	2.99	-4.24
10	中国台湾	188	171	142	4.37	3.63	2.77	-17.10
11	美国	162	147	130	3.77	3.11	2.53	-11.83
12	泰国	115	110	119	2.68	2.32	2.32	8.50
13	俄罗斯	68	87	98	1.58	1.85	1.90	11.52
14	突尼斯	68	71	78	1.58	1.51	1.52	9.51
15	立陶宛	49	58	72	1.14	1.22	1.41	24.72
16	罗马尼亚	26	56	71	0.60	1.18	1.38	27.36
17	波兰	41	51	63	0.95	1.07	1.22	23.70
18	摩洛哥	45	43	59	1.05	0.90	1.16	39.58
19	匈牙利	70	68	58	1.63	1.44	1.14	-14.47
20	保加利亚	43	50	54	0.99	1.05	1.06	9.35

资料来源:欧盟(15国)海关统计

2002(1－9)－2004年(1－9)欧盟(15国)出口面料主要市场统计

(按2004年出口金额排序前20位)　　金额单位:百万美元

序号	国家(地区)	出口金额			占比%			同比±%
		2002	2003	2004	2002	2003	2004	2004/2003
	全　球	9,143	10,450	11,261	100.00	100.00	100.00	7.76
1	罗马尼亚	945	1,222	1,386	10.33	11.69	12.31	13.42
2	突尼斯	823	947	991	9.00	9.06	8.80	4.65
3	摩洛哥	789	874	926	8.62	8.36	8.22	5.94
4	波兰	809	928	902	8.84	8.88	8.01	-2.80
5	美国	652	673	725	7.13	6.44	6.43	7.73
6	土耳其	455	504	657	4.97	4.83	5.84	30.36
7	保加利亚	299	399	467	3.26	3.82	4.15	16.99
8	中国香港	293	340	430	3.21	3.26	3.81	26.20
9	匈牙利	329	364	346	3.60	3.48	3.07	-5.04
10	瑞士	256	285	330	2.80	2.73	2.93	15.73
11	捷克	257	283	280	2.81	2.71	2.48	-1.15
12	日本	233	266	275	2.55	2.55	2.44	3.18
13	乌克兰	176	202	249	1.92	1.94	2.21	22.95
14	斯洛伐克	197	228	217	2.15	2.18	1.93	-4.60
15	俄罗斯	153	192	194	1.67	1.84	1.72	1.02
16	中国	97	121	164	1.06	1.16	1.45	35.69
17	立陶宛	167	187	157	1.83	1.79	1.40	-15.86
18	克罗地亚	111	137	147	1.21	1.31	1.31	7.87
19	韩国	139	152	142	1.51	1.45	1.26	-6.38
20	斯洛文尼亚	143	132	135	1.56	1.26	1.20	2.66

资料来源:欧盟(15国)海关统计

2002(1－9)－2004年(1－9)欧盟(15国)进口家用纺织品主要来源国(地区)统计

(按2004年进口金额排序前20位)　　金额单位:百万美元

序号	国家(地区)	进口金额			占比%			同比±%
		2002	2003	2004	2002	2003	2004	2004/2003
	全　球	2,333	3,004	3,647	100.00	100.00	100.00	21.39
1	土耳其	447	634	753	19.14	21.12	20.65	18.72
2	中国	333	479	664	14.28	15.94	18.20	38.62
3	巴基斯坦	404	550	631	17.30	18.31	17.31	14.79
4	印度	314	384	502	13.46	12.78	13.77	30.78
5	波兰	123	139	135	5.25	4.64	3.70	-3.08
6	捷克	89	116	103	3.83	3.86	2.83	-11.03
7	孟加拉	49	47	100	2.09	1.58	2.73	110.12
8	罗马尼亚	68	80	92	2.93	2.68	2.51	13.95
9	埃及	55	63	89	2.35	2.10	2.44	40.57
10	突尼斯	35	49	63	1.50	1.62	1.72	28.63
11	巴西	43	50	46	1.85	1.68	1.27	-8.40
12	瑞士	27	32	34	1.16	1.07	0.94	7.15
13	以色列	32	32	32	1.36	1.06	0.87	-0.36
14	斯洛文尼亚	14	22	28	0.61	0.74	0.78	27.04
15	爱沙尼亚	20	27	27	0.87	0.89	0.74	0.22
16	越南	13	18	26	0.57	0.59	0.71	47.70
17	韩国	22	23	26	0.93	0.78	0.71	10.78
18	印度尼西亚	31	25	24	1.31	0.82	0.67	-1.10
19	匈牙利	22	22	24	0.95	0.74	0.65	5.86
20	立陶宛	20	24	22	0.87	0.81	0.61	-8.39

资料来源:欧盟(15国)海关统计

2002(1-9)-2004年(1-9)欧盟(15国)出口家用纺织品主要市场统计

(按2004年出口金额排序前20位)　　金额单位:百万美元

序号	国家(地区)	出口金额			占比%			同比±%
		2002	2003	2004	2002	2003	2004	2004/2003
	全　球	748	812	867	100.00	100.00	100.00	6.75
1	美国	302	284	308	40.40	35.01	35.47	8.16
2	瑞士	98	105	122	13.08	12.92	14.10	16.55
3	挪威	33	46	39	4.38	5.71	4.55	-14.95
4	捷克	20	29	30	2.74	3.56	3.49	4.74
5	波兰	23	27	30	3.02	3.31	3.41	9.91
6	日本	21	29	24	2.76	3.51	2.76	-15.99
7	俄罗斯	15	19	23	1.98	2.34	2.63	20.44
8	墨西哥	13	12	20	1.80	1.47	2.36	71.62
9	沙特阿拉伯	18	18	17	2.37	2.20	1.95	-5.27
10	加拿大	16	16	16	2.20	1.99	1.89	1.53
11	阿联酋	10	13	15	1.28	1.55	1.78	22.93
12	突尼斯	6	10	15	0.77	1.24	1.78	52.77
13	匈牙利	8	11	12	1.02	1.39	1.35	3.54
14	克罗地亚	7	9	10	0.97	1.06	1.14	14.79
15	斯洛伐克	6	9	10	0.78	1.07	1.13	11.77
16	澳大利亚	11	17	10	1.49	2.06	1.12	-41.88
17	斯洛文尼亚	5	6	7	0.66	0.76	0.82	14.38
18	摩洛哥	4	6	7	0.48	0.79	0.81	8.64
19	塞浦路斯	5	5	7	0.68	0.66	0.78	25.50
20	土耳其	6	6	7	0.86	0.76	0.75	5.29

资料来源:欧盟(15国)海关统计

2002(1-9)-2004年(1-9)欧盟(15国)进口服装主要来源国(地区)统计

(按2004年进口金额排序前20位)　　金额单位:百万美元

序号	国家(地区)	进口金额			占比%			同比±%
		2002	2003	2004	2002	2003	2004	2004/2003
	全　球	38,589	45,458	52,000	100.00	100.00	100.00	14.39
1	中国	7,411	9,345	11,457	19.20	20.56	22.03	22.60
2	土耳其	4,923	6,259	7,146	12.76	13.77	13.74	14.16
3	罗马尼亚	2,554	3,088	3,459	6.62	6.79	6.65	12.03
4	孟加拉	1,955	2,547	3,459	5.06	5.60	6.65	35.8
5	印度	1,984	2,405	2,680	5.14	5.29	5.15	11.45
6	突尼斯	2,056	2,352	2,436	5.33	5.17	4.68	3.55
7	摩洛哥	1,872	2,106	2,269	4.85	4.63	4.36	7.75
8	中国香港	1,672	1,769	1,804	4.33	3.89	3.47	2.00
9	印度尼西亚	1,095	1,146	1,283	2.84	2.52	2.47	11.98
10	波兰	1,265	1,287	1,092	3.28	2.83	2.10	-15.14
11	巴基斯坦	683	854	1,007	1.77	1.88	1.94	17.94
12	保加利亚	631	809	973	1.64	1.78	1.87	20.34
13	泰国	710	779	950	1.84	1.71	1.83	22.04
14	斯里兰卡	532	571	777	1.38	1.26	1.49	35.99
15	匈牙利	744	758	699	1.93	1.67	1.34	-7.81
16	捷克	459	657	690	1.19	1.45	1.33	5.00
17	越南	524	432	611	1.36	0.95	1.18	41.36
18	韩国	473	526	583	1.23	1.16	1.12	10.70
19	瑞士	373	512	564	0.97	1.13	1.08	10.08
20	毛里求斯	441	458	502	1.14	1.01	0.97	9.70

资料来源:欧盟(15国)海关统计

2002(1－9)－2004年(1－9)欧盟(15国)出口服装主要市场统计

(按2004年出口金额排序前20位)　　金额单位:百万美元

序号	国家(地区)	出口金额			占比%			同比±%
		2002	2003	2004	2002	2003	2004	2004/2003
	全　球	12,312	14,051	15,672	100.00	100.00	100.00	11.54
1	瑞士	1,838	2,105	2,395	14.93	14.98	15.28	13.73
2	美国	1,785	1,973	2,085	14.50	14.04	13.31	5.69
3	日本	1,125	1,248	1,327	9.14	8.89	8.47	6.27
4	俄罗斯	795	979	1,228	6.46	6.97	7.83	25.39
5	罗马尼亚	516	573	648	4.19	4.08	4.13	13.07
6	挪威	510	564	600	4.15	4.01	3.83	6.44
7	捷克	281	481	573	2.28	3.42	3.65	19.09
8	中国香港	432	441	521	3.51	3.14	3.32	18.09
9	波兰	311	351	397	2.53	2.50	2.53	12.98
10	突尼斯	358	377	374	2.90	2.68	2.38	-0.82
11	匈牙利	296	333	356	2.40	2.37	2.27	7.02
12	阿联酋	158	196	321	1.28	1.39	2.05	64.29
13	保加利亚	204	276	314	1.66	1.97	2.00	13.75
14	土耳其	152	209	280	1.23	1.49	1.78	33.48
15	摩洛哥	273	285	277	2.22	2.03	1.77	-2.67
16	韩国	251	295	267	2.04	2.10	1.70	-9.61
17	加拿大	210	242	256	1.70	1.72	1.63	5.92
18	克罗地亚	196	233	248	1.59	1.66	1.59	6.48
19	沙特阿拉伯	234	222	234	1.90	1.58	1.49	5.23
20	墨西哥	160	183	191	1.30	1.31	1.22	4.18

资料来源:欧盟(15国)海关统计

日本海关进出口统计

2002－2004年日本纺织品服装贸易主要商品统计

金额单位:百万美元

商品名称	金额			占比%			同比±%
	2002	2003	2004	2002	2003	2004	2004/2003
自全球进口							
纺织品服装合计	22,252	24,620	27,400	100.00	100.00	100.00	11.29
其中:纱线	920	1,063	1,143	4.13	4.32	4.17	7.56
面料	978	1,108	1,264	4.40	4.50	4.61	14.07
家用纺织品	1,044	1,130	1,238	4.69	4.59	4.52	9.57
服装	17,645	19,507	21,702	79.30	79.23	79.20	11.25
其他	1,665	1,812	2,053	7.48	7.36	7.49	13.30
对全球出口							
纺织品服装合计	6,563	6,987	7,805	100.00	100.00	100.00	11.71
其中:纱线	800	802	871	12.19	11.48	11.16	8.58
面料	3,789	3,996	4,385	57.73	57.19	56.18	9.74
家用纺织品	27	30	40	0.41	0.43	0.51	35.38
服装	475	513	614	7.24	7.34	7.87	19.69
其他	1,472	1,646	1,895	22.43	23.56	24.28	15.13

资料来源:日本海关统计

2002-2004年日本与中国纺织品服装贸易主要商品统计

金额单位：百万美元

商品名称	金额			占比%			同比±%
	2002	2003	2004	2002	2003	2004	2004/2003
自中国进口							
纺织品服装合计	15,949	18,053	20,339	100.00	100.00	100.00	12.66
其中：纱线	262	318	338	1.64	1.76	1.66	6.21
面料	314	374	447	1.97	2.07	2.20	19.35
家用纺织品	879	960	1,060	5.51	5.32	5.21	10.43
服装	13,785	15,607	17,547	86.43	86.45	86.27	12.43
其他	709	794	947	4.45	4.40	4.66	19.27
对中国出口							
纺织品服装合计	2,451	2,832	3,210	100.00	100.00	100.00	13.37
其中：纱线	159	177	209	6.49	6.25	6.51	18.11
面料	1,921	2,200	2,443	78.38	77.68	76.11	11.01
家用纺织品	2	4	5	0.08	0.14	0.16	36.05
服装	38	43	60	1.55	1.52	1.87	41.30
其他	331	408	493	13.50	14.41	15.36	20.83

资料来源：日本海关统计

2002-2004年日本进口纺织品服装主要来源国(地区)统计

(按2004年进口金额排序前20位) 金额单位:百万美元

序号	国家(地区)	进口金额			占比%			同比±%
		2002	2003	2004	2002	2003	2004	2004/2003
	全　　球	22,252	24,620	27,400	100.00	100.00	100.00	11.29
1	中国	15,949	18,053	20,339	71.67	73.33	74.23	12.66
2	意大利	1,253	1,339	1,444	5.63	5.44	5.27	7.85
3	越南	559	595	685	2.51	2.42	2.50	15.05
4	韩国	710	648	634	3.19	2.63	2.31	-2.19
5	美国	583	540	579	2.62	2.20	2.11	7.15
6	印度尼西亚	445	489	496	2.00	1.99	1.81	1.43
7	泰国	348	411	462	1.57	1.67	1.68	12.31
8	中国台湾	279	303	371	1.25	1.23	1.35	22.43
9	法国	300	316	317	1.35	1.28	1.16	0.30
10	印度	262	269	278	1.18	1.09	1.02	3.51
11	马来西亚	191	196	208	0.86	0.80	0.76	6.40
12	英国	174	184	190	0.78	0.75	0.69	3.48
13	德国	112	132	138	0.50	0.54	0.50	4.78
14	菲律宾	133	131	133	0.60	0.53	0.49	1.91
15	巴基斯坦	90	86	97	0.40	0.35	0.36	13.63
16	中国香港	76	72	84	0.34	0.29	0.31	16.07
17	西班牙	58	69	75	0.26	0.28	0.27	8.75
18	比利时	61	63	60	0.28	0.26	0.22	-4.44
19	土耳其	41	50	57	0.18	0.20	0.21	12.17
20	荷兰	36	48	55	0.16	0.20	0.20	13.04

资料来源:日本海关统计

2002－2004年日本出口纺织品服装主要市场统计

（按2004年出口金额排序前20位）　　　　金额单位：百万美元

序号	国家（地区）	出口金额			占比%			同比±%
		2002	2003	2004	2002	2003	2004	2004/2003
	全　　球	6,563	6,987	7,805	100.00	100.00	100.00	11.71
1	中国	2,451	2,832	3,210	37.35	40.53	41.13	13.37
2	中国香港	849	860	978	12.93	12.31	12.53	13.68
3	美国	537	546	617	8.18	7.82	7.90	12.92
4	韩国	427	398	400	6.51	5.70	5.12	0.46
5	中国台湾	299	320	389	4.56	4.57	4.98	21.67
6	越南	202	236	277	3.08	3.38	3.55	17.24
7	泰国	179	206	245	2.72	2.95	3.14	18.80
8	意大利	97	119	141	1.48	1.70	1.81	18.83
9	德国	132	128	139	2.02	1.83	1.79	8.75
10	阿拉伯联合酋长国	116	118	134	1.76	1.68	1.72	14.17
11	法国	116	110	121	1.77	1.58	1.55	9.83
12	菲律宾	125	113	112	1.90	1.62	1.44	-0.79
13	印度尼西亚	98	94	103	1.49	1.35	1.31	8.93
14	马来西亚	89	81	85	1.35	1.16	1.08	3.82
15	新加坡	79	80	77	1.21	1.15	0.98	-4.54
16	沙特阿拉伯	101	80	75	1.53	1.15	0.96	-6.81
17	英国	64	66	65	0.98	0.95	0.84	-1.35
18	荷兰	53	56	64	0.80	0.80	0.82	14.32
19	印度	35	40	47	0.53	0.58	0.61	17.58
20	西班牙	38	38	39	0.57	0.55	0.50	2.33

资料来源：日本海关统计

2002－2004年日本进口纱线主要来源国(地区)统计

(按2004年进口金额排序前20位)　　金额单位:百万美元

序号	国家(地区)	进口金额			占比%			同比±%
		2002	2003	2004	2002	2003	2004	2004/2003
	全　球	920	1,063	1,143	100.00	100.00	100.00	7.56
1	中国	262	318	338	28.45	29.94	29.56	6.21
2	印度尼西亚	154	188	177	16.72	17.71	15.45	-6.20
3	中国台湾	76	98	131	8.25	9.18	11.47	34.40
4	印度	97	94	93	10.50	8.88	8.10	-1.85
5	泰国	41	62	71	4.49	5.82	6.23	15.01
6	巴基斯坦	61	53	62	6.67	5.00	5.47	17.49
7	美国	39	44	42	4.23	4.10	3.65	-4.26
8	德国	13	24	37	1.43	2.28	3.25	52.87
9	韩国	31	37	37	3.32	3.48	3.19	-1.37
10	马来西亚	43	37	32	4.65	3.53	2.81	-14.13
11	意大利	26	29	29	2.83	2.69	2.51	0.27
12	中国香港	9	8	15	0.99	0.80	1.36	82.56
13	巴西	12	9	13	1.34	0.88	1.13	38.41
14	越南	11	11	12	1.19	1.00	1.04	11.81
15	荷兰	5	5	8	0.53	0.47	0.68	56.06
16	英国	2	5	7	0.24	0.44	0.60	45.88
17	秘鲁	8	8	6	0.90	0.78	0.55	-23.32
18	法国	4	5	6	0.43	0.45	0.48	16.15
19	瑞士	4	3	5	0.41	0.30	0.45	59.19
20	加拿大	1	3	5	0.15	0.28	0.41	57.79

资料来源:日本海关统计

2002－2004年日本出口纱线主要市场统计

（按2004年出口金额排序前20位）

金额单位：百万美元

序号	国家(地区)	出口金额			占比%			同比±%
		2002	2003	2004	2002	2003	2004	2004/2003
	全　球	800	802	871	100.00	100.00	100.00	8.58
1	中国	159	177	209	19.92	22.07	24.00	18.11
2	中国香港	106	111	103	13.20	13.84	11.77	-7.61
3	美国	89	86	100	11.09	10.75	11.54	16.57
4	韩国	97	74	63	12.15	9.18	7.18	-15.01
5	泰国	29	36	54	3.59	4.53	6.23	49.33
6	中国台湾	53	46	47	6.65	5.75	5.38	1.60
7	德国	29	31	31	3.65	3.84	3.55	0.39
8	法国	28	25	29	3.56	3.16	3.32	13.87
9	菲律宾	26	25	27	3.23	3.17	3.07	5.10
10	意大利	18	28	26	2.20	3.52	3.00	-7.68
11	荷兰	18	14	24	2.27	1.76	2.71	67.42
12	土耳其	13	18	21	1.68	2.25	2.44	17.52
13	印度尼西亚	20	18	20	2.47	2.22	2.25	10.18
14	印度	11	10	14	1.42	1.31	1.65	37.37
15	比利时	12	12	9	1.45	1.44	1.01	-23.88
16	越南	6	8	8	0.79	0.95	0.97	10.86
17	葡萄牙	3	5	7	0.41	0.68	0.84	35.23
18	英国	5	6	7	0.60	0.80	0.82	12.20
19	加拿大	7	5	6	0.86	0.66	0.72	17.41
20	马来西亚	6	6	6	0.73	0.77	0.67	-6.17

资料来源：日本海关统计

2002－2004年日本进口面料主要来源国(地区)统计

(按2004年进口金额排序前20位) 金额单位：百万美元

序号	国家(地区)	进口金额			占比%			同比±%
		2002	2003	2004	2002	2003	2004	2004/2003
	全　球	978	1,108	1,264	100.00	100.00	100.00	14.07
1	中国	314	374	447	32.12	33.78	35.35	19.35
2	意大利	211	230	258	21.60	20.73	20.45	12.54
3	印度尼西亚	55	79	97	5.67	7.13	7.70	23.20
4	韩国	87	86	88	8.87	7.73	6.99	3.17
5	中国台湾	56	60	88	5.70	5.41	6.95	46.62
6	英国	38	41	47	3.89	3.71	3.71	14.25
7	美国	49	36	32	5.01	3.26	2.54	-11.09
8	泰国	16	24	26	1.61	2.17	2.04	7.47
9	德国	19	21	21	1.90	1.93	1.69	0.12
10	法国	20	21	20	2.08	1.91	1.62	-3.51
11	巴基斯坦	10	15	16	0.99	1.31	1.23	6.80
12	菲律宾	13	14	12	1.31	1.24	0.94	-13.96
13	马耳他	7	10	12	0.74	0.94	0.93	12.29
14	瑞士	10	10	11	1.06	0.91	0.83	4.70
15	印度	14	11	10	1.42	1.03	0.80	-11.50
16	越南	2	6	10	0.16	0.55	0.77	58.02
17	比利时	6	8	10	0.64	0.71	0.76	21.49
18	中国澳门	5	7	8	0.51	0.64	0.62	9.27
19	马来西亚	7	7	8	0.74	0.60	0.60	15.41
20	西班牙	6	5	7	0.60	0.47	0.52	27.20

资料来源：日本海关统计

2002－2004 年日本出口面料主要市场统计

（按 2004 年出口金额排序前 20 位）　　金额单位：百万美元

序号	国家（地区）	出口金额			占比%			同比±%
		2002	2003	2004	2002	2003	2004	2004/2003
	全　球	3,789	3,996	4,385	100.00	100.00	100.00	9.74
1	中国	1,921	2,200	2,443	50.70	55.06	55.7	11.01
2	中国香港	430	393	452	11.35	9.84	10.32	15.06
3	越南	151	177	208	3.99	4.42	4.74	17.52
4	美国	158	163	182	4.18	4.09	4.16	11.57
5	韩国	187	175	170	4.92	4.38	3.87	-3.12
6	阿联酋	109	111	124	2.86	2.78	2.83	11.47
7	泰国	80	87	91	2.10	2.18	2.08	4.71
8	中国台湾	58	66	84	1.52	1.65	1.92	27.58
9	沙特阿拉伯	96	76	70	2.52	1.89	1.59	-7.72
10	意大利	36	46	63	0.95	1.15	1.45	37.46
11	菲律宾	72	62	60	1.91	1.54	1.36	-3.12
12	印度尼西亚	44	39	43	1.17	0.98	0.98	8.74
13	德国	42	39	40	1.11	0.98	0.92	2.32
14	马来西亚	41	32	30	1.07	0.81	0.69	-7.13
15	法国	35	30	28	0.92	0.76	0.64	-7.12
16	新加坡	31	33	26	0.83	0.81	0.6	-19.67
17	北马里亚纳群岛	11	21	25	0.28	0.53	0.58	19.30
18	印度	17	21	23	0.44	0.52	0.51	7.97
19	英国	28	22	20	0.74	0.56	0.45	-11.28
20	斯里兰卡	25	24	20	0.67	0.59	0.45	-17.62

资料来源：日本海关统计

2002-2004年日本进口家用纺织品主要来源国(地区)统计

(按2004年进口金额排序前20位)

金额单位:百万美元

序号	国家(地区)	进口金额			占比%			同比±%
		2002	2003	2004	2002	2003	2004	2004/2003
	全　　球	1,044	1,130	1,238	100.00	100.00	100.00	9.57
1	中国	879	960	1,060	84.25	84.95	85.62	10.43
2	越南	39	41	49	3.74	3.66	3.92	17.56
3	印度	33	30	25	3.13	2.66	2.01	-17.53
4	印度尼西亚	16	18	21	1.51	1.58	1.68	16.65
5	泰国	9	10	11	0.83	0.84	0.90	16.85
6	韩国	15	12	10	1.42	1.08	0.78	-21.27
7	中国台湾	11	10	9	1.01	0.88	0.73	-9.25
8	意大利	5	6	8	0.46	0.56	0.62	20.03
9	美国	7	6	7	0.65	0.56	0.54	7.12
10	菲律宾	5	6	6	0.50	0.50	0.51	11.04
11	德国	5	6	6	0.47	0.52	0.49	2.45
12	法国	4	4	4	0.37	0.39	0.30	-15.41
13	土耳其	1	2	3	0.12	0.19	0.28	65.69
14	葡萄牙	2	2	2	0.17	0.20	0.20	11.02
15	英国	3	3	2	0.29	0.23	0.18	-11.88
16	立陶宛	1	1	2	0.07	0.09	0.13	57.72
17	西班牙	1	1	2	0.07	0.11	0.13	32.11
18	瑞士	1	1	1	0.09	0.11	0.11	11.41
19	丹麦	1	1	1	0.09	0.09	0.10	22.28
20	巴基斯坦	1	1	1	0.06	0.06	0.10	88.15

资料来源:日本海关统计

2002－2004年日本出口家用纺织品主要市场统计

（按2004年出口金额排序前20位）　　　　金额单位：百万美元

序号	国家（地区）	出口金额			占比%			同比±%
		2002	2003	2004	2002	2003	2004	2004/2003
	全　球	27	30	40	100.00	100.00	100.00	35.38
1	中国台湾	7	9	14	26.68	30.11	35.51	59.68
2	美国	4	4	6	16.21	14.11	15.08	44.74
3	中国	2	4	5	7.32	12.42	12.48	36.05
4	中国香港	2	3	3	8.29	9.43	7.94	13.96
5	韩国	4	3	2	13.34	8.63	6.19	-2.83
6	泰国	2	1	2	5.64	2.42	4.24	136.61
7	菲律宾	1	1	1	2.04	3.83	3.29	16.17
8	土耳其	0	0	1	0.38	1.32	2.04	108.39
9	英国	1	0	1	2.75	1.64	1.51	24.88
10	印度	0	0	1	0.00	0.05	1.45	4093.79
11	德国	1	0	1	2.36	1.27	1.42	51.78
12	新加坡	1	1	0	5.54	3.89	1.17	-59.42
13	越南	0	0	0	0.19	0.66	0.99	101.93
14	瑞典	0	0	0	1.40	1.05	0.93	20.03
15	法国	0	0	0	0.83	0.87	0.59	-6.9
16	波多黎各	0	0	0	1.11	0.00	0.51	***
17	印度尼西亚	0	0	0	0.44	0.83	0.39	-36.75
18	韩国	0	0	0	0.28	0.13	0.37	303.76
19	约旦	0	0	0	0.42	0.40	0.35	18.39
20	西班牙	0	0	0	0.35	0.52	0.30	-22.22

资料来源：日本海关统计

2002－2004年日本进口服装主要来源国(地区)统计

(按2004年进口金额排序前20位) 金额单位:百万美元

序号	国家(地区)	进口金额			占比%			同比±%
		2002	2003	2004	2002	2003	2004	2004/2003
	全　　球	17,645	19,507	21,702	100.00	100.00	100.00	11.25
1	中国	13,785	15,607	17,547	78.13	80.01	80.86	12.43
2	意大利	991	1,048	1,124	5.61	5.37	5.18	7.25
3	越南	475	502	571	2.69	2.58	2.63	13.66
4	韩国	425	344	316	2.41	1.76	1.46	-8.11
5	泰国	242	260	279	1.37	1.33	1.29	7.68
6	美国	262	237	259	1.48	1.22	1.19	9.11
7	法国	240	254	252	1.36	1.30	1.16	-0.56
8	马来西亚	125	136	151	0.71	0.70	0.69	10.67
9	印度尼西亚	163	140	131	0.93	0.72	0.60	-6.65
10	印度	85	94	109	0.48	0.48	0.50	16.21
11	英国	109	110	108	0.62	0.56	0.50	-2.27
12	菲律宾	102	98	104	0.58	0.50	0.48	6.83
13	中国台湾	68	65	68	0.38	0.33	0.31	5.07
14	中国香港	63	56	64	0.35	0.29	0.30	14.26
15	西班牙	48	58	62	0.27	0.30	0.29	7.37
16	缅甸	15	32	45	0.08	0.17	0.21	39.12
17	罗马尼亚	18	28	41	0.10	0.14	0.19	50.15
18	土耳其	22	29	37	0.12	0.15	0.17	30.08
19	葡萄牙	19	26	35	0.11	0.13	0.16	36.26
20	德国	40	44	32	0.23	0.22	0.15	-25.84

资料来源:日本海关统计

2002－2004年日本出口服装主要市场统计

（按2004年出口金额排序前20位）　　金额单位：百万美元

序号	国家（地区）	出口金额			占比%			同比±%
		2002	2003	2004	2002	2003	2004	2004/2003
	全　球	475	513	614	100.00	100.00	100.00	19.69
1	中国香港	119	137	169	25.02	26.62	27.54	23.84
2	中国台湾	80	89	114	16.93	17.43	18.55	27.39
3	美国	78	72	85	16.34	14.09	13.88	17.95
4	中国	38	43	60	8.06	8.33	9.83	41.30
5	韩国	49	49	45	10.41	9.63	7.39	-8.10
6	法国	29	30	35	6.16	5.93	5.78	16.64
7	英国	18	22	19	3.83	4.36	3.11	-14.74
8	德国	7	10	14	1.39	1.94	2.32	43.22
9	意大利	9	12	13	1.95	2.38	2.19	10.25
10	西班牙	3	4	6	0.66	0.86	1.03	42.70
11	泰国	3	3	6	0.69	0.64	1.02	90.27
12	越南	4	4	6	0.85	0.87	0.90	24.75
13	澳大利亚	3	3	4	0.62	0.57	0.60	25.61
14	新加坡	5	4	4	0.95	0.79	0.60	-9.15
15	瑞士	2	1	3	0.33	0.28	0.46	99.86
16	加拿大	3	3	3	0.64	0.53	0.44	-0.58
17	瑞典	2	2	3	0.44	0.39	0.41	27.27
18	阿联酋	2	2	3	0.46	0.36	0.41	36.21
19	荷兰	3	4	2	0.68	0.71	0.38	-36.99
20	马来西亚	1	1	2	0.20	0.24	0.37	80.39

资料来源：日本海关统计

企业排名篇

2004年中国对全球出口企业排名

2004年中国纺织品服装出口企业总排名

（按出口金额排序前200名）

金额单位：万美元

排名	企业名称	出口金额
1	**东方国际（集团）有限公司**	133,778
	其中：	
	东方国际集团上海利泰进出口有限公司	30,846
	东方国际创业股份有限公司	30,802
	东方国际集团上海市纺织品进出口有限公司	25,598
	东方国际集团上海家纺有限公司	20,985
	东方国际集团上海市对外贸易有限公司	11,311
	东方国际商业（集团）有限公司	10,810
2	**广东省丝绸进出口（集团）公司**	76,446
	其中：	
	广东省中山市丝绸进出口集团有限公司	20,327
	广东省东莞市丝绸进出口公司	12,771
	广东省丝丽国际集团服装有限责任公司	9,014
3	**中国华源集团有限公司**	75,383
4	**江苏国泰国际集团有限公司**	71,170
	其中：	
	江苏国泰国际集团国贸股份有限公司	18,464
	江苏国泰国际集团针棉织品进出口有限公司	10,913
	江苏国泰国际集团服装进出口有限公司	8,730
	江苏国泰国际集团纺织品进出口有限公司	8,081
	江苏国泰国际集团华联进出口有限公司	8,003
	江苏国泰国际集团国华进出口有限公司	6,393
5	**上海丝绸集团股份有限公司**	64,651
6	**山东魏桥创业集团有限公司**	56,818
	其中：	
	魏桥纺织股份有限公司	53,713
7	**东莞市对外加工装配服务公司**	52,572
8	**南京纺织品进出口股份有限公司**	50,547
9	**江苏舜天国际集团有限公司**	49,871
	其中：	
	江苏舜天股份有限公司	33,384
	江苏舜天轻纺进出口公司	5,397
10	**江苏开元国际集团有限公司**	47,253
	其中：	
	江苏省纺织品进出口集团股份有限公司	25,427
	江苏开元国际集团轻工业品进出口股份有限公司	10,984
	江苏开元国际集团畜产进出口股份有限公司	8,223
11	**东莞福安纺织印染有限公司**	38,997
12	**上海申达股份有限公司**	37,562
	其中：	
	上海申达进出口有限公司	21,603
	上海八达纺织印染服装有限公司	15,959
13	**广东省广新外贸轻纺（控股）公司**	36,492
	其中：	
	广东省纺织品进出口针织品有限公司	5,018
14	**江苏汇鸿国际集团有限公司**	36,189
	其中：	
	江苏汇鸿国际集团针棉织品进出口公司	19,601
	江苏汇鸿国际集团毛针织品进出口公司	8,172
15	**东莞德永佳纺织制衣有限公司**	35,347
16	**深圳市宝安外经发展有限公司**	34,685
17	**新疆野马经贸有限公司**	33,475
18	**江苏苏豪国际集团股份有限公司**	33,315
19	**浙江凯喜雅国际股份有限公司**	32,260
20	**浙江省纺织品进出口集团有限公司**	30,000
21	**深圳市龙岗区对外经济发展有限公司**	29,231
22	**山东绮丽集团公司**	28,017
	其中：	
	山东绮丽集团美达服装有限公司	8,610
	山东绮丽集团欧达服装有限公司	5,886

排名	企业名称	出口金额
23	新疆塔城三宝民贸实业进出口公司	24,749
24	浙江中大集团股份有限公司	24,524
	其中:	
	上海中大康劲国际贸易有限公司	4,952
25	广东溢达纺织有限公司	22,626
26	宁波申绵针织服装有限公司	21,896
27	绥芬河龙江商联进出口有限公司	21,229
28	广州纺织品进出口集团有限公司	21,097
29	青岛即发集团股份有限公司	20,858
30	新华锦集团	19,749
31	东宁县华宇有限责任公司	19,514
32	互太(番禺)纺织印染有限公司	19,127
33	北方国际集团公司	18,867
	其中:	
	北方国际集团天津市新的纺织品进出口有限公司	7,673
34	天津服装进出口股份有限公司	18,680
35	苏州恒润进出口有限公司	18,413
36	衡水外贸工艺品进出口有限公司	18,349
37	北京市服装进出口股份有限公司	17,781
38	中国纺织品进出口总公司	17,507
	其中:	
	中纺国际服装有限公司	8,419
39	上海飞马进出口贸易有限公司	16,900
40	辽宁时代服装进出口股份有限公司	16,066
41	内蒙古鄂尔多斯纺织品进出口有限公司	15,920
42	辽宁成大股份有限公司	15,251
43	广州市纺织工业联合进出口公司	15,175
44	鲁泰纺织股份有限公司	14,789
45	浙江华港染织有限公司	14,787
46	东莞沙田丽海纺织印染有限公司	14,441
47	上海服装集团进出口有限公司	14,298
48	上海新联纺进出口有限公司	14,236
49	衡水达美工贸有限公司	14,095
50	余姚市环球经贸技术合作有限公司	13,756
51	河北省纺织品进出口(集团)公司	13,656
	其中:	
	河北省纺织品进出口股份有限公司	10,146
52	宁波维科联合进出口有限公司	13,573
53	四川省丝绸进出口公司	12,080
54	宁波海田国际贸易有限公司	11,672
55	福建省农资集团公司	11,066
56	安徽省服装进出口股份有限公司	10,857
57	孚日家纺股份有限公司	10,857
58	天津纺织集团进出口股份有限公司	10,831
59	浙江绍肖印染有限公司	10,693
60	江苏海外集团服装有限公司	10,640
61	杭州市粮油食品土畜产进出口有限公司	10,609
62	江苏苏美达轻纺国际贸易有限公司	10,559
63	福建超大畜牧业有限公司	10,544
64	绍兴县南方进出口有限公司	10,424
65	中基宁波对外贸易股份有限公司	10,354
66	厦门航空开发股份有限公司	10,346
67	河北圣仑进出口集团公司	10,027
	其中:	
	河北圣仑进出口股份公司	8,155
68	华芳集团进出口有限公司	10,001
69	四川省新立新进出口有限责任公司	9,984
70	上海华申进出口有限公司	9,843
71	阿拉山口亚鑫商贸有限责任公司	9,609
72	宁波雅戈尔进出口有限公司	9,575
73	绍兴天龙进出口有限公司	9,501
74	浙江省茶叶进出口有限公司	9,405
75	福建天成集团有限公司	9,370
76	河北省商业进出口公司	9,358
77	宁波市工艺品进出口公司	9,274
78	苏州国信集团有限公司	9,165
79	深圳市勤辉投资开发有限公司	9,005
80	上海协通(集团)有限公司	8,871
81	茉织华实业(集团)有限公司	8,810
82	福建省福辉贸易有限公司	8,784

排名	企业名称	出口金额
83	宁波敦煌进出口有限公司	8,746
84	绥芬河市林源经贸有限责任公司	8,639
85	张家港扬子纺纱有限公司	8,561
86	江苏阳光股份有限公司	8,488
87	杭州市轻工工艺纺织品进出口有限公司	8,465
88	福州闽塑进出口有限公司	8,421
89	杭州市丝绸服装进出口有限公司	8,349
90	江西凤凰光学进出口有限公司	8,322
91	浙江省迪达进出口有限公司	8,281
92	厦门建发股份有限公司	8,234
93	黑河市大黑河岛经贸有限公司	8,140
94	江苏省纺织工业（集团）进出口有限公司	8,138
95	厦门进雄企业有限公司	8,056
96	浙江惠隆对外贸易有限责任公司	8,031
97	衡水瑞滕祥商贸有限公司	7,946
98	浙江嘉欣丝绸进出口有限责任公司	7,941
99	常州大华进出口（集团）有限公司	7,855
100	安徽省技术进出口股份有限公司	7,825
101	上海汉森投资发展有限公司	7,781
102	同江市海航经贸有限公司	7,709
103	内蒙古鹿王羊绒（集团）公司	7,699
104	常熟市瀛环进出口有限责任公司	7,490
105	博罗县对外加工装配服务公司	7,439
106	广东省惠东县对外加工装配服务公司	7,437
107	上海对外经济贸易实业有限公司	7,388
108	中国神马集团有限责任公司	7,363
109	浙江省义乌市对外经济贸易有限公司	7,298
110	宁波市慈溪进出口股份有限公司	7,243
111	福建省龙岩市对外贸易总公司	7,242
112	威海纺织集团进出口有限责任公司	7,219
113	江阴福汇纺织有限公司	7,213
114	杭州汇丽绣花制衣有限公司	7,175
115	浙江省粮油食品进出口公司温州公司	7,114
116	宁波百隆特种纺织品有限公司	7,112
117	宁波布利杰进出口有限公司	7,075

排名	企业名称	出口金额
118	浙江达利凯地丝绸有限公司	6,959
119	嘉兴市良友进出口有限公司	6,910
120	上海华宇毛麻进出口有限公司	6,653
121	华纺股份有限公司	6,633
122	新疆奇台西旅有限责任公司	6,608
123	广东省东莞纺织品进出口有限公司	6,599
124	浙江东方集团嘉业进出口有限公司	6,546
125	温州市轻工艺进出口有限公司	6,522
126	广州环亚制衣有限公司	6,502
127	宁波联合集团进出口股份有限公司	6,497
128	四川省纺织品进出口有限责任公司	6,483
129	番禺潭洲振裕纺织染印有限公司	6,439
130	中纺联合进出口股份有限公司	6,314
131	伊犁德鲁克经贸有限责任公司	6,314
132	江苏华瑞实业有限责任公司	6,287
133	联业制衣（东莞）有限公司	6,249
134	浙江兽王进出口有限公司	6,203
135	江西省粮油食品进出口公司	6,179
136	顺德金丰漂染有限公司	6,170
137	兰雁集团股份有限公司	6,156
138	广东省中山食品水产进出口集团有限公司	6,099
139	上海三枪进出口有限公司	6,098
140	湖北美岛服装有限公司	6,041
141	浙江省二轻企业集团进出口有限公司	5,995
142	江苏弘业股份有限公司	5,977
143	平湖华城茂麓制衣有限公司	5,928
144	湖南华升工贸有限公司	5,927
145	迅销（江苏）服饰有限公司	5,918
146	中山市三乡对外加工装配服务公司	5,908
147	常州华利达服装集团有限公司	5,884
148	江苏三友集团股份有限公司	5,811
149	南通开发区炜赋对外贸易有限公司	5,803
150	浙江惠元对外贸易有限责任公司	5,799
151	惠阳市对外加工装配服务公司	5,783
152	上海民光进出口有限公司	5,754

排名	企业名称	出口金额
153	四川省宜宾五粮液集团进出口有限公司	5,736
154	绍兴县茂源经贸有限公司	5,688
155	山东亚光纺织集团有限公司	5,680
	其中:	
	山东亚光纺织集团进出口有限公司	5,168
156	广东省东方进出口公司	5,666
157	宜兴市乐祺进出口有限公司	5,652
158	上海冠闽进出口有限公司	5,621
159	上海闽路润贸易有限公司	5,600
160	新疆霍尔果斯对外经济贸易有限公司	5,589
161	上海汉森进出口有限公司	5,581
162	福建省华闽进出口公司	5,575
163	巨石集团有限公司	5,486
164	湖南省纺织品进出口公司	5,476
165	诸城服装针织进出口有限责任公司	5,449
166	宁波宁丰进出口有限公司	5,395
167	浙江庆茂纺织印染有限公司	5,376
168	杭州得力纺织有限公司	5,371
169	上海东浩工艺品股份有限公司	5,356
170	上海宏和电子材料有限公司	5,317
171	苏州恒丰进出口有限公司	5,311
172	浙江天马印染集团有限公司	5,268
173	浙江省瓯海对外贸易公司	5,210
174	绍兴五洋实业有限公司	5,197
175	吉林省纺织品进出口公司	5,195
176	无锡市金茂对外贸易有限公司	5,191
177	江苏波司登股份有限公司	5,141
178	昆山立益纺织有限公司	5,141
179	浙江省粮油食品进出口股份有限公司	5,125
180	厦门象屿太平综合物流有限公司	5,027
181	常熟市中江进出口有限公司	5,023
182	中基嘉仁经贸有限责任公司	5,007
183	厦门英南进出口有限公司	5,006
184	番禺锦兴纺织漂染有限公司	4,980
185	中山市沙溪对外加工装配服务公司	4,911
186	宁波市纺织品进出口有限公司	4,857
187	绥芬河市凯莱经贸有限责任公司	4,811
188	南通市经济技术开发区总公司	4,804
189	上海协大国际贸易有限公司	4,794
190	湖州大港集团进出口有限公司	4,789
191	北京市京工服装进出口有限公司	4,780
192	广州市兴贸贸易有限公司	4,739
193	石狮市集装箱储运公司	4,735
194	奉化市爱伊美西服进出口有限公司	4,724
195	上海莱织华股份有限公司	4,714
196	浙江东方集团股份有限公司	4,695
197	中国新兴进出口总公司	4,671
198	伊犁州龙华进出口贸易有限公司	4,671
199	黑牡丹(集团)股份有限公司	4,668
200	浙江华盛服饰有限公司	4,667

注:此排名按集团公司合码统计,出口额在4667万美元(即排名第200位的出口额)及以上的集团下属二级公司列在集团公司名下。

2004年中国服装出口企业排名

（按出口金额排序前100名）

金额单位：万美元

排名	企业名称	出口金额	排名	企业名称	出口金额
1	上海丝绸集团股份有限公司	51,162	25	内蒙古鄂尔多斯纺织品进出口有限公司	13,750
2	东莞市对外加工装配服务公司	43,349	26	上海飞马进出口贸易有限公司	13,437
3	新疆野马经贸有限公司	32,791	27	余姚市环球经贸技术合作有限公司	12,992
4	南京纺织品进出口股份有限公司	31,824	28	上海服装集团进出口有限公司	12,932
5	江苏舜天股份有限公司	29,328	29	上海利泰进出口有限公司	12,880
6	深圳市宝安外经发展有限公司	28,040	30	东方国际集团上海市针织品进出口公司	12,820
7	新疆塔城三宝民贸实业进出口公司	24,437	31	浙江凯喜雅国际股份有限公司	12,723
8	深圳市龙岗区对外经济发展有限公司	21,254	32	广东省东莞丝绸进出口公司	11,855
9	宁波申绵针织服装有限公司	20,857	33	中国华源集团有限公司	11,828
10	江苏苏豪国际集团股份有限公司	19,385	34	上海八达纺织印染服装有限公司	11,096
11	广州纺织品进出口集团有限公司	18,764	35	东宁县华宇有限责任公司	10,882
12	衡水外贸工艺品进出口有限公司	18,349	36	广州市纺织工业联合进出口公司	10,750
13	绥芬河龙江商联进出口有限公司	18,158	37	福建省农资集团公司	10,728
14	北京市服装进出口股份有限公司	17,236	38	辽宁成大股份有限公司	10,470
15	青岛即发进出口有限公司	16,979	39	福建超大畜牧业有限公司	10,451
16	天津服装进出口股份有限公司	16,859	40	阿拉山口亚鑫商贸有限责任公司	9,399
17	广东省中山丝绸进出口集团有限公司	16,768	41	河北省商业进出口公司	9,309
18	东方国际创业股份有限公司	16,534	42	厦门航空开发股份有限公司	9,239
19	广东溢达纺织有限公司	15,936	43	广东省丝丽国际集团服装有限责任公司	8,891
20	辽宁时代服装进出口股份有限公司	15,349	44	茉织华实业（集团）有限公司	8,810
21	上海申达进出口有限公司	15,255	45	绥芬河市林源经贸有限责任公司	8,628
22	江苏汇鸿国际集团针棉织品进出口公司	14,173	46	福建省福辉贸易有限公司	8,628
23	苏州恒润进出口有限公司	14,171	47	杭州市粮油食品土畜产进出口有限公司	8,572
24	衡水达美工贸有限公司	14,088	48	福州闽塑进出口有限公司	8,397

排名	企业名称	出口金额
49	江西凤凰光学进出口有限公司	8,078
50	宁波海田国际贸易有限公司	8,029
51	黑河市大黑河岛经贸有限公司	8,004
52	衡水瑞滕祥商贸有限公司	7,946
53	深圳市勤辉投资开发有限公司	7,895
54	江苏省纺织品进出口集团股份有限公司	7,881
55	山东绮丽集团美达服装有限公司	7,876
56	安徽省服装进出口股份有限公司	7,833
57	广东省丝绸进出口(集团)公司	7,660
58	上海华源世贸股份有限公司	7,570
59	浙江省茶叶进出口有限公司	7,542
60	浙江省迪达进出口有限公司	7,497
61	中纺国际服装有限公司	7,490
62	四川省新立新进出口有限责任公司	7,414
63	杭州市丝绸服装进出口有限公司	7,303
64	天津纺织集团进出口股份有限公司	7,256
65	福建省龙岩市对外贸易总公司	7,218
66	江苏汇鸿国际集团毛针织品进出口公司	7,176
67	江苏海外集团服装有限公司	7,171
68	杭州汇丽绣花制衣有限公司	7,152
69	厦门建发股份有限公司	7,147
70	江苏开元国际集团畜产进出口股份有限公司	6,997
71	威海纺织集团进出口有限责任公司	6,961
72	浙江达利凯地丝绸有限公司	6,932
73	江苏苏美达轻纺国际贸易有限公司	6,916
74	同江市海航经贸有限公司	6,881
75	浙江嘉欣丝绸进出口有限责任公司	6,871
76	杭州市轻工工艺纺织品进出口有限公司	6,802
77	上海协通(集团)有限公司	6,784
78	上海汉森投资发展有限公司	6,756
79	宁波维科联合进出口有限公司	6,748
80	浙江惠隆对外贸易有限责任公司	6,740
81	宁波布利杰进出口有限公司	6,734
82	广东省惠东县对外加工装配服务公司	6,652
83	浙江省义乌市对外经济贸易有限公司	6,651
84	宁波市工艺品进出口公司	6,650
85	河北圣仑进出口股份有限公司	6,568
86	中基宁波对外贸易股份有限公司	6,556
87	新疆奇台西旅有限责任公司	6,551
88	宁波雅戈尔进出口有限公司	6,509
89	广州环亚制衣有限公司	6,502
90	温州市轻工艺进出口有限公司	6,465
91	安徽省技术进出口股份有限公司	6,397
92	中国华源集团江苏有限责任公司	6,372
93	上海新联纺进出口有限公司	6,370
94	广东省东莞纺织品进出口有限公司	6,337
95	博罗县对外加工装配服务公司	6,326
96	联业制衣(东莞)有限公司	6,249
97	江苏华瑞实业有限责任公司	6,215
98	浙江兽王进出口有限公司	6,203
99	浙江省粮油食品进出口公司温州公司	6,163
100	伊犁德鲁克经贸有限责任公司	6,117

2004年中国家用纺织品出口企业排名

（按出口金额排序前100名）

出口金额：万美元

排名	企业名称	出口金额	排名	企业名称	出口金额
1	孚日家纺股份有限公司	10,548	25	海宁卡森皮革有限公司	2,083
2	东宁县华宇有限责任公司	8,633	26	廊坊双兴交通器材有限公司	1,997
3	上海华源世贸股份有限公司	6,185	27	山东圣豪家纺有限公司	1,995
4	山东亚光纺织集团进出口有限公司	5,029	28	南通盛唐纺织品有限公司	1,927
5	浙江东方集团嘉业进出口有限公司	5,028	29	温州宇宙集团有限公司	1,893
6	文登市云龙进出口有限公司	3,476	30	山东省艺达有限公司	1,884
7	烟台北方家用纺织品有限公司	3,419	31	绍兴博览家纺有限公司	1,847
8	上海内野有限公司	3,351	32	绍兴昆隆毛绒制品有限公司	1,803
9	浙江真爱毛纺有限公司	3,351	33	山东中地进出口有限公司	1,803
10	海宁蒙努集团有限公司	3,251	34	宁波锦惠毛绒制品有限公司	1,797
11	东方国际集团上海家纺进出口有限公司	3,186	35	宁波海洋纺织品有限公司	1,776
12	江苏汇鸿国际集团针棉织品进出口公司	3,139	36	南通大东有限公司	1,742
13	绥芬河龙江商联进出口有限公司	2,996	37	烟台抽纱经贸有限公司	1,733
14	上海民光进出口有限公司	2,624	38	连云港飞雁毛毯有限责任公司	1,731
15	江阴市被单厂	2,607	39	元鼎饰材实业（镇江）有限公司	1,713
16	青岛喜盈门进出口有限公司	2,511	40	青岛羽翎珊纺织品有限公司	1,711
17	上海市家用纺织品进出口公司浦东公司	2,457	41	江苏苏美达轻纺国际贸易有限公司	1,676
18	山东省机械进出口集团公司	2,423	42	大连旭染织有限公司	1,651
19	上海家纺海鹏进出口有限公司	2,325	43	安徽省服装进出口股份有限公司	1,600
20	青岛益佳抽纱进出口有限公司	2,182	44	中纺利特华贸易有限公司	1,559
21	大连一广毛巾有限公司	2,159	45	天津万泰进出口贸易有限公司	1,469
22	山东盈商针棉织品进出口有限公司	2,132	46	得时纺织制品（上海）有限公司	1,459
23	南京纺织品进出口股份有限公司	2,118	47	上海丝绸集团股份有限公司	1,426
24	上海协恒国际贸易有限公司	2,116	48	江苏苏豪国际集团股份有限公司	1,400

排名	企业名称	出口金额
49	张家港东旭针织服饰有限公司	1,397
50	青岛利百时纺织有限公司	1,368
51	百事高工艺品(常熟)有限公司	1,354
52	深圳市雅比进出口贸易有限公司	1,253
53	宁波维科精华国际贸易有限公司	1,249
54	深圳市中通进出口有限公司	1,197
55	长沙毛巾集团公司	1,187
56	辽宁成大股份有限公司	1,187
57	广东美雅集团股份有限公司	1,165
58	烟台商泰经贸有限公司	1,165
59	杭州市轻工工艺纺织品进出口有限公司	1,153
60	上海佳丽绒绣厂	1,146
61	嘉兴大友汽车座椅有限公司	1,146
62	烟台七洲抽纱纺织品有限公司	1,140
63	中国华源集团有限公司	1,130
64	苏州恒润进出口有限公司	1,109
65	甘肃天运贸易有限公司	1,107
66	青岛瑞信家用纺织品有限公司	1,101
67	上海浦东新区凯喜雅国际贸易有限公司	1,096
68	江苏海外集团服装有限公司	1,087
69	兴洋浙东(宁波)毛毯有限公司	1,085
70	宁波盛博进出口有限公司	1,082
71	鹤山北丰家用纺织品有限公司	1,067
72	深圳市宝安外经发展有限公司	1,054
73	山东外贸集团瑞丰有限公司	1,041
74	威海市纺织服装进出口公司	1,040

排名	企业名称	出口金额
75	上海八达纺织印染服装有限公司	1,029
76	上海埃力生进出口股份有限公司	1,028
77	山东省机械进出口集团海岳有限公司	1,028
78	青岛永昌源纺织品有限公司	1,022
79	高阳县振华毛纺织有限公司	1,019
80	宁波敦煌进出口有限公司	1,008
81	上海纺织装饰(集团)公司	1,004
82	宁波美成工贸发展有限公司	996
83	兰溪市金丰纺织制品有限公司	994
84	河北圣仑进出口股份有限公司	987
85	南海捷威玩具绒有限公司	979
86	青州鲁绣抽纱有限公司	968
87	中基宁波对外贸易股份有限公司	966
88	山东瑞信有限公司	960
89	大庆晟凯毛纺有限公司	957
90	上海协通(集团)有限公司	951
91	杭州市粮油食品土畜产进出口有限公司	950
92	常熟锦绣毯业有限公司	934
93	宁波市工艺品进出口公司	931
94	天津纺织集团进出口股份有限公司	927
95	宁波申绵针织服装有限公司	917
96	青岛美好毛巾制品进出口有限公司	911
97	中土畜东方进出口有限责任公司	909
98	安徽省技术进出口股份有限公司	907
99	无锡洛社印染有限公司	906
100	宁波宁丰进出口有限公司	900

2004年中国纱线出口企业排名

（按出口金额排序前100名）

出口金额：万美元

排名	企业名称	出口金额
1	山东魏桥纺织股份有限公司	20,038
2	华芳集团进出口有限公司	9,527
3	张家港扬子纺纱有限公司	8,561
4	东莞德永佳纺织制衣有限公司	8,173
5	宁波百隆特种纺织品有限公司	7,112
6	江苏国泰国际集团针棉织品进出口公司	6,230
7	顺德金丰漂染有限公司	6,170
8	江苏国泰国际集团服装进出口有限公司	5,224
9	巨石集团有限公司	5,146
10	江苏国泰国际集团国贸股份有限公司	5,138
11	中国神马集团有限责任公司	5,018
12	江苏国泰国际集团华联进出口有限公司	4,268
13	广州高士线业有限公司	4,243
14	内蒙古鹿王羊绒(集团)公司	4,089
15	重庆国际复合材料有限公司	3,642
16	江苏国泰国际集团丝绸进出口有限公司	3,515
17	张家港鹿港毛纺有限公司	3,012
18	翔鹭涤纶纺纤(厦门)有限公司	2,804
19	沈阳东方纺织有限公司	2,544
20	江阴大洋毛纺有限公司	2,537
21	新乡化纤股份有限公司	2,504
22	七海(顺德)织染厂有限公司	2,434
23	浙江金元亚麻有限公司	2,399
24	泰山玻璃纤维股份有限公司	2,361
25	无锡一棉进出口有限公司	2,319
26	广州忠信世纪玻纤有限公司	2,286
27	浙江远东新聚酯有限公司	2,207
28	无锡长江精密纺织有限公司	2,203
29	宁波敦煌进出口有限公司	2,187
30	宜宾海丝特纤维有限责任公司	2,169
31	巴斯夫－华源尼龙有限公司	2,160
32	东莞福安纺织印染有限公司	2,151
33	番禺励业漂染有限公司	2,135
34	内蒙古鄂尔多斯纺织品进出口有限公司	2,072
35	慈溪市凯杰进出口有限公司	2,036
36	吉林化纤股份有限公司	2,025
37	江苏阳光股份有限公司	2,007
38	保定天鹅股份有限公司	1,946
39	百隆特种纺织品(余姚)有限公司	1,932
40	珠海永新纺织染有限公司	1,922
41	大连神州纺织有限公司	1,913
42	湛江中湛纺织有限公司	1,899
43	江苏苏豪国际集团股份有限公司	1,829
44	江苏泰达纺织有限公司	1,707
45	浙江金鹰股份有限公司	1,684
46	浙江凯喜雅国际股份有限公司	1,540
47	宜宾丝丽雅股份有限公司	1,538
48	河北衡水远大集团进出口有限公司	1,532

排名	企业名称	出口金额
49	东莞市对外加工装配服务公司	1,530
50	新会德华尼龙切片有限公司	1,519
51	巨石集团九江有限公司	1,515
52	宁波三邦线业有限公司	1,514
53	天津津英纺纱有限公司	1,513
54	江苏澄达集团有限公司	1,482
55	上海飞龙纺织有限公司	1,441
56	四川省丝绸进出口公司	1,434
57	四川省宜宾惠美线业有限公司	1,431
58	内蒙古临河市大兴羊绒制品有限公司	1,395
59	广东联发毛纺织有限公司	1,357
60	青岛藤华纺织有限公司	1,354
61	中国蚕丝绸缎进出口公司	1,353
62	开平联信工业纤维有限公司	1,319
63	南海市恒星染整厂有限公司	1,319
64	太仓利泰纺织厂有限公司	1,278
65	晓星氨纶(嘉兴)有限公司	1,270
66	东方国际集团上海市纺织品进出口公司	1,266
67	浙江耿基实业有限公司	1,259
68	桐乡市恒盛化纤有限公司	1,222
69	广东省丝绸进出口(集团)公司	1,221
70	山东英信蚕丝贸易有限公司	1,200
71	青岛大元纺织有限公司	1,195
72	鹤壁朝歌纺织有限公司	1,188
73	宁波侨泰兴纺织有限公司	1,170
74	包头鹿金羊绒制品有限公司	1,163

排名	企业名称	出口金额
75	深圳市华孚进出口有限公司	1,156
76	上海新星进出口有限公司	1,134
77	上海飞马进出口贸易有限公司	1,120
78	广东溢达纺织有限公司	1,106
79	浙江华孚色纺有限公司	1,102
80	天津纺织集团进出口股份有限公司	1,086
81	上海欣红纺织有限公司	1,081
82	山东宏业纺织股份有限公司	1,055
83	重庆天维新材料有限公司	1,041
84	深圳市宝安外经发展有限公司	1,041
85	宁波中环兔毛制品有限公司	1,022
86	莱芜泰丰纺织有限公司	1,011
87	无锡庆丰股份有限公司	996
88	苏州锦祥纺织染整有限公司	992
89	甲乙延吉纺织有限公司	977
90	宁波京联毛纺有限公司	969
91	宁波中汇纺织有限公司	967
92	上海八达纺织印染服装有限公司	957
93	南通中新毛纺印染有限公司	952
94	嘉兴埃迪尔丝绸有限公司	944
95	中山市对外加工装配服务公司	936
96	湛江纺织企业(集团)公司	932
97	衡美纱线有限公司	920
98	珠海励达毛纺有限公司	913
99	龙门县裕泰漂染业有限公司	891
100	青岛日毛纺织有限公司	887

2004年中国面料出口企业排名

（按出口金额排序前100名）　　出口金额：万美元

排名	企业名称	出口金额	排名	企业名称	出口金额
1	东莞福安纺织印染有限公司	36,118	25	广东溢达纺织有限公司	5,415
2	山东魏桥纺织股份有限公司	33,423	26	浙江庆茂纺织印染有限公司	5,376
3	东莞德永佳纺织制衣有限公司	26,445	27	杭州得力纺织有限公司	5,371
4	互太（番禺）纺织印染有限公司	18,916	28	上海宏和电子材料有限公司	5,317
5	南京纺织品进出口股份有限公司	15,437	29	上海华申进出口有限公司	5,276
6	江苏省纺织品进出口集团股份有限公司	14,924	30	浙江天马印染集团有限公司	5,155
7	东莞沙田丽海纺织印染有限公司	14,205	31	宁波维科联合进出口有限公司	5,146
8	浙江华港染织有限公司	12,491	32	昆山立益纺织有限公司	5,093
9	鲁泰纺织股份有限公司	12,167	33	常熟市瀛环进出口有限责任公司	5,087
10	浙江绍肖印染有限公司	10,676	34	番禺锦兴纺织漂染有限公司	4,980
11	绍兴天龙进出口有限公司	9,486	35	上海申达进出口有限公司	4,953
12	浙江凯喜雅国际股份有限公司	8,971	36	天津田歌纺织有限公司	4,658
13	绍兴县南方进出口有限公司	8,897	37	绍兴五洋实业有限公司	4,587
14	江苏国泰国际集团国贸股份有限公司	7,668	38	浙江南方科技股份有限公司	4,430
15	上海丝绸集团股份有限公司	7,161	39	深圳市龙岗区对外经济发展有限公司	4,239
16	江阴福汇纺织有限公司	7,132	40	兰雁集团股份有限公司	4,221
17	江苏苏豪国际集团股份有限公司	6,783	41	上海市华达进出口有限公司	4,200
18	江苏阳光股份有限公司	6,437	42	三英（珠海）纺织有限公司	4,108
19	华纺股份有限公司	6,384	43	四川省丝绸进出口公司	4,068
20	河北省纺织品进出口股份有限公司	6,012	44	东莞市对外加工装配服务公司	4,001
21	番禺潭洲振裕纺织染印有限公司	6,007	45	湖南华升工贸有限公司	3,980
22	东方国际集团上海市纺织品进出口公司	5,631	46	浙江东方华强纺织印染有限公司	3,955
23	宜兴市乐祺进出口有限公司	5,514	47	上海博舍工业有限公司	3,854
24	绍兴县茂源经贸有限公司	5,445	48	天津市新的纺织品进出口有限公司	3,817

排名	企业名称	出口金额
49	江苏联发进出口有限公司	3,779
50	绍兴伟丰织造印染有限公司	3,715
51	青岛凤凰印染有限公司	3,674
52	福建嘉达纺织股份有限公司	3,611
53	山东正信纺织有限公司	3,600
54	山东大海集团有限公司	3,569
55	浙江庆丰纺织印染有限公司	3,527
56	鑫润(临清)印染有限公司	3,506
57	广州市纺织工业联合进出口公司	3,506
58	绍兴绅花纺织有限公司	3,498
59	永新印染厂(深圳)有限公司	3,478
60	捷德纺织（深圳）有限公司	3,461
61	广东省中山丝绸进出口集团有限公司	3,443
62	东莞世丽纺织有限公司	3,427
63	上海泰庆进出口有限公司	3,397
64	济宁如意印染有限公司	3,395
65	佛山纺织集团经贸进出口有限公司	3,326
66	远纺工业(上海)有限公司	3,302
67	新会市冠华针织厂有限公司	3,299
68	中纺东方贸易进出口公司	3,299
69	山东德棉股份有限公司	3,298
70	福州福华纺织印染有限公司	3,275
71	安徽安粮国际发展股份有限公司	3,238
72	浙江新天龙工贸有限公司	3,231
73	广东省粤山进出口有限公司	3,200
74	绍兴县繁盛印染有限公司	3,191

排名	企业名称	出口金额
75	杭州锦腾织造有限公司	3,137
76	宁波中蔺对外贸易有限公司	3,102
77	开平奔达纺织有限公司	3,098
78	湖州大港集团进出口有限公司	3,079
79	常州大华进出口(集团)有限公司	3,076
80	宁波雅戈尔进出口有限公司	3,062
81	绍兴县轻纺城纺织进出口有限公司	3,013
82	江苏三房巷实业股份有限公司	2,994
83	绍兴县凤仪纺织印染有限公司	2,993
84	绍兴越园染整有限公司	2,980
85	滨州魏桥科技工业园有限公司	2,936
86	东莞明海整染厂有限公司	2,897
87	深圳海润实业有限公司	2,885
88	上海新联纺进出口有限公司	2,865
89	浙江省纺织品进出口集团公司	2,832
90	上海华源企业发展进出口有限公司	2,831
91	华芳纺织股份有限公司	2,807
92	张家港市沙洲纺织印染进出口有限公司	2,795
93	广东省中山食品水产进出口集团有限公司	2,751
94	绍兴县超超染整有限公司	2,683
95	绍兴中国轻纺城舒美特纺织有限公司	2,669
96	深圳仁锐实业有限公司	2,659
97	河南新野纺织股份有限公司	2,646
98	山东德棉集团德州进出口有限公司	2,640
99	深圳市宝安外经发展有限公司	2,626
100	浙江金纺贸易有限公司	2,621

2004年中国对主要市场出口企业排名

2004年中国对中国香港地区出口纺织品服装企业排名

（按出口金额排序前100名）　　金额单位：万美元

排名	企业名称	出口金额	排名	企业名称	出口金额
1	东莞福安纺织印染有限公司	38,130	25	番禺锦兴纺织漂染有限公司	4,979
2	东莞德永佳纺织制衣有限公司	33,921	26	江苏国泰国际集团针棉织品进出口公司	4,736
3	东莞市对外加工装配服务公司	24,297	27	广东省中山食品水产进出口集团有限公司	4,488
4	深圳市宝安外经发展有限公司	22,529	28	新马制衣（深圳）有限公司	4,404
5	山东魏桥纺织股份有限公司	22,373	29	上海冠闽进出口有限公司	4,364
6	深圳市龙岗区对外经济发展有限公司	22,325	30	中山市对外加工装配服务公司	4,273
7	互太（番禺）纺织印染有限公司	16,981	31	联业制衣（东莞）有限公司	4,206
8	东莞沙田丽海纺织印染有限公司	14,441	32	江苏国泰国际集团华联进出口有限公司	3,902
9	广东省中山丝绸进出口集团有限公司	11,705	33	清远市广叶织造有限公司	3,901
10	广东溢达纺织有限公司	9,732	34	广州高士线业有限公司	3,894
11	华芳集团进出口有限公司	9,517	35	福建省福辉贸易有限公司	3,847
12	广州市纺织工业联合进出口公司	8,624	36	上海宏和电子材料有限公司	3,810
13	广州纺织品进出口集团有限公司	8,021	37	福建省龙岩市对外贸易总公司	3,732
14	广东省东莞丝绸进出口公司	7,778	38	浙江庆茂纺织印染有限公司	3,692
15	江西凤凰光学进出口有限公司	7,600	39	福建嘉达纺织股份有限公司	3,630
16	余姚市环球经贸技术合作有限公司	7,392	40	深圳仁锐实业有限公司	3,600
17	广东省惠东县对外加工装配服务公司	7,253	41	福建省农资集团公司	3,547
18	广东省丝丽国际集团服装有限责任公司	6,646	42	福建超大畜牧业有限公司	3,496
19	番禺潭洲振裕纺织染印有限公司	6,439	43	深圳市勤辉投资开发有限公司	3,482
20	宁波百隆特种纺织品有限公司	6,402	44	永新印染厂（深圳）有限公司	3,478
21	顺德金丰漂染有限公司	5,936	45	捷德纺织（深圳）有限公司	3,459
22	福州闽塑进出口有限公司	5,824	46	广东省东莞纺织品进出口有限公司	3,418
23	博罗县对外加工装配服务公司	5,531	47	七海（顺德）织染厂有限公司	3,342
24	惠阳市对外加工装配服务公司	5,107	48	佛山纺织集团经贸进出口有限公司	3,278

排名	企业名称	出口金额
49	开平奔达纺织有限公司	3,274
50	广东省粤山进出口有限公司	3,253
51	新会市冠华针织厂有限公司	3,216
52	中山市沙溪对外加工装配服务公司	3,196
53	鲁泰纺织股份有限公司	3,188
54	广东省惠州纺织品进出口有限公司	3,164
55	湛江纺织企业(集团)公司	3,162
56	中山市新达进出口有限公司	3,154
57	南海市恒星染整厂有限公司	3,026
58	深圳海润实业有限公司	3,018
59	上海万信进出口有限公司	2,947
60	中国华源集团有限公司	2,908
61	广东省丝绸进出口(集团)公司	2,820
62	内蒙古鹿王羊绒(集团)公司	2,791
63	东莞世丽纺织有限公司	2,764
64	湖南华升工贸有限公司	2,754
65	佛山嘉益实业有限公司	2,734
66	深圳市安尚服饰有限公司	2,734
67	上海泰庆进出口有限公司	2,704
68	惠城区对外加工装配服务公司	2,675
69	深圳市兆恒实业有限公司	2,670
70	深圳市顺安外资实业发展有限公司	2,652
71	绥芬河市凯莱经贸有限责任公司	2,638
72	广州环亚制衣有限公司	2,636
73	张家港鹿港毛纺有限公司	2,635
74	厦门英南进出口有限公司	2,632

排名	企业名称	出口金额
75	广东省东方进出口公司	2,624
76	普宁市天和织造制衣厂有限公司	2,615
77	厦门市怡林贸易有限公司	2,593
78	厦门航空开发股份有限公司	2,591
79	粤纺制衣(深圳)有限公司	2,580
80	合隆制衣(东莞)有限公司	2,556
81	无锡庆丰股份有限公司	2,512
82	中山泳盟皮件有限公司	2,493
83	珠海神洲贸易有限公司	2,484
84	晶惠工业(惠州)有限公司	2,462
85	福懋兴业(中山)有限公司	2,404
86	深圳庆盛服饰皮具有限公司	2,402
87	深圳市盐田区捷诚外资服务有限公司	2,397
88	惠阳嘉明毛织厂有限公司	2,380
89	东莞虎门对外加工装配服务公司	2,363
90	山东真情集团有限公司	2,335
91	江西省投资进出口有限责任公司	2,300
92	中山市三乡对外加工装配服务公司	2,293
93	广州忠信世纪玻纤有限公司	2,285
94	江西省粮油食品进出口公司	2,242
95	内蒙古鄂尔多斯纺织品进出口有限公司	2,201
96	江西省畜产进出口有限公司	2,192
97	上海天宇亿启国际贸易有限公司	2,176
98	东莞市长富实业有限公司	2,158
99	广东省顺德纺织品进出口公司	2,154
100	浙江庆丰纺织印染有限公司	2,138

2004年中国对日本出口纺织品服装企业排名

（按出口金额排序前100名）

金额单位：万美元

排名	企业名称	出口金额
1	宁波申绵针织服装有限公司	20,769
2	青岛即发进出口有限公司	15,448
3	上海丝绸集团股份有限公司	9,100
4	茉织华实业(集团)有限公司	8,518
5	南京纺织品进出口股份有限公司	7,544
6	孚日家纺股份有限公司	7,340
7	山东魏桥纺织股份有限公司	7,232
8	内蒙古鄂尔多斯纺织品进出口有限公司	7,035
9	上海协通(集团)有限公司	6,545
10	苏州恒润进出口有限公司	6,077
11	湖北美岛服装有限公司	6,039
12	迅销(江苏)服饰有限公司	5,885
13	常州华利达服装集团有限公司	5,856
14	平湖华城茂麓制衣有限公司	5,800
15	江苏三友集团股份有限公司	5,756
16	东莞市对外加工装配服务公司	5,395
17	江苏苏豪国际集团股份有限公司	5,394
18	辽宁时代服装进出口股份有限公司	5,266
19	南通开发区炜赋对外贸易有限公司	5,211
20	深圳市宝安外经发展有限公司	5,088
21	中基嘉仁经贸有限责任公司	5,005
22	江苏舜天股份有限公司	4,830
23	诸城服装针织进出口有限责任公司	4,807
24	上海茉织华股份有限公司	4,678
25	上海申达进出口有限公司	4,665
26	青岛喜乐客思服装有限公司	4,633
27	北京美姿时装有限公司	4,481
28	浙江华盛服饰有限公司	4,446
29	江苏海外集团服装有限公司	4,345
30	三英(珠海)纺织有限公司	4,155
31	青岛喜安飞服装有限公司	4,077
32	山东锦茂进出口有限公司	4,075
33	江苏省纺织品进出口集团股份有限公司	4,074
34	上海飞马进出口贸易有限公司	3,967
35	天津天服三悦服装有限责任公司	3,960
36	威海纺织集团进出口有限责任公司	3,827
37	上海内野有限公司	3,780
38	青岛大农服装有限公司	3,649
39	招远市针织厂有限公司	3,552
40	江苏舜天国际集团轻纺进出口有限公司	3,503
41	上海茉织华服饰有限公司	3,472
42	上海对外经济贸易实业有限公司	3,374
43	上海服装集团进出口有限公司	3,321
44	南通市经济技术开发区总公司	3,278
45	海南优美内衣有限公司	3,268
46	承德帝贤针纺股份有限公司	3,190
47	美尔雅服饰有限公司	3,183
48	上海八达纺织印染服装有限公司	3,157

排名	企业名称	出口金额	排名	企业名称	出口金额
49	东莞晶苑毛织制衣有限公司	3,156	75	远东实业股份有限公司	2,673
50	天津纺织集团进出口股份有限公司	3,154	76	苏州国信集团太仓恒祥进出口有限公司	2,657
51	上海伊藤绅士服有限公司	3,134	77	东方国际集团上海市针织品进出口公司	2,654
52	江苏阳光股份有限公司	3,109	78	中纺国际服装有限公司	2,599
53	淄博华绵制衣有限公司	3,103	79	青岛贵华针织有限公司	2,514
54	江苏国泰国际集团纺织品进出口有限公司	3,092	80	黑牡丹(集团)股份有限公司	2,510
55	吉林省纺织品进出口公司	3,090	81	上海伊而国际时装有限公司	2,466
56	奉化市爱伊美西服进出口有限公司	3,055	82	上海东隆羽绒制品有限公司	2,462
57	辽宁成大股份有限公司	3,013	83	北京赤尾时装有限公司	2,452
58	常州老三集团有限公司	2,969	84	江苏国泰国际集团国贸股份有限公司	2,449
59	苏州大仓高级时装有限公司	2,965	85	中轻鞋帽进出口公司	2,425
60	烟台绮丽经贸有限公司	2,939	86	大连一广毛巾有限公司	2,417
61	嘉兴泰宏制衣有限公司	2,923	87	江阴泰华服饰有限公司	2,368
62	大连万林进出口有限公司	2,910	88	上海利泰进出口有限公司	2,356
63	江苏华瑞实业有限责任公司	2,902	89	滨州魏桥科技工业园有限公司	2,355
64	宁波雅戈尔进出口有限公司	2,897	90	心华制衣发展(珠海)有限公司	2,326
65	中山金鹰皇制衣厂有限公司	2,825	91	上海嘉乐股份有限公司	2,325
66	江苏晨风商贸有限公司	2,810	92	上海新垠贸易发展有限公司	2,286
67	上海华源企业发展进出口有限公司	2,789	93	上海华源世贸股份有限公司	2,246
68	北京顺美服装股份有限公司	2,782	94	宁波布利杰进出口有限公司	2,241
69	嘉兴绿安制衣有限公司	2,778	95	苏州蓝天时装有限公司	2,228
70	常熟市纺织品进出口有限责任公司	2,766	96	嘉兴市良友进出口有限公司	2,220
71	内蒙古鹿王羊绒(集团)公司	2,748	97	常州大华进出口(集团)有限公司	2,217
72	江苏汇鸿国际集团针棉织品进出口公司	2,700	98	南通光明服装有限公司	2,206
73	上海华宇毛麻进出口有限公司	2,698	99	山东亚光纺织集团进出口有限公司	2,201
74	湖北美阳服装有限公司	2,675	100	上海丝绸进出口浦东有限公司	2,171

2004年中国对欧盟(25国)出口纺织品服装企业排名

(按出口金额排序前100名)

金额单位:万美元

排名	企业名称	出口金额	排名	企业名称	出口金额
1	南京纺织品进出口股份有限公司	13,078	25	中基宁波对外贸易股份有限公司	3,713
2	上海丝绸集团股份有限公司	12,100	26	苏州恒润进出口有限公司	3,535
3	江苏苏豪国际集团股份有限公司	9,112	27	宁波海田国际贸易有限公司	3,393
4	江苏舜天股份有限公司	8,944	28	浙江兽王进出口有限公司	3,378
5	浙江凯喜雅国际股份有限公司	8,608	29	安徽省服装进出口股份有限公司	3,377
6	北京市服装进出口股份有限公司	8,202	30	浙江惠元对外贸易有限责任公司	3,369
7	杭州市粮油食品土畜产进出口有限公司	6,771	31	江苏开元国际集团畜产进出口股份	3,118
8	江苏汇鸿国际集团针棉织品进出口公司	6,659	32	安徽安粮国际发展股份有限公司	3,016
9	张家港扬子纺纱有限公司	6,423	33	杭州明成制衣有限公司	2,986
10	上海申达进出口有限公司	6,215	34	上海飞马进出口贸易有限公司	2,873
11	东方国际集团上海市针织品进出口公司	5,508	35	河北圣仑进出口股份有限公司	2,838
12	浙江惠隆对外贸易有限责任公司	5,362	36	上海汉森投资发展有限公司	2,777
13	江苏省纺织品进出口集团股份有限公司	5,350	37	文登市云龙进出口有限公司	2,738
14	杭州汇丽绣花制衣有限公司	5,297	38	江苏华瑞实业有限责任公司	2,600
15	辽宁时代服装进出口股份有限公司	5,279	39	东莞市对外加工装配服务公司	2,600
16	杭州市丝绸服装进出口有限公司	5,219	40	湖北天和国际贸易股份有限公司	2,552
17	天津服装进出口股份有限公司	5,140	41	宁波市工艺品进出口公司	2,532
18	东方国际创业股份有限公司	4,869	42	宁波布利杰进出口有限公司	2,451
19	江苏苏美达轻纺国际贸易有限公司	4,605	43	浙江省迪达进出口有限公司	2,447
20	广州纺织品进出口集团有限公司	4,538	44	宁波维科联合进出口有限公司	2,428
21	山东绮丽集团欧达服装有限公司	4,232	45	上海八达纺织印染服装有限公司	2,425
22	辽宁成大股份有限公司	4,151	46	杭州市轻工工艺纺织品进出口有限公司	2,422
23	上海利泰进出口有限公司	3,980	47	深圳市宝安外经发展有限公司	2,422
24	上海服装集团进出口有限公司	3,759	48	浙江东方集团轻工业品进出口有限公司	2,401

排名	企业名称	出口金额
49	宁波敦煌进出口有限公司	2,273
50	恒宝利(南京)服装有限公司	2,267
51	上海华东制衣(集团)公司	2,265
52	上海协大国际贸易有限公司	2,264
53	中国华源集团有限公司	2,259
54	湖州华源天昌进出口有限公司	2,229
55	浙江省粮油食品进出口股份有限公司	2,228
56	强生(江苏)手套有限公司	2,201
57	上海宜华制衣有限公司	2,167
58	鲁泰纺织股份有限公司	2,100
59	河北轻工进出口股份有限公司	2,095
60	大连隆生进出口有限公司	2,049
61	浙江省二轻企业集团进出口有限公司	2,035
62	浙江省茶叶进出口有限公司	2,002
63	江苏国泰国际集团针棉织品进出口公司	1,995
64	苏州艾兴无纺布制品有限公司	1,924
65	上海华源世贸股份有限公司	1,913
66	福州福华纺织印染有限公司	1,891
67	远纺工业(上海)有限公司	1,857
68	杭州余杭对外贸易有限公司	1,844
69	山东正信纺织有限公司	1,823
70	嘉兴市良友进出口有限公司	1,814
71	深圳市龙岗区对外经济发展有限公司	1,797
72	东方国际服装中心	1,795
73	北京金三环纺织进出口有限责任公司	1,775
74	翔鹭涤纶纺纤(厦门)有限公司	1,775
75	中国华源集团江苏有限责任公司	1,765
76	天津纺织集团进出口股份有限公司	1,762
77	上海华申进出口有限公司	1,760
78	杭州得力纺织有限公司	1,664
79	常熟市瀛环进出口有限责任公司	1,657
80	中国神马集团有限责任公司	1,632
81	宁波雅戈尔进出口有限公司	1,629
82	广东省丝绸进出口(集团)公司	1,623
83	上海新浩艺手套帽业进出口有限公司	1,607
84	江苏汇鸿国际集团毛针织品进出口公司	1,607
85	浙江远大进出口有限公司	1,591
86	浙江中大新泰经贸有限公司	1,581
87	上海汉森进出口有限公司	1,579
88	绍兴县轻纺城纺织进出口有限公司	1,577
89	广州市纺织工业联合进出口公司	1,576
90	上海东浩工艺品股份有限公司	1,564
91	山东魏桥纺织股份有限公司	1,550
92	天津同鑫进出口有限公司	1,550
93	江苏弘业股份有限公司	1,549
94	宁波市慈溪进出口股份有限公司	1,539
95	浙江华兴服装有限公司	1,531
96	顺德思进制衣有限公司	1,530
97	湖南省纺织品进出口公司	1,527
98	上海华源企业发展进出口有限公司	1,524
99	宁波致和对外贸易有限公司	1,524
100	浙江东方集团股份有限公司	1,520

2004年中国对美国出口纺织品服装企业排名

（按出口金额排序前100名）　　金额单位：万美元

排名	企业名称	出口金额	排名	企业名称	出口金额
1	上海丝绸集团股份有限公司	20,759	25	亚美（厦门）皮件有限公司	3,333
2	东莞市对外加工装配服务公司	10,238	26	中纺国际服装有限公司	3,303
3	江苏舜天股份有限公司	9,141	27	海宁蒙努集团有限公司	3,228
4	上海华源世贸股份有限公司	8,371	28	四川省新立新进出口有限责任公司	3,225
5	东方国际创业股份有限公司	8,343	29	江苏波司登股份有限公司	3,064
6	南京纺织品进出口股份有限公司	8,305	30	江苏晨风服装有限公司	3,036
7	江苏苏豪国际集团股份有限公司	6,842	31	桐庐富春江织造有限公司	2,887
8	浙江达利凯地丝绸有限公司	6,215	32	江苏开元国际集团畜产进出口股份	2,841
9	山东绮丽集团美达服装有限公司	6,067	33	无锡明丽雅针织时装有限公司	2,796
10	北京市服装进出口股份有限公司	5,947	34	青岛双龙服装有限公司	2,784
11	天津服装进出口股份有限公司	5,615	35	苏州恒润进出口有限公司	2,741
12	安徽省技术进出口股份有限公司	5,430	36	辽宁成大股份有限公司	2,650
13	厦门进雄企业有限公司	5,365	37	安徽省服装进出口股份有限公司	2,625
14	江苏汇鸿国际集团针棉织品进出口公司	5,048	38	南通金飞达服装有限公司	2,606
15	浙江东方集团嘉业进出口有限公司	4,974	39	俐马（苏州）服装有限公司	2,591
16	上海八达纺织印染服装有限公司	4,709	40	吴江英诺时装有限公司	2,564
17	内蒙古鄂尔多斯纺织品进出口有限公司	4,586	41	烟台北方家用纺织品有限公司	2,506
18	浙江嘉欣丝绸进出口有限责任公司	4,564	42	广东省纺织品进出口美丰服装有限公司	2,483
19	浙江凯喜雅国际股份有限公司	4,239	43	浙江兽王进出口有限公司	2,383
20	上海利泰进出口有限公司	4,153	44	浙江神鹰集团有限公司	2,360
21	江苏苏美达轻纺国际贸易有限公司	3,808	45	上海申达进出口有限公司	2,341
22	辽宁时代服装进出口股份有限公司	3,805	46	中国华源集团有限公司	2,331
23	东方国际集团上海市家用纺织品	3,789	47	杭州桦桐家私有限公司	2,305
24	上海飞马进出口贸易有限公司	3,585	48	杭州宏顺服装有限公司	2,292

排名	企业名称	出口金额
49	嘉兴森创时装有限公司	2,238
50	东方国际集团上海市纺织品进出口公司	2,183
51	江苏汇鸿国际集团毛针织品进出口公司	2,159
52	海宁卡森皮革有限公司	2,154
53	山东魏桥纺织股份有限公司	2,112
54	浙江梦娜针织袜业有限公司	2,109
55	无锡洛社印染有限公司	2,066
56	广州纺织品进出口集团有限公司	2,024
57	无锡市金茂对外贸易有限公司	1,971
58	上海家纺海鹏进出口有限公司	1,970
59	深圳市勤辉投资开发有限公司	1,963
60	广东省中山丝绸进出口集团有限公司	1,925
61	张家港大裕橡胶制品有限公司	1,918
62	辽宁成大丝绸进出口有限公司	1,906
63	巨石集团有限公司	1,896
64	深圳华丝企业股份有限公司	1,892
65	东方国际集团上海市针织品进出口公司	1,887
66	杭州万事利进出口有限公司	1,887
67	浙江华尔针织有限公司	1,883
68	石家庄鸿远塑料制品有限公司	1,875
69	江苏省纺织品进出口集团股份有限公司	1,863
70	桐庐雅丽进出口贸易有限公司	1,862
71	东莞欣意医疗保健制品厂	1,846
72	广东省东莞丝绸进出口公司	1,829
73	上海金泉山医疗器材有限公司	1,823
74	天津万泰进出口贸易有限公司	1,797

排名	企业名称	出口金额
75	浙江嵊州达成服装领带有限公司	1,788
76	石家庄鸿欣橡胶制品有限公司	1,761
77	深圳市龙岗区对外经济发展有限公司	1,749
78	广东省纺织品进出口毛织品有限公司	1,747
79	上海中大康劲国际贸易有限公司	1,746
80	青岛羽翎珊纺织品有限公司	1,741
81	浙江柳桥羽毛有限公司	1,738
82	烟台宏源时装有限公司	1,738
83	潍坊雷克兰劳保用品有限公司	1,695
84	上海服装集团进出口有限公司	1,688
85	浙江桐乡外贸集团股份有限公司	1,688
86	上海市家用纺织品进出口公司浦	1,688
87	北京市京工服装进出口有限公司	1,676
88	上海华翔羊毛衫有限公司	1,656
89	安徽畜产发展进出口股份有限公司	1,654
90	杭州萧山对外贸易经济有限公司	1,649
91	石家庄鸿业塑胶制品有限公司	1,623
92	山东绮丽集团公司	1,621
93	甘肃天运贸易有限公司	1,615
94	元鼎饰材实业(镇江)有限公司	1,589
95	重庆国际复合材料有限公司	1,587
96	苏州华音制衣有限公司	1,580
97	湖州正兴进出口有限公司	1,578
98	浙江富成时装有限公司	1,571
99	敏兴毛织(海丰)有限公司	1,568
100	深圳富豪时装有限公司	1,565

2004年中国对俄罗斯出口纺织品服装企业排名

（按出口金额排序前100名）

金额单位：万美元

排名	企业名称	出口金额
1	绥芬河龙江商联进出口有限公司	21,195
2	东宁县华宇有限责任公司	19,514
3	衡水外贸工艺品进出口有限公司	18,159
4	衡水达美工贸有限公司	13,701
5	河北省商业进出口公司	9,270
6	绥芬河市林源经贸有限责任公司	8,639
7	黑河市大黑河岛经贸有限公司	8,140
8	衡水瑞滕祥商贸有限公司	7,873
9	同江市海航经贸有限公司	7,709
10	绥芬河市宏隆经贸有限责任公司	4,521
11	菏泽市畜产进出口公司	4,070
12	绥芬河市汽车运输有限责任公司	3,806
13	绥芬河市亿源经贸有限责任公司	3,713
14	中国外运集团绥芬河公司	3,572
15	珲春亨通经贸有限公司	3,382
16	山东省郓城县进出口公司	3,304
17	河北省衡水市粮油食品进出口公司	3,257
18	衡水五矿化工有限公司	3,008
19	绥芬河市北极星经贸有限责任公司	2,922
20	同江市隆枫经贸有限公司	2,760
21	杭州雷特通信科技有限公司	2,748
22	山东省菏泽对外经贸公司	2,734
23	绥芬河市亿亨经济贸易有限责任公司	2,667
24	鄄城县进出口公司	2,618
25	黑龙江省北安市对外贸易公司	2,498
26	海宁猎马进出口有限公司	2,355
27	绥芬河市远航经贸有限责任公司	2,289
28	石家庄华辰天利贸易有限公司	2,230
29	河北天峰国际贸易有限公司	2,199
30	绥芬河市海丰经贸有限责任公司	2,158
31	河北省枣强县进出口有限责任公司	2,139
32	饶河县康明经济贸易有限责任公司	2,084
33	枣强县富尔派皮草有限公司	2,028
34	同江市利民经贸有限责任公司	2,023
35	海宁浙江皮革服装城投资开发有限公司	1,963
36	衡水祥运工贸物流有限公司	1,962
37	衡水红星工贸有限公司	1,874
38	衡水富尔康皮草有限公司	1,837
39	满洲里强力经贸有限责任公司	1,833
40	青岛润泽皮革制品有限公司	1,770
41	浙江卡森集团进出口有限公司	1,692
42	河北凯悦贸易有限公司	1,620
43	海宁猎马皮革服装有限公司	1,620
44	张家口德胜魁皮草有限公司	1,581
45	西安恒泽贸易有限责任公司	1,556
46	辛集市光羊真皮制衣有限公司	1,477
47	石家庄寒克菲进出口有限公司	1,469
48	衡水金源贸易有限公司	1,457

排名	企业名称	出口金额
49	河北兆鑫裘革制品有限公司	1,451
50	德州开元进出口有限公司	1,438
51	同江市长天经济贸易有限责任公司	1,414
52	同江市万通经贸有限责任公司	1,408
53	辛集市物资开发有限公司	1,405
54	衡水坤源贸易有限公司	1,392
55	浙江省义乌市对外经济贸易有限公司	1,315
56	海宁卡森皮革有限公司	1,294
57	蠡县新世纪制衣有限公司	1,247
58	满洲里市金桥贸易出口基地有限公司	1,245
59	河北省肃宁县天龙皮草有限公司	1,225
60	抚远县腾飞物资经贸有限责任公司	1,209
61	中国木材进出口股份有限公司	1,203
62	青岛德宝皮革制品有限公司	1,197
63	肃宁县冀宁进出口贸易有限公司	1,188
64	密山市合润经济贸易有限公司	1,187
65	饶河县经济贸易开发有限公司	1,156
66	诸暨市三马针织有限公司	1,143
67	菏泽市环宇进出口有限公司	1,107
68	衡水祥达贸易有限公司	1,100
69	河北省故城县进出口公司	1,088
70	衡水诚信国际贸易有限公司	1,083
71	河北正泰皮业有限公司	1,044
72	河北省肃宁县肃沈制革厂	1,029
73	深圳市威世海实业有限公司	1,009
74	中国出口商品基地黑龙江东宁公司	1,001

排名	企业名称	出口金额
75	石家庄梦泰泽裘革服装有限公司	992
76	密山市长风经济贸易有限公司	975
77	高密三真皮革服装有限公司	961
78	绥芬河市源丰经贸有限责任公司	956
79	河北博丹裘革制品有限公司	943
80	蠡县华威皮草有限公司	941
81	密山市宁城经济贸易有限公司	938
82	深圳市嘉宝源进出口有限公司	924
83	河北巴迈隆实业集团有限公司	921
84	江苏省纺织品进出口集团股份有限公司	897
85	河北省农业生产资料总公司	886
86	江苏梦兰集团有限公司	829
87	辛集市鹿马制衣有限公司	823
88	辛集市周氏世家皮草服饰有限公司	782
89	河北辛集束兰(集团)有限公司	776
90	河北鑫泰皮革公司	766
91	宁波三邦线业有限公司	755
92	浙江宝娜斯袜业有限公司	746
93	保定金丹皮业有限公司	746
94	大连太阳鸟服装有限公司	743
95	辛集市法妮皮业有限公司	741
96	故城县之珍裘革制品有限公司	733
97	辛集市鑫强皮业制品有限公司	732
98	上海塔汇针织厂	728
99	孚日家纺股份有限公司	728
100	辛集市大众皮业制衣有限公司	726

2004年中国对韩国出口纺织品服装企业排名

（按出口金额排序前100名）　　金额单位：万美元

排名	企业名称	出口金额	排名	企业名称	出口金额
1	山东魏桥纺织股份有限公司	12,216	25	吉林裳邦尔纺织有限公司	1,167
2	威海纺织集团进出口有限责任公司	2,675	26	上海宏和电子材料有限公司	1,158
3	沈阳东方纺织有限公司	2,544	27	沈阳现进缝制有限公司	1,128
4	江苏国泰国际集团国贸股份有限公司	2,294	28	保定天鹅股份有限公司	1,101
5	衣恋时装（上海）有限公司	2,267	29	天津三星毛纺织有限公司	1,096
6	江苏国泰国际集团服装进出口有限公司	2,114	30	威海丰达进出口有限公司	1,086
7	丹东市进出口公司	1,998	31	东方国际集团上海市纺织品进出口公司	1,060
8	沈阳安娜国际时装有限公司	1,949	32	天津市新的纺织品进出口有限公司	1,049
9	青岛维德思服装有限公司	1,920	33	青岛大元纺织有限公司	1,045
10	上海和仁纺织有限公司	1,760	34	淄博东海服装有限公司	1,036
11	张家港龙山汽车配件有限公司	1,730	35	烟台杜奥尔车饰有限公司	990
12	青岛韩周服装有限公司	1,694	36	上海申达进出口有限公司	979
13	云蝠国际贸易有限责任公司	1,694	37	山东笙歌服装股份有限公司	970
14	威海汇泉福利工业集团公司	1,608	38	江苏苏豪国际集团股份有限公司	959
15	天津服装进出口股份有限公司	1,551	39	上海华源投资发展（集团）有限公司	957
16	山东济宁如意毛纺织股份有限公司	1,428	40	中国华源集团有限公司	949
17	青岛缤缤服装有限公司	1,422	41	中国华源集团江苏有限责任公司	947
18	四川省丝绸进出口公司	1,371	42	天津三星时装有限公司	922
19	四川省宜宾五粮液集团进出口有限公司	1,313	43	鲁泰纺织股份有限公司	908
20	潍坊兰天染织有限责任公司	1,253	44	营口恩景缝制品有限公司	898
21	甲乙延吉纺织有限公司	1,213	45	南通中新毛纺印染有限公司	893
22	青岛子午服装有限公司	1,212	46	山东万通达纤维有限公司	887
23	上海飞马进出口贸易有限公司	1,211	47	上海服装集团进出口有限公司	870
24	浙江金元亚麻有限公司	1,201	48	威海坤特服装有限公司	846

排名	企业名称	出口金额
49	青岛永元运动服装有限公司	840
50	莱芜市轻纺进出口有限公司	839
51	山东正信纺织有限公司	817
52	新乡化纤股份有限公司	798
53	苏州恒润进出口有限公司	782
54	威海市一信进出口有限责任公司	755
55	青岛韩一华瑞纺织有限公司	751
56	上海华源世贸股份有限公司	743
57	晓星轮胎帘子(嘉兴)有限公司	742
58	山东省艺达有限公司	741
59	辽宁华衣服装有限公司	740
60	上海丝绸集团股份有限公司	734
61	南京纺织品进出口股份有限公司	726
62	江苏国泰国际集团纺织品进出口有限公司	723
63	江阴市晟汇国际贸易有限公司	720
64	吉林化纤股份有限公司	708
65	河北衡水远大集团进出口有限公司	705
66	丹东华洋纺织服装有限公司	705
67	常州宝田纺织品有限公司	701
68	河北省纺织品进出口股份有限公司	684
69	大连新达纺织品进出口有限公司	680
70	威海联桥国际经济技术合作有限公司	671
71	青岛维思特悟德服装有限公司	665
72	秦皇岛三秦西服有限公司	660
73	上海九百股份有限公司	654
74	丹东尤尼科服装有限公司	651

排名	企业名称	出口金额
75	浙江省义乌市对外经济贸易有限公司	649
76	江阴中澄毛衫进出口有限公司	645
77	天津纺织集团进出口股份有限公司	636
78	浙江华港染织有限公司	631
79	可隆(南京)特种纺织品有限公司	626
80	威海嘉泰制衣有限公司	624
81	江阴恒源制衣有限公司	620
82	苏州恒生进出口有限公司	619
83	江苏海外集团服装有限公司	618
84	河北圣仑进出口股份有限公司	616
85	烟台盛泰服装有限公司	600
86	浙江凯喜雅国际股份有限公司	594
87	杭州奔路森制衣有限公司	594
88	营口东圣制衣有限公司	593
89	辽宁时代服装进出口股份有限公司	587
90	大连经济技术开发区大湖服装有限公司	587
91	常熟联丰时装有限公司	583
92	常熟德隆进出口有限责任公司	581
93	营口金基制衣有限公司	579
94	浙江省诸暨市对外经济贸易有限公司	577
95	杜邦中国集团有限公司	573
96	澄海市爱华毛织工艺有限公司	562
97	河北省青县对外经济贸易公司	560
98	青岛高合有限公司	554
99	抚顺江东纤维制品有限公司	552
100	大连百泰贸易有限责任公司	551

2004年中国对澳大利亚出口纺织品服装企业排名

（按出口金额排序前100名）　　金额单位：万美元

排名	企业名称	出口金额	排名	企业名称	出口金额
1	东莞市对外加工装配服务公司	3,180	25	宁波东方宏业进出口有限公司	828
2	南京纺织品进出口股份有限公司	2,554	26	上海新联纺进出口有限公司	803
3	杭州市轻工工艺纺织品进出口有限公司	2,450	27	佳达制衣(番禺)有限公司	762
4	宁波市工艺品进出口公司	2,109	28	上海服装集团进出口有限公司	756
5	浙江东方集团振业进出口有限公司	2,064	29	宁波维科联合进出口有限公司	750
6	上海丝绸集团股份有限公司	2,040	30	上海龙头(集团)股份有限公司	748
7	上海华源世贸股份有限公司	1,863	31	江苏舜天股份有限公司	747
8	深圳市宝安外经发展有限公司	1,534	32	无锡市正元服装有限公司	733
9	巴斯夫－华源尼龙有限公司	1,385	33	广东省东莞丝绸进出口公司	725
10	广州市润通华经贸发展有限公司	1,347	34	河源市三星针织厂有限公司	722
11	河源华嘉时装有限公司	1,339	35	东方国际集团上海市针织品进出口公司	717
12	广州纺织品进出口集团有限公司	1,284	36	上海申达进出口有限公司	705
13	泰州维娜时装有限公司	1,224	37	广东省东莞纺织品进出口有限公司	702
14	中基宁波对外贸易股份有限公司	1,224	38	上海对外经济贸易实业有限公司	699
15	上海对外经济贸易实业浦东有限公司	1,178	39	天津服装进出口股份有限公司	692
16	江阴市被单厂	1,089	40	江苏东恒集团进出口有限公司	673
17	上海浦东进出口有限公司	1,034	41	山东亚光纺织集团进出口有限公司	635
18	广东省中山丝绸进出口集团有限公司	1,004	42	深圳市昌实实业发展有限公司	621
19	宁波宁澳服饰有限公司	987	43	广东省纺织品进出口加利服装有限公司	619
20	浙江东方集团服装服饰进出口有限公司	931	44	上海利泰进出口有限公司	604
21	无锡星火制衣有限公司	898	45	台山山度士制衣厂有限公司	598
22	常州大华进出口(集团)有限公司	895	46	上海中大康劲国际贸易有限公司	593
23	浙江顺达进出口贸易有限公司	876	47	青岛喜盈门进出口有限公司	581
24	江苏汇鸿国际集团针棉织品进出口公司	854	48	宁波四联国际贸易有限公司	574

排名	企业名称	出口金额
49	靖江凯丽服装有限公司	563
50	宁波市慈溪进出口股份有限公司	559
51	宁波正新源进出口有限公司	552
52	上海海外国际贸易有限公司	542
53	中山市广勤贸易有限公司	536
54	宁波华艺服饰有限公司	536
55	河北省纺织品进出口股份有限公司	526
56	厦门进雄企业有限公司	504
57	安徽省技术进出口股份有限公司	495
58	宁波布利杰进出口有限公司	492
59	江苏汇鸿国际集团毛针织品进出口公司	489
60	江西家用纺织有限公司	486
61	山东锦宜纺织有限公司	483
62	上海卡爱特服饰有限公司	481
63	苏州恒润进出口有限公司	479
64	北京市平谷县华阳服装厂	477
65	江苏弘业股份有限公司	462
66	东方国际集团上海市对外贸易有限公司	461
67	浙江中大技术出口有限公司	458
68	浙江省纺织品进出口集团公司	453
69	无锡中润集团服装进出口股份有限公司	445
70	广东纺织品进出口针织品有限公司	443
71	东方国际创业股份有限公司	443
72	宁波经济技术开发区亿泰进出口有限公司	440
73	浙江东方集团茂业进出口有限公司	439
74	广东南方富达进出口有限公司	439
75	宁波声远制衣发展有限公司	436
76	上海飞马进出口贸易有限公司	433
77	南通博世达服装有限公司	433
78	烟台北方家用纺织品有限公司	431
79	宁波致和对外贸易有限公司	427
80	江苏苏豪国际集团股份有限公司	424
81	浙江亿德针纺有限公司	423
82	广州互动创新贸易经济合作有限公司	413
83	海宁比尔特进出口有限公司	412
84	深圳市城建梅园实业有限公司	397
85	广东省丝绸进出口(集团)公司	394
86	惠城区对外加工装配服务公司	394
87	广东省丝绸进出口集团兆丰物流有限公司	387
88	北京市纺织品进出口公司	380
89	宁波蕾梦纺织品有限公司	369
90	北京施美特商贸有限公司	367
91	上海汉森投资发展有限公司	357
92	德清县进出口有限公司	354
93	上海银凌贸易有限公司	353
94	武进市延陵对外贸易有限公司	352
95	天津纺织集团进出口股份有限公司	349
96	无锡洛社印染有限公司	348
97	无锡晔佳服饰有限公司	348
98	宁波布利杰针织集团有限公司	346
99	卓盈丰制衣纺织(中山)有限公司	344
100	上海一百国际贸易有限公司	343

2004年中国对中东地区出口纺织品服装企业排名

（按出口金额排序前100名）　　　　金额单位：万美元

排名	企业名称	出口金额	排名	企业名称	出口金额
1	浙江华港染织有限公司	4,872	25	福建省华福(工程)建设开发公司	1,606
2	上海丝绸集团股份有限公司	4,143	26	上海闽路润贸易有限公司	1,602
3	温州市轻工艺进出口有限公司	3,506	27	普宁市翔栩纺织有限公司	1,589
4	绍兴天龙进出口有限公司	3,384	28	福州华信实业有限公司	1,582
5	浙江省粮油食品进出口公司温州公司	2,997	29	绍兴县新宇漂染有限公司	1,572
6	福建省福辉贸易有限公司	2,972	30	浙江绍兴耀强纺织印染有限公司	1,548
7	浙江南方科技股份有限公司	2,969	31	福建省华闽进出口公司	1,530
8	绍兴县南方进出口有限公司	2,874	32	浙江天马印染集团有限公司	1,508
9	余姚市环球经贸技术合作有限公司	2,723	33	青岛圣美尔轻工品有限公司	1,493
10	宁波海田国际贸易有限公司	2,688	34	浙江省茶叶进出口有限公司	1,480
11	福建超大畜牧业有限公司	2,564	35	张家港市沙洲纺织印染进出口有限公司	1,475
12	福建省农资集团公司	2,528	36	绍兴县美得宝印染有限公司	1,468
13	浙江绍肖印染有限公司	2,501	37	宁波市工艺品进出口公司	1,441
14	浙江省瓯海对外贸易公司	2,435	38	绍兴昆隆毛绒制品有限公司	1,407
15	江苏国泰国际集团国贸股份有限公司	2,289	39	宁波敦煌进出口有限公司	1,384
16	昆山立益纺织有限公司	2,278	40	福建省龙岩市对外贸易总公司	1,362
17	中国新兴进出口总公司	2,275	41	瑞安光裕针织有限公司	1,349
18	厦门建发股份有限公司	2,194	42	江苏苏豪国际集团股份有限公司	1,341
19	厦门航空开发股份有限公司	2,172	43	河北省纺织品进出口股份有限公司	1,319
20	厦门国贸集团股份有限公司	1,938	44	青岛二和纤维有限公司	1,256
21	浙江江龙纺织印染有限公司	1,876	45	江苏汇丰羊绒有限公司	1,244
22	绍兴县茂源经贸有限公司	1,803	46	中国惠通(集团)总公司珠海公司	1,232
23	福建福日电子股份有限公司	1,740	47	山东圣豪家纺有限公司	1,206
24	浙江省义乌市对外经济贸易有限公司	1,723	48	上海飞马进出口贸易有限公司	1,182

排名	企业名称	出口金额
49	巨石集团有限公司	1,172
50	上海天宇亿启国际贸易有限公司	1,168
51	江苏省纺织品进出口集团股份有限公司	1,156
52	南京纺织品进出口股份有限公司	1,141
53	宁波市慈溪进出口股份有限公司	1,140
54	绍兴越园染整有限公司	1,134
55	浙江绍兴新星印染集团有限公司	1,132
56	浙江省迪达进出口有限公司	1,124
57	福建晋江华闽进出口有限公司	1,121
58	上海华申进出口有限公司	1,119
59	瑞安市新潮进出口贸易有限公司	1,117
60	厦门市怡林贸易有限公司	1,117
61	山东魏桥纺织股份有限公司	1,116
62	福州闽塑进出口有限公司	1,083
63	厦门三木进出口有限公司	1,075
64	浙江振涯纺织服饰有限公司	1,020
65	温州市五机化医外贸有限公司	1,004
66	温州市粮油食品对外贸易公司	991
67	厦门心怡进出口有限公司	987
68	青岛埃力生进出口有限公司	981
69	东方国际集团上海市纺织品进出口公司	973
70	福建省晋江市对外贸易有限公司	969
71	普宁市天和织造制衣厂有限公司	968
72	浙江金华豪森制衣有限公司	966
73	高阳县振华毛纺织有限公司	965
74	绍兴县永盛炼染有限公司	962
75	杭州中栋进出口有限公司	960
76	绍兴县第八印染有限公司	935
77	厦门国贸茶业有限公司	935
78	上海汉森进出口有限公司	930
79	四川省宜宾五粮液集团进出口有限公司	930
80	常熟市瀛环进出口有限责任公司	930
81	浙江绍兴金威塑料染整有限公司	916
82	义乌市鸿顺制衣有限公司	915
83	潮州市江东进出口有限公司	908
84	绍兴汇丰塑料制品有限公司	905
85	福建省耀华对外贸易公司	902
86	苏州丹龙纺织有限公司	890
87	南海捷威玩具绒有限公司	878
88	宁波维科联合进出口有限公司	872
89	福建省农资集团泉州公司	867
90	山东海之杰纺织有限公司	864
91	上海中丝东方经贸有限公司	860
92	阿斯乐·迪发制衣(宁波)有限公司	857
93	厦门英南进出口有限公司	854
94	厦门市中信隆进出口有限公司	852
95	杭州锦腾织造有限公司	849
96	东方国际集团上海市对外贸易有限公司	848
97	嘉兴港区大洋服饰有限公司	848
98	杭州余杭对外贸易有限公司	839
99	浙江华东纺织印染有限公司	833
100	江苏舜天股份有限公司	825

2004年中国对非洲出口纺织品服装企业排名

（按出口金额排序前100名）　　金额单位：万美元

排名	企业名称	出口金额
1	宁波维科联合进出口有限公司	6,001
2	湖州大港集团进出口有限公司	4,315
3	绍兴五洋实业有限公司	3,628
4	青岛凤凰印染有限公司	3,597
5	鑫润（临清）印染有限公司	3,506
6	宁波宁丰进出口有限公司	3,324
7	济宁如意印染有限公司	3,181
8	上海市华达进出口有限公司	3,119
9	宁波众鑫印染有限公司	3,013
10	浙江省粮油食品进出口公司温州公司	2,865
11	广东溢达纺织有限公司	2,825
12	绍兴伟丰织造印染有限公司	2,710
13	温州市轻工艺进出口有限公司	2,678
14	浙江建培纺织有限公司	2,513
15	宏润（聊城）印染有限公司	2,285
16	宁波联合集团进出口股份有限公司	2,233
17	华纺股份有限公司	2,132
18	港润（聊城）印染有限公司	2,120
19	浙江新天龙工贸有限公司	2,064
20	中国新兴进出口总公司	1,963
21	宁波萌恒工贸有限公司	1,962
22	浙江省纺织品进出口集团公司	1,958
23	宁波海田国际贸易有限公司	1,942
24	济宁如意花布有限公司	1,858
25	龙丰（潍坊）纺织印染有限公司	1,645
26	福州华信实业有限公司	1,582
27	南充联美印染有限公司	1,493
28	中国华源集团有限公司	1,490
29	昌邑华晨纺织印染有限公司	1,348
30	河北省纺织品进出口股份有限公司	1,319
31	浙江省迪达进出口有限公司	1,296
32	内蒙古鹿王羊绒（集团）公司	1,273
33	上海丝绸集团股份有限公司	1,263
34	淮北印染有限责任公司	1,215
35	诸暨越美纺织品有限公司	1,214
36	浙江义乌金绣花边有限公司	1,207
37	福建省农资集团公司	1,200
38	南京纺织品进出口股份有限公司	1,192
39	浙江越威达纺织有限公司	1,191
40	四川省纺织品进出口有限责任公司	1,189
41	浙江省义乌市对外经济贸易有限公司	1,178
42	瑞安市新潮进出口贸易有限公司	1,168
43	临清市第二色织厂	1,167
44	绍兴绅花纺织有限公司	1,128
45	深圳市博胜贸易有限公司	1,123
46	杭州萧山美艺花边有限公司	1,101
47	浙江裕民贸易有限公司	1,099
48	瑞安光裕针织有限公司	1,065

排名	企业名称	出口金额
49	浙江省瓯海对外贸易公司	1,064
50	四川省棉麻土产总公司	1,058
51	上虞天龙纺织品有限公司	1,045
52	浙江东伟纺织服饰有限公司	1,045
53	诸暨市中强纺织有限公司	1,013
54	温州市粮油食品对外贸易公司	983
55	上海锦达进出口公司	961
56	宁波敦煌进出口有限公司	953
57	江苏国泰国际集团国贸股份有限公司	940
58	浙江省龙泉市对外贸易有限公司	924
59	浙江诸暨达亨制衣有限公司	900
60	宁波康宏进出口有限公司	895
61	汕头经济特区粤东海外贸易有限公司	852
62	上海闽路润贸易有限公司	845
63	新发纺织印染(绍兴)有限公司	839
64	昆山立益纺织有限公司	839
65	厦门航空开发股份有限公司	836
66	上海天冀国际贸易有限公司	831
67	宁波市慈溪进出口股份有限公司	829
68	温州市五机化医外贸有限公司	821
69	福建超大畜牧业有限公司	816
70	上海华申进出口有限公司	807
71	浙江新宏洲贸易有限公司	807
72	北京缔乐普进出口有限责任公司	793
73	浙江省诸暨市国申织造厂	792
74	厦门协联贸易有限公司	788

排名	企业名称	出口金额
75	烟台七洲抽纱纺织品有限公司	787
76	绍兴天龙进出口有限公司	786
77	浙江华都纺织有限公司	760
78	上海飞龙国际贸易有限公司	752
79	邯郸新维印染股份有限公司	730
80	浙江美邦纺织有限公司	729
81	宜兴市乐祺进出口有限公司	727
82	浙江中大明日纺织品有限公司	724
83	浙江省茶叶进出口有限公司	721
84	浙江虹达染整有限公司	720
85	绍兴县南方进出口有限公司	714
86	东方国际集团上海市针织品进出口公司	708
87	河北宁纺集团进出口有限公司	707
88	山东正义纺织印染有限公司	706
89	常州老三集团有限公司	704
90	苏州工业园区埃耳进出口有限公司	703
91	浙江江龙纺织印染有限公司	700
92	南京鑫鼎服装有限公司	700
93	浙江义乌中国小商品城贸易有限责任公司	699
94	包头鹿金羊绒制品有限公司	694
95	海盐威康纺织工业有限公司	690
96	浙江南方科技股份有限公司	684
97	七海(顺德)织染厂有限公司	683
98	山东大海集团有限公司	682
99	嘉祥县圣润纺织有限公司	676
100	山东枣庄翔豹制衣有限公司	670

2004年中国进口企业排名

2004年中国纺织品服装进口企业总排名

（按进口金额排序前100名） 金额单位：万美元

排名	企业名称	进口金额	排名	企业名称	进口金额
1	东莞市对外加工装配服务公司	44,083	25	联业制衣（东莞）有限公司	3,788
2	深圳市宝安外经发展有限公司	26,518	26	顺德金丰漂染有限公司	3,743
3	东莞福安纺织印染有限公司	25,909	27	江苏三友集团股份有限公司	3,716
4	深圳市龙岗区对外经济发展有限公司	23,985	28	天津服装进出口股份有限公司	3,436
5	东莞德永佳纺织制衣有限公司	19,816	29	青岛喜安飞服装有限公司	3,389
6	互太（番禺）纺织印染有限公司	15,114	30	北京市服装进出口股份有限公司	3,364
7	上海丝绸集团股份有限公司	11,073	31	威海纺织集团进出口有限责任公司	3,345
8	东莞沙田丽海纺织印染有限公司	9,571	32	广东生益科技股份有限公司	3,334
9	广东溢达纺织有限公司	6,580	33	新马制衣（深圳）有限公司	3,195
10	中山市三乡对外加工装配服务公司	6,362	34	上海华源世贸股份有限公司	3,182
11	惠阳市对外加工装配服务公司	5,748	35	新会市冠华针织厂有限公司	3,149
12	广东省东莞丝绸进出口公司	5,666	36	中山市对外加工装配服务公司	3,128
13	上海华源凯马进出口有限公司	5,391	37	福懋兴业（中山）有限公司	3,080
14	辽宁时代服装进出口股份有限公司	5,185	38	北京美姿时装有限公司	3,041
15	常州华利达服装集团有限公司	5,058	39	杜邦中国集团有限公司	2,984
16	广东省惠东县对外加工装配服务公司	5,004	40	万福阁家具（昆山）有限公司	2,818
17	茉织华实业（集团）有限公司	4,628	41	惠城区对外加工装配服务公司	2,784
18	博罗县对外加工装配服务公司	4,239	42	广州宏仁电子工业有限公司	2,774
19	广州环亚制衣有限公司	4,042	43	深圳市盐田区捷诚外资服务有限公司	2,743
20	平湖华城茂麓制衣有限公司	3,993	44	粤纺制衣（深圳）有限公司	2,737
21	江阴福汇纺织有限公司	3,992	45	上海申达进出口有限公司	2,698
22	湖北美岛服装有限公司	3,970	46	上海茉织华股份有限公司	2,692
23	东方国际创业股份有限公司	3,954	47	番禺锦兴纺织漂染有限公司	2,650
24	广东省东莞纺织品进出口有限公司	3,793	48	上海茉织华服饰有限公司	2,637

排名	企业名称	进口金额
49	宁波海田国际贸易有限公司	2,631
50	浙江庆茂纺织印染有限公司	2,611
51	明尼苏达矿业制造(上海)国际贸易公司	2,599
52	东莞市旗峰对外贸易有限公司	2,597
53	东莞世丽纺织有限公司	2,586
54	三英(珠海)纺织有限公司	2,537
55	开平奔达纺织有限公司	2,498
56	上海延锋江森座椅有限公司	2,426
57	江苏舜天股份有限公司	2,398
58	福建省隆翔进出口有限公司	2,387
59	敏兴毛织(海丰)有限公司	2,364
60	中山市沙溪对外加工装配服务公司	2,313
61	广州高士线业有限公司	2,305
62	中基嘉仁经贸有限责任公司	2,304
63	上海服装集团进出口有限公司	2,297
64	美尔雅服饰有限公司	2,282
65	广东省东莞轻工业品进出口有限公司	2,273
66	心华制衣发展(珠海)有限公司	2,267
67	番禺锦兴纺织漂染有限公司	2,223
68	东莞虎门对外加工装配服务公司	2,204
69	海南优美内衣有限公司	2,197
70	番禺启新针织有限公司	2,183
71	深圳仁锐实业有限公司	2,176
72	浙江庆丰纺织印染有限公司	2,149
73	苏州艾兴无纺布制品有限公司	2,130
74	北京赤尾时装有限公司	2,103

注:此表未按集团公司合并码统计

排名	企业名称	出口金额
75	宁波雅戈尔进出口有限公司	2,097
76	深圳庆盛服饰皮具有限公司	2,045
77	广东省中山丝绸进出口集团有限公司	2,024
78	天津纺织集团进出口股份有限公司	2,000
79	惠州市对外加工装配服务公司	1,981
80	青岛世原鞋业有限公司	1,954
81	晶惠工业(惠州)有限公司	1,941
82	山东绮丽集团美达服装有限公司	1,882
83	北京顺美服装股份有限公司	1,860
84	上海博舍工业有限公司	1,832
85	苏州大仓高级时装有限公司	1,828
86	惠阳嘉明毛织厂有限公司	1,804
87	东莞欣意医疗保健制品厂	1,784
88	海丰联岭针织有限公司	1,780
89	青岛泰光制鞋有限公司	1,761
90	上海伊藤绅士服有限公司	1,748
91	中基宁波对外贸易股份有限公司	1,738
92	淄博华绵制衣有限公司	1,713
93	上海三凯进出口有限公司	1,710
94	东莞联泰制衣有限公司	1,707
95	番禺潭洲振裕纺织染印有限公司	1,701
96	广东省中山食品水产进出口集团有限公司	1,700
97	上海宏和电子材料有限公司	1,690
98	丹东市进出口公司	1,688
99	江苏省海外企业集团有限公司	1,684
100	厦门进雄企业有限公司	1,680

2004年中国棉花进口企业总排名

（按进口金额排序前100名） 金额单位：万美元

排名	企业名称	进口金额	排名	企业名称	进口金额
1	山东魏桥纺织股份有限公司	58,209	25	青岛安桥物流有限公司	1,405
2	中国储备棉管理总公司	56,178	26	无锡长江精密纺织有限公司	1,363
3	中纺棉花进出口公司	49,436	27	承德帝贤针纺股份有限公司	1,341
4	孚日家纺股份有限公司	5,291	28	无锡一棉进出口有限公司	1,315
5	中国纺织物资(集团)总公司	3,972	29	北京中棉华泰国际贸易有限公司	1,306
6	上海市纺织原料公司	3,843	30	武汉一棉集团进出口有限公司	1,285
7	河南新野纺织股份有限公司	3,487	31	上海中纺物产发展有限公司	1,282
8	兰雁集团股份有限公司	3,099	32	上海华申进出口有限公司	1,181
9	华芳集团进出口有限公司	2,725	33	新疆农垦宏业棉花有限责任公司	1,181
10	山东锦立泰进出口有限公司	2,372	34	捷德纺织（深圳）有限公司	1,141
11	湛江中湛纺织有限公司	2,329	35	山东齐赛纺织有限责任公司	1,093
12	天津市纺织工业供销公司	2,270	36	张家港保税区江南仓储有限公司	1,090
13	青岛保税区金诚国际贸易公司	2,164	37	东方国际集团上海市对外贸易有限公司	1,072
14	北京市九达纺织集团公司	2,029	38	安徽华茂进出口有限责任公司	1,066
15	番禺潭洲振裕纺织染印有限公司	1,937	39	太仓利泰纺织厂有限公司	1,061
16	山东亚光纺织集团进出口有限公司	1,909	40	上海申南纺织有限公司	953
17	上海实业外联发国际物流有限公司	1,902	41	佛山中发棉纺织企业有限公司	953
18	新疆舜天进出口有限责任公司	1,858	42	天津棉花交易市场有限公司	943
19	湛江纺织企业(集团)公司	1,852	43	山东泰丰纺织股份有限公司	908
20	青岛保税区锦全泰国际贸易有限公司	1,772	44	招远市针织厂有限公司	904
21	上海外高桥保税区联合发展有限公司	1,767	45	山东德棉股份有限公司	902
22	莱芜泰丰纺织有限公司	1,715	46	浙江东方集团浩业贸易有限公司	890
23	中华棉花总公司	1,638	47	厦门华纶纺织贸易有限公司	889
24	广州保税区报关储运有限公司	1,491	48	无锡庆丰股份有限公司	888

排名	企业名称	进口金额
49	青岛纺联集团六棉有限公司	869
50	天津天保华日国际物流基地有限公司	831
51	张家港保税区康大国际贸易有限公司	811
52	福建嘉达纺织股份有限公司	808
53	浙江胜达进出口有限公司	800
54	宁波维科联合进出口有限公司	775
55	昆山立益纺织有限公司	761
56	新疆农垦进出口股份有限公司	758
57	东营市天信纺织有限公司	751
58	大连神州纺织有限公司	739
59	江苏三房巷实业股份有限公司	735
60	五环(集团)股份有限公司	733
61	黑牡丹(集团)股份有限公司	732
62	沈阳东方纺织有限公司	726
63	新会汇联纺织有限公司	724
64	北京首都创业贸易有限公司	711
65	上海申达(集团)有限公司	711
66	石家庄常山纺织股份有限公司	695
67	青岛大元纺织有限公司	682
68	潍坊四棉纺织有限公司	681
69	天津骏达国际仓储有限公司	676
70	孝感孝棉纺织实业有限责任公司	651
71	中纺投资发展股份有限公司	646
72	江苏省纺织品进出口集团股份有限公司	643
73	淮安市东方清棉纺织有限公司	636
74	黑龙江地方储备粮有限责任公司	627

排名	企业名称	出口金额
75	漯河双龙纺织有限公司	600
76	石家庄常山纺织集团进出口贸易公司	599
77	鼎湖永盛化纤纺织印染厂有限公司	596
78	河南嵩岳集团郑州三棉有限公司	587
79	吉林裳邦尔纺织有限公司	583
80	广东开平平达棉纺企业有限公司	567
81	远纺工业(无锡)有限公司	562
82	肇庆市广庆棉纺企业有限公司	562
83	临沂华鲁纺织有限公司	559
84	天津骏达纺织原料分拨有限公司	555
85	东莞棉纺织有限公司	540
86	山东岱银纺织集团股份有限公司	530
87	陕西八方纺织有限责任公司	529
88	安徽省棉麻公司	514
89	江苏大生集团有限公司	509
90	广州保税区展新物流有限公司	500
91	江苏裕纶纺织有限公司	499
92	山东群星纺织有限公司	496
93	台化纤维(南通)有限公司	492
94	青岛藤华纺织有限公司	457
95	江苏泰达纺织有限公司	453
96	宁波维科棉纺织有限公司	449
97	集嘉织染(湖北)有限公司	444
98	山东德棉集团德州进出口有限公司	440
99	华润锦华股份有限公司	437
100	中纺河南棉花进出口公司	431

2004年中国面料进口企业总排名

（按进口金额排序前100名）

金额单位：万美元

排名	企业名称	进口金额
1	东莞市对外加工装配服务公司	19,512
2	深圳市龙岗区对外经济发展有限公司	14,783
3	深圳市宝安外经发展有限公司	14,337
4	东莞沙田丽海纺织印染有限公司	9,411
5	上海丝绸集团股份有限公司	8,411
6	上海华源凯马进出口有限公司	5,321
7	常州华利达服装集团有限公司	4,367
8	平湖华城茂麓制衣有限公司	3,820
9	中山市三乡对外加工装配服务公司	3,681
10	辽宁时代服装进出口股份有限公司	3,529
11	东方国际创业股份有限公司	3,364
12	青岛喜安飞服装有限公司	3,338
13	广东生益科技股份有限公司	3,334
14	互太（番禺）纺织印染有限公司	3,324
15	上海华源世贸股份有限公司	3,131
16	福懋兴业（中山）有限公司	3,080
17	天津服装进出口股份有限公司	3,044
18	茉织华实业（集团）有限公司	3,020
19	湖北美岛服装有限公司	2,939
20	威海纺织集团进出口有限责任公司	2,899
21	万福阁家具（昆山）有限公司	2,818
22	广州宏仁电子工业有限公司	2,774
23	上海茉织华股份有限公司	2,625
24	宁波海田国际贸易有限公司	2,596
25	北京美姿时装有限公司	2,579
26	粤纺制衣（深圳）有限公司	2,517
27	联业制衣（东莞）有限公司	2,434
28	上海申达进出口有限公司	2,387
29	福建省隆翔进出口有限公司	2,387
30	北京市服装进出口股份有限公司	2,333
31	惠阳市对外加工装配服务公司	2,309
32	江苏三友集团股份有限公司	2,208
33	上海茉织华服饰有限公司	2,207
34	深圳仁锐实业有限公司	2,068
35	深圳市盐田区捷诚外资服务有限公司	2,051
36	广东省东莞丝绸进出口公司	1,980
37	东莞福安纺织印染有限公司	1,965
38	浙江庆茂纺织印染有限公司	1,849
39	上海服装集团进出口有限公司	1,839
40	宁波雅戈尔进出口有限公司	1,786
41	美尔雅服饰有限公司	1,772
42	中山市沙溪对外加工装配服务公司	1,757
43	中基宁波对外贸易股份有限公司	1,693
44	广东省中山食品水产进出口集团有限公司	1,693
45	淄博华绵制衣有限公司	1,684
46	江苏省海外企业集团有限公司	1,682
47	东莞联泰制衣有限公司	1,667
48	惠州合正电子科技有限公司	1,634

排名	企业名称	进口金额
49	中基嘉仁经贸有限责任公司	1,633
50	北京顺美服装股份有限公司	1,613
51	远纺工业(上海)有限公司	1,599
52	普宁市丽达纺织有限公司	1,577
53	永新印染厂(深圳)有限公司	1,547
54	广东溢达纺织有限公司	1,532
55	南通帝人有限公司	1,518
56	上海伊藤绅士服有限公司	1,515
57	北京华源亚太科技有限责任公司	1,507
58	厦门进雄企业有限公司	1,502
59	上海延锋江森座椅有限公司	1,491
60	苏州大仓高级时装有限公司	1,490
61	惠城区对外加工装配服务公司	1,482
62	青岛泰光制鞋有限公司	1,480
63	广东省中山丝绸进出口集团有限公司	1,469
64	佳智服饰(深圳)有限公司	1,466
65	天津纺织集团进出口股份有限公司	1,446
66	上海展缅国际贸易有限公司	1,425
67	杭州华春化纤染织有限公司	1,425
68	江苏舜天股份有限公司	1,419
69	明达塑胶(厦门)有限公司	1,365
70	博罗县对外加工装配服务公司	1,362
71	深圳海润实业有限公司	1,359
72	北京赤尾时装有限公司	1,351
73	广州环亚制衣有限公司	1,342
74	广东省东莞纺织品进出口有限公司	1,338

排名	企业名称	出口金额
75	江苏波司登股份有限公司	1,331
76	东莞晶苑毛织制衣有限公司	1,318
77	山东绮丽集团美达服装有限公司	1,314
78	江苏华瑞实业有限责任公司	1,312
79	顺德市德润纺织厂有限公司	1,311
80	杭州得力纺织有限公司	1,295
81	中山市对外加工装配服务公司	1,283
82	深圳庆盛服饰皮具有限公司	1,271
83	开平奔达纺织有限公司	1,257
84	上海八达纺织印染服装有限公司	1,244
85	东莞富山纺织漂染有限公司	1,239
86	苏州蓝天时装有限公司	1,233
87	深圳能健恒商贸发展有限公司	1,219
88	南通光明服装有限公司	1,195
89	东莞虎门对外加工装配服务公司	1,195
90	江苏苏豪国际集团股份有限公司	1,173
91	上海服良时装有限公司	1,160
92	北京泛美服装有限公司	1,149
93	嘉兴大友汽车座椅有限公司	1,140
94	盛龙纺织(惠州)有限公司	1,138
95	大连洋尔特服装有限公司	1,137
96	嘉兴泰宏制衣有限公司	1,128
97	台华特种纺织(嘉兴)有限公司	1,124
98	深圳中冠纺织印染股份有限公司	1,108
99	鹤山太平染厂有限公司	1,104
100	广东鸿晖进出口有限公司	1,104

2004年中国纺织机械进口企业总排名

（按进口金额排序前100名）　　　　金额单位：万美元

排名	企业名称	进口金额
1	江苏苏美达国际技术贸易有限公司	8,479
2	浙江东方集团浩业贸易有限公司	8,036
3	吴江市外贸集团兆丰进出口有限公司	5,926
4	晓星氨纶（广东）有限公司	5,909
5	江苏恒力化纤有限公司	5,724
6	中国纺织机械和技术进出口公司	4,927
7	山东魏桥纺织股份有限公司	4,725
8	东莞德永佳纺织制衣有限公司	4,719
9	东莞市对外加工装配服务公司	3,989
10	江苏盛虹化纤有限公司	3,525
11	山东魏桥纺织集团有限责任公司	3,327
12	上海宏和电子材料有限公司	3,250
13	浙江中大技术进口有限公司	3,143
14	鲁泰纺织股份有限公司	3,065
15	孚日家纺股份有限公司	2,976
16	浙江荣翔化纤有限公司	2,969
17	石家庄常山纺织股份有限公司	2,879
18	江苏开元东吴国际贸易有限公司	2,702
19	新疆天山纺织（集团）有限公司	2,652
20	宁波雅戈尔日中纺织印染有限公司	2,599
21	杭州翔盛纺织有限公司	2,319
22	汕头市金园区星际商贸有限公司	2,249
23	骏马化纤股份有限公司	2,207
24	江苏三房巷国际贸易有限公司	2,123
25	巴马格纺织机械（苏州）有限公司	1,940
26	张家港骏马涤纶制品有限公司	1,925
27	绍兴纵横高仿真化纤有限公司	1,898
28	深圳市宝安外经发展有限公司	1,877
29	远纺工业（上海）有限公司	1,869
30	安徽华茂进出口有限责任公司	1,787
31	吉林奇峰化纤有限公司	1,784
32	吴江新民化纤有限公司	1,772
33	吴江鹰翔化纤有限公司	1,728
34	江苏省海外企业集团有限公司	1,711
35	田岛机械（中国）有限公司	1,671
36	浙江省对外服务公司	1,613
37	绍兴滨海石化有限公司	1,608
38	东丽酒伊织染（南通）有限公司	1,597
39	湖北金龙泉集团股份有限公司	1,559
40	山东嘉达纺织有限公司	1,554
41	宁波雅戈尔毛纺织染整有限公司	1,542
42	厦门同纶实业有限公司	1,475
43	广东省顺德丝绸进出口公司	1,459
44	台嘉玻璃纤维有限公司	1,430
45	浙江华鑫化纤有限公司	1,409
46	上海普恩伊进出口有限公司	1,408
47	深圳市石化化工保税贸易有限公司	1,407
48	台华特种织造（嘉兴）有限公司	1,404

排名	企业名称	进口金额
49	桐乡中欣化纤有限公司	1,390
50	惠州市对外加工装配服务公司	1,375
51	上海埃力生进出口股份有限公司	1,338
52	番禺潭洲振裕纺织染印有限公司	1,316
53	浙江恒逸集团有限公司	1,302
54	杭州萧山国际经济技术合作有限公司	1,298
55	小松精练(苏州)有限公司	1,273
56	锦兴(福建)化纤纺织实业有限公司	1,225
57	绍兴四海氨纶纤维有限公司	1,204
58	北京经纬纺机新技术有限公司	1,190
59	宁波丽阳化纤有限公司	1,182
60	浙江薛永兴氨纶有限公司	1,176
61	南亚玻纤布(昆山)有限公司	1,175
62	宜兴市乐祺进出口有限公司	1,172
63	江苏香塘集团进出口有限公司	1,159
64	新疆维吾尔自治区棉麻公司	1,142
65	宝马龙(上海)纺织机械有限公司	1,135
66	浙江远东化纤集团有限公司	1,117
67	汕头市藩泽贸易有限公司	1,111
68	珠海功控玻璃纤维有限公司	1,093
69	中国石油物资装备(集团)总公司	1,088
70	绍兴市越城福利针织厂	1,046
71	中国华源集团江苏有限责任公司	1,008
72	福伊特织物(昆山)有限公司	1,004
73	杭州邦联氨纶有限公司	983
74	淄博银仕来纺织有限公司	979

排名	企业名称	出口金额
75	晓星化纤(嘉兴)有限公司	976
76	江阴友利特种纤维有限公司	975
77	番禺启新针织有限公司	962
78	上海健生实业股份有限公司	961
79	上海新天龙进出口有限公司	939
80	江西福世达贸易有限公司	939
81	绍兴县轻纺城纺织有限公司	928
82	中纺机技术服务进出口公司	926
83	江阴胜海实业有限公司	915
84	青岛颐和针织有限公司	902
85	河北省技投进出口有限公司	885
86	番禺锦兴纺织漂染有限公司	883
87	杭州金富非织造布有限公司	882
88	远纺工业(无锡)有限公司	865
89	浙江华莱氨纶有限公司	855
90	武汉一棉集团进出口有限公司	850
91	广州市天海花边有限公司	848
92	绍兴星光复合纤维有限公司	833
93	新乡化纤股份有限公司	828
94	深圳海越经济发展公司	826
95	山东临清华润纺织有限公司	825
96	江阴启新纺织有限公司	824
97	多宝针织服装(东莞)有限公司	822
98	绍兴县叶茂无纺布有限公司	816
99	福建凤竹纺织科技股份有限公司	816
100	杭州益邦氨纶有限公司	814

境外展览——通往国际市场最便捷的桥梁

中国纺织品进出口商会　市场部

参加国际展会的必要性

随着市场、经营体制的不断开放，国内的中小企业面临的首要问题就是如何结识国外客户，开拓国际市场。由于受到各方面因素的制约，参加国外知名的专业展览会成为最直接有效的方法。

在国内，影响最大的就是广交会，但由于摊位紧张，大多数刚获得进出口经营权的企业一般都很难申请到摊位。另外现在各地方也在举办一些出口型展会，比如华东交易会、青岛交易会，但这些展会的专业性和国际性尚待进一步提高。专业的国际性展会如中国国际服装服饰博览会、上海国际服装纺织品贸易博览会等虽然日渐成熟，但是展会基本以开拓国内市场为主要目标，其知名度、国际影响力有限。

中国的纺织品服装出口企业，其主要目标是海外市场。而境外展览会，因其服务定位，吸引的观众都是针对国际市场，符合开拓海外市场的参展商需求。据了解，外贸公司中约40%以上的客户是通过参加境外展会结识的。不仅如此，利用到国外参展的机会，了解纺织服装的国际流行趋势、市场行情、价格走势等信息，并通过展会更直接地向国外客商展示公司的形象和生产设计能力。

境外展会无疑是为买卖双方提供了直接的沟通平台，而如何去参加一个国际专业展会，从某种程度上说也是企业理解市场的必要的方法和途径。

如何选择和利用好展会

1. 综合考察，注重实效，选择适合自己的展会

不同的展会有不同的定位，企业要根据自己的目的进行选择。在充分调研的基础上，根据自身特点，有效选择国际性专业展会，同时特别要考虑到地域性、语言、贸易方式对最低的起定量的影响。选择展会时主要考虑如下一些因素：

(1)展会的目标市场。了解展会的目标市场包括其主题定位、目的、观众结构等，是否与企业的发展计划相吻合，能否促进企业达到预期的目标。随着外包业务成为当今国际纺织品服装贸易的主流趋势，国外众多的纺织服装展会专门设置了加工馆，如CPD展的Global Fashion和Magic的Sourcing Zone等，这些展览对以欧洲或美国为目标市场，接受加工定单为主要目的厂商较为适合；法国的FATEX则侧重于加工批发展，更适合于生产企业参加；而巴黎女装展是世界顶级高档女装展会，更适合于做品牌的企业参加。在2004年秋季巴黎女装展上，我会成功为浙江凯喜雅国际股份有限公司申请到了一楼首选馆的展位，该企业十分重视，携带自行设计的真丝时装和包、鞋等饰品系列展品，为推广自有品牌迈出了成功的一步。

(2)展会规模、历史和影响。成功的展会必然具备一定的规模和历史。规模大历史悠久的展会可以吸引更多的专业观众，而这正是保证参展商达到参展目的的最主要因素。评估展会的规模主要看参展商和专业观众的数量以及展览面积的大小。企业应选择有影响力、知名度高，参展商多且参展商的影响力强的展会。

(3)展会的综合服务能力。企业可以从展会的网站、广告以及各项组织计划等方面来评估展会的综合服务能力，包括客户邀请、推广能力、展商享受的服务(发布会、研讨会等)。

2. 精心策划,加强宣传,扩大影响

在参展前,企业要精心策划,这样可以节省成本,而且也有利于效果的最大化。企业参展是为了展示自己的新产品,树立自己的形象和品牌,接触更多的潜在客户,因此参展企业首先要对市场进行充分的调查,拿出参展计划。锁定目标客户后,通过寄发邀请函来事先介绍自己的产品,预约这些潜在的合作者进行现场洽谈,也可以利用展会的会刊其他媒体宣传等手段来扩大企业的影响力,吸引更多的目标客户。

3. 展台布置、展品选择、人员搭配是决定参展成败的重要因素

与其他方面相比,这是决定企业参展成败的决定因素,主要包括展台的布置、展品的选择及其展示方式、展台的人员配备以及展会期间的相关活动等。

展台是企业显示企业实力和产品特色的窗口,展台布置要达到反映企业的形象,吸引观众的注意力的效果。展台的内容首要是展品,要选择与市场、销售季节合拍的产品,选择能代表企业的技术水平、设计能力及生产能力的产品。同时,根据展品特性,加以辅助性、醒目的宣传文字及材料,吸引观众眼球。人员配备是决定参展成败的重要因素,善于沟通同时精通国际贸易业务的业务员与了解产品技术特性的技术人员搭档是最佳选择。

此外,参展企业在展览期间还应积极了解竞争对手情况、市场动向,参加各种讲座及研讨会,拜访当地客户,捕捉最新的国际流行趋势。

4. 会后评估,总结经验

企业应将在展会中收集到的市场信息、客户信息、流行变化等资料进行分析和评估。并及时将展览结果与预定目标进行比较,总结效果如何、分析原因何在、初步判断是否继续参加该展览。回国以后,根据市场的变化,流行的变化,调整营销策略,改进或推出新产品等等。

参展企业中存在的几点误区

1. 对展会的气氛期望过高,对成交期望过大。

许多展商尤其是新展商认为国际知名的服装展会应是熙熙攘攘,人潮涌动如广交会一般。而实际上,中国展商多集中在"加工区"或"国际区",参观人流相对直接面对零售商的专业馆要少。那些国际品牌企业无论从展品的流行化、搭配,宣传材料还是展台的布置等都投入了很大的人力、物力,其成本远非目前多数中国出口企业能够承担的。而我国企业的产品多是客户下定单,来样加工的居多,与整个展会的主流客户要求差距不小,人流少是正常的。展会上展示的功能是第一位的。只要客户真正认可了你的产品和企业,订单自然就水到渠成。展商与客户间的信任、默契等都有需要时间和实践考验。

2. 固守摊位,对展会的流行信息、市场走向把握不够。

国际纺织、服装盛会,提供了国际服装和面料款式、颜色的流行走向的宝贵信息,是收集资料,激发设计师灵感,捕捉流行趋势的绝好场所。遗憾的是多数展商仍将国际专业展会视为广交会,坐等客人上门询价,几乎没有一线设计人员到会。展会期间举办的各种关于市场变化,流行趋势的讲座、研讨会也很少有中国展商参加。

3. 缺少连续参展的计划和长期战略目标

企业需要有连续参展的计划。开拓国际市场,通过参加展会是一个重要而便捷的途径,但往往许多企业在首次参展效果不明显的情况下,放弃第二次或者将来的参展工作,从而失去了许多商机。许多品牌也都是连续参展4次、5次后才真正从展会这个平台中得益的。尤其参加国际展,企业需要有连续性地参展计划,不要因为一次参展不是十分理想就考虑放弃,要有长期的战略目标。

虽然中国企业参加国际性展会有许多困难和障碍,如成本问题、沟通问题、参展战略问题以及文化差异问题等等,但这些问题相信随着企业的努力会逐步得到解决,中国企业通过国际展会展现自己,开拓市场的道路也会越走越宽的。

中小企业国际市场开拓基金简介

中小企业国际市场开拓资金是中央财政用于支持中小企业开拓国际市场各项活动的政府性基金。它的使用对象原则是上年度出口额1500万美元以下的具有进出口经营权的中小企业。

市场开拓资金分为中央和地方两个部分。我会为参展企业申请的是中央部分。根据市场基金管理办法,政府为境外展会的补贴为摊位费、摊位搭建费、公共布展费、广告宣传费和大型展品回运费的50%,西部企业补贴为70%。对于以团组形式的参展企业,参展企业数需在10家以上。

按照申请和审核程序,每年3月份我会将申请项目上报中小办,经审核批准后10月份将完成项目的资料上报。经中小办、商务部规财司、财政部逐级审核通过后,于年底或第二年年初将资金拨付到位,再由组展单位将资金全部返还给参展企业。

中国纺织品进出口商会
办展特点及服务措施

我会办展的目的是配合我国纺织品外贸发展战略,为会员企业开拓国际市场、拓宽出口渠道、提升产品档次、扩大国际市场份额搭建平台并提供良好的服务。为此,我会始终坚持不以赢利为目的的办展方针,收费标准确定的原则是:收入用于为展会服务,收支相抵,略有节余。节余部分用于补贴新开发项目。

我会自1992年开始组织会员企业参加境外专业纺织品展览会,至今已有10多年的历史。10多年来我会的外展工作经历了起步阶段、摸索阶段和发展阶段。2004年我会共有19个外展计划,并在计划外承办了商务部主办的"中国时装商务"活动。除巴黎国际内衣和国际面料展,伦敦国际女装展,布鲁塞尔国际服装展三个计划因故未执行外,全年共组织参加了17个国外展览,较上年增加了6个,计划执行率为85%。其中参展企业数超过10家的展览团组有11个,少于10家的团组有6个。参展企业数达270家,较上年增加了83家。参展总面积达6177平米,较上年增长55%。参展人数为600多人,较上年增长44%。参展企业在展会上接待客户数为6165人,意向成交1亿美元。同时,我会与国外的同行业中介组织合作,利用到国外参展的机会,举办了双边洽谈会。

我会办外展的主要特点:

1. 在展览专业化、规范化的基础上继续坚持项目专办负责制

事实证明这是非常有效的工作方法。连续几届负责固定的展会使专办人员对展会的情况和工作程序以及需要注意的问题更为熟悉,在指导企业参展和办理签证中更具体明确,因此2004年参展企业美国签证率大大好于2003年。

去年MAGIC和德国夏季CPD两个传统的大型展会的报名和参展情况好。春季MAGIC展的签证率达80%,为近两年最好的成绩。夏季MAGIC的报名情况是历年最好的,团组参展人数达60人,较上年增57%。夏季CPD展参展企业数达41家,较上年增加28%,并与浙江绍兴外经贸局合作,统一特装布展。

2. 加大为参展企业的服务力度

服务是做展会之本,为了给参展企业提供更全面细致的服务,我们主要做了以下几方面工作。

(1)为企业提供更详细的展会信息,根据企业的具体情况帮助企业选择更适合的展会,为企业选择展品提供咨询服务。

随着我会展会规模的逐步扩大,及招展工作的进一步加强,经常会有一些企业向我们咨询参加什么展会好,带什么样的展品更合适。对于这样的咨询我们会根据企业的性质和产品特点提出参考性建议。

(2)为企业签证提供咨询和培训

2002年以后美国签证率恶化;欧洲签证逐渐严格,所要证明材料逐步增多。在不增加企业参展费用的情况下,我会汇同美国地接在企业办理签证前为签证人员做培训,使企业的签证率大大提高。而对于持因私护照办理欧洲签证的参展人员,我会则通过欧洲的地接提供各类证明材料。实践证明稳定的地接为我会向企业提供有效的服务奠定了良好的基础。

3. 统一摊位搭建突出展团、突出商会

由于连续参展和项目负责人的稳定,使我会和展览主办方建立了良好的合作关系,主办方给我们提供了一些优惠条件。如MAGIC展方提供了一幅巨幅广告;CPD展方免费提供一块公共布展区。在不增加企业经费的基础上,在有条件的展会上我们进行展位统一搭建,加装灯箱,悬挂巨幅广告,突出商会展团,吸引客商。2005年在MAGIC展上开始做统一搭建。

4. 为企业提供个性化服务

随着企业出国参展的机会越来越多,要求展会后离团拜访客户的企业逐步增加,我们尽量满足企业的要求,为企业预订特殊行程的机票、境外火车票及酒店。在国内出发行程上,我们也尽量考虑企业所在的不同地区,安排从北京、上海、广州等地出发并安排接机。

5. 巩固老展会,开发新展会

MAGIC、CPD、巴黎女装展等都是我会传统的老展会。为了巩固这些展会,我们在摊位搭建、广告宣传和推荐企业进入品牌区等方面做了大量工作。2003年我会首次组织参加的纽约家纺展,因效果不错,2004年我们组织企业参加了春秋两季展会。2005年春季展会报名参展企业达30多家,呈强劲上升势头。此外,2004年我会新开发了东欧地区的捷克布鲁诺展。

纺织商会2005年出国参展计划一览表

序号	国家(地区)	展览会名称	时间	展出城市	在外天数	展品范围
1	日本	春季日本国际时装展览会(IFF)	1月12-14日	东京	10天	各种服装
2	德国	春季杜塞尔多夫(CPD)国际成衣博览会	1月28-30日	杜塞尔多夫	10天	各种服装、面料
3	美国	春季拉斯维加斯(MAGIC)男装、女装、童装	2月14-17日	拉斯维加斯	11天	各种服装
4	美国	春季纽约国际流行面料展(IFFE)	4月18-20日	纽约	10天	各种服装面料、辅料
5	美国	春季纽约国际家用纺织品展	4月8-11日	纽约	11天	床上用品及家用纺织品
6	阿联酋	春季迪拜国际服装、纺织品及服饰博览会(MOTEXHA)	4月11-14日	迪拜	11天	服装、纺织品、服饰
7	法国	巴黎国际工装及运动服装、装备展览会	4月	巴黎	10天	工作服、运动服
8	意大利	意大利国际针织服装展	5月29-31日	米兰	10天	各种针织服装和服装
9	日本	夏季日本国际时装展览会(IFF)	7月	东京或大阪	10天	各种服装
10	德国	夏季杜塞尔多夫(CPD)国际成衣博览会	7月24-26日	杜塞尔多夫	10天	各种服装、面料
11	捷克	捷克布鲁诺(STYL)服装和面料展	8月23-25日	布鲁诺	10天	服装和面料
12	美国	秋季拉斯维加斯(MAGIC)男装、女装、童装展	8月	拉斯维加斯	11天	各种服装
13	波兰	波茨南国际时装周	9月6-8日	波茨南	10天	服装、面料、服饰
14	法国	秋季巴黎(PRET A PORTER PARIS)国际成衣展	9月2-5日	巴黎	11天	女装、服饰品为主
15	法国	法国第一面料展(TISSU PREMIER)	9月7-8日	里尔	10天	服装面料、辅料

序号	国家(地区)	展览会名称	时间	展出城市	在外天数	展品范围
16	法国	里昂国际内衣泳装及面料展(LYON MODE CITY)	9月3-5日	里昂	10天	内衣、泳装及面料
17	意大利	米兰(INTERTEXMILANO)国际纺织品展览会	9月14-16日	米兰	11天	服装面料
18	美国	秋季纽约国际家用纺织品展	9月	纽约	11天	床上用品及家用纺织品
19	阿联酋	秋季迪拜国际服装、纺织品及服饰博览会(MOTEXHA)	9月12-15日	迪拜	11天	服装、纺织品、服饰
20	美国	秋季纽约国际流行面料展(IFFE)	10月	纽约	10天	服装面料、辅料
21	法国	法国(Fatex)服装及纺织品定牌贸易展览会	11月	巴黎	10天	服装、纺织品
22	日本	国际家居家用纺织品展览会	11月22-25日	东京	10天	床上用品及家用纺织品
23	澳大利亚	中国纺织服装展览会	11月	悉尼	11天	服装、纺织品、服饰

CATHAYA
浙江凯喜雅国际股份有限公司是一家以茧丝、绸缎、服装等各类产品的进出口业务为主，多方位经营的省级外贸公司。2004年公司进出口额5.17亿美元，其中出口额5亿美元，是浙江省大型的出口企业，也是中国丝绸行业的大型出口公司。
公司主营白厂丝、绸缎、丝绸服装及制品。由于品质精良，交货及时，重合同守信用，在国际市场上享有盛誉，凯喜雅(CATHAYA)牌服装是中国商务部重点支持和发展的名牌出口商品之一。
浙江凯喜雅国际股份有限公司
ZHEJIANG CATHAYA INTERNATIONAL CO.,LTD.
117 ,TIYUCHANG ROAD,HANGZHOU,CHINA
TEL:(86-571)85195588 85199620
FAX:(86-571)85095195
http://www.cathaya.com
email:cathaya@cathaya.cn

苏州恒润进出口有限公司是由原苏州市纺织品进出口公司整体改制建立的，注册资金8000 万元。原公司成立于1978 年，1991 年进入中国外贸企业进出口额五百强之列。2004 年在全国纺织服装出口企业排名中，列第 25 位。

公司主要经营纺织面料、梭织服装、毛针织品、棉针织品和家用纺织装饰用品等商品的进出口业务，并兼营轻工、工艺、五矿、化工、医药保健等类别商品的进出口业务，目前公司已同九十多个国家和地区的数百家客商建立了广泛的业务往来，在国际上形成了较全面的销售网络。公司现有自主服装品牌“艾蔻”（A–CCO），并在法、德、意、瑞士和西班牙等国进行了注册。公司在香港、日本及上海、南京均设有分公司，公司投资的苏州恒润服饰有限公司占地 50 亩，生产建筑面积达二万多平方米，现有针织服装、梭织服装和丝绸服装生产厂四家和一个服装设计打样中心。

公司已通过 ISO9001：2000 的质量体系认证，获得由中国进出口质量认证中心（CQC）认证机构颁发的质量体系认证证书。我们拥有一支高素质年轻的业务队伍，诚信、务实、高效是我们一贯的工作态度，我们将一如既往地奉行信誉至上，质量第一，优质服务的方针，愿与国内外新老朋友精诚合作，共创美好的将来。

SUZHOU HENGRUN IMPORT & EXPORT CORP.,LTD. was founded on the basis of the reorganization of its predecessor-The company was established in 1978, it has become one of the 500 largest foreign trade enterprises in China since 1991. 2004 listed NO.25 in all the textiles and garments export enterprises in China.

The Corp. mainly handles the import and Export of piece goods,garments, woolen/cotton knitwear and hometextile,etc.,as well as the foreign trade of light-industry products, arts and crafts,chemicals,minerals,and medical products, It has established good business relationship with several hundred of clients in over 90 countries and regions in the world. Meanwhile, in order to enhance its strength to meet the requirements of development of the market, the Corp. has broadened its business scope by successfully carrying on capital investment and assets operating. Now the Corp. owns its own brand. A-CCO, which has been registered in France,Germany,Italy,Swiss and Spain.The Corp. has branches in Shanghai, Nanjing,Hongkong,Japan,and USA,Suzhou Hengrun Garments Co.Ltd.,wholly invested by the Corp.,covers 50 Mu of land and over 20000 m2 of construction area for garments production. There are four factories producing knitwear,woven wear and silk wear and a garment designing and sample - making center in it..

The Corp. has been awarded the certificate of ISO9001:2000 for Quality Management Authentication by the China Quality Certification Center for Import & Export.The overall management of the Corp. will be further improved. The staff of Hengrun, which is competent and energetic,works in a way of honesty,practicality, efficiency and creativity. It will continue to highly cherish the principles of "Most Efficient Service" , "Best Quality" and "Excellent Reputation". The Corp.is looking forward to cooperating with all customers,new and old, home and abroad,in order to bring a prosperous future to both parties of the cooperation.

地址：中国苏州市竹辉路201号
ADD:201ZHUHUI ROAD,SUZHOU,CHINA
电话（TEL）：0086-512-65291258
传真（FAX）：0086-512-65299388/65293833
Http://www.hengrunchina.com
//www.hengrunjapan.com
E-mail:admin@hengrunchina.com
邮编（ZIP）：215006

艾蔻 A–CCO®

苏州恒润进出口有限公司
SUZHOU HENGRUN IMPORT & EXPORT CORP., LTD.

正见永申律师事务所
国际贸易法律服务

International Trade Practice of ZY & Partners

正见永申律师事务所，以仲裁诉讼和争端解决为专业特长，以知识产权和国际贸易为业务核心，是一家有综合实力的提供涉外法律服务的律师事务所。正见永申律师事务所在商标、专利、版权、计算机软件、信息网络、高新技术、公司、外商投资、反垄断、反不正当竞争、反倾销、反补贴和保障措施、WTO争端解决领域为诸多全球500强和上市公司提供专业法律服务，并取得了显著业绩。

正见永申律师事务所国际贸易部由三名合伙人和八名律师组成，业务范围包括国际货物买卖、国际贸易仲裁、信用证、反倾销、反补贴、保障措施、337调查以及WTO争端解决等，曾与美国、加拿大、印度、秘鲁等国律师合作，代理中国政府和企业在国外参加过多起重大的反倾销、反补贴和保障措施应诉工作。正见永申律师事务所还是代理中国企业在WTO参加争端解决诉讼的中国律师事务所之一。在处理钢铁、汽车、机电、纺织品、家具等行业的国际贸易争端中，正见永申律师事务所积累了丰富的经验，是为各类行业组织和企业提供国际贸易服务的重点法律服务机构之一。

ZY & Partners ("ZY") is highly competent to provide comprehensive legal services for international affairs with expertise in Litigation, Arbitration and Dispute Settlement. Intellectual property and international trade constitute a significant component of ZY's practice. ZY has served a substantial number of global TOP 500 enterprises and listing corporations on a wide range of areas, including trade mark, patent, copyright, computer software, high technology, corporate affairs, foreign investment, antitrust, anti-unfair competition, antidumping, countervailing, safeguard measure and WTO dispute settlement. Such professional practice has won ZY a good international reputation.

International Trade Group ("ITG") of ZY is consisted of three partners and eight lawyers. ITG' s practice includes international sales of goods, international trade arbitration, letter of credit, antidumping, subsidies and countervailing, safeguard measure, 337 investigation and WTO dispute settlement, etc. By coordinating with several prestigious foreign law firms from United States, Canada, India, Peru, ITG represents Chinese government and enterprises in a number of featuring antidumping, countervailing and safeguard cases initiated by foreign governments. ZY is also one of the leading law firms that represent Chinese enterprises in WTO dispute settlements. In dealing with the international trade disputes involving steel, automobile, machinery and electronic products, textile, and furniture industries, ZY has accumulated tremendous experiences and become one of the leading legal agencies providing professional service to various industry organizations and enterprises on international trade.

地址：北京市朝阳区朝外大街乙12号1号楼
昆泰国际大厦2606室
邮编：100020
电话：（8610）58790066、13601299514
传真：（8610）58790066
电子邮件：chen.yang@zypartners.com
网址：www.zypartners.com

Add: Suite 2606, Kuntai International Plaza,
Blg. 1, No. 12(Yi), Chaowai St., Chaoyang Distr.,
Beijing 100020, P. R. China
Tel: (8610) 58790066 Cell: 1360 129 9514
Fax: (8610) 58790066
E-mail: chen.yang@zypartners.com
Website: www.zypartners.com

中伦金通律师事务所
ZHONG LUN LAW FIRM

中伦金通律师事务所是中国国际贸易法领域具影响力的大型综合律师事务所之一。本所国际贸易部早在1990年代后半期就开始承办反倾销应诉代理业务，参与了中国首例对外反倾销案件的应诉工作。在近年来的对国外反倾销调查应诉中，先后在印度、欧盟反倾销调查中为多个企业赢得市场经济地位，其中在印度调查中首次经过全部核查程序取得了市场经济地位。多年来本所律师先后代理或参与办理了数十起涉及纺织、化工、机电等行业的反倾销、保障措施等的应诉案件，并取得了良好的业绩。本所还受政府委托在某些国家对我纺织品特殊保障措施案、WTO争端解决案等代表中国政府参与有关法律程序。本所国际贸易部由包括商务部公平贸易局前调查官和富有十几年相关经验的进出口商会法律部负责人及有多年国外法律工作经验的律师在内的近十位律师组成。中伦金通的贸易法团队与美国、加拿大、欧盟、澳大利亚、印度、土耳其等国多家知名合作律师事务所均有良好的合作关系，也与国内有关政府部门和相关行业组织等保持着有效的工作关系。

国际贸易部业务范围：中国及主要贸易伙伴国反倾销、反补贴、保障措施调查的应诉和复审；WTO法律、政策咨询和争端解决；中国贸易和投资法律和政策咨询；市场监管改革等。

Zhong Lun Law Firm is one of top law firms with a group specialized in trade law practice in China. Its trade law practice dates back to late 1990s. Zhong Lun trade law practice group participated the first anti-dumping investigation on products imported into China and in representation of many Chinese enterprises in response to foreign trade remedy cases, it had been successful in helping the Chinese respondent to obtain the very first market economy status in an Indian anti-dumping investigations through the complete verification procedure. Zhong Lun has achieved remarkable successes on enumerate trade remedy cases covering chemical, textile, machinery and electronic industries etc in its eight years' practices. Zhong Lun also experiences in representing government on cases of textile safeguard and WTO dispute settlement proceeding as a third party.

Our international trade law group is composed of nearly ten lawyers, some of whom hold a post as an investigation officer in Ministry of Commerce or as a director of legal department of import and export association. Our group has developed close and steady cooperative relationships with distinguished international law firms in U.S.A., Canada, Europe, Australia, India, and Turkey etc. We have also maintained long-term and effective working relationships with relevant government departments, and industrial associations etc.

Our main practice areas cover but not limited to: Representation of clients in responding to anti-dumping, countervailing, and safeguard investigations or reviews by authorities in various jurisdictions; Advise on WTO agreements and dispute resolution, on trade and investment policy, law and regulations of the PRC, and on regulatory reform.

北京所地址：北京市朝阳区建国路118号招商局中心01楼12层　　邮编：100022
电话：010－6568 1188　　传真：010－6568 7317/1838
电子邮件：lili@zhonglun.com，liujianwei@zhonglun.com

東方國際集團有限公司

东方国际(集团)有限公司成立于1994年11月18日，是中国名列前茅的进出口商，是全国120家大型企业集团试点单位，也是上海最大的国有外贸企业集团。依照2003年营业收入，东方国际集团名列上海集团百强第10位，全国最大500家企业集团第57位。

目前，集团境内全资及控股子公司有100多家，其中主要的经营性二级子公司14家(含1家上市公司)；在美国、欧盟、日本和非洲、中国香港等世界主要国家或地区设立了20余家境外企业；集团还投资参股了相关实业、房地产、内贸和金融等企业。

东方国际集团以进出口贸易为核心主业，经营适度多元，已初步形成货物贸易、现代物流和服务贸易三大主营业务板块。货物贸易方面，所属上海市对外贸易有限公司、东方国际创业股份有限公司、上海利泰进出口有限公司、上海家纺有限公司、上海市纺织品进出口有限公司、东方国际商业(集团)有限公司、上海丝绸集团股份有限公司等子公司与世界120多个国家或地区建立了贸易往来关系，初步形成全球营销网络；经营进出口商品约5000多个品种，出口产品从纺织品、服装逐步扩展到轻工、机电、化工、生物医药等；拥有国外注册商标近100个，拥有银河、鹦鹉、玫瑰(ROSE)、可乐(KOOL)等多个国内著名出口商标；进出口额在全国始终名列前茅，1999年至2001年集团出口连续三年保持全国第一，2004年集团进出口总额达46.2亿美元，其中出口27.4亿美